北京高等教育精品教材
21世纪高等院校经济类与管理类教材

金融学概论

（第二版）

李树生　冯瑞河　主编

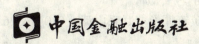
中国金融出版社

责任编辑：王素娟
责任校对：张志文
责任印制：丁淮宾

图书在版编目（CIP）数据

金融学概论（Jinrongxue Gailun）/李树生，冯瑞河主编 . —2 版 . —北京：
中国金融出版社，2013.1
　　北京高等教育精品教材　21 世纪高等院校经济类与管理类教材
　　ISBN 978 - 7 - 5049 - 6686 - 5

　Ⅰ. ①金…　Ⅱ. ①李…②冯…　Ⅲ. ①金融学—高等学校—教材
Ⅳ. ①F830

中国版本图书馆 CIP 数据核字（2012）第 292237 号

出版
　　中国金融出版社
发行

社址　北京市丰台区益泽路 2 号
市场开发部　（010）63266347，63805472，63439533（传真）
网 上 书 店　http://www.chinafph.com
　　　　　　（010）63286832，63365686（传真）
读者服务部　（010）66070833，62568380
邮编　100071
经销　新华书店
印刷　保利达印务有限公司
尺寸　169 毫米 × 239 毫米
印张　21.75
字数　397 千
版次　2005 年 7 月第 1 版　2013 年 1 月第 2 版
印次　2013 年 1 月第 1 次印刷
定价　40.00 元
ISBN 978 - 7 - 5049 - 6686 - 5/F. 6246
如出现印装错误本社负责调换　联系电话　（010）63263947

前　言

　　《金融学概论》是基于原有货币银行学课程而编写的教材，主要适用于普通高等院校非金融专业本科生的教学与学习。《金融学概论》一书出版以来，先后多次印刷，得到了社会的认可。根据情况的变化和教学的需要，现对其进行修订，重新出版。与其他一些相关教材比较，本教材具有如下特点：

　　1. 简明扼要，通俗易懂。自1990年国家教委（现在的国家教育部）将货币银行学确定为财经类院校的核心课程之一以后，货币银行学教材如雨后春笋般地涌现出来，但非金融专业的金融专业化现象也非常普遍。在我们看来，虽然金融专业的学生和非金融专业的学生都开设有货币银行学这门课程，但在课程性质、教学目的、教学要求等方面各有不同。对于金融专业的学生来说，货币银行学是一门专业基础课，是学习其他金融专业课的基础；而对于非金融专业的学生来说，货币银行学则更多带有公共课的性质，教学的目的在于使学生对金融运行有一个框架性的了解，"三基"教学是非金融专业货币银行学教学的最大特色。为此，我们觉得有必要编写一本适用于非金融专业教学使用的简明扼要、通俗易懂的教材。

　　2. 鉴于"货币银行学"这个名称与课程内容的不一致性，将教材名称改为《金融学概论》。"货币银行学"这个名称，与1914年美国学者和银行家霍斯华茨所著《货币与银行》有着密切联系，使用至今已有近一个世纪的历史。在这近一百年的时间里，金融活动已经发生了巨大的变化，货币已经被更广泛的金融资产所代替，金融体系也由银行发展成为更加复杂的金融机构体系和金融市场体系，"货币银行学"已经不能涵盖这个广泛而复杂的金融现实。基于这种认识，我们将原有的《货币银行学》更名为《金融学概论》。

3. 充分吸收已有的国内和国际上相关内容的研究成果，反映经济金融的新变化、新动向，使学生在全面掌握基本知识的基础上，及时了解金融的前沿问题。简明扼要、通俗易懂并不意味着可以简单从事，为此，我们在编写本教材的过程中，参考了大量的相关文献及研究成果（有些参考文献已经列在书后，有些以脚注的方式出现，在此也对其编著者深表谢意），从而使本教材既有一个清晰的脉络，又能呈现出金融的发展动向及前沿问题。

本教材各章节的执笔者是（按姓氏笔画排序）：第五章，王萍；第二章、第六章、第十一章、第十二章、第十三章，冯瑞河；第七章，龙菊；第三章，朱超；第十章，祁敬宇；第一章、第四章，李树生；第十四章，徐洪才；第八章、第九章，黄静茹。全书最后由李树生、冯瑞河总纂。本教材除主要适用于非金融专业的本科生教学之外，也可作为大专、成人教育、高等职业教育教学用书和准备参加硕士研究生考试的人员的参考用书，同时也可作为金融从业人员的学习资料和培训教材。

虽然前后花费了很长的时间来编写这本教材，但由于水平所致，难免有纰漏和不足之处，还望广大读者不吝指正，这将是不断提高我们水平的绝佳时机。

作者
2012 年 9 月

目　　录

第一章　货币基本知识

货币理论是货币金融理论的重要组成部分，货币基本理论所探讨的是诸如货币起源、货币本质、货币功能以及货币制度等方面的问题，它是我们了解货币理论及货币政策等的基础和起点。

货币基本理论的分析与研究绝不是无谓的事情，综合考察整个货币理论我们会发现，货币理论中许多重大问题的争论和歧义几乎都源于对货币是如何产生的、什么是货币、货币能够发挥什么样的功能和作用等这些基本问题的不同认识。[①]

第一节　货币起源、货币功能与货币作用

一、货币起源

（一）马克思的货币起源论

马克思是从商品和商品交换入手来分析货币起源的。马克思认为，货币的起源是和交换及交换制度的更迭密切联系在一起的，货币是商品交换发展的必然结果。

在漫长的历史发展过程中，交换及交换制度因社会分工的不断深化而在不断地发生着变化，与之相伴的是价值形式的发展，从简单或偶然的价值形式到总和的或扩大的价值形式，再到一般价值形式、货币价值形式，共经历了四个阶段，采取了四种表现形式，最终从一般商品中分化出了充当一般等价物的特殊商品——货币。货币的产生最终解决了商品交换的内在矛盾，推动了交换的发展和交换制度由物物交换向以货币为媒介的商品交换的演变。

从马克思对货币起源的分析不难发现，马克思所注重的是运用历史唯物主义的分析方法，其对货币产生历史过程的描述试图回答的是"货币是怎样产生的"问题，并认为货币产生的意义在于它解决了阻碍商品交换发展的内在矛盾。

---

① 20 世纪 80 年代"新货币经济学"的兴起充分说明了这一点。

（二）西方经济学家的货币起源论

与马克思的货币起源论不同，西方经济学家在研究货币起源问题时，并非着重于对货币产生的历史过程的描述，而在于对货币产生的经济原因的分析。他们从实用主义角度出发，运用成本—收益分析方法，试图回答的是"货币为什么会产生"的问题，并认为货币的产生最终降低了交易费用，提高了交换效率。

西方经济学家认为，货币产生的经济原因在于物物交换的缺陷，即物物交换条件下的交易费用是高昂的，并且认为这种交易费用的高昂主要体现在以下四个方面。

1. 缺乏衡量及表示一切商品和劳务价值的统一尺度。在纯粹的物物交换条件下，由于没有货币，所有商品和劳务价值的衡量是通过商品单位而不是货币单位来实现的，随着参与交换的商品和劳务种类的增多，这种计价方式会变得非常麻烦，费时费力。

一般地，在一个有 N 种商品参与交换的物物交换环境中，商品交换的比率数（相对价格数）等于从 N 种商品里取 2 种商品的组合数，即

$$C^2 N = \frac{N(N-1)}{2}$$

当货币产生以后，由于货币成为衡量和表示商品及劳务价值的唯一尺度，在一个有 N 种商品参与交换的商品交换环境中所产生的交换比率的数目就只有 $(N-1)$ 种了，这明显降低了交易费用。

2. 难以找到交换双方需求欲望和时间上的巧合。交换双方需求欲望和时间上的巧合是交换顺利实现的前提条件。所谓交换双方需求欲望和时间上的巧合，即一方现在所出售的商品恰好是另一方现在所需要的商品，反之则相反。

在一个纯粹的物物交换环境中，要实现这种需求欲望和时间上的巧合是一件非常困难的事情，一个出售商品的人要想找到一个现在就需要其商品的人，而他也恰好需要对方的商品会花费很多的人力物力，这必然会增加交易费用，降低交换的效率。

3. 缺乏用来证明债权债务关系的理想凭证。以延期支付为特征的赊买赊卖是交换发展的必然，而良好的债权债务关系又是一个国家和地区经济发达的重要指标之一。

众所周知，在现代经济中，对于债权债务的证明是用一定的货币单位来计量的，由于货币具有了对商品和劳务的一般购买力，并且在通常情况下，币值会保持稳定，因此，用货币表示债权债务额度会使债权人感到放心。[①] 相反，在纯粹

---

① 在此，没有考虑通货膨胀及利率变动等因素。

物物交换的条件下，即使偶尔有发生债权债务关系的可能，但因为计量债权债务的是商品单位，所以，债权人便会缺乏安全感。他害怕将来收回的商品可能不再能够购买到自己所需要的商品，他害怕将来收进的商品的品质会得不到保证。害怕的结果是他不去同他人建立这种以延期支付为特征的债权债务关系。在现代市场经济社会里，没有普遍、发达的债权债务关系实际上便意味着经济的停滞。

4. 缺乏对购买力的储蓄。在纯粹的物物交换条件下，人们缺乏购买力储蓄的一个重要原因是，所有参与交换的商品只具有个别购买力，而不具有一般购买力。

所谓一般购买力指的是某种商品所具有的、与一切商品和劳务相交换的能力，唯一具有一般购买力的商品是货币。

物物交换条件下参与交换的商品只具有个别购买力，即它与其他商品和劳务交换的能力会受到时空限制，该种商品能够与另外一种商品或劳务相交换，并不意味着它能够与所有的商品和劳务相交换，它能够在此时与某种商品或劳务相交换，并非意味着在彼时也能够与该种商品或劳务相交换。在这种情形下，由于缺乏一般购买力，人们也就不会去储蓄，更何况实物商品往往存在着价小体大、易腐烂变质、不易保存等缺陷。

从经济发展角度看，储蓄是生产能力扩大、经济发展的源泉，没有储蓄，便没有资本的形成，没有资本的形成便没有资本的投入，没有资本的投入便没有生产能力的扩大，没有生产能力的扩大当然也就谈不上经济的发展。

二、货币功能

对于货币的功能，马克思及西方经济学家都有过描述，稍有不同的是，在国内，人们通常在马克思的经济理论中将该范畴称为"货币职能"，而将西方经济学理论中的该范畴称为"货币功能"。

在以往的此类课程中，人们接触最多的、已经非常熟悉的当数马克思在《资本论》中对于货币功能的描述，即货币具有价值尺度、流通手段、贮藏手段、支付手段和世界货币五种功能。但需要注意的是：（1）马克思有关货币功能的论述是建立在贵金属货币流通基础上的，这意味着不兑现纸币流通条件下的货币功能与马克思的描述之间可能会存在差异；（2）世界货币的功能是指一个国家或地区的货币跨越本土，在更大的一个范围——世界范围内执行货币相关功能的功能。历史上真正能够执行世界货币功能的主要是黄金。黄金作为世界货币所执行的功能主要有一般购买手段、一般支付手段和一般的财富代表这三重功能。因此，它和一般意义上的货币功能存在着交叉重叠，并非一个层次上的并列问题，就某种意义上说，世界货币的功能和一般意义上的货币功能的区别只在于发挥功能的地域范围的不同。

正是从这个意义上，我们可以简单地将马克思的货币功能理论和西方经济学家们有关货币功能的描述统一起来，将货币的功能归纳为以下四个，即交易媒介、价值标准、价值贮藏和延期支付的标准。正是货币的这四个功能最终克服了物物交换的四大缺陷。

（一）交易媒介（Medium of Exchange）

货币的交易媒介功能被西方经济学家看做是货币的首要功能。与西方学者不同的是，马克思认为，货币的首要功能是价值尺度的功能。交易媒介指的是货币媒介商品和劳务的交换，即先以自己的商品或劳务换取货币，再用货币去购买自己所需要的商品和劳务，我们通常将其表示为 W—G—W。

货币发挥交易媒介的功能最终突破了物物交换条件下交换双方"需求欲望的巧合"和"时间巧合"的双重约束，使交易变得非常便利，从而大大降低了交易费用，提高了交换成功的概率和效率，与此同时，货币执行交易媒介功能还促进了专业化和劳动分工。

当然，我们所看到的事实是，尽管货币发挥交易媒介功能有上述诸多好处，但在现代经济中仍会有物物交换的发生和存在。

（二）价值标准（Standard of Value）

价值标准也被西方学者称为计算单位（Unit of Account），它指的是用货币作为衡量和表示一切商品和劳务价值的标准。这就和我们用千米、米等来衡量和表示某物品的长度，用千克、克等来衡量和表示某物品的重量一样。用货币单位所衡量和表示的商品和劳务的价值，便是价格。

如前所言，在一个纯粹的物物交换环境里，由于没有货币，商品和劳务价值的衡量及表示是一件非常麻烦的事，存在着非常高的交易费用。

货币的出现才使人们得以摆脱这种困境，它无形中减少了大家在商品交换中需要考虑的交换比率的数目，"使各种所得、各种支付、各种资产、各种负债以及日常生活中的种种经济行为便于计算"。[1]

另外，美国经济学家托马斯·梅耶等人认为，货币执行价值标准的功能还简化了簿记，在他们看来，如果没有货币的价值标准功能，"人们很难管理一个由成千种商品的实物数量单位组成账面的会计制度，也难以从中看出究竟是盈利或是亏本"。[2]

---

① 萧松华：《当代货币理论与政策》，6页，成都，西南财经大学出版社，2001。
② ［美］托马斯·梅耶等：《货币、银行与经济》，10页，上海，上海三联书店，1989。

（三）价值贮藏（Store of Value）

在西方经济学家，如凯恩斯、弗里德曼等人的眼中，货币的价值贮藏功能有着非常重要的地位。正因为如此，"它需要更多的解释，我们要较详细地加以论述"。[①]

货币的价值贮藏功能是说货币是人们进行价值贮藏的一种工具或选择。但首先需要注意的是，价值贮藏并非货币所独有的功能，除货币之外，经济生活中任何有价值的资产，如土地、房地产、珠宝、钻石、工艺品、股票、债券等都有可能成为人们价值贮藏的选择。在这么多可选择的资产中，除货币以外的其他资产常常能够为持有者带来货币所无法比拟的可观收益。在这种情况下，人们之所以还会选择货币进行价值贮藏主要是由于两个方面的原因。

1. 货币具有一般购买力。货币持有者归根结底是对一般购买力的持有。因此，美国著名经济学家弗里德曼认为，货币是"购买力的暂栖所"（Temporary Abode of Purchasing Power）。如前所言，货币以外的普通商品只具有个别购买力，而货币在商品和劳务的交易中往往有着普遍的可接受性，具有一般购买力，因此，贮藏货币实际上是跨越一般购买力的贮藏，这使得贮藏者不至于在将来商品和劳务的购买中遭人拒绝，货币贮藏者可以放心地用其贮藏的货币以应不时之需或支付按货币单位确定的债务。

2. 货币是流动性最强的资产。虽然人们利用货币以外的资产进行价值贮藏有获取收益的优点，但同时也存在不少的缺陷：（1）需要花费一定的交易费用。选择货币以外的其他资产进行贮藏，首先要花费一定的费用购买这种资产，将来需要货币时，又要花费一定的费用将该种资产转换为货币。（2）可能会遭受因资产价格下跌而带来的损失。（3）缺乏一定的流动性。所谓流动性（Moneyness）是指某种资产能够迅速转换为货币而又不至于遭受损失或重大损失的能力。从这个意义上说，货币是流动性最强的资产，其他资产要转换为货币一方面需要花费一定的交易费用，另一方面可能会因一时之需被迫出售而遭受一定的损失。

同时，价值贮藏并非货币能够严格执行的功能。货币发挥价值贮藏的功能依赖于物价水平的稳定进而是币值的稳定。如果物价不稳定了，比如出现了通货膨胀，那么币值就会下降，持有货币的人便会遭受损失。这时，人们就会将手中的货币转换为实物保值，以防止通货膨胀可能造成的损失，尤其是在通货膨胀严重时，人们还会"挤兑"银行存款。这时的货币执行的不再是价值贮藏的功能，

---

① ［美］托马斯·梅耶等：《货币、银行与经济》，11 页，上海，上海三联书店，1989。

而是"价值反贮藏"的功能了。这样的情况在西方国家、在我国都曾经发生过。

（四）延期支付的标准（Standard of Deferred Payments）

货币延期支付的标准功能是基于货币的交易媒介和价值标准功能而产生的，即当货币被普遍地用做交易媒介和价值标准时，它自然也就成了用来表示延期支付或未来支付（Future Payments）的工具和单位。

如前所言，在货币产生之前，证明债权债务关系的单位是商品单位，这带来了许多困难和麻烦。在货币产生以后，货币就自然取代了实物商品的单位成为证明债权债务关系的理想凭证。在现代经济中，以货币单位表示的，在未来进行支付的契约是非常多见的。

但是，货币作为延期支付的标准是以物价及币值的稳定为前提的，因为如果币值上升，就会损害事先承诺支付固定数额货币的债务人的利益；相反，如果货币的币值下降，就会损害事先同意接受固定数额货币的债权人的利益。

当然，我们还应注意到，货币作为延期支付的标准必须以良好的信用制度为基础。如果没有一个良好的信用制度存在，支付链条可能会中断，出现债务危机，这可能会使得人们转而重新钟情于"一手交钱，一手交货"。

三、货币的作用

货币的作用是西方货币金融理论中争论较多的问题之一，争论的焦点在于：货币（政策）对经济有无实质性的影响。围绕着这个中心，经济学家对货币（政策）作用的认识经历了一个发展过程，也产生了不同的观点，仁者见仁，智者见智。但从现实来看，过分高估抑或低估货币及货币政策的作用都是不科学的。正因为如此，目前理论界比较一致的观点是：将货币形象地比喻成一把"双刃剑"，以此表明货币既有其积极的作用，也有消极作用。

（一）货币的积极作用

理论界一般认为，货币的积极作用主要体现在以下几个方面：

1. 能够降低交易费用，提高交换的效率。

2. 能够优化资源配置，提高资源的使用效率。在一个竞争性市场中，货币的普遍可接受性意味着，持有了货币便拥有了凭此货币自由取得相应商品和劳务的权利，货币无形中变成了一张"选票"，货币持有者可以根据自己的偏好，运用所持有的货币选票促使社会资源按照自己的要求进行合理配置。[①]

3. 能够推动经济增长。早在19世纪，马克思便在《资本论》中提出了货币推动力的思想。西方经济学家在对一些发展中国家经济的研究中也发现，货币资

---

① 夏德仁等：《货币银行学》，4～5页，北京，中国金融出版社，1997。

本对经济增长的贡献与劳动力、生产资料相比居于首位。例如英国经济学家麦迪逊在《发展中国家的经济进步和政策》一书中，考察分析了1950—1965年22个发展中国家和地区的经济增长率情况后发现，货币资本的贡献占55%，劳动力的贡献占35%，而生产资料的贡献仅占10%。我国学者谢为安的研究表明，在1980—1993年，货币资金对我国 GDP 增长的贡献份额为77%，产出弹性为0.46。[①]

（二）货币的消极作用

理论界对于货币的消极作用的描述是：如果货币供给过多，会引致通货膨胀；供给过少，则会产生通货紧缩。

第二节　货币定义、货币类型与货币层次

一、货币定义

在日常生活中，货币常常被随便使用。但在经济学中，货币是有着特定含义的。为了避免混淆，我们有必要从经济学角度来对货币进行定义。当然，对货币进行定义还有一个重要的原因，那就是货币理论中的许多争论，如货币的职能、货币的作用等都是因为对货币的不同界定而引发的。

（一）定义货币的方法

西方经济学家对货币进行定义是从其内含和外延两个方面展开的，为此西方理论界对货币进行定义的方法可分为两种，即归纳方法和实证方法。

1. 归纳方法。归纳方法也称为理论方法，或哲学方法。该方法主要侧重于货币的特征方面，它试图通过揭示货币的特征来为货币与非货币找到一条清晰的界限，最后利用这个特征来给货币进行明确的定义，告诉人们什么是货币，什么不是货币。

2. 实证方法。归纳方法后来被证明是存在问题的，因为从动态的角度看，由于金融创新，货币与非货币之间的界限日渐模糊，今天不称其为货币的东西，明天可能会具有货币的特征，货币与非货币之间并不存在一条清晰的界限。因此，与归纳方法相对应，实证方法并不着重于对货币特征的描述，并不想在货币和非货币之间找到那条已不存在的界限，而是强调货币供给对货币政策的重要性，它并不是解决"什么是货币"的问题，而是试图回答"货币是什么"。从这个角度出发，实证方法将货币定义为是流动资产或流动资产的集合，并且认为，

---

① 谢为安：《要素投入非均衡的中国经济增长》，载《世界经济文汇》，1997（4）。

这些流动资产应满足如下要求：（1）对名义收入具有最大的可预测影响；（2）能够为中央银行所控制。

（二）各种常见的货币定义

1. 本质意义上的货币。本质意义上的货币即马克思对货币本质的描述，即货币是从商品世界中分离出来的充当一般等价物的特殊商品，在不同的制度条件下体现不同的生产关系。

2. 法律意义上的货币。法律意义上的货币即从法律角度对货币进行定义。从这个角度有的经济学家认为，货币实际上是法定物，是法律的化身，它是政府法律规定的（或法律力量赋予的）支付债务的手段。[①]

3. 功能意义上的货币。功能意义上的货币则是从货币功能角度入手来给货币下定义。如有的经济学家强调货币的价值标准功能，认为能够衡量商品和劳务价值的东西就是货币；有的经济学家则从货币的交易媒介功能角度对货币进行定义，认为货币就是能够被人们普遍接受的交易媒介和支付手段。

4. 控制意义上的货币。控制意义上的货币是货币的实证定义。顾名思义，它是从货币（供给）可以控制的角度对货币进行定义。如前所言，控制意义上的货币实际上应当满足两个条件：（1）对名义收入具有最大的可预测影响；（2）能够为中央银行所控制。

在现代经济中，控制意义上的货币实际上就是货币理论中的货币层次划分问题。

二、货币类型

（一）划分货币类型的标准

理论界划分货币类型通常考虑以下三个方面：

1. 按照货币币材的物理特性划分货币类型。按照这个标准，我们可以将货币分为金币、银币、纸币等。

2. 按照发行货币的机构的性质划分货币类型。依照此标准，我们可以将货币划分为政府货币、银行货币等。

3. 按照货币被当做货币使用时的价值和当做普通商品使用时的价值的对比关系划分货币类型。按照这个标准，我们可以将货币分为足值货币和不足值货币。足值货币是指货币被当做货币使用时的价值与其被当做商品使用时的价值一致的货币，即名义价值等于实际价值，如金币、银币一般为足值货币；不足值货币的名义价值则通常远远大于其实际价值，我们现在使用的货币就是不足值

---

① 萧松华：《当代货币理论与政策》，14页，成都，西南财经大学出版社，2001。

货币。

(二) 货币的类型

货币产生至今，伴随着经济的不断发展，充当货币的材料，即币材也在不断发生着改变，由此也形成了不同的货币类型。从货币发展史角度考察，综合上述三个标准，货币大体上经历了实物货币、金属货币、代用货币、信用货币和电子货币等几种类型。

1. 实物货币。实物货币属于足值货币，它是人类历史上最早采用的货币类型。在人类发展史上，许多商品，如牲畜、羽毛、贝壳等都曾经充当过货币。美国经济学家钱德勒 (Chandler, L. V.) 在其第八版英文版的《货币银行学》教材中列举了 40 多种曾被当做货币使用过的实物。

相对于物物交换而言，实物货币的出现是一种进步。但我们不得不承认相对今天的状况来说，实物货币存在着许多缺陷。这些缺陷突出表现在：(1) 价小体大；(2) 不便携带；(3) 容易腐烂，不易保存；(4) 不易分割。

由于实物货币上述缺陷的存在，随着生产和交换的不断发展，曾经是一种进步的实物货币便成了商品经济进一步发展的羁绊，因此，必然会被更适当的货币类型所代替。

2. 金属货币。金属货币是指金币和银币，属于足值货币。金和银一般被认为是理想的货币币材，金属货币是理想的货币形态，这一方面是因为金属货币恰好克服了实物货币的缺陷，具备了货币必须具备的条件和特征，即普遍可接受性、轻便性、价值稳定性、耐久性、均质性和可分性[1]；另一方面，在既定的制度安排下，金属货币具有自动调节货币流通量的作用，因此，从长期来看，既不会产生通货膨胀，也不会出现通货紧缩。

虽然金属货币具有上述优点和特征，但它终究要退出历史的舞台。这是因为，随着参与交换的商品的种类和数量的增加，人们对货币会有越来越多的需求，而金属货币的供给则要受自然储量的限制，这样便会出现货币供求缺口，使金属货币供给无法满足人们对货币的需要，正是由于这个原因，才有了代替金属货币执行功能的代用货币。

3. 代用货币。代用货币即代替贵金属货币来执行货币相关功能的货币，主要指的是政府或银行发行的纸币（不足值的铸币也应属于代用货币）。虽然代用货币的外在形态是纸币，但它同现代意义上的纸币是存在区别的。这种纸币一方面有十足的贵金属作为发行准备，另一方面可以同贵金属货币进行自由足值的兑

---

① 张贵乐、艾洪德：《货币银行学原理》，27 页，北京，中国财政经济出版社，1995。

换，因此，代用货币也称为可兑换纸币。而现代意义上的货币却既没有贵金属做发行准备，也已经不能同贵金属进行兑换，所以称做不可兑现纸币。

最早使用代用货币的国家是英国，其最早的形态可以追溯到中世纪后期由英国金匠（Goldsmith）及大商人因替顾客保管金银币而开出的本票形式的收据。

除此之外，美国政府曾在 1879 年实现金本位的时期，为减少公众持有大量黄金或金币所带来的不便，开始无限制地发行黄金凭单（Gold Certificates）。这种黄金凭单足值地代表存放在财政部金库中的黄金或金币，并且可以在市场上自由流通。

银行券可以说是典型的代用货币。所谓银行券是由银行以自身信用为基础而签发的债务凭证。典型意义上的银行券是因票据贴现而产生的。所谓票据贴现是指票据的持有人将未到期的票据卖给银行，由银行为其融资的行为。在贵金属货币流通时期，票据持有人进行票据贴现本应从银行获得金属货币，但由于贵金属货币的数量不足，银行会为持票人开出银行券。典型意义上的银行券是不能随便签发的，它必须有十足的贵金属做准备，正因为如此，典型意义上的银行券是能够自由、足值地兑换贵金属（货币）的。

当然，随着交换的不断扩大和货币供求缺口的不断拉大，后来签发银行券的银行便不再考虑贵金属准备的问题，银行券的发行随意化了，这被称做"银行券纸币化"，这时的银行券自然就不能同贵金属（货币）自由足值地兑换，在金块本位制和金汇兑本位制时期，它还能够同贵金属进行有限制的兑换。今天的货币（有时理论上也称银行券）就已经完全不能同贵金属兑换了。

4. 信用货币。信用货币也称做不兑现的纸币，大体产生于 20 世纪 30 年代金本位制崩溃以后，是目前世界各国和地区普遍采用的一种货币类型。所谓信用货币是指以信用为基础，通过信用（贷）程序发行的、在流通中执行交易媒介和延期支付功能的信用凭证。

信用货币一般具有以下几个方面的特征：

（1）除少数国家和地区外，信用货币通常是由中央银行垄断发行的不可兑现的、具有无限法偿能力的货币。

（2）信用货币是一种独立的货币形态。与代用货币相比，信用货币同贵金属几乎已经完全断绝了关系，它不再依附于贵金属或贵金属货币，成为一种独立发挥功能的货币。

（3）信用货币是管理通货。与贵金属货币与代用货币相比，信用货币不再具有自动调节货币流通量的作用，发行过多的信用货币会沉淀在流通领域当中，政府在信用货币面前不再无能为力，它可以根据经济形势的变化，通过对货币量的调节来实现自己的政策意图。

（4）信用货币是债务货币。信用货币对于持有者来说是一种债权，对于发行者来说是一项负债。

（5）从货币是可普遍接受的交易媒介和支付工具角度说，信用货币在现代经济社会中主要有两种存在形式，即现金和银行活期存款。

（6）在现代经济社会中，以银行活期存款为基础的非现金计算居于主导地位。

（7）信用货币的发行主要遵循的是经济发行的原则。

5. 电子货币。伴随着信息处理和电子计算机技术的飞速发展，在现代经济社会中出现了电子货币。电子货币就是利用现代电子计算机技术对存款货币进行储存和处理，目前它主要有智能卡和网络货币两种子类型。

智能卡也被称为电子钱包，它实际上是由金融机构发行的一种金融卡，通过此卡，用户可以完成交易、在自动提款机上提取现金、办理转账、将自己银行账户中的存款余额转入该卡、利用读卡机查询现金余额。当卡中余额用尽时，可以随时通过计算机、自动柜员机等方式对智能卡进行充值。

网络货币是依电子计算机网络的出现而产生的数字货币。它允许在计算机网络，特别是国际互联网上传递币值。

最近几十年来，电子货币的发展非常迅速，它在方便顾客、节约流通费用、加速资金周转的同时，对传统货币供求、支付结算方式、货币政策的操作以及金融监管提出了严峻的挑战。

三、货币层次

（一）划分货币层次的必要性

1. 便于货币量的统计分析，为宏观决策提供依据。在现实经济生活中，货币供给量的变动对物价、就业、收入、经济增长等宏观经济变量有着非常大的影响，这使得货币量的统计分析具有了重要的意义。

2. 便于对不同层次的货币采取不同的控制策略和方法。在商品交换过程中，货币自然会对商品市场造成冲击和影响，如过多的货币追逐过少的商品便可能会产生通货膨胀。因此，我们必须借助一定的机构，采取一定的方法对货币进行控制，但我们同时也看到，不同的货币对于商品市场的影响又存在着一定的差异，所以，我们必须对货币进行层次划分，以便于对不同层次上的货币采取不同的控制策略和方法。

（二）划分货币层次的标准

虽然理论界还存在着一定的争议，但普遍认为，货币层次划分标准是金融资产的流动性或变现性。

所谓金融资产的流动性是指某项金融资产转化为现金而又不至于遭受损失或重大损失的能力。

一般来说，在所有金融资产中，现金是流动性最强的金融资产，其次是活期存款，再次是储蓄存款、定期存款等。

（三）货币层次的划分

1. 货币层次划分的一般规律。由于金融发达程度、金融结构等方面的不同，因此，在世界各国和地区之间并不存在一个统一的货币层次，并且各个国家和地区的货币层次的划分也不是一成不变的，事实上，有许多国家在不断根据金融创新情况对货币层次进行着调整。例如，美国从 1971 年到 1986 年就曾根据金融创新所引起的变化，对货币层次先后进行过六次修正。即便如此，各国在货币层次的划分上仍旧存在着一般性的规律。这个一般规律通常是将货币划分为如下的几个层次。

$M_0 =$ 流通中的货币（现金货币）

$M_1 = M_0 +$ 活期存款

$M_2 = M_1 +$ 活期存款以外的其他存款

$M_3 = M_2 +$ 具有较强流动性的短期金融工具

2. 国际货币基金组织的货币层次划分。

$M_0 =$ 准备货币（流通与银行体系以外的现钞和铸币，不包括商业银行库存现钞和铸币）

$M_1 = M_0 +$ 商业银行的活期存款以及邮政汇划系统或国库接受私人活期存款等部分

$M_2 = M_1 +$ 准货币

（1）准货币的内涵：其自身并非现实的货币，但具有较强的流动性，并且能够执行货币相关职能的一系列金融资产。

（2）准货币的外延：按照国际货币基金组织的规定，准货币包括定期存款、储蓄存款以及外币存款等。

3. 我国的货币层次划分。我国曾在 1994 年 10 月 28 日颁布的《中国人民银行货币供应量统计和公布暂行办法》中对货币层次进行了划分，并于 2001 年第二季度根据形势的变化对其进行了修正。

$M_0 =$ 流通中的现金

$M_1 = M_0 +$ 企业存款（扣除单位定期存款和自筹基建存款）＋机关团体部队存款＋农村存款＋信用卡类存款（个人持有）

$M_2 = M_1 +$ 城乡居民储蓄存款 + 企业存款中具有定期性质的存款（单位定期存款和自筹基建存款）+ 外币存款 + 信托类存款 + 证券保证金存款

$M_3 = M_2 +$ 金融债券 + 商业票据 + 大额可转让定期存单（CD）等

其中，M_1 为狭义货币，由于它流动性很强，对物价水平影响较大，中国人民银行将其作为短期监控指标。M_2 为广义货币，由于它的变化与经济增长、就业状况密切相关，中国人民银行把它作为长期监控指标予以监测。（$M_2 - M_1$）为准货币。

由于货币是按层次划分的，我们讨论和运用货币时，例如，在选择货币供给量作为货币政策中介指标时，必须明确我们所说的货币是什么样的货币，是 M_1 还是 M_2，否则，便会产生歧义。

四、货币存量和货币流量

在货币分析中，除了应当明确货币的层次以外，为了便于对货币影响进行实证分析，我们还有必要了解货币存量和货币流量这对概念。

存量和流量是统计分析中经常采用的一对概念，它们是一个变量的两种不同表现形式。所谓存量是指某一变量在某一时点所呈现出的一个静态量，而所谓流量则是指该变量在一定时期的一个动态变动量。

例如，我们说某个人的月收入是 5 000 元，就是一个流量概念，而如果说此人在 2002 年底有存款 50 000 元便是一个存量概念。

就此而言，所谓货币存量指的便是货币在某一时点上的静态量，而货币流量指的就是货币在一定时期的一个动态变化量。

第三节　货　币　制　度

一、货币制度的形成

（一）货币制度的定义

货币制度简称"币制"，它是指一个国家或地区为了实现货币流通的稳定而通过法律形式所确定的货币流通的结构及组织形式。同时，也可用制度经济学的语言将其表述为：一个国家或地区为了实现货币流通的稳定而通过法律形式确定的用来约束人们相关货币行为的一系列规范或准则。

货币制度主要包括确定货币金属（币材）、确定货币单位、本位币与辅币的铸造和流通方面的规定、银行券与纸币的发行和流通的规定以及发行准备制度等内容。

（二）货币制度的形成

货币制度的形成经历了一个漫长的发展过程。

在前资本主义社会，货币制度形成的主要标志是国家铸币的出现。

历史上最初的金属货币是以原始条块形式存在的，这决定了在每次交易中必须要对货币查成色、验分量，非常麻烦，并且容易在交易过程发生争执。于是，一些在商界有声望的富商巨贾便开始凭借自己的信誉在原始条块上打印记（加盖印戳），以此来方便交易。这种依靠个人信誉来保证货币流通的做法虽然解决了一些问题，但随着交换的不断发展，其局限性也逐步显现出来，例如，打印记的货币通常要受到地域的限制。后来，社会各界普遍认识到，为了降低交易费用，有必要统一货币的标准，这样，国家铸币便产生了。所谓国家铸币是由国家铸造的具有一定成色、一定分量和一定形状的金属铸币。

铸币流通主要存在于前资本主义社会，这时基本上没有统一规范的货币制度存在，其主要特征表现在：（1）铸币权的分散性；（2）货币材料基本上是贱金属；（3）铸币不断变质，即分量下降，成色降低；（4）货币流通秩序混乱。

全国统一的货币制度的建立是在资本主义制度建立之后，货币制度的建立是为了满足新兴资产阶级利益集团的需要。

伴随着资本主义制度的建立，新兴资产阶级试图在新的制度安排下实现经济的发展，而混乱的货币流通却成为其实现愿望的一个障碍。"单位不同、重量不同、成色不同的极不统一的铸币，阻碍着商业的发展和民族市场的形成；铸币的不断变质，又使正确地计算产品成本、价格和利润以及建立广泛的信用联系发生困难"。[①] 在这种情况下，资本主义各国先后颁布了相关的法令条例对货币流通进行了规定，并最终形成了统一、稳定、规范的货币制度。

二、货币制度的构成要素

货币制度的构成要素也就是货币制度的内容，即货币制度应对哪些方面作出规定。

（一）确定货币金属（币材）

确定货币金属（币材）是一个国家制定货币制度首先要考虑的因素，因此，它是货币制度的基本要素。货币金属（币材）的不同，最终将形成不同的货币本位制度，如银本位、金银复本位制度等。

在此需要注意的是，虽然货币金属（币材）是由政府确定的，但它却是一个客观的过程，它并不应也不可能随个人的意志或强权政治而转移，它是经济发

---

① 张贵乐、艾洪德：《货币银行学原理》，35 页，北京，中国财政经济出版社，1995。

展到一定阶段的必然产物。

（二）确定货币单位

对于贵金属货币来说，在确定了货币金属以后，就应该确定货币单位了。规定货币单位主要包含两个方面的内容，即确定本位币的名称和规定单位本位币的含金量。例如，英国将其本位币的货币单位确定为"英镑"，并在1816年5月的铸币法中规定，1英镑含11/12成色的黄金123.27447格令（Grain），含纯金113.0016格令。我国在1914年北洋政府颁布的《国币条例》中规定，本位币的名称是"圆"，每圆含纯银0.648两。

当然，由于我们现在所使用的不兑现的纸币已经和贵金属几乎完全断绝了关系，因此，也就不再存在规定单位本位币含金量的问题了。

（三）本位币的铸造及流通程序

所谓本位币，又称主币，它是按照国家规定的货币金属和货币单位铸造的货币，是一个国家的基本通货和法定的计价、结算工具。金属本位币一般具有如下特征：

1. 本位币是足值货币，其名义价值等于实际价值。这是金属本位币的基本特征。

2. 本位币允许自由铸造、自由熔毁。所谓自由铸造、自由熔毁是指国家允许公民可以自由地将国家规定的货币金属或金属铸币送到国家铸币厂，要求铸币厂将其铸造成本位币或熔毁为原始条块，国家铸币厂不得拒绝接受，并且只收取少量的铸造费甚至是免费。

国家之所以允许金属本位币可以自由铸造和熔毁，就是因为金属本位币是足值货币。就其经济意义而言，一方面，它可以使本位币经常保持是足值货币，从而保证货币流通的稳定；另一方面，它能够自发调节货币流通量，减少甚至是避免了政府对货币流通的干预，因此，长期来看，一般不会出现通货膨胀或通货紧缩现象。

3. 本位币是具有无限法偿能力的货币。所谓无限法偿就是说国家法律规定本位币具有不受限制的支付能力，即无论每次支付的额度有多大，如果债务人或买者一方是用本位币进行支付，那么债权人或卖方均不得拒绝接受。

4. 本位币有磨损公差的规定。从历史上看，为了避免金属本位币的磨损，保证其名义价值和实际价值的一致，保障货币流通的稳定，各国对于金属本位币都规定了"磨损公差"，即金属本位币的法定重量与实际重量之间的差额。例如英国法律就曾规定，含11/12成色的1英镑金币磨损至122.5格令以下就不得使用了。

（四）辅币的铸造及流通程序

辅币是指位于本位币以下的，用于小额零星交易和找零的货币，依照法律，它和本位币之间存在着稳定的兑换比例，并且可以自由兑换。辅币的特征表现在：

1. 辅币通常是用铜、镍、铝等贱金属铸造的，因此，是不足值货币，其名义价值远远大于其实际价值。与金属本位币相对应，这是辅币的基本特征。

2. 辅币不允许自由铸造和熔毁，国家垄断辅币的铸造权。由于辅币是用贱金属铸造的不足值货币，其名义价值通常远远大于其实际价值，因此，拥有辅币铸币权就相当于拥有了一定的辅币铸造收入。在这种情况下，如果允许辅币自由铸造和熔毁，可能会造成公民因追求铸造收益而滥铸货币，从而导致货币流通的混乱。为此，各国政府都垄断了辅币的铸造权，从而也垄断了辅币铸造的铸造收益，在理论上，通常将这部分铸造收益称为"铸币税"。

3. 辅币一般只具有有限法偿能力。在支付能力上，辅币与金属本位币的区别在于，辅币通常只具有有限法偿能力，即国家一般规定当支付或购买金额超过一定限度时，如果债务人或买方用辅币进行支付，债权人或卖方有权拒绝接受。例如，美国政府就曾规定，10 美分银币的每次最高支付额度为 10 美元。

（五）银行券和纸币的发行及流通程序

这个问题在前述内容中已经谈及，在此不再赘述。

（六）发行准备制度

国内几乎所有的货币银行学教材在谈及货币制度的这个构成要素时有的将其称做准备制度，有的称为金准备制度，有的叫做规定金准备制度和外汇准备制度，对该要素的解释和描述都一致地转到黄金储备和外汇储备的作用上去了。实际上货币制度的这个构成因素所强调的是货币（银行券和纸币）发行的准备制度，即银行券和纸币的发行一般应具备一定的发行基础。当然，货币的发行准备中有可能包括黄金和外汇。例如，第一次世界大战以前，资本主义国家主要采取以下几种类型的银行券发行保证制度。

1. 准备法制度。银行券发行在一定限额内不需要黄金保证，但超过部分则需要 100% 的黄金保证。例如，英国 1844 年的《皮尔条例》就曾规定：英格兰银行只能发行 1 400 万英镑无黄金担保的银行券，但这部分需有政府债券作担保。

2. 比例法制度。规定银行券发行总额的一定比例必须以黄金作担保。

3. 限额发行制度。通过法律形式规定银行发行的最高限额，无论中央银行有无发行准备都不得突破这一限额，但这个最高限额可以根据生产和流通的需要而经常变动。

三、货币本位制度

从历史角度考察，世界各国或地区曾先后采用过的货币本位制度主要包括银本位制度、金银复本位制度、金本位制度和不可兑现的纸币本位制度，具体可见图 1 – 1。

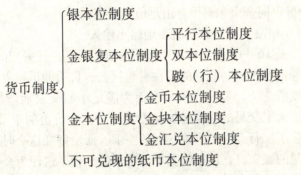

图 1 – 1　货币制度框架图

（一）银本位制度

银本位制度也称为银单本位制度，它是以白银作为货币币材，以银币作为本位币的货币制度。银本位制度通常存在着以下的制度规定：

（1）银币是足值货币；

（2）银币可以自由铸造、自由熔毁；

（3）银币具有无限法偿能力；

（4）银行券可以自由足值兑换银币；

（5）银币及白银可以自由输出输入。

银本位制度是历史上产生最早的货币制度，它先于金银复本位、金本位制度等而存在，但使用范围并不广，并且存续期间较短。大多数国家早在 19 世纪末就已经放弃了这种货币制度。

世界各国纷纷放弃银本位制度的原因主要是因为历史上银价的波动带来的货币流通的不稳定。有资料反映，仅 1870—1935 年，白银价格就经历了 4 次大的波动。①

（二）金银复本位制度——格雷欣法则

金银复本位制度是指以黄金和白银同时作为货币的币材，金币和银币同时作为本位币的货币制度。在金银复本位制度下，国家法律上一般作出了以下的

---

① 王学青：《货币银行学原理》，30 页，上海，复旦大学出版社，1989。

规定：

1. 金币和银币是足值货币，其名义价值等于实际价值；
2. 金币和银币都可以自由铸造、自由熔毁；
3. 金币和银币都是具有无限法偿能力的货币；
4. 银行券可以同金币和银币自由足值地兑换；
5. 金（币）和银（币）可以自由地输出输入。

金银复本位是16—18世纪资本主义原始积累时期广泛采用的一种货币制度，这是和当时的经济状况密切相联的。在封建社会，货币的币材主要是白银。伴随着资本主义制度的建立，经济发展一方面为满足小额交易而增加了对白银的需求，另一方面，大宗交易的急剧增加又需要具有更大价值的金币作为交易媒介，这在客观上产生了实行金银复本位制度的要求。而恰好在这个时期，在墨西哥和秘鲁发现了大量的银矿，在巴西则发现了丰富的金砂，这便为金银复本位制度的实行提供了可靠的外部条件，最终促成了金银复本位制度。

虽然金银复本位制度适应了资本主义原始积累时期的要求，解决了商品交换中存在的矛盾，但金银复本位制度是一种极不稳定的货币制度，其原因在于金银复本位制度的安排违背了货币应当具有排他性和独占性的要求。

金银复本位制度的实行意味着必须通过某种机制来确定金币和银币的比价关系。按照确定金币与银币比价关系的机制的不同，金银复本位制度又先后经历了平行本位制度、双本位制度和跛（行）本位制度三个发展阶段。但无论是哪种类型的金银复本位制度，都没有也不可能真正解决金币和银币的兑换比率问题，结果只能是导致货币流通的混乱。

平行本位制度的特征在于它是通过市场的力量来确定金币和银币的比价，即金币和银币分别按照各自所含金属的实际价值流通，两者的兑换比率由市场上的金价和银价来决定。很明显，由于市场上的金价和银价是频繁波动的，因此，平行本位制度条件下货币流通的结果自然是，一方面，货币功能得不到有效的发挥，另一方面使得交易变得非常麻烦。由此可见，平行本位制度是一种不稳定的货币制度。

鉴于平行本位制度上述缺陷的存在，实行金银复本位制度的国家开始采用法律的力量来规定金币和银币的兑换比率，这便是作为金银复本位制度主要形式的双本位制度。

双本位是通过政府法律来规定金币银币兑换比率，金币和银币均按法定比价流通的金银复本位制度。实行双本位制度的目的本来是为了消除平行本位制度下货币流通混乱和商品价格混乱的问题，但从实行双本位制度的国家的实际来看，事与愿违，双本位制度的实行不但没有实现预期的目的，反而使金银复本位制度下的矛盾更加突出。那就是，当市场上的金价银价发生变动时，如果金币银币的法定兑换比率无法得到及时调整，那么就会出现金币和银币的法定比价与其市场价格的背离，结果是实际价值较高的货币（良币）会逐渐退出流通领域而被收藏、熔毁或被输出，市场中大量充斥的是实际价值较低的货币（劣币），这便是著名的劣币驱逐良币现象。由于该规律性的现象是由 16 世纪英国财政大臣托马斯·格雷欣（Thomas Gresham）发现的，因此，又被英国经济学家麦克劳德（Hewry Dunning Macleod）称为"格雷欣法则"。

后来，实行金银复本位制度的国家在规定金币和银币的固定兑换比率的同时，规定了金币可以自由铸造而银币不能自由铸造，并规定了每次支付中使用银币的最高限额。在这种情况下，银币实际上已经变成了辅币，这种货币制度形式被形象地称为跛（行）本位制度。跛（行）本位制度算不上真正意义上的金银复本位制度，它只是金银复本位制度向金本位制度的一种过渡形式。

（三）金本位制度

首先需要说明的是，在国内的货币银行学教材中，人们通常将金本位制度定义为是以黄金作为本位币的一种货币制度。这可能不太科学或不符合当时的实际，因为历史上金本位制度总共经历了金币本位制度、金块本位制度和金汇兑本位制度三个阶段，真正以黄金作为币材，以金币作为本位币的货币制度是金币本位制度，而不是金本位制度，因为到了金块本位制度和金汇兑本位制度时期，已经没有金币在流通，现实中流通的是依附于贵金属金银的银行券。因此，我们可以试探性地将金本位制度定义为以黄金作为货币制度基础，以金币或依附于黄金而存在的银行券作为本位币的货币制度。

1. 金币本位制度。金币本位制度是典型的金本位制度，它是以黄金作为货币的币材，以金币作为本位币的货币制度。金币本位制度是非常稳定的一种货币制度，这主要是因为：

（1）作为本位币的金铸币可以自由铸造、自由熔毁。金币本位制度的这个特征使其能够自发调节货币流通量，保证金币的足值性，从而使货币流通及物价比较稳定。

（2）辅币和银行券可以同金币一起流通，并且可以自由足值地兑换金币。金币本位制度的这个特征既节约了黄金资源，又能够保证辅币和银行券这些价值符号稳定地代表一定量的黄金进行流通，可以有效地防止通货贬值。

（3）黄金和金币可以自由输出输入。金币本位制度的这个特征最终保证了世界各国国际收支的平衡和物价的稳定，建立了黄金在世界各国之间进行调剂分配的自动调节机制，从而为汇率的稳定创造了条件，为对外贷款与投资的安全提供了较为可靠的保证。①

制度的稳定性使得金币本位制度经历了从 1816 年英国宣布实行金币本位制度到 1914 年第一次世界大战爆发时金币本位制度的崩溃为止的近 100 年的时间。

但金币本位制度终究是崩溃了。金币本位制度崩溃的原因主要在于金币本位制度自身存在的缺陷，以及资本主义经济发展使其发挥作用的基础逐渐被破坏。

金币本位制度的内在缺陷主要表现在：

第一，作为币材的黄金的有限性使得金币本位制度无法适应经济发展对货币的需要；

第二，金币本位制度的自我调节货币流通量的功能往往会受到时间的制约；

第三，固定的汇率制度以及黄金和金币的自由输出输入使一国经济容易受到国际经济的冲击和影响。

因此，随着资本主义经济的不断发展，金币本位制度的缺陷日渐显著，逐渐削弱了金币本位制度赖以存在的基础，并最终将金币本位制度推向了死亡。

金币本位制度的崩溃并不意味着整个金本位制度的崩溃。在金币本位制度崩溃以后，金本位制度又采取了两种变相的、延续的形式，即金块本位制度和金汇兑本位制度，也称做残缺不全的金本位制度。

2. 金块本位制度。金块本位制度也称为生金本位制度，是指没有金币的铸造与流通，而是流通中央银行发行的以金块为准备的银行券的货币制度。其特征表现在：

（1）国内已经没有金币的铸造，也已经没有金币的流通，实际流通的是中央银行发行的纸币——银行券。

（2）仍旧规定银行券的含金量，但银行券已经不能自由足值地兑换黄金，而只能是有限制地兑换。例如，1925 年 5 月，世界上最早实行金块本位制度的国家英国曾规定银行券数额在 1 700 英镑以上才能兑换金块，1928 年法国规定的最低限额为 215 000 法郎。

（3）政府通过收购黄金将黄金集中储存于政府，作为银行券流通的保证金。

（4）实行金块本位制度的国家通常是发达国家。

3. 金汇兑本位制度。金汇兑本位制度也称做虚金本位制度，是指国内没有金币的铸造和流通，流通的银行券在国内不能兑换黄金，只有通过兑换外汇来兑换黄金的货币制度。其特征表现在：

---

① 王学青：《货币银行学原理》，35 页，上海，复旦大学出版社，1989。

（1）国内已经没有金币的铸造，也已经没有金币的流通，实际流通的是中央银行发行的纸币——银行券。

（2）仍旧规定银行券的含金量，但银行券在本国不能直接兑换黄金，只能用本国银行券先去兑换实行金块（币）本位制度的国家的银行券（外汇），然后拿外汇到发行该外汇的国家去兑换黄金。

（3）为实现银行券的兑换，实行金汇兑本位制度的国家的中央银行应事先存放一定量的黄金和外汇在实行金块（币）本位制度的国家，并规定本国银行券与该国银行券的兑换比率。国内则无限制地供应外汇以稳定外汇行市和本国的币值。

（4）实行金汇兑本位制度的国家最早主要是经济落后的殖民地国家，这决定了金汇兑本位制度是一种依附性的货币制度。

金块本位制度和金汇兑本位制度是两种不稳定的货币制度，其原因在于：第一，没有金币的流通意味着自发调节货币流通量的机制的丧失；第二，银行券不能自由兑换黄金有可能导致银行券的发行失去控制；第三，金汇兑本位制度下的货币的依附性造成了：一方面，一旦外国货币币值发生变动，本国货币币值的稳定必然会受到动摇；反过来，如果实行金汇兑本位制度国家的居民大量用外汇兑换黄金，则会威胁实行金块本位制度的国家币值的稳定。

正因为如此，金块本位制度和金汇兑本位制度持续的时间并不长，1929—1933 年的世界经济大危机以后，世界各国便纷纷放弃了金本位制度，实行了不可兑现的纸币本位制度。

（四）不可兑现的纸币本位制度

第二次世界大战后的 1944 年，联合国在美国的新罕布什尔州的布雷顿森林召开了由 44 个国家参加的国际金融会议，通过了《国际货币基金协定》和《国际复兴开发银行协定》（总称《布雷顿森林协定》），最终建立了以美元为中心的资本主义国际货币体系，即布雷顿森林体系。

按照布雷顿森林体系的规定，首先让美元与黄金挂钩，即 1 盎司黄金 = 35 美元，然后让各国货币与美元挂钩，各国中央银行可按规定的官价用美元向美国联邦储备体系兑换黄金。这便是以美元为中心的国际金汇兑本位制度。

布雷顿森林体系虽然在一定程度上稳定了世界经济和金融，促进了世界各国经济的发展，但好景不长，在 20 世纪 70 年代，由于世界经济局势的动荡，导致美元贬值，金价大涨，在这种情况下，美国以外的世界各国纷纷用美元向美国的中央银行兑换黄金，结果造成美国黄金大量外流。

为了防止黄金的外流，美国总统尼克松实行了所谓的"新经济政策"，从而宣告了布雷顿森林体系的崩溃。1978 年 4 月，国际货币基金组织在牙买加召开会议，宣布黄金为普通商品，不再执行货币的职能。这时，各国普遍实行了不可兑换黄金的纸币本位制度。

所谓不可兑现的纸币本位制度是指以纸作为货币的币材，以中央银行发行的，具有无限法偿能力的，不可兑现的信用货币为本位币的货币制度。

1. 不可兑现的纸币本位制度的优点

（1）由于不可兑现的纸币本位制度与贵金属几乎完全断绝了关系，货币量具有了较大的伸缩性，政府能够通过对货币量的调整与控制，实现政府的经济政策。

（2）政府可以根据国际收支与国际贸易的状况随时调整汇率。

（3）政府可以通过采取适当的货币政策来实现物价的稳定，并且能够收到立竿见影的效果。

2. 不可兑现的纸币本位制度的缺点

（1）货币供给量的伸缩性较大，容易造成通货膨胀和通货紧缩。

（2）不可兑现的纸币本位制度下的汇率的自由调整，使得国际汇率难以稳定，有时会严重影响国际贸易的正常开展。

重要概念

货币　交易媒介　价值标准　价值贮藏　延期支付的标准　代用货币　银行券　管理通货　信用货币　电子货币　金融资产的流动性　准货币　货币存量　货币流量　货币制度　金银复本位制度　格雷欣法则　金块本位制度　金汇兑本位制度

复习思考题

1. 西方经济学家的货币起源论。
2. 货币的客观评价。
3. 信用货币及其特征。
4. 划分货币层次的重要意义。
5. 国际货币基金组织对货币层次的划分。
6. 我国货币层次的划分。
7. 货币制度的构成要素。
8. 分析不可兑现的纸币本位制度的优缺点。

第二章 信用与融资

第一节 信用及其产生的客观经济基础

一、信用

信用范畴是商品经济发展到一定历史阶段的产物，是货币经济的延伸，并伴随着商品货币关系的发展而不断发展，它构成了货币金融理论的重要内容。

在西方，信用一词最早来源于拉丁文的 Credo。综合考察信用概念我们会发现，它有广义和狭义之分。

初始的信用隶属于道德范畴，其含义主要是指人与人之间的相互信任以及履行承诺等，也就是今天我们所说的诚实守信，即诚信。这里的信用是广义社会信用的概念。

后来，人们将道德范畴的信用概念引入到经济金融领域，使其演变成为一个从属于经济范畴的概念，并赋予了其特定的经济学含义，即信用是以偿还和支付利息为条件的借贷行为，是价值运动的一种特殊形式（G—G′），是一种授信受信活动，其主要特征在于偿还和付息。这里的信用是狭义信用，也是货币金融理论中所研究的信用。对于经济范畴的信用的理解需注意以下几个方面：

首先，经济范畴的信用不同于一般的借贷。一般意义上的借贷古已有之，据记载，在原始公社内部就已经有借贷行为发生，但那时人们之间的借贷是不用支付利息的，如今，在现实生活中无利息的借贷仍旧存在，例如，出于政治的考虑或由于某种经济目的而采用的免除利息的借贷、财政分配等；而经济学意义上的信用则是有条件的借贷行为，贷出者之所以贷出，是因为贷出可以给他带来一个增加额——利息，借入者之所以能够借入，是因为他承担了付息的义务，因此，经济学意义上的信用是以偿还本金和支付利息为条件的借贷行为，而不是一般意义上的借贷。

其次，经济范畴的信用和道德范畴的信用还存在着密切的联系。经济范畴的信用源于道德范畴的信用，是道德范畴信用在经济金融领域的特殊体现，我们不能割断二者之间的联系。经济学意义上的信用中的条件实际上是道德范畴信用中相信、信任、信誉等的体现和延续，它要求人们不能只借不还，只借不还的借贷不是经济学意义上的借贷，不是经济范畴的信用。明确这一点对于加深认识和理解当前存在的所谓信用缺失现象有着非常重要的意义。

最后，经济范畴的信用不同于商品买卖。商品买卖是所有权的转让，表现为价值的对等转移和运动，在交易过程中，交易双方一手交钱，一手交货，是一种买卖关系（W—G—W）；而经济范畴的信用仅仅是借贷对象的使用权的转移，并且，在贷出者让渡借贷对象的同时并不会立即获得任何等价的补偿，而是一种价值的单方面转移，借贷双方建立起的是一种债权债务关系（G—G′）。

二、信用产生和现代信用活动的基础

信用是与商品经济密切相连的一个范畴，是商品经济发展到一定阶段的产物，并伴随商品经济的发展而发展，其产生和发展有着客观的经济基础。

早期信用活动产生的基础是私有制的产生、剩余产品的出现和贫富分化。私有制的产生使得商品和货币具有了占有和消费上的排他性，从而使信用的产生具有了前提条件，剩余产品的出现则为信用的产生提供了对象，而贫富分化的存在则使信用的产生成为必然。

现代信用活动的基础是现代经济运行过程中盈余单位和赤字单位的存在。

在现代经济运行过程中，各经济行为主体（政府、企业、居民家庭）之间甚至于国与国之间的货币收支活动是频繁而复杂的，收支相比较，有时是收支相等，处于平衡状态，但更多的时候是收支在特定时间和空间上不能实现平衡，或者是收大于支，或者是支大于收，货币资金在各经济行为主体之间的分布呈现出非均衡性，收大于支者是盈余单位，支大于收者是赤字单位，盈余单位和赤字单位的存在使得在二者之间进行余缺调剂成为必要，因为只有这样才能消除货币资金分布上的非均衡性，最终满足盈余单位和赤字单位双方的需要。当然，在市场经济条件下，严格的金融产权界定和各经济主体之间独立利益的存在决定了货币资金余缺的调剂不可能通过无偿的方式来实现，而必须采用有借有还，不仅要还本而且要付息的信用方式，即由资金盈余单位将多余资金通过一定的方式借给资金赤字单位使用，到期时，资金赤字单位则要偿还本金，并要支付一定利息。

理论上，通常将通过建立模型对国民经济各部门的货币收支盈余或赤字状况所进行的统计分析称为资金流量分析。

在一个开放经济条件下，经济活动的主体一般包括政府、个人、工商企业、金融部门和国外部门五个部门，考虑到这些主体的经济活动，我们可以把一国的国民收入表示为

$$Y = C + I + X - M$$
$$\text{或} \quad Y - C - I - X + M = 0$$

基于此，我们可以将各部门的货币收支状况用表 2 - 1 来表示。

表 2 - 1 　　　　　　　　各部门货币收支状况

部门	收入	消费	投资	进出口	资金差额 盈余（ + ）赤字（ - ）
1. 政府	Y_1	$- C_1$	$- I_1$		$= F_1$
2. 个人	Y_2	$- C_2$	$- I_2$		$= F_2$
3. 企业	Y_3		$- I_3$		$= F_3$
4. 金融部门	Y_4		I_4		$= F_4$
5. 国外部门	Y_5			$- X + M$	$= F_5$
合计	Y	$- C$	$- I$	$- X + M$	$= 0$

在表 2 - 1 中，F 是指资金盈余状况，它有可能是盈余，也有可能是赤字，由于它所表示的是信用调剂后的资金盈余状况，因此，也被称为金融盈余或金融赤字。

对于参与经济活动的政府、个人、企业、金融部门和国外部门来说，经常出现金融赤字的部门是政府和工商企业，它们通常是资金的需求者；经常出现金融盈余的部门是个人（居民家庭），他们是经济活动中最大的资金盈余部门，是资金的主要供给者；金融部门与国外部门的资金收支状况则有正有负。

在信用关系下，盈余部门的盈余必然表现为该单位的债权，赤字部门的赤字在通过借入弥补时便成为了该部门的债务，这便在资金盈余部门和赤字部门之间形成了债权债务关系，并且盈余部门的债权必然在赤字部门中对应有等额的债务，正因为如此，从理论上说，各部门的资金盈余和资金赤字的和 F 应该等于零。当然，由于实际统计中误差和遗漏的存在，F 很难等于零。

第二节 　信 用 形 式

信用普遍存在于一切商品经济社会当中，但在不同的时期和不同的领域，信用关系又通过不同的形式建立并表现出来，从这个意义上说，信用形式实际上是抽象的信用关系的外在表现形式，是债权债务关系的外在化。

一、最古老的信用形式：高利贷信用

高利贷已经是一个非常古老的话题，为什么还要讨论这个问题呢？这主要是基于以下原因：一是因为高利贷是信用形式发展的起点，出于历史延续性和体系完整性的考虑，我们有必要对其进行分析；二是试图说明为什么作为剥削性质的高利贷能够存在于几个社会阶段，延续那么长的时期；三是为了解释为什么高利贷会在改革开放后的中国死灰复燃。

（一）高利贷的含义及特征

信用产生后采取的最早形式就是高利贷。所谓高利贷是指贷出者通过贷放货币或实物，向借入者收取高额利息的一种信用形式，其特征主要在于利率高，剥削重。从历史角度来看，高利贷一般年利率在30%以上，有时甚至高达100%、200%、300%。

（二）高利贷在前资本主义社会得以长期延续的原因

高利贷的主要特征是利率高、剥削重，那么，为什么这样的一种信用形式会存在于几乎整个前资本主义社会呢？

从前资本主义社会的历史现实来看，高利贷之所以得以长期延续，是与这一时期小生产占主导地位的自然经济密切相连的，具体而言主要是由于两个方面的原因：

1. 可用于借贷的实物和货币不足。前资本主义社会的主要生产方式是以自给自足为特征的小生产方式，生产力水平低下，人们的劳动所得除满足自身需要之外所剩无几，与此相对，那些没落、破产的小生产者及贫苦大众对实物和货币却有着旺盛的需求，在这种情况下，借贷利率自然会高。

2. 高利贷大多用来满足基本生活的需要，很少用于扩大再生产。以自给自足为特征的小农经济决定了前资本主义社会简单再生产的特征，因此，人们也不可能通过借贷高利贷的方式来进行扩大再生产，其借贷的目的更多是为了满足日常基本生活的需要。由于基本生活需要具有刚性特征，所以，为了维持基本的生活需要，即便是利率高，人们也必须去借高利贷。

（三）中国改革开放后的高利贷问题

新中国成立后，带有剥削性质的高利贷基本上已经绝迹，但在1979年经济改革开放后，高利贷又在相当多的地区，尤其是广大农村地区活跃起来。我们应当如何看待这个问题呢？

由于高利贷的重新活跃主要表现在农村地区，因此，对高利贷的认识应从分析农村资金供求状况入手。通过分析发现，高利贷在农村地区趋于活跃的根本原因在于农村货币资金供求的严重失衡，突出表现为农村资金供给渠道的不足和不顺畅。

就农村资金需求来说，在农村经济体制改革后，尤其是在分配制度上实行了

"交够国家的，留够集体的，剩下全是自己的"的改革和经营制度上多种经营形式出现以后，包括各种种植和养殖专业户、私营企业主等在内的农户的生产热情被极大地调动起来，他们尝到了改革的甜头，对未来有着良好的预期，对资金有着旺盛的需求。

与此相对应，改革以后农村资金供给状况却不容乐观，突出表现为农村资金供给渠道不足、不畅，农村金融体制改革明显滞后，无法满足农户对货币资金的旺盛需求，在正规金融制度安排无法满足需求的现实状况下，高利贷便又应运而生了。

由此可见，经济体制改革后高利贷在农村的盛行与农村金融体制改革滞后有着密切关系，要想解决当前农村地区的高利贷问题，可行的方法是加快农村金融体制改革的步伐，为广大农户提供相应的融资渠道以满足其旺盛的资金需求，促进农村经济的进一步发展，任何偏颇的做法都将是不科学的。

二、现代信用形式

伴随着商品经济的不断发展，信用关系的表现形式也在不断地丰富和发展。在现代市场经济条件下，为了更好地解决资金分布上的非均衡性，满足资金盈余单位和赤字单位双方的需要，信用形式呈现出了多样化的趋势，特征各异的信用形式一起构成了一个完整的现代信用体系。

（一）商业信用

1. 商业信用的含义及其实现形式。在现实经济运行过程中，工商企业出现资金短缺是经常的事情，这也决定了企业商品的每次销售不可能都通过现金交易来实现，否则，结果只能是：想购买生产资料的企业因缺资金无法购买，使得再生产过程中断；想出售商品的企业因无法卖出商品，再生产过程同样会难以为继。而商业信用则能够很好地解决这个问题，使再生产过程得以持续不断地进行下去。所谓商业信用是指工商企业与工商企业之间相互提供的、与商品销售相联系的一种信用形式。商业信用的实现形式主要表现为商品的赊销。

2. 商业信用的特征。与其他信用形式相比较，商业信用一般具有以下特征：

（1）商业信用的借贷对象是待实现价值的商品。商业信用是以商品赊销方式提供的信用，企业赊销的商品是仍处于流通过程中等待价值实现的商品，这决定了商业信用活动一方面是借贷的过程，另一方面又是商品销售的过程。

（2）商业信用的债权人和债务人都是工商企业。因为商业信用产生于商品交易过程，是通过商品赊销方式实现的，所以，只有在从事商品生产和流通的企业之间才有可能建立起商业信用关系。

（3）商业信用的规模大小一般与商业周期动态一致。在经济繁荣时期，由于存在良好的利润预期，投资者往往会扩大生产，这样商业信用的供给和需求也会随之扩大；相反，在经济衰退时期，生产者的预期下降，投入减少，生产下降，商业信用的规模也会相应萎缩。

3. 商业信用的局限性。商业信用的特征决定了其存在和发展中的局限性，突出表现在以下几个方面：

（1）规模上的有限性。商业信用的借贷对象是仍处于流通过程中的商品，商业信用规模的大小表现为参与借贷的商品数量的多少，而商品的数量又是由某一企业的生产能力决定的，这也最终决定了商业信用的规模是以一个企业在一个生产流程所能生产出的全部商品为最高限。

（2）方向上的严格性。由于商业信用一方面是工商企业与工商企业之间相互提供的直接信用形式，同时商业信用过程既是借贷过程又是商品的销售过程，这便意味着一个企业之所以向另一个企业赊购（借贷）商品，是因为它要将该种商品作为生产投入，否则，该企业便不会赊购（借贷），这两个企业之间的商业信用关系便建立不起来。一般地，商业信用关系往往是在生产上游商品的企业和生产下游商品的企业之间建立，表现为生产上游商品的企业向生产下游商品的企业提供商业信用。

（3）期限上的短期性。商品生产过程应当是一个连续不断的过程，一个企业将其生产的商品以商业信用方式赊销给另外一个企业的目的在于使商品能够及时、顺利地销售出去，以便及时收回资金来保证下一步生产和流通的正常进行，这决定了一个企业为了实现生产的连续进行，不可能将商品长期赊销出去而不收回货款，它只能是短期借贷，所以，商业信用属于短期信用，只能解决企业短期资金融通的需要。

（4）管理上的困难性。商业信用是在两个企业之间作出的纯商业性的决定，因此，各自都是从自身的微观利益角度考虑问题，这决定了商业信用的运行往往存在着一定的盲目性，并且往往是和宏观经济政策相矛盾的。例如，在经济繁荣时期，为了保证经济的健康运行，宏观政策上往往会采取紧缩的政策以避免经济由繁荣走向过热，恰好是这个时候，商业信用才更加有用武之地，而商业信用作用的发挥又恰恰不能使宏观经济政策得到贯彻实施，一方面商业信用可能会掩盖企业经营管理上的一些问题，造成"虚假的繁荣"，最终产生信用膨胀，影响宏观经济的平稳发展；另一方面，通过商业信用在各企业间形成的债务链条是非常脆弱的，该链条上的任何一环出现问题都有可能酿成严重的债务危机。由此可见，政府必须对商业信用运行实施必要的引导、调控和管理。但问题在于，商业信用关系的建立是两个企业之间私下作出的决定，游离于宏观控制范围之外，具有很强的分散性，因此，虽然政府可以通过相应的信贷政策加以调控和管理，但难度较大。

商业信用的局限性决定了商业信用是不可能完全满足资金融通需要的，为了更好地实现盈余单位和赤字单位之间的资金余缺调剂，必须有其他信用形式的存在。随着经济的不断发展，在商业信用基础上便产生了由金融机构提供以货币资金借贷为特征的信用形式——银行信用。

（二）银行信用

1. 银行信用的概念。银行信用是商业信用发展到一定阶段的产物，它是一个经济体信用制度发达程度的标志。所谓银行信用是由银行及其他金融机构以货币形式，通过存、放款等业务活动向工商企业提供的信用。在此需要注意的是：

（1）银行信用并非仅仅只有银行所提供的信用，它还包括银行以外的非银行金融机构，如保险公司、信托投资公司等所提供的信用；

（2）银行信用一般是指银行及其他金融机构向工商企业提供的信用，不包括向居民家庭提供的信用。

2. 银行信用的特征。

（1）银行信用是一种间接信用形式。在银行信用运行过程中，银行及其他金融机构充当了信用中介的角色，通过吸收存款和储蓄等方式集中社会闲散资金，然后将集中的资金以贷款和投资等方式满足急需资金企业的需要。由此可见，在银行信用中，资金余缺双方并没有建立直接的债权债务关系，它们之间的资金融通活动是借助于银行及其他金融机构这个"桥梁"来完成的。

（2）银行信用是以货币形式提供的一种信用。与商业信用不同的是，银行信用不再以商品为借贷对象，而是以货币资金的借贷为运营内容。

3. 银行信用的优点。银行信用的特征决定了银行信用相对于商业信用具有以下优点，这也使得银行信用能够克服商业信用的局限性。

（1）规模上的无限性。在银行信用活动中，银行及其他金融机构借助于吸收存款和储蓄等方式，依靠其大量的分支机构集中社会各界的大量闲置资金，再加上金融机构业务开展过程中的信用创造，其规模远远超出一个企业所能提供的商品的范围，克服了商业信用规模上的有限性，从而能够更大限度地满足赤字单位对资金的需求。

（2）方向上的非严格性。货币不同于一般商品的特征之一是货币具有一般购买力，即货币能与一切商品相交换，拥有了货币就意味着掌握了相应价值的商品。这决定了银行信用可突破商业信用在提供方向上的局限以满足资金赤字单位的需要。

（3）期限上的可选择性。一般地，金融机构具有期限转换的功能，既能够变短期资金为长期资金，也可以变长期资金为短期资金，因此，金融机构既可以提供短期信用以满足工商企业临时性的资金需求，也可以提供中长期信用来适应工商企业固定资产投资的需要，这便克服了商业信用期限上的短期性的局限。

（4）管理上的便利性。在不兑现信用货币条件下，经济行为主体之间的大量结算都是借助于转账方式实现的，而转账结算是以各经济行为主体在银行等金融机构的存款等为基础的，在转账结算过程中，由于工商企业等的存款流转于金融体系之内，因此，其资金流动、经营管理等方面的情况必然会在金融机构的账面上反映出来，这便于政府及相关部门及时把握各经济行为主体的运营状况，适时予以调控和管理。

由于上述优点，加之金融机构的广泛社会联系、良好的信誉以及较强的信用能力，银行信用在现代经济生活的众多信用形式中成为主要的信用形式。到目前为止，在包括金融市场发达的西方国家在内的大多数国家中，银行信用都是一种主导信用形式。

需要进一步说明的是，银行信用的产生植根于商业信用，服务于商业活动，更加重要的是，银行信用在发展自己的同时也为商业信用的运行提供了更广阔的空间。

（三）政府信用

1. 政府信用的概念与实现形式。政府信用有时也称为国家信用，它是指以国家（政府）为债务人，由国家（政府）通过发行政府债券和直接借款等形式筹措资金的信用形式。政府信用的债务人是政府，债权人包含国内外的金融机构、企业和居民家庭，因此，政府信用有国内信用和国际信用之分。

政府信用的实现形式包括：

（1）由政府发行债券，包括长期公债、短期国库券以及特种债券等。

（2）直接借款包括向银行透支。其中，主要实现形式是发行政府债券，也就是我们在日常生活中所讲的发行国债。

2. 政府信用的作用。在现代经济生活中，政府信用的作用主要体现在：

（1）调剂政府财政收支的临时不平衡。在财政收支活动中，先支后收是经常发生的，这种时间分布上的非均衡性就决定了在政府的一个财政预算年度内出现临时性的财政收支不平衡是常见的事情。例如，在财政预算年度的上半年发生的财政支出可能到下半年才能收进国库。为了解决这种矛盾，保证财政预算计划的顺利实施，政府可借助发行短期国库券的方式来筹措资金。

（2）弥补财政赤字。弥补财政赤字是政府信用的一项基本功能，作为政府信用主要形式的政府债券，从其产生来看，首先是用来弥补财政赤字的。所谓财政赤字是指在政府的财政年度内所出现的财政支出大于财政收入的财政现象。在当今世界各国，政府出现财政赤字是一种常态，如何弥补财政赤字、实现财政收支平衡一直是各国政府努力解决的问题。从理论上说，弥补政府财政赤字主要有下列方法可以选择：增加税收，向中央银行借款或透支，向国外借款，发行政府债券。但从可行性角度说，发行政府债券与其他方法相比具有明显的优越性。正因为如此，当今世界各国政府一般都是通过发行长期公债来弥补财政赤字的。

（3）筹集资金，满足政府开支需要。现代政府是一个具有二重职能的政府，它既要管理国家，维护国家安全，又要履行其经济职能，提供公共产品，满足人们的社会公共需要。这些职能的执行，往往需要巨额的资金，更不要说政府有时还会面对诸如战争、重大自然灾害等的威胁，还要通过发行新债的方式偿还原有的债务。政府信用是政府筹措巨额资金的一种重要方法。

（4）调节经济运行。现实表明，宏观经济的运行离不开政府的适时调节。以政府信用调节宏观经济运行主要表现在直接调节和间接调节两个方面。所谓直接调节是指政府直接通过预算政策来实现对经济运行的调节，例如在经济紧缩时期政府利用财政赤字政策来扩大需求，刺激经济当属此类；所谓间接调节是指政府借助于中央银行来对经济运行进行调节。在现代经济中，中央银行为了调节整个社会的货币供给要进行公开市场操作，而中央银行公开市场操作过程中买卖的主要对象恰好是政府信用运行过程中创造出来的政府债券，公开市场操作的效果最终取决于政府债券的规模及其期限结构的搭配。因此，可以说，政府信用为中央银行调节经济运行提供了必要的前提条件。

3. 政府债务的适宜度。虽然政府信用能够发挥上述作用，但我们应高度重视政府债务适宜度（债务规模）问题。关于政府债务适宜度，国际上一般采用三个指标予以衡量：

（1）政府债务占 GNP 的比重，主要用来反映政府债务总规模对经济运行的影响程度和经济对债务的负担能力及偿还能力，一般认为该比率应保持在 10%～50%；

（2）当年国债发行额占 GNP 的比重，主要用来反映当年国债发行对经济运行的影响，一般认为该比率应当小于 3%；

（3）债务依存度，即当年国债发行额与当年财政支出的比重，这一指标主要用来衡量当年财政支出对政府债务的依赖程度和财政的运行状况，一般认为该比率应以不超过 20% 为宜。

表 2 - 2 为我国国债 1981—2010 年发行情况。

表 2 - 2 我国国债 1981—2010 年发行规模 单位：亿元

年份	发行量
1981	48. 66
1982	43. 83
1983	41. 58
1984	42. 53
1985	60. 61
1986	62. 51
1987	116. 87
1988	188. 77
1989	223. 91
1990	197. 23
1991	281. 25
1992	460. 78
1993	381. 31
1994	1 137. 55
1995	1 510. 90
1996	1 847. 77
1997	2 411. 99
1998	3 808. 77
1999	4 015. 00
2000	4 657. 00
2001	4 484. 00
2002	5 934. 30
2003	6 280. 10
2004	6 923. 90
2005	7 042. 00
2006	8 883. 30
2007	23 139. 10
2008	8 558. 20
2009	17 927. 24
2010	19 778. 30

资料来源：中华人民共和国国家统计局网站。

（四）消费信用

1. 消费信用的概念及其实现形式。消费信用也称为消费者信用，它是指由工商企业和金融机构向消费者个人提供的，用来满足其生活消费方面货币需求的信用形式。例如，从银行贷款购买住房、购买汽车就属于消费信用。消费信用一般有两种基本实现形式，即赊销和消费贷款。

（1）赊销。赊销一般是通过分期付款和使用信用卡来实现的。

所谓分期付款即消费者在购买某些商品时，可以按一定比例先交纳一部分首付款，其余款项在规定时间内分期偿还。

信用卡是现代经济生活中被普遍采用的一种消费信用形式，并已经实现国际联网。所谓信用卡是银行或其他专门的公司向具有一定信誉的顾客所提供的一种赋予信用凭证。

当前，国际上流通使用的大多数信用卡都属于贷记卡，即顾客申领信用卡不需要事先存款到发卡机构，并且发卡机构会允许顾客透支一定额度，信用卡发放的基础是顾客的信誉。顾客在取得信用卡以后，便可凭卡在发卡机构指定的单位购买商品或用于其他支付。每天营业日结束，向顾客出售商品或提供服务的工商企业、商店、宾馆等单位会向发卡机构索偿款项，发卡机构与持卡人定期结算（一般是每月结算一次）。

（2）消费贷款。消费贷款就是由商业银行和其他金融机构向消费者直接或间接提供信用贷款或抵押贷款，用于购买住宅、汽车等高档耐用消费品，其中最典型的是住宅抵押贷款。消费贷款一般属于中长期贷款，如住宅抵押贷款的贷款期限一般都高达几十年。

按照发放对象分类，消费贷款可分为对消费者的贷款和对出售商品的企业的贷款两种。

2. 消费信用的作用。在此需要强调的是，消费信用是一把双刃剑，因此，我们必须客观地看待消费信用的作用，到底它能发挥积极作用还是消极作用必须要视条件而定，无视条件地谈论消费信用的作用是一件非常危险的事情。

一般说来，在社会总供给大于社会总需求，经济处于萧条阶段的情况下，消费信用能够发挥其积极作用。例如，在这个时候，消费信用可以促进消费品的生产和销售，使经济走出萧条，恢复增长，可以提高消费者的当前生活水平和生活质量等；相反，如果社会总供给小于社会总需求，消费过旺，经济过热，消费信用就有可能加剧市场供求紧张的局面，推动物价上涨，造成通货膨胀。除此之外，我们还应当高度注意的是，过度提倡和利用消费信用有可能使消费者背上沉重的债务包袱，一旦消费者无力偿还贷款，便有可能引起连锁反应，危及金融体系的安全与稳定，甚至有可能引发其他社会问题。我们要知道，消费信用是消费者对未来收入的一种透支，过度的消费信用很容易使人们头脑发热，它可能会掩盖社会商品的供求矛盾，最终造成"虚假的繁荣"。

以上所介绍的是现代经济生活中常见的一些信用形式，除此之外还有民间信用、公司信用、租赁信用、信托信用、保险信用、国际信用以及合作信用等，在此不再一一赘述。

第三节　信用工具和金融工具

一、信用工具及其与金融工具的关系

（一）信用工具的含义

各种信用活动中所形成的债权债务关系是借助于一定的方式予以证明的。在早期的信用活动中，人们通常是通过口头协议或记账方式来证明相互间的债权债务关系，但因缺乏相应的法律保障，极易在债权人和债务人之间引起争议和纠纷，因此，不能适应现代经济发展的需要。在现代信用活动中，人们对债权债务关系的证明更多是通过信用工具来实现的。

所谓信用工具是指在信用活动中产生的、具有一定格式，用来证明债权债务关系的合法的书面凭证。

（二）信用工具与金融工具的关系

在国内，货币金融理论界一般认为，信用工具就是金融工具，二者是同一个概念，正因为如此，我们发现在有些货币银行学教材中已经没有了信用工具这部分内容，而只是在金融市场理论中讨论金融工具问题。但从现实来看，信用工具和金融工具之间虽然存在着密切的联系，但二者之间的区别也是不可忽视的，信用工具和金融工具是既相互联系又有区别的一对概念，理解这一点有助于了解金融的发展演变。

首先，信用工具和金融工具之间存在着密切的联系。二者的联系突出表现在金融工具方面，无论是信用工具还是金融工具，包括金融衍生工具都是基于信用工具而产生的，都是用来证明债权债务关系的合法的书面凭证。除此之外，我们从现实就可看出，某些金融工具也就是通常意义上的信用工具，如票据、股票和债券等。

其次，信用工具和金融工具之间存在着一定的区别。金融工具产生于信用工具，但金融工具又是对信用工具的发展和延伸，在我们将其称做信用工具和称做金融工具时的侧重点是存在区别的。例如，当我们将其称做信用工具时，更加强

调的是其证明债权债务关系这层功能，其背后往往存在着一个现实的信用活动，如商业信用、银行信用、政府信用等，而当我们称其为金融工具时，虽然不能否认其能够证明债权债务关系这一功能，但更加强调的是其在金融市场上的筹资投资功能。而到了金融衍生工具阶段如金融期货合约、金融期权合约，其背后已经基本没有现实的信用关系存在，证明债权债务关系这一功能也已日趋弱化，更加突出的是其风险管理的功能及投机功能。

当然，由于在现代金融理论中更加具有现实意义的是金融工具，再加之金融工具已经包容了信用工具，因此，在后面的内容中我们主要谈论的是金融工具。

二、金融工具的基本特征及分类

（一）金融工具的基本特征

应当说，不同的金融工具有着不同的特点，正是各自不同的特点才使其能够满足筹资者和投资者的不同偏好。但从一般意义上说，作为金融工具应具备以下几个基本特征，这也是投资者在进行投资品种选择时应首先考虑的几个因素。

1. 偿还性（期限性）。偿还性或期限性是指金融工具的发行者或债务人到期向债权人偿还金融工具上所记载的应偿债务的特性。现实经济中流通的大多数金融工具均有偿还期的规定，偿还期一般是指从金融工具发行日到到期日为止的这段时间。但需要注意的是，对于投资者来说更加重要的是从持有日到到期日为止这段时间。例如某种 1990 年发行的长期债券，规定到 2005 年到期，那么偿还期应当是 15 年，但对于一个在 1995 年购入该种债券的投资者来说，偿还期便是 10 年而不是 15 年。另外，有些金融工具如股票，因为具有不可返还性，所以，自然也就没有偿还期的规定。

2. 流动性（变现性）。金融工具的流动性或变现性是指在不蒙受损失或不蒙受重大损失条件下，某种金融工具转化为现金的能力。在此应当注意，金融工具的流动性应同时具备变现和较低的交易费用两个特征，缺一不可。从这个意义上说，现金货币是流动性最强的金融工具。一般地，金融工具的流动性同其偿还期是成反比的，与发行者的信誉状况是成正比的。

3. 收益性。金融工具的收益性是指金融工具能够定期或不定期地为持有者带来一定收益的特性。收益的大小通常用收益率这个指标予以衡量。所谓收益率是指持有金融工具所获收益与本金之间的比率，它一般有以下几种表现形式：

（1）名义收益率。名义收益率也称做票面收益率，是指金融工具的票面收益与票面金额之间的比率，即票面利率。

例如，某种一年期债券的票面值是 100 元，票面规定每年支付利息 5 元，那么，该债券的名义收益率便是 5%。

（2）当期收益率。当期收益率是指金融工具的票面收益与当前市场价格的比率。用公式可表示为

$$当期收益率 = 票面收益/市场价格 \times 100\%$$

例如，某种一年期债券的面值是 100 元，票面规定每年支付利息 5 元，该债券当前（某一日）的市场价格是 95 元，则该债券的当期收益率为 5/95 × 100% = 5.3%。

（3）实际收益率。实际收益率即平均收益率，它是指金融工具的当期净收益（票面收益与本金损益之和）与市场价格的比率。用公式可表示为

$$实际收益率 = 当期净收益/市场价格 \times 100\%$$
$$= （年票面收益 + 年均本金损益）/市场价格 \times 100\%$$

例如，某种一年期债券的面值是 100 元，票面规定每年支付利息 5 元，某持有人以 95 元的价格购入该债券并持有到期满，那么，该持有人的实际收益率应当是：

$$（5 元 + 5 元） /95 元 \times 100\% = 10.53\%$$

4. 风险性。金融工具的风险性是指因市场价格波动等原因使金融工具持有者的实际收益与预期收益发生严重偏离的可能性。在金融市场上，金融工具的持有者会面临许多风险，其中主要是违约风险和市场风险。

所谓违约风险也称为爽约风险或信用风险，它是指债务人不能如期对债权人偿还本金和利息的可能性。这种风险的大小主要与债务人的信誉状况有关。

所谓市场风险是指因市场价格波动而使金融工具的持有人无法实现预期收益的可能性。在现代金融市场中，可能引起金融工具价格变动的因素是多重的，如经济因素、政策因素、政治因素、心理因素等。

一般说来，金融工具的风险性和偿还期的长短是呈反向变动的，与流动性是呈正向变动的。

（二）金融工具的分类

按照一定的标准，我们可以将多样化的金融工具划分成以下不同的种类：

1. 按照偿还期限的长短，可以将金融工具划分为短期金融工具、长期金融工具和不定期金融工具。

短期金融工具也称为货币市场工具，它是指偿还期限在一年以内（包含一年）的金融工具，如票据、大额可转让定期存单等就属于短期金融工具。

长期金融工具也称为资本市场工具，它是指偿还期限在一年以上的金融工具，如股票、债券等便属于长期金融工具。

不定期金融工具主要指的是银行券和货币，其偿还期限是不容易确定的，因

此称做不定期金融工具。

2. 按照发行者的性质，我们可以将金融工具划分为间接金融工具和直接金融工具。

间接金融工具是指由作为筹资投资中介的金融机构发行的金融工具，如银行券、存款单、保险单、银行票据等就属于间接金融工具。

直接金融工具是指由筹资者如工商企业、政府等签发的金融工具，如商业票据、股票、公司债券、政府债券等就属于间接金融工具。

3. 按照金融工具与实际信用活动是否直接相关，我们可以将金融工具划分为原生性金融工具和衍生性金融工具。

原生性金融工具是指与实际信用活动直接相关，在实际信用活动中用来证明债权债务关系的那些金融工具，如商业信用活动中的商业票据、政府信用活动中的政府债券、公司信用中的股票、债券等。

衍生性金融工具是指与实际没有直接联系，而是在原生性金融工具基础之上派生出来的那些金融工具，如金融期货合约、金融期权合约、互换合约等。

三、原生性金融工具

原生性金融工具通常又按照偿还期限长短的不同划分为短期金融工具、长期金融工具和不定期金融工具。因为不定期金融工具主要是指货币，而有关货币的内容已经在第一章给予了介绍，所以在本部分主要介绍的是短期金融工具和长期金融工具。

（一）短期金融工具

如前所言，短期金融工具是指偿还期限在一年以内（包括一年）的金融工具，其核心组成部分是票据，除此之外，还包括信用证、信用卡、大额可转让定期存单、国库券等。下面择其要者予以介绍。

1. 票据

（1）票据及票据行为。所谓票据是指由出票人签发的，具有一定格式，到期由付款人在一定时间、一定地点无条件支付一定款项给收款人或持票人的信用凭证。

票据行为一般包括出票行为、承兑行为、背书行为、贴现行为和保证行为等。

出票行为，也称做发票行为，即签发、创造票据的行为。签发票据的人叫出票人，票据签发的对象是受票人。

承兑行为。承兑是"承认兑付"的简称，指的是票据的付款人承诺在票据到期时保证付款的行为。只有商业汇票才有承兑的问题。

背书行为。背书也称为里书，它是指票据的持有人在转让票据时在票据的背面签名的行为，其目的在于表明背书人对该票据所代表的债务的偿付负有法律上的连带责任。

贴现行为。贴现行为是指票据的持有人将未到期的票据卖给银行以融通资金的行为。

保证行为。保证行为是指由非票据债务人对出票、背书、承兑等行为中所产生的债务予以保证的行为。

（2）票据的种类。票据一般可分成汇票、本票和支票三种。

汇票。汇票通常是指债权人开给债务人的，要求债务人在一定的时间、一定的地点无条件支付一定款项给收款人或持票人的票据。按照出票人的不同，我们可以将汇票分为商业汇票和银行汇票，其中，商业汇票是需要承兑的。按照承兑人的不同，我们可以将商业汇票分为商业承兑汇票和银行承兑汇票。除此之外，按付款期限的不同，汇票还可分成即期汇票、远期汇票和定期汇票。

本票。本票通常是指债务人开给债权人的，承诺自己在一定的时间、一定的地点无条件支付一定款项给收款人或持票人的票据。按照出票人的不同，我们可以将本票分成商业本票（期票）和银行本票。

支票。支票是银行的活期存款客户开给银行的，要求银行在一定的时间、一定的地点无条件地在其存款余额和透支额限度内支付一定款项给收款人或持票人的票据。按照能否提取现金我们可以将支票分为现金支票和转账支票。在西方市场经济国家现金支票既能提取现金，又可办理转账，而转账支票只能办理转账不能提取现金；而在我国现金支票只能提现金，不能办理转账，转账支票只能办理转账不能提现金。除此之外，支票还有保付支票、旅行支票等类型。

2. 信用证

信用证是银行应客户的要求向受益人开出的，记载有一定的金额，约定在一定的时间、一定的地点凭规定的单据付款的书面保证文件。

信用证可分为商业信用证和旅游信用证两种。

（1）商业信用证。商业信用证是商业银行应客户的要求开出的，证明客户的支付能力，并承诺在客户无力支付时由银行保证支付的信用凭证。商业信用证是国际贸易中一种主要的支付结算方式。

（2）旅游信用证。旅游信用证也称为货币信用证，它是银行应客户的要求开出的，由客户凭此支取现金的一种信用凭证。因为这种信用证是为方便旅游者出国旅游时支付款项而发行的，所以国际上一般将其称为旅游信用证。

3. 大额可转让定期存单

大额可转让定期存单（Interest – Bearing Negotiable Certificates of Deposits，CDs）是由银行签发的，载有存款金额、期限和利率，可以在金融市场上流通转让的一种定期存款凭证。世界上最早的大额可转让定期存单是由美国纽约花旗银行于 1961 年创造出来的。相对于普通定期存单而言，大额可转让定期存单一般具有如下特点：

（1）面额大。在美国，大额可转让定期存单的最低面额为 10 万美元。

（2）期限严格固定。与普通定期存单相比，大额可转让定期存单的期限是严格固定的，不到期限不得提取。

（3）利率高。大额可转让定期存单的利率一般高于普通定期存单利率。

（4）可以在金融市场上流通转让。

（5）期限短。大额可转让定期存单的期限最长不超过一年，一般可分为 30 天、90 天、180 天、一年等。

（二）长期金融工具

长期金融工具是指偿还期限在一年以上的金融工具，有时也被称为"资本证券"或"有价证券"，主要有股票和债券两类。

1. 股票

（1）股票的含义。股票是股份制度的产物，它是由股份公司开给股东的，证明股东的股份与股权，股东凭此可以获得股息和红利的一种所有权凭证。

（2）股票的种类。为了满足投资者的不同投资偏好，顺利地筹集资金，股份公司发行有不同类型的股票。但在现代股份公司制度运行过程中，最重要也是最基本的股票类型，是按照股东在股份公司中享有权利的不同而划分的普通股股票和优先股股票。

①普通股股票。普通股股票是股份公司不加以特别限制，股东可以参与公司经营管理、股息和红利随股份公司盈利状况变动而变动的股票。普通股股票是股份公司发行的一种标准化股股票。

持有普通股股票的股东就是普通股股东，普通股股东在股份公司中一般享有下述四项权利：

● 参与公司经营管理的权利。如果从一家股份公司刚成立时说起，普通股股东拥有参加股东代表大会的权利、选举和弹劾董事和监事的权利、对公司重大经营决策进行表决的权利。表决的原则是"一股一票"的原则，表决的方式是"举手表决"，俗称"用手投票"。需要注意的是，由于现代股份公司股权的分散化和制度上的变异（如"加票制"等），这项权利对大多数中小股东来说是没有实际意义的。因此，我们经常看到的是，中小股东通常不是"用手投票"，而是"用脚投票"。

- 参与公司盈余分配的权利。按照规定，普通股股东可以分享公司的盈余，但具体能否分享以及分享多少，要视公司经营状况而定，"有则分，没有则不分"。因此，普通股股东能否分享到公司的盈余具有很强的不确定性，尤其是在监管不严，存在假账、假报表的情况下，可能会出现"有也未必分"的现象。

- 参与公司剩余财产分配的权利。普通股股东所享有的这项权利是针对股份公司运营的特殊阶段而言的，即如果股份公司倒闭破产了，经过资产清理还有剩余财产的话，普通股股东可以参与分配。当然从现实来看，在股份公司倒闭破产后是不会有财产剩余的，因此，此项权利形同虚设。

- 对公司新股的优先认购权。对公司新股的优先认购权意味着，普通股股东对于本公司的新增发股票以及配股拥有优先购买的权利。只要在一家股份公司增发股票或配股时普通股股东持有该公司的旧股票，即享有相应的权利，那么，普通股股东便对该公司的新增发股票以及配股有优先购买的权利。

②优先股股票。优先股股票是指其持有人没有参与公司经营管理的权利，但享有先于普通股股东对股份公司盈余和剩余财产进行分配的权利的股票。由此可见，持有优先股股票的优先股股东区别于普通股股东的地方就在于，他们享有两个方面的优先权。

- 对公司盈余分配的优先权。优先股股东的股息是在股份公司成立之初便事先确定好了的，不受股份公司盈利状况的影响，也就是说，"有则分，没有也得分"。当然，在现代股份公司运行过程中，该项规定已有所变异，例如在西方某些国家对优先股股票有"累积股息优先股"和"非累积股息优先股"之分。

- 对公司剩余财产分配的优先权。这就是说，对于股份公司破产倒闭或解散清算后的剩余财产，优先股股东要先于普通股股东行使其分配权。当然，如前所言，在公司倒闭破产或解散清算后一般不会有剩余财产存在，因此，对于优先股股东来说，剩余财产分配权仍然是形同虚设。

2. 债券

（1）债券的含义。从法律角度讲，债券是债务的一种证明书，它是由债务人作出承诺，在债务到期时向债权人按照事先约定还本付息的债权凭证。

（2）债券的类型。在经济运行过程中，债券就像股票一样，存在着许多类型。

①按照发行主体分类，我们可以将债券划分为政府债券（国家债券，俗称国债）、公司债券（企业债券）和金融债券。

● 政府债券。政府债券是由中央政府、地方政府以及政府担保的公共部门发行的债券，其中最为主要的是中央政府债券。政府债券包括中长期公债、短期国库券和特种政府债券。由于政府债券由政府信用作基础，有税收支付作保证，信誉较好，因此，通常被称为"金边债券"、"无风险债券"。

● 公司债券。公司债券是由公司或企业为筹集长期资金而发行的债券。常见的公司债券主要有以下几种：

a）抵押债券，即发行债券的企业或公司以土地、设备、房屋等不动产为抵押而发行的债券。如果到期时发行债券的企业或公司不能还本付息，相应机构可依法处置其抵押品来抵付。

b）无担保债券，也称为信用债券，即不需要提供任何抵押品，仅以发行债券的企业或公司的信用为基础发行的债券。由于没有发行担保，这种债券相对于抵押债券来说，投资风险较大，正因为如此，在发行这类债券时往往规定相应的限制条件以保护债权人的利益，如对债券发行数量的限制、对发行公司处置资产的限制等。

需要注意的是：无担保债券不仅仅是对公司债券而言的，政府债券、金融债券一般都是无担保债券。

c）可转换债券，即在发行时就事先规定持有人可以在将来某一时间，按照事先约定的条件（如价格、转换比率等）将该债券转换成该公司其他证券（通常是该公司的股票）的债券类型。

d）垃圾债券，指由信誉等级较低的公司所发行的，低于评级机构所要求的投资级别（通常是低于标准普尔公司的 BBB 级或穆迪公司 baa 级）的债券。一般是指由缺乏规模和利润水平的新兴公司发行的债券。

● 金融债券。金融债券是由金融机构为筹集资金而发行的债券。从多数国家的实际情况来看，政府对金融债券的发行往往控制很严。

②按照发行方式分类，我们可以将债券分为公募债券和私募债券。

● 公募债券，简称公募债，它是由发行者面对所有社会投资者发行的债券。

● 私募债券。它是公募债券的对称，是指由发行者对社会上特定的投资者，如保险基金、养老基金会等发行的债券。

③按照付息方式分类，我们可以将债券划分为附息债券和贴现债券。

● 附息债券，是指债券的持有者可以凭借债券上所附的息票分次领取利息的债券。

● 贴现债券，是指债券的发行者以低于债券票面金额发行，到期按票面金额偿还本金的债券。债券发行价格与偿还额之间的差价，就相当于债券发行人在债券发行时一次性付给债券持有人的利息。

④按照债券的存在形式分类，我们可以将债券划分为有纸化债券和无纸化债券。其中，无纸化债券又可分为凭证式债券和记账式债券。

⑤按照利率能否浮动分类，我们可以将债券分为固定利率债券、浮动利率债券和混合利率债券。

3. 股票与债券的联系与区别

（1）股票与债券的联系。无论是股票还是债券都是筹资和投资的工具，二者的联系突出表现在它们都属于虚拟资本。

虚拟资本（Subjective Capital）是真实资本或实质资本的对称，是指自身没有价值，但能够定期或不定期地为持有者带来一定收益的资本。应当说，在虚拟资本形成时，其价格和真实资本的价值是有联系的，但二级市场的投机活动有可能使虚拟资本的价格远远脱离真实资本的价值，超过一定的限度，便会出现泡沫经济（Foam Economy）。

（2）股票与债券的区别。

①发行主体的范围大小不同。股票只有股份公司才能发行，而债券的发行主体既包括股份公司，也包括其他的企业、政府和金融机构。

②性质不同。股票是所有权凭证，一般具有不可返还性，而债券是一种债权凭证，它一般有着固定的期限，具有偿还性。

③风险大小不同。由股票和债券的性质决定，股票的风险一般大于债券的风险。

④收益不同。首先，按照风险—收益对称的原则，股票的收益一般大于债券的收益；其次，就股票和公司债券而言，分配时序上也存在差异，一般情况下，债券分配在先，股票分配在后。

四、衍生性金融工具

（一）衍生性金融工具及其产生和发展的原因

1. 金融衍生工具的含义。在国内，对于衍生性金融工具有许多种翻译法，如衍生性金融工具、金融衍生工具、衍生性金融商品、金融衍生商品等，我们在此将其称为金融衍生工具。

金融衍生工具是金融创新的产物，它是指以货币、股票以及债券等原生性金融工具为基础而派生出来的一种新型的投资和风险管理工具。金融衍生工具依附于货币、股票、债券等而存在，不具有独立性。

2. 金融衍生工具产生和发展的原因。20 世纪 70 年代是世界经济发展中的多事之秋，金融衍生工具于这个时期在以美国为首的西方发达市场经济国家产生并得到长足的发展是有着客观背景的，这主要表现在：

（1）经济自由化思想的影响。经济思想对经济行为的影响是非常明显的，正如凯恩斯所说："从事实际事务的人相信他们自己完全能够免受任何智者的影响，但他们却往往是某些已故经济学家的奴隶。当政的狂人自以为凭空可获得政见，然而他们的狂想却往往是从数年以前某些经济学者的思想中汲取而来。"由于凯恩斯主义学派对西方现实经济中所存在的"滞胀"问题无法进行有效的解释和解决，因此，在20世纪70年代，以自由竞争、经济自由化为特征的货币主义学派、奥地利学派和新古典主义经济学说代替凯恩斯主义学派成为经济思想中的主流。受此影响，西方发达国家政府纷纷在这一时期放松了对金融机构的管制，金融管制的放松为金融工具的创新提供了宽松的环境。更为重要的是，金融理论的发展直接推动了金融衍生工具的产生和发展，在这方面贡献最大的要数诺贝尔经济学奖得主米尔顿·弗里德曼以及美国学者布莱克和斯克尔斯，弗里德曼在1973年发表了《货币需要期货市场》，后者则建立了股票欧式看涨期权定价模型（布莱克—斯克尔斯模型）。

（2）银行的积极推动。银行的积极推动是金融衍生工具能够得到发展的一个重要因素。银行之所以会积极参与金融衍生工具的设计、开发、交易主要是基于以下两个方面的原因：

①在巨大的市场压力下，拓展新的业务领域的需要。20世纪70年代，面对日益复杂多变的金融状况，一些新兴的非银行性质金融机构，如共同基金、储蓄银行等，凭借自己受政府管制较少的优势，创造出大量的新颖并富有吸引力的金融工具，同银行展开了一场争夺信贷资金来源与信贷份额的竞争，使得银行在信贷市场上的竞争地位日益削弱。为了保持和扩大自己的市场份额，提高自己的竞争实力，银行具有在传统业务之外另辟蹊径的内在动力。

②规避外部资本管制的需要。1988年7月，为加强对银行的监管，防范银行危机，由国际清算银行巴塞尔委员会颁布的《巴塞尔协议》对银行资本及资本充足性进行了明确的规定，这些规定无形中对银行构成了巨大的压力。这是因为，银行所从事的传统资产业务——贷款通常是风险系数较大的业务，按照《巴塞尔协议》的规定，银行从事高风险的资产业务应有更高的资本要求，而银行增加资本又必然会影响自身的盈利。在这种条件下，银行的理性选择必然是业务表外化，即从事那些既不会影响自身盈利，又能满足《巴塞尔协议》规定的，不在银行资产负债表中予以反映的业务，金融衍生工具的交易恰好满足了银行的这种要求，因为大量的金融衍生工具的交易都属于银行的资产负债表外业务。

（3）新技术的推动。金融衍生工具的开发、设计、交易、结算比原生性金融工具要复杂得多，它需要强有力的技术作支持。开始于 20 世纪 50 年代的、以信息技术为核心的新技术革命为金融衍生工具的产生和发展提供了坚实的物质技术基础：信息成本的降低，节约了金融衍生工具设计、交易、结算等方面的费用；电信、信息处理和计算机技术的发展使全球金融市场连为一个整体，使金融衍生工具的交易范围更加广阔。

（4）客户的需要。没有需求便没有供给，因此，客户的需要是金融衍生工具得以产生和发展的决定性的因素。20 世纪 70 年代初，于 1944 年建立的，维系整个世界经济发展的布雷顿森林体系正式崩溃，各个国家纷纷放弃固定汇率制度而实行浮动汇率制度，延续了近 30 年的固定汇率制度被浮动汇率制度所代替。浮动汇率制度的实行，使得汇率变动不定，汇率风险加剧；与此同时，由于石油价格的上涨，以美国为首的西方发达市场经济国家纷纷爆发了通货膨胀，商品价格、市场利率、股票价格处于难以预料的波动之中。所有这一切，使得公司企业、居民家庭时刻面临市场波动所带来的风险，他们迫切需要能够规避市场风险的金融安排，而金融衍生工具就恰好满足了他们的这种需要。

（二）金融衍生工具的种类

从当前的现实来看，按照交易方法和特点，理论界通常将金融衍生工具划分为金融远期、金融期货、金融期权和金融互换这四个基本类型。

1. 金融远期（Forward）。远期是即期的对称，金融远期兴起于 20 世纪 80 年代，它是其他金融衍生工具的基础，其他金融衍生工具是金融远期的延伸或变种。

所谓金融远期是指由交易双方签署的，约定在将来某一时间按照一定的价格交易某种金融工具的协议。金融远期协议一般包括远期外汇协议（Agreement for Forward Exchange）和远期利率协议（Forward Rate Agreement）两种类型。

（1）远期外汇协议。它是指在将来某一时间由交易双方按照事先商定的交割币种、金额、汇率以及交割地点等进行实际交割的协议。

（2）远期利率协议。它是指交易双方签署的，就一笔按浮动利率计息的债务约定一个协议利率，将来债务到期时由交易的一方向另一方支付协议利率和市场利率之间差额的协议，目的在于规避未来利率变动的风险或利用利率波动进行投机。

2. 金融期货（Financial Future）。金融期货是金融现货的对称，它是指由交易双方签署的，约定在将来某一时间按照事先规定的条件买进或卖出一定数量某种金融工具的合约。按照买进或卖出的金融工具的不同，金融期货一般包括利率期货、股票指数期货和外汇期货三种类型。

（1）利率期货。它是指交易双方签署的，约定在将来某一时间按照事先规定的条件买进或卖出一定数量某种债券的合约。由于债券的市场价格同利率之间关系密切，所以通常将其称为利率期货。

（2）股票指数期货。它是指交易双方签署的，约定在将来某一时间按照事先规定的条件买卖股票指数的合约。

（3）外汇期货。它是指交易双方签署的，约定在将来某一时间按照事先规定的条件买进或卖出一定数量某种外币的合约。外汇期货合约中对交易币种、合约金额、交易时间、交割地点等都会作出明确的规定。

3. 金融期权（Financial Option）。金融期权是指由交易双方签署的，约定在将来某一时间按照事先规定的条件买进或卖出一定数量某种金融工具的权利的合约。

（1）按照买进或卖出的金融工具的不同，金融期权包括利率期权、外汇期权、股票期权、债券期权、股票指数期权、黄金期权等。

（2）按照交易方式的不同，金融期权可分为看涨期权、看跌期权。

①看涨期权。它是指期权的买方在预计价格会上涨的情况下，向期权的卖方买进一定数量某种金融工具的期权合约。

②看跌期权。与看涨期权相反，看跌期权是指期权的买方在预计价格会下跌的情况下，向期权的卖方卖出一定数量某种金融工具的期权合约。

（3）按照权利行使时间的不同，金融期权可分为欧式期权和美式期权。

①欧式期权。它是指期权的买方必须在合约到期时才能行使或放弃权利的期权形式。

②美式期权。它是指期权的买方在期权有效期当中的任一时间都能行使权利或放弃权利的期权形式。

4. 金融互换（Financial Swap）。金融互换是交易双方签署的，约定在将来某一时间按照事先规定的条件彼此交换一定现金流（支付款项）的协议，主要包括货币互换和利率互换两种类型。

（1）货币互换。它是指交易双方约定在将来某一时间按照事先规定的条件将计息方式相同、期限相同，但币种不同的两种货币的本金及利息进行互换的协议。

（2）利率互换。它是指交易双方在币种相同、期限相同、本金相同的情况下，约定在将来某一时间按照事先规定的条件彼此交换按不同方式计息的利息现金流（利息支付）的协议。需要注意的是，互换和掉期或调期在英文表示上虽然是同一个词 swap，但它们却不是同一概念。

第四节　直接融资与间接融资

一、直接融资与间接融资

（一）直接融资

直接融资指的是资金赤字部门通过向资金盈余部门出售自己发行的证券，如股票、债券、票据等来筹集资金的方式。在直接融资过程中，证券的发行者和投资者，一方是资金盈余单位，另一方是资金赤字单位。

（二）间接融资

间接融资是指金融中介机构通过发行存单、银行票据等方式集聚资金盈余部门的闲置资金，然后再贷放给资金赤字部门的融资方式。

由此可见，直接融资和间接融资的区别主要看资金盈余单位在通过购买证券的方式为资金赤字单位提供资金时，购买的到底是谁发行的证券，如果是资金赤字单位发行的，则属于直接融资；如果是由作为筹资投资中介的金融机构发行的，则属于间接融资。

二、直接融资和间接融资的优缺点分析

（一）直接融资的优缺点

1. 直接融资的优点

（1）能够实现公司或企业融资方式的多元化。公司或企业在原有银行贷款基础之上有了新的融资渠道，从而实现了融资方式的多样化，这有利于其分散融资风险。

（2）发行股票能够为公司或企业筹集到资本金，优化其财务结构。公司通过发行股票方式筹集到的资金属于公司的资本，这样，公司的财务结构便得到了优化。

（3）能够提高投资者的资产关切度，从而促使公司或企业提高资金的使用效率。投资者投资股票所得的股息和红利以及投资债券所获得的利息直接和公司（企业）的经济效益相关，因此，投资者会因对自身收益的关心而关注企业或公司的经营状况，企业或公司也会为了给投资者一个好的回报而加强资金管理，提高资金的使用效率。

（4）能够为产权的交易和整合提供必要的条件。有直接融资就必须有证券发行的交易的市场，而市场上证券（主要是股票）的交易可以盘活资产，从而实现社会资源的优化配置。

2. 直接融资的缺点

（1）一般情况下，直接融资的融资成本要高于间接融资。这在公司金融理

论中已经得到了充分的证明。

（2）直接融资较间接融资存在更加严重的信息非对称。西方经济学家戴尔曼德（Diamond）、斯蒂格利茨（Stiglitz）等都对此进行过描述。

（3）对投资者来说，直接融资的风险要大于间接融资。

（二）间接融资的优缺点

由于间接融资是直接融资的对称，因此，一般说来，二者间的优缺点正好是相对的，即直接融资的优点恰好是间接融资的缺点，而直接融资的缺点则刚好是间接融资的优点。

表 2-3 显示了 1986—2007 年我国的直接融资与间接融资情况。

表 2-3	1986—2007 年我国间接融资与直接融资情况		单位：亿元
年份	间接融资（1）	直接融资（2）	（2）/［（1）＋（2）］%
1986	8 150.00	401.84	4.70
1987	9 800.00	562.88	5.43
1988	12 219.50	873.68	6.67
1989	14 360.10	1 128.77	7.29
1990	17 680.70	1 319.34	6.94
1991	21 337.80	1 754.34	7.54
1992	26 332.90	2 653.07	9.16
1993	32 943.10	3 074.78	8.54
1994	40 810.10	3 493.40	7.89
1995	10 568	1 380	11.6
1996	10 613	1 755	14.2
1997	13 758	2 697	16.4
1998	11 610	2 737	19.1
1999	10 846	3 012	21.7
2000	12 499	4 664	27.2
2001	12 558	3 997	24.1
2002	19 228	5 005	19.8
2003	29 936	5 218	14.9
2004	24 066	4 957	17.1
2005	24 617	6 060	19.8
2006	32 687	7 187	18.0
2007	39 205	10 500	21.1

资料来源：黄达：《金融学》，81~82 页，北京，中国人民大学出版社，2009。

重要概念

信用 商业信用 银行信用 政府信用 消费信用 信用卡 消费贷款 信用工具 名义收益率 当期收益率 实际收益率 违约风险 市场风险 间接金融工具 直接金融工具 原生性金融工具 衍生性金融工具 票据 汇票本票 支票 信用证 CDs 股票 债券 垃圾债券 公募债券 私募债券 附息债券 贴现债券 虚拟资本 远期利率协议 金融期货 金融期权 互换 欧式期权 直接融资 间接融资

复习思考题

1. 如何理解信用的含义？
2. 如何看待中国改革开放后的高利贷问题？
3. 商业信用的局限性。
4. 银行信用的优点。
5. 政府信用的作用。
6. 应如何正确看待消费信用的作用？
7. 信用工具和金融工具的关系。
8. 金融工具的基本特征。
9. 与票据有关的行为有哪些？
10. 普通股股东在股份公司中都享有哪些权利？
11. 股票与债权的联系与区别。
12. 金融衍生工具产生和发展的原因。
13. 对比分析直接融资和间接融资。

第三章　利息与利率

第一节　利息的本质与利率种类

一、利息的本质

利息是信用行为的产物，只要信用关系存在，利息就必然存在。在信用关系中，货币资本使用权的让渡者必然会要求货币资本的使用者给自己一定的补偿，以弥补其因放弃一定时期内货币资本使用权而丧失的经济利益。于是，利息随之产生，它是信用关系中债务人支付给债权人的报酬，同时又是信用存在和发展的必要条件。

对于利息本质问题的研究，即利息从何而来以及利息体现了什么样的生产关系，经济学家们有着不同的看法。

马克思对此问题有过深刻的剖析。他认为利息直接来源于利润，是剩余价值的转化形式，但利息又只是利润的一部分，而不是全部。在资本借贷的过程中，借者要么将借入资本作为产业资本从事生产，要么将它作为商业资本从事流通，其最终结果都能产出利润；而其中一部分而非全部利润将支付给贷出方，作为使用资本的报酬。之所以是一部分，是因为对借入者来说，借贷资本的使用价值就在于它会替他产生利润；另一方面，利润也不能全归借入者，不然的话，他对这种使用价值的让渡就什么也不支付，贷出者也就没有必要让渡使用权了。

西方其他经济学家也对利息本质作过深入的研究，形成了不同的答案。有的将利息看成是因暂时放弃货币的使用权而获得的报酬，因为当贷者贷出货币后，在约定的时期内，不论自己怎样迫切需要货币，也不能使用他自己的货币，这就会给他带来某种损失，因而需要补偿。有的将利息看做是因为贷款人承担了风险而获得的报酬；也有学者认为，利息是人们在一定时期内，放弃货币的周转灵活性的报酬，即利息是放弃流动性偏好的报酬。还有学者认为，利息来源于资本的边际生产力。

二、利率与利率体系

（一）利率及其表示方法

利率是利息率的简称，是借贷期内利息额同本金额的比率，它是计量借贷资本增值程度的数量指标。用公式表示为：利率＝利息／本金。

通常，利率可表示为年利率、月利率和日利率三种形式。

年利率是以年为单位计算利息，通常以本金的百分之几表示；月利率是以月为单位计算利息，通常以本金的千分之几表示；日利率，习惯也称"拆息"，是以日为单位计息，一般以本金的万分之几表示。三者之间的换算关系是：

$$年利率＝月利率×12＝日利率×365$$

（二）利率体系

在一个国家或地区，利率是以多种形式表现出来的，如中央银行利率、商业银行利率、存款利率、贷款利率、银行同业拆借利率等等，它们共同构成了一个国家和地区的利率体系。利率体系，也称做利率系统，是指某经济体内部所存在的，相互联系、相互影响、相互制约的各种利率的集合，主要包括利率结构和各种利率间的传导机制。

三、利率的种类

按照不同的标准，利率有着多种不同的分类，经济生活中常见的分类方法有：

（一）基准利率

基准利率也称为中心利率，它是在多种利率并存条件下，或者在利率体系中起决定作用的利率，它反映着全社会的一般利率水平。这里所谓的起决定作用是指，该利率的变动影响和决定着体系内其他利率的变动。在西方国家，基准利率一般是指中央银行的再贴现率。在美国，基准利率一般是指联邦基金利率，我们经常说的美国联邦储备委员会下调利率，指的就是这个利率。英国的基准利率为英国伦敦银行同业拆借利率（LIBOR），也往往是国际借贷的一个基准利率。在我国，理论界对于基准利率的表述存在着不同的认识，但一般认为是中国人民银行对商业银行的再贷款利率。当然由于我国目前对利率实行管制，由国家直接制定银行的存贷款利率，因此，有人认为中国人民银行确定的存贷款利率就是我国的基准利率。

（二）按照在借贷期内是否调整，利率可分为固定利率和浮动利率

固定利率是指在借贷业务发生时，由借贷双方确定的利率，在整个借贷期内，利率不因资金供求状况或其他因素的变化而变化。所谓浮动利率，是指在借贷期内可定期进行调整的利率。浮动利率一般是根据市场短期利率的变化，每3

个月或 6 个月调整一次。

固定利率与浮动利率二者各有长短。固定利率因其利率固定，对借贷双方准确计算成本和收益十分简便，在借款期限较短或市场利率变化不大时可采用。但如存在严重的通货膨胀或通货紧缩趋势，固定利率的采用将使借方或贷方承担较大的利率风险，在借贷期长的情况下更是如此，因而在越来越多的借贷中开始采用浮动利率。浮动利率可以减少市场变化的风险，但不便于借贷双方计算收益和成本。在国际金融市场上，因为资金来源的利率经常波动，所以贷款的利率也要随之浮动。在我国，外汇贷款的利率一般采取浮动利率，就是因为这个原因。对于人民币贷款，我国现行利率管理制度规定，存款利率为固定利率，即存款日那天的利率在存款期限内将不再变动，但贷款利率则为浮动利率，一年一定，如中国人民银行调整贷款利率，生效期为次年的 1 月 1 日。

（三）按照计算方法的不同，利率分为单利和复利两种

单利是只按本金计算利息，利息不再计入本金重新计算利息，其计算公式为

$$I = P \cdot i \cdot n \qquad\qquad (3-1)$$
$$S = P(1 + i \cdot n) \qquad\qquad (3-2)$$

式中，I 代表利息额，P 代表本金，i 代表利率，n 代表时间，S 代表本利和。

例如，某人从商业银行贷款 100 万元，贷款期限为 3 年，贷款的年利率为 5%，则到期时该借款人按单利计算应支付的利息和本利和为

$$I = 1\,000\,000 \times 5\% \times 3 = 150\,000(元)$$
$$S = 1\,000\,000(1 + 5\% \times 3) = 1\,150\,000(元)$$

复利则是指计算利息时按照一定的期限，将利息加入本金，作为下一期计算利息的基础，俗称"利滚利"，其计算公式为

$$I = P(1 + i)^n - P = P[(1 + i)^n - 1] \qquad\qquad (3-3)$$
$$S = P(1 + i)^n \qquad\qquad (3-4)$$

式中，S 代表本利和，n 代表期数，P 代表本金，i 代表利率，I 代表利息额。

假如上例用复利计算，则应付利息和本利和为

$$I = 1\,000\,000[(1 + 5\%)^3 - 1] = 157\,625(元)$$
$$S = 1\,000\,000(1 + 5\%)^3 = 1\,157\,625(元)$$

我国有段时间不承认复利的存在，认为那是一种剥削。但实际上，无论是单利还是复利，都只是一种利息的计算方式。其实，承认了单利的存在也就等于承认了复利的存在。很明显，1 年期的存款到期后将本息取出来再重新存 1 年期，这其实就是一种复利。所以，在确定 3 年期单利时，必须要保证利息收入要比 1

次存 1 年，存 3 次所得出的利息多，否则就不会有人存长期存款了。

从货币的时间价值角度考虑，这里的 S 也被称为终值，P 被称为现值。

终值一般指的是按复利计算，现在的一笔投资在未来某一时间能够获得的货币总额。

现值是与终值相对的概念，它指的是为了在将来获得一定量的货币总额，现在需要投资多少货币，或者是说现在投资多少货币才能在未来某一时间获得一定量的货币总额。很明显，现值的计算实际上就是终值的逆运算。因此

$$P = \frac{S}{(1 + i)^n}$$

式中，$1/(1+i)^n$ 称为现值系数。

现值和终值是我们进行投资决策的非常重要的工具。

（四）按照是否涵盖通货膨胀的因素，利率又可分为名义利率和实际利率

现实中的银行挂牌利率和票面利率就是名义利率。理论上，名义利率是指包含着通货膨胀因素的利率；与此相对，实际利率则是指物价不变，从而货币购买力不变条件下的利息率，它是名义利率扣除通货膨胀率之后的差，用公式可表示为

实际利率 = 名义利率 - 物价上涨率

例如，假定某年度物价没有变化，A 从 B 处取得 1 年期的 10 万元贷款，年利息额 8 000 元，实际利率就是 8%。如果某一年的通货膨胀率为 5%，B 为了避免通货膨胀给本金带来的损失，假设仍然要取得 8% 的利息，那么粗略地计算，B 必须把贷款利率提高到 13%，这样，才能保证得到相当于实际利率的回报。

（五）根据是否按市场供求变化，可将利率分为市场利率、法定利率和公定利率

市场利率是指随市场变动而自由变动的利率。市场利率的变化调节着资金供求，最终会使资金供求趋于平衡，货币资金供求处于均衡状态下的利率即为均衡利率。

法定利率又称"官定利率"，是指政府或货币管理当局所确定的利率。法定利率主要包括两类：一类是中央银行对商业银行等金融机构的再融资利率，这又包括再贴现利率和再贷款利率；另一类是中央银行对商业银行等金融机构的存贷款利率进行直接管制和对直接金融市场上债券利率的直接管制。

还有一种介于法定利率与市场利率之间的利率，即公定利率，它是由非政府部门的金融行业自律性组织，如银行公会等所确定的利率。公定利率对该公会会员银行有约束力。

我国目前以官定利率为主。绝大多数利率仍是由中国人民银行制定、报国务院批准后执行。市场利率范围有限，主要是在同业拆借等领域。公定利率范围也有限，目前主要是在外币存贷款领域。

（六）按照信用行为期限的长短，利率可分为长期利率和短期利率

一年期以下的融资行为称为短期信用，其对应的利率就是短期利率；一年期以上的信用行为称为长期信用，相应的利率就是长期利率。一般来说，长期利率通常高于短期利率，这是因为：第一，长期融资的风险较短期大，期限越长，市场变化的可能性越大，借款者的经营风险越大，从而贷出者遭受损失的可能性越大；第二，融资的时间越长，借款者使用借入资金经营取得的利润越大，贷出者得到的利息也相应增加；第三，融资时间越长，通货膨胀的风险越大，只有较高的利率才能使贷出者减少通货膨胀带来的损失。

第二节　利率的功能及其所需要的条件

一、利率的功能

利率是一个国家重要的经济杠杆，发挥的是经济调节的功能。从动态角度来看，利率变动首先会影响微观经济主体的行为，改变他们的储蓄及投资决策，最终引起宏观经济变量的变动，这便是利率微观调节功能发挥的过程。正是因为利率变动和微观经济主体的行为之间存在着密切的联系，所以政府宏观调控部门可以通过变动利率来影响宏观经济运行，从而使利率发挥宏观调节的功能。

（一）利率的微观调节功能

如上所言，利率的微观调节功能发挥的过程就是利率变动影响微观经济主体行为的过程，利率变动对微观经济主体行为的影响主要表现为对其储蓄行为和投资行为的影响。

1. 利率对微观经济主体储蓄行为的影响。聚集和积累资金是利率最主要的功能。在市场经济条件下，资金闲置者和资金短缺者经济利益不一致，所以对闲置资金的应用就必须有偿进行。这种有偿的手段就是利率。利息收入的诱惑，就可以促使资金闲置者主动让渡资金的使用权，从而聚集更多的资金。

利率对储蓄的影响是替代效应和收入效应相互作用的结果。人们在利率水平提高的情况下，愿意增加未来的消费——储蓄来替代当前的消费，这就是利率的替代效应。它反映了人们有较强的增加利息收入从而增加财富积累的偏好。而利率的收入效应则是人们在利率水平提高时，希望增加当前消费，从而减少储蓄，它反映了人们在收入水平由于利率提高而提高时，希望进一步改善生活水准的偏

好。因此，利率的提高，可能使储蓄增加，也可能使储蓄减少，这取决于两种效应力量的对比。在通常情况下，储蓄是利率的增函数，较高的利率会促进储蓄总量的增加，特别是对储蓄存款的促进作用更加明显。

利率的高低不仅影响储蓄的总量，而且影响储蓄的结构。

利率对储蓄结构的影响，主要表现为影响储蓄者是选择金融资产储蓄还是选择实物储蓄，是选择存款还是选择购买股票、债券等。当利率提高时，人们会愿意选择金融资产储蓄；当利率降低时，存款已不再有利可图，人们就会选择保值的实物资产来储蓄。在金融资产中，当利率提高时，人们会选择储蓄，能够得到更多的利息收入，当利率降低时，利息收入降低，而这时证券资产的价格会变高，投资证券获利更多，人们就会选择购买股票债券等。

2. 利率对微观经济主体投资行为的影响。利率对投资的影响也反映在投资的规模和投资的结构两个方面。

第一，利率的高低与投资规模呈反向变化。一般理论认为，低利率对投资有刺激作用，高利率则不利于投资规模的扩大，这是因为在其他条件不变的情况下，低利率减少了企业生产成本中的利息支出，从而增加企业盈利，企业更加有利可图，于是刺激企业扩大投资。

第二，利率有利于调整投资方向，促进全社会生产要素的优化配置。利率的提高，使成本相应增加，作为利润的一个抵消因素，由此产生的利益约束将迫使那些经济效益较差的借款人减少借款，使有限的资金流向效益好的行业和企业，从而实现资源的优化配置。

（二）利率的宏观调节功能

利率的宏观调节功能发挥的过程是微观经济主体储蓄和投资行为的改变影响宏观经济变量变动的过程，是货币当局依据微观经济主体行为与宏观经济变量变动之间的关系，通过调整利率来影响宏观经济运行的过程。

1. 利率与通货膨胀。通常，利率会受到人们对通货膨胀预期的影响，通货膨胀预期越高，则利率会越高；反过来，利率作为一个经济杠杆，也反作用于物价水平，起到稳定物价、抑制通货膨胀的作用。这一作用是通过以下两条途径实现的：

（1）利率可以调节货币供应量。一方面，当流通中的货币量超过货币需求量，出现物价上涨时，调高利率可以抑制信贷需求，缩小信贷规模；另一方面，利率的提高也可以扩大资金的来源，从而使货币需求与货币供给相等；同时，对持续通货膨胀的预期也会减少货币供应量，最终促使物价稳定。

（2）利率可以调节社会总供给和总需求。调高利率可以使更多的社会闲散资金以存款的方式集中到银行，这一方面推迟了购买力，减少了社会总需求，另一方面，银行得以聚集更多的资金，用以支持适销对路的商品，增加有效供给，从而使社会总供给和总需求趋于平衡，达到稳定物价的目的。

2. 利率与货币流通。利率对货币流通的调节作用主要表现在：

（1）存款利率的高低直接影响着存款规模和人们对即期消费还是未来消费的选择，从而对实现社会购买力与商品可供量的平衡有调节作用。

（2）贷款利率的高低直接影响银行的贷款规模和货币供应量，对币值稳定有重要影响。

（3）利率的高低直接影响企业的投资生产规模和经营成本，从而影响社会商品的供给总量和结构，对货币流通正常与否有重要影响。

3. 利率与经济结构。利息支出是利润的抵减因素，经济利益的约束必将使经济效益较差的借款人减少借款，从而使有限的资金流向利润率较高的部门，实现社会资源的优化配置。正是由于利率具有这一调节功能，国家可以自觉地运用差别利率政策，对国家急需发展的行业以及有关的企业和产品，适当降低贷款利率，大力支持它们的发展；对需要限制的行业，适当提高对其贷款的利率，限制其发展，从而优化产业结构，实现经济结构合理化。

4. 利率与国际收支。利率与国际经济的关系也非常密切。当国际收支不平衡时，可以通过利率杠杆进行调节。如当国际收支逆差比较严重时，可以将本国的利率调到高于其他国家的程度，这样一方面可以阻止本国资金流向利率较高的其他国家，另一方面还可以吸引国外资本流入本国。国际收支顺差时，则可以降低利率，资金会流向国外，从而恢复国际收支的平衡。

二、利率发挥调节功能所需要的客观经济条件

经济的理论与实践都表明，在宏观经济与微观经济运行中，并不是有了利率的存在，利率杠杆的功能就必然能很好地发挥出来。要使利率杠杆的能量释放出来，必须具备如下条件：

（一）稳定的货币和金融环境

一个稳定的货币和金融环境是利率能正常发挥作用的前提。如果货币不稳定，出现了恶性的通货膨胀，利率杠杆就很难起作用，即使有一定作用，也将遭到严重扭曲。只有在货币稳定、金融稳定、市场稳定的前提下，利率杠杆的作用才能有效地发挥出来。

（二）微观经济主体必须有自我约束机制

向中央银行借款的金融机构和向金融机构借款的非金融企业都必须是以利润为直接经营目标的企业，都必须是独立核算、自主经营、自负盈亏的企业。只有这样，企业才会真正关心其利润，才会对利率的变动敏感，才会根据对成本、利润的预期作出增加或减少借款的选择。

这一点在市场经济国家一般都不成问题。但在我国，因为历史和体制上的原因，很多银行和企业的经营决定不是从企业利润的最大化出发的，这时利率不管多高，往往都扼制不了企业的投资冲动，利率对投资规模的调整作用受到了很大的限制。但目前，这种状况有所改观，随着现代企业制度的建立，利率越来越成为经济中重要的一个杠杆。

（三）企业在资金上与银行的联系程度较高

在企业投入社会再生产经营的资金总量中，从银行借入的资金应该占一定的比重。即只有当企业在资金上对银行有比较强的联系程度时，银行动用利率杠杆才能较成功地调整企业的行为。

（四）合适的利率水平

要发挥利率的杠杆作用，利率水平本身必须合适。就贷款利率而论，既不能高得让所有的借款人都望而却步，也不能低得让所有的借款人都无动于衷，而必须将利率定在有人敢借、有人不敢借的位置上，这时候调整利率才会对资金需求产生影响。在正常情况下，贷款利率水平与借款人的资金需求之间存在有非常明显的负相关关系。

（五）有效的利率管理体制与恰当的利率政策

利率杠杆的功能发挥得如何，与国家的利率管理体制和利率政策高度相关。建立一套合适的、灵活的集权与分权相结合的有效的利率管理体制会对一国制定正确的利率政策有着非常重要的作用。

第三节　利率决定理论

利率水平的确定必须遵循客观经济规律的要求，综合考虑决定和影响利率水平的各种因素，并根据经济发展战略和资金供求状况灵活调整。因此，利率水平是怎样决定的，又受哪些因素的影响，就成为货币金融理论中一个重要的课题。

一、马克思的利率决定理论

马克思认为，利息是贷出资本家从借入资本的资本家那里分割来的一部分剩余价值，也是剩余价值的转化形式。把利息的性质确认为剩余价值的转化形式具有重要的意义，它肯定了利息的来源是劳动者创造的价值，明确了利息与利润之间的量的关系，即利息量的多少取决于利润总额，利润成了利息的最高界限。但是，马克思这里所说的利润不是个别部门、个别企业的利润，而是指平均利润，所以，确切地说，利息是平均利润的一部分，平均利润率是利息率的最高界限。利率的最低界限取决于职能资本家与借贷资本家之间的竞争，但不管怎样，不会等于零，因为等于零，利息就不存在了，借贷资本家就无利可图了。需要指出的是，马克思对利息率高低的理论界限的分析，仅限于借贷资本家与职能资本家之间的借贷关系。

在平均利润率与零之间，利息率的高低主要取决于借贷资本家与职能资本家之间的竞争，亦即取决于借贷资本市场上资本的供求关系。当借贷资本市场上资本的供求大体平衡时，习惯和法律传统等对利息率也会发生作用。

二、西方利率决定理论

（一）古典利率理论

古典利率理论是对 19 世纪末至 20 世纪 30 年代西方国家各种不同利率理论的一种总称。它认为，利率水平是由资本的供求即储蓄和投资来决定的，并从不同的角度探求了这种作用机制。

从供给方面来看，资本供给主要来自社会储蓄，它是延期享乐或等待的结果。资本供给者为了将来的享乐而进行储蓄，因而牺牲了现在的享乐，为此他们必须取得一定报酬，即取得利息。利息的多少或利率的高低就是资本供给的支配性因素。储蓄是利率的递增函数。

从需求方面来看，资本的需求来自于投资，支配资本需求的因素是资本的收益性和生产力。只要借入资本能获得收益，企业家就会继续扩大对资本的需求，直到资本的边际收益率与借贷资本的利率相等为止。因此，资本的需求是利率的递减函数。

当投资大于储蓄时，资本供不应求，利率就会上升；反之，则利率下降。因此，储蓄与投资这两大因素的交互作用与均衡，决定了利率的水平。经济学家马歇尔说："利息既为任何市场上使用资本的代价，故利息常趋于一均衡点，使得该市场在该利率下对资本的需求总量恰等于在该利率下即将来到的资本的总供给量。"这就是说，利率是使储蓄与投资二者趋于均衡的因素；利率取决于储蓄与投资的均衡点。将资本供给函数与资本需求函数在同一个直角坐标系内加以表示，就可以得到一个利率决定机制的直观认识，见图 3-1。

在图 3-1 中，横轴表示投资或储蓄量；纵轴表示利率水平；SS 表示储蓄曲线；II 表示投资曲线；储蓄与投资的均衡点，即 SS 曲线与 II 曲线的交点 E 所对应的 i_0 即为均衡利率。

（二）凯恩斯货币利率理论

与古典利率理论强调储蓄、投资等因素决定利率的观点相反，英国经济学家

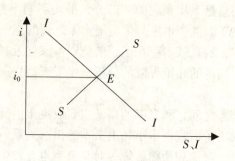

图3－1　古典利率理论

凯恩斯（1883—1946）则从货币因素出发讨论利率决定，从而创立了货币利率理论。

凯恩斯认为，利息完全是一种货币现象，利率的高低应由货币供求所决定。在他看来，货币是财富的真正代表，就如同人们以债券、股票等资产的形式持有财富一样。但与这些金融资产相比，货币具有最小的风险和最大的流动性，因为货币为整个社会所接受，可随时转化为其他商品。正是由于货币的这一特点，人们在选择持有财富的形式时，对货币的流动性有一种偏好。但是，在一定时期内，货币生产的弹性很小，货币供给量有限，人们为取得货币就必须支付一定报酬，这个报酬就是利息。由此，凯恩斯得出，利率是由货币数量和流动偏好这两个因素所决定的，即利率决定于货币的供求。

凯恩斯认为，在一定时期内，一个国家货币的供给基本上是由货币当局所控制的；而货币需求则取决于人们对货币流动性的偏好，取决于交易动机、预防动机和投机动机。其中，出于前两种动机的货币需求为收入的递增函数，与利率没有直接的关系；出于后一种动机的货币需求为利率的递减函数，其大小根据人们权衡手持货币所得的效用（流动性）与放弃货币所得的效用（利息）而定。一般来说，利率越高，人们的流动偏好就越小，货币需求就越少；反之也成立。因此，货币总需求与利率反方向变化，表现为一条下降的曲线。

如图3－2所示，横轴和纵轴分别表示货币供求和利率。货币供给曲线为M_s，因为由货币当局决定，故表现为无弹性的一条垂直线。货币需求表现为一条向右下方倾斜的曲线，利率则由直线M_s和曲线M_d的交点决定。

（三）新古典学派的可贷资金利率论

可贷资金理论认为，利率决定于可贷资金的供给与需求的均衡点。可贷资金的供给主要来自：（1）当前储蓄；（2）出售固定资产的收入；（3）窖藏现金的启用；（4）银行体系新创造的货币量。在可贷资金的来源中，出售固定资产的

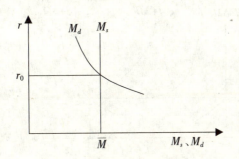

图 3 - 2　流动性偏好利率论

收入是过去储蓄的转化，而窖藏现金的启用，则直接增加了市场上可贷资金的供给量。如图 3 - 3 所示，如果假设，以 S 表示当前储蓄与固定资产出售收入（过去储蓄）的总和；以 ΔM 表示货币当局新创造的货币量，它由货币管理当局决定，为外生变量，故与利率的变化无关；那么，总的可贷资金供给为（$S + \Delta M$）。由于可贷资金的供给一部分来自当前储蓄和过去储蓄，另一部分来自银行信贷收支净差额和个人窖藏的变化，所以较高的利率会吸引更多的可贷资金供给，较低的利率将减少可贷资金的供给，可贷资金总供给曲线与利率呈同方向变动关系。

可贷资金的需求主要来自于：（1）当前投资；（2）固定资产的重置与更新；（3）新增的窖藏现金量。在对可贷资金的需求中，不仅限于当前投资，而且还包括固定资产的重置这类对过去投资的补充。不但如此，由于货币不只作为交换手段，还可以作为财富的积累手段，因此，新增加的现金窖藏量也构成对可贷资金的需求。假设以 I 表示当前投资与固定资产重置和补偿的总和，以 ΔH 表示货币贮藏与反贮藏相减的净贮藏增量，则可贷资金的总需求即为（$I + \Delta H$）。其中，投资需求与居民、企业和政府的投资冲动相连，其强弱程度与利率高低成反比；窖藏需求取决于窖藏成本的大小，人们因窖藏现金而丧失的利息收入构成窖藏成本，利率越高，窖藏需求就越少，故 ΔH 是利率的递减函数，这样可贷资金总需求曲线与利率呈反方向变动关系。

利率是由可贷资金的总供给曲线和总需求曲线的均衡点决定的。如图 3 - 3 所示，图中 Q 点为可贷资金供求均衡点，Q 点对应着均衡利率 r_0。

新古典学派的可贷资金利率论认为，利率决定于可贷资金供给与需求的相互作用。在其他条件不变时，储蓄或货币供给增加，利率便会下跌；投资需求及货币贮藏增加时，利率便会上升。

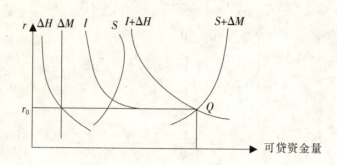

图 3 – 3   可贷资金利率决定论

三、影响利率变动的因素

前面两部分内容简单介绍了利率是由什么因素来决定的。利率决定在一个水平上并不是一成不变的，而它的变动又会受到什么因素的影响呢？实际上，作为经济运行中的一个重要经济杠杆，作为资本的价格，影响货币供求的因素都会影响到利率的变动。

（一）社会平均利润率

马克思认为，利息是利润的一部分，是对剩余价值的分割，利息率要受平均利润率的约束。平均利润率是决定利率的基本因素。平均利润率的变动则会影响到利率的变动。前面已有介绍，这里不再赘述。

（二）资金供求状况

利率作为资金的"价格"，在成熟的市场经济条件下，其水平主要由资金的供求状况决定。当资金供不应求时，利率会上升；反之，利率下浮。由此可见，利率水平的高低反映了资金供求关系。反过来，它也调节着资金的供求关系，利率上升时，就会抑制资金的需求，刺激资金的供给；相反，利率下跌时，会刺激资金的需求而抑制资金的供给。这样会最终使利率回复到一个均衡的水平。所以，国家通常利用利率政策来调节资金供求。

（三）国家经济政策

利率政策是国家整个经济政策的一个组成部分。调低利率，借贷的成本就会降低，投资收益率就会相应提高，可刺激对利率敏感的项目如房地产、固定资产投资的支出，有利于经济的恢复；反之，通过利率的调高，投资收益率就会相应降低，则能抑制企业的投资，而家庭也会更愿意去储蓄而不是即期消费，从而减少社会的需求，防止经济过热。所以，利率政策应当与其他经济政策协调配合，以国家经济政策和经济发展战略作为制定利率的重要依据。

（四）物价水平

利率与物价水平之间有着密切的关系。一方面，物价持续上涨，货币就会贬值。资金供给者将会因本金的实际价值减少而遭受损失。为避免这一损失，资金供给者会面临两种选择：一是仍然将资金贷出，但他会充分考虑到物价的预期上涨而要求更高的利率作为补偿，这会直接提高利率。另外一种选择就是把资金转换成黄金、不动产等受通货膨胀影响较小的货币存放形式，从而使可贷资金的供给减少，也会引起利率的上升。另一方面，预期物价水平的持续上涨，会刺激借款的意愿和投资的增加，从而对资金的需求增加。这两方面共同作用的结果，使得资金供不应求，导致利率上升。

（五）经济周期

利率的波动表现出很强的周期性，在经济扩张期利率上升，而在经济衰退期利率下降。在经济扩张期，随着企业和消费者借款的增加，资金的需求会迅速上升，而且中央银行可能会采取某些限制措施以抵制经济增长可能产生的通货膨胀，这会提高利率水平。在经济衰退期，会发生相反的情况：随着企业和消费者缩减支出，资金的需求下降，通货膨胀压力减轻，中央银行也开始增加可贷资金供给，这又会降低利率水平。

（六）借款期限和风险

利息率随着借贷期限的长短不同而不同。通常，借贷期限愈长，利率愈高；反之则愈低。从存款方面看，存款期限愈长，资金就愈稳定，银行愈能有效地加以应用，赚的利润就愈多，银行可以也应该付给存款人更高的利息。从贷款方面看，借贷期限愈长，所冒风险愈大，银行所受到的机会成本损失也就愈大，银行理应按更高的利率收取更多的利息。同时，借贷资金的贷出是以偿还为条件的暂时让渡，资金从投放到收回需要一定时间，在借贷资金的运动过程中，由于各种不测因素的出现，可能存在有多种风险，如因借款人破产、逃走，从而使借贷资金收不回或不可能完全收回的风险；因物价上涨而使资金贬值的风险；当更有利的投资机会出现，而已贷放出去的资金又收不回来时，贷款人要承受机会成本损失风险等等。贷出者需要得到更高的利息回报去弥补这些潜在风险。一般来讲，风险越大，利率越高。

（七）银行成本

银行作为吸收存款、发放贷款、办理结算等业务的企业法人，直接以利润为经营目标。要赚取利润，就必然要求其成本通过其收益得到补偿。银行的成本主要包括吸收存款所支付的利息，以及为开展业务所必需的固定资产支出、人工成本和必要的费用支出等。而银行的收入来源，除去中间业务收入以外，很大一部分是发放贷款取得的利息收入。所以，银行成本是银行在制定利率水平时要给予足够考虑的因素。只有保持合理的存贷款利差，银行才有利润可赚。

（八）国际利率水平

在国家间经济联系日益密切的时代，国际利率水平及其变动趋势对一国的利率水平具有很强的示范效应。国际利率水平对国内利率水平的影响主要是通过资金在国际间的流动实现的。在资本自由流动的条件下，当国内利率水平高于国际利率水平时，外国货币资本就会向国内市场流动，从而使可贷资金的供给增加；当这种资本的增加达到一定程度，导致国内货币资金市场上供过于求时，利率就会下降，其最终的结果将使得国内利率趋同于国际利率。反之，当国内利率水平低于国际利率水平时，外国货币资本和本国资本都会流向利率较高的国际市场，从而减少国内市场上资金的供给，拉动国内利率上升。

此外，在一国的经济非常时期或在经济不发达的国家中，利率管制也是直接影响利率水平的重要因素。另外，还有国际协议、习惯和法律传统等等都可能影响利率。

第四节　利率管理体制

利率作为一个重要的经济杠杆，对宏观经济运行与微观经济运行都有着极其重要的调节作用。而利率杠杆的功能能否发挥出来，发挥得怎么样，在很大程度上取决于利率管理体制。

一、利率管理体制的概念

利率管理体制是一国经济管理体制的重要组成部分，它规定了金融管理当局或中央银行的利率管理权限、范围和程度。

各国采取的利率管理体制大致可以分为三种类型：（1）国家集中管理。（2）市场自由决定。（3）国家管理与市场决定相结合。大多数国家在相当长的时间内采取了最后一种利率管理体制，即国家管理与市场决定相结合的利率管理体制，但国家管理的程度和方式各有不同。从20世纪70年代开始，西方大多数国家逐步放松了利率管制，金融市场的利率更多地由市场决定，呈现出一种利率自由化的趋势。

二、我国利率市场化改革

利率市场化是指货币当局控制基准利率，其他利率基本放开，由市场决定，即由资金供求关系确定。根据我国经济进一步发展的要求，利率市场化已成为我国利率管理体制改革的中心内容。近年来，虽然我国金融企业制度改革进程加快，例如取消了商业银行贷款规模限额控制，存款准备金制度的改革和完善，中央银行管理体制的改革，全国同业拆借市场的建立，取消贷款利率浮动上限等等；但从总体来看，对国家控制的利率体系触动较小，这是因为尽管利率市场化是我国利率管理体制改革的方向，有其必要性，但同时利率市场化的改革也存在一定的风险，必须具备一定的条件。

（一）利率市场化的作用和意义

1. 利率市场化可以使稀缺的社会资源通过市场调节机制得到最有效的配置。优化资金配置是利率主要的功能。过去，由于我国实行严格的利率管制，使得不能很好地反映资金供求，丧失了价格信号的功能。而利率市场化使利率真正成为信贷资金的价格，从而引导资金由效益低的部门流向效益高的部门，实现资金资源的合理配置，最终促进经济的发展。

2. 利率市场化是完善利率体系、顺利实施货币政策目标的内在要求。中央银行货币政策工具与最终目标之间需要一个中介目标，而市场化的利率则是中央银行货币政策中介目标的理想选择。我国目前是以再贷款利率作为基准利率的，由于再贷款利率的确定并非以市场利率作为基础，因而不能反映资金供求的真实状况，中央银行货币政策的效果也就相应地受到限制。而利率市场化后，中央银行根据市场化的利率确定基准利率，并通过变动基准利率或公开市场业务进行调控。此时，中央银行的调控工具将具有更大的作用空间。

3. 利率市场化有利于国有商业银行改革的顺利进行。利率市场化以后，激烈的市场竞争和盈利的动机，将迫使商业银行在经营过程中不得不考虑市场风险，关注利率的变动对其资产的流动性、安全性和盈利性的影响，从而使商业银行成为名副其实的商业银行。

（二）我国利率市场化的进程

我国利率市场化改革从目标的提出到逐步实施，大体上经过了这样几个阶段：

1. 1993 年底到 1995 年：利率市场化改革目标提出和改革的准备阶段。1993年 11 月中共十四届三中全会的《关于建立社会主义市场经济体制若干问题的决定》指出："中央银行按照资金供求状况及时调整基准利率，并允许商业银行存贷利率在规定的幅度内自由浮动"；1993 年 12 月的《国务院关于金融体制改革的决定》明确提出："中国人民银行制定存、贷款利率上下限，并进一步理顺存款利率、贷款利率和有价证券利率之间的关系；各类利率要反映期限、成本、风险的区别，保持合理利差，逐步形成以中央银行利率为基础的市场利率体系。"由此可以看到，利率改革的方向是：进一步加快利率市场化进程，改革利率管理体制，加大利率市场化部分，并逐步形成更多的市场利率行为的主体，建立以资金供求为基础的，以中央银行存、贷款利率为基准利率，以同业拆借利率为金融市场基础利率，各种利率保持合理利差和分层次传导的利率体系，并为逐步实现整个利率体系的市场化奠定基础。

《国务院关于金融体制改革的决定》的发布是我国开始新一轮金融体制改革的标志。利率市场化改革在这一轮改革中作出了规划，但并未在随后 1994 年初的一系列配套改革措施中实施。对于利率市场化改革的步骤和风险各方面还存在着不同的判断，利率市场化改革还处于准备阶段。

在利率改革的外部环境方面，我国于 1994 年在金融、投资、财政、税收、外汇五大领域的改革取得重大进展。新成立了三家政策性银行，把专业银行的政策性贷款同商业性贷款分离，促进了专业银行向商业银行的转化。财税改革使我国财政收入稳定增长，外汇改革使汇率成为宏观经济政策中的有效工具。1995 年人大通过了《中国人民银行法》、《票据法》和《商业银行法》，我国金融领域内的法制建设也取得了重大进展。

这一段时期利率政策变化有：1993 年取消了 8 年期储蓄存款利率档次，规定了定活两便存款利率，规范了存款利率的计息规则。1994 年，中国人民银行决定重新授予专业银行和各金融机构利率浮动权，规定流动资金贷款利率上浮幅度为 20%，下浮幅度为 10%。1995 年中央银行首次调整利率时，主要通过启动中央银行基准利率关系，不同时调整再贷款利率和金融机构的存款利率，中央银行利率起到调节商业银行经营成本，进而影响信用扩大程度的作用，同时把其他利率如同业拆借利率最高限额和贷款利率与中央银行基准利率挂钩，改善了中央银行基准利率体系。

2. 1996 年：利率市场化改革推进阶段。我国利率市场化改革随着 1996 年初我国统一的银行间拆借市场的建立而进入实施阶段。在此阶段，利率市场化改革采取了以下措施：

（1）放开同业拆借市场利率。1996 年 1 月 3 日，15 家商业银行总行之间的同业拆借市场开始试运行。3 月 1 日之后，35 个城市的各家商业银行分行及其他非银行金融机构通过当地的融资中心参与全国同业拆借业务。于是两级同业拆借市场的构架基本形成：一级网络由 15 家商业银行总行和 35 家融资中心组成，35 个城市的各商业银行分行及其他非银行金融机构参与二级网络的交易。全国银行同业拆借市场统一联网运行，使资金在全国范围内自由流动，在全国范围内形成了一个统一的同业拆借利率。最初国家对同业拆借利率设定最高限，即以同档次利率加 2.88 个百分点为最高限。6 月 1 日取消了该利率的最高限，其高低由拆借双方根据市场资金供求状况自主确定，中央银行只间接调控市场利率。从同业拆借市场成立后一年里同业拆借利率的运行情况看，放开同业拆借利率，并没有出现利率混乱，而是随着两次利率下调逐步降低。同业拆借利率按市场机制形成，表明利率市场化改革的第一步基本上是成功的。

（2）中央银行公开市场操作的利率实现了市场化。1990 年 4 月 9 日，中国人民银行首次向 14 家商业银行总行买进 2.9 亿元国债，表明了我国中央银行的公开市场业务正式启动。中央银行的公开市场业务以回购为主要形式，其回购方式实行市场招标，利率由市场决定。虽然这一利率还不能像再贷款基准利率那样引导市场利率变化，但其形成是商业银行根据资金供求自主决定的，能够在一定程度上起到间接调节商业银行对基础货币需求的作用。这一利率形成机制，是深化利率市场化改革的条件。

（3）国债发行利率市场化。1996 年国债发行在 1995 年 8 月试验的基础上正式引入了价格竞争的招标方式，一年期以内的国债实行发行利率市场招标，改变了过去国债发行利率计划制定的局面，走出了国债发行利率市场化的第一步。尽管国债招标利率市场化了，但还存在一定问题：国债由于具有安全性最高、流动性最好的特点，其收益率应是最低，但 1996 年国债市场招标利率与同期银行贷款利率相同，而且随着利率下调其收益率不断提高。尽管如此，国债发行利率市场化是利率市场化改革的重要方面。

在推进利率市场化改革的过程中，中央银行还加大了用利率手段调控宏观经济的力度。从 1996 年 5 月到 1999 年，中央银行频繁运用利率手段，共进行了 7 次降低利率的调整，利率调整在发挥货币政策手段作用的同时，也提高了人们对利率变动的适应性及敏感性，这为今后利率市场化改革的深入做好了进一步的准备。

3. 2000 年：实质性进展阶段。2000 年 9 月 21 日，中国人民银行宣布开始改革我国外币存贷款利率管理体制，即放开外币贷款利率；大额外币存款利率由金融机构和客户协商确定；小额外币存款利率由银行业协会统一制定，各金融机构统一执行。此次外币利率管理体制改革的具体内容为：

（1）外币贷款利率、单笔 300 万（含 300 万）美元以上或等值的其他 6 种主要外币的大额外币定期存款利率、以上 7 种主要外币以外的外币存款利率（不分金额），由金融机构自主确定；

（2）7 种主要外币的小额存款利率由银行业协会统一制定，各金融机构统一执行。

2002 年 3 月将境内外资金融机构对中国居民的小额外币存款纳入人民银行现行小额外币存款利率管理范围，实现中外资金融机构在外币利率政策上的公平待遇。

2003 年 8 月，扩大农村信用社利率改革试点范围，进一步扩大农村信用社利率浮动幅度，贷款利率上浮不超过基准利率 2 倍；统一中外资外币利率管理政策。

2003 年 11 月，小额外币存款利率下限放开。

2004 年 1 月 1 日，人民银行将商业银行、城市信用社的人民币贷款利率上浮上限提高到基准利率的 1.7 倍，下限为 0.9 倍。

2004 年 10 月 29 日，人民银行决定不再设定金融机构（城市信用社除外）人民币贷款利率上限。城市信用社上限为基准利率的 2～3 倍。

至此，我国金融机构人民币贷款利率已基本过渡到上限放开、实行下限管理的阶段。

（三）利率市场化的制约因素

1. 微观经济主体缺乏利益的约束机制。一方面，国有企业仍然具有"预算软约束"特征，资金需求弹性很小，不怕利率高，只怕借不到钱，国有企业连本金都可以不还，利息的约束自然就很小了。另一方面，我国利率市场化后，贷款利率必然有较大幅度的上升，必然会有相当一部分国有企业出现亏损甚至破产，这使国家、银行以及国有企业职工难以承受。

2. 金融市场特别是货币市场发展不完善。金融市场的发展，金融体制的完善是进行利率改革的基础。利率作为资金的价格，其高低变化反映着资金市场的供求，因此，没有一个发达和完善的金融市场就不可能存在一个价格形成的市场机制，利率市场化就不可能真正地实现。

我国的金融市场虽已初步形成以同业拆借为主的短期资金市场和以各种有价证券发行和交易为主的长期资金市场，但从总体而言，我国的资金市场还不够统一和规范，货币市场发展相对滞后，各市场均处于起步阶段，市场的效率和管理、经济主体的行为、市场的规模等都有待进一步提高。这些都不利于市场利率的最终形成，同时还影响着利率调节的有效性和准确性。

3. 金融机构对利率的调控、反应不灵敏。金融机构特别是国有商业银行还不是真正自主经营、自担风险、自负盈亏、自我约束的金融企业，对利率信号反应不灵敏，利率市场化缺乏一个良好的微观金融制度基础。

4. 中央银行宏观调控手段不健全。中央银行对经济的宏观调控应该通过间接的货币工具来进行，通常是以市场利率和货币供应量为中间目标，采取利率政策或公开市场业务操作实施对经济的干预。而我国中央银行过去主要运用直接的、行政的手段来进行宏观调控，近年来逐渐摸索着使用间接的、经济的宏观调控手段，但还不成熟。如公开市场业务开办时间还不长，再贴现业务量还不是很大，存款准备金手段在我国的作用还不太突出等，这些都可能制约着利率市场化的推进。

（四）当前推进利率市场化的主要思路

利率市场化最终要放开对普通存贷款利率的管制。西方发达国家实现利率市场化的一般步骤是：先实现货币市场利率的市场化，然后将已完成利率市场化的货币市场与普通存贷款市场进行对接。由于我国目前货币市场发展尚不成熟，要按照这种一般模式可能需要很长一段时间。从目前我国利率管理体制和政策的实际情形看，应该按照以下思路去推进利率市场化。

1. 放松对商业银行的利率管制与培育货币市场并举，提高货币市场上形成的利率信号的导向作用；

2. 在放松商业银行不同货币的利率管制中，应当先放松对外币利率的管制，后放松对人民币利率的管制；

3. 对商业银行的不同业务品种，应当依据不同市场主体对于利率信号的敏感程度，遵循先批发后零售的顺序，先放开贷款后放开存款；

4. 对于存款，先放开大额存款后放开小额存款；

5. 在放松贷款利率管制的进程中，及时扩大利率浮动幅度，逐步简化利率种类；

6. 在贷款利率制定权安排方面，先由各商业银行总行根据企业信用评级确定全行统一的利率标准，等条件成熟后，再将贷款利率制定权逐级下放；

7. 在银行利率的安排上，先放开国有商业银行以外的银行的利率，再放开国有商业银行的利率。

重要概念

利率　利率体系　基准利率　实际利率　浮动利率　单利　复利　现值　终值　官定利率　市场利率　利率管理体制　利率市场化

复习思考题

1. 经济学家们对利息的本质是如何论述的？
2. 描述利率的功能。

3. 利率发挥功能的条件有哪些？
4. 西方利率决定理论的发展。
5. 决定和影响利率的因素。
6. 我国的利率市场化改革。

第四章　金融机构体系

金融机构是专门从事各种金融活动的法人机构。金融机构的组织构成、规模和功能对金融市场的运行和发展具有重大的影响。本章将在分析金融与金融机构之间关系的基础之上，对金融机构的功能进行阐述，对西方金融体系和我国金融体系的历史和现状进行介绍。

第一节　资金融通与金融机构

一、资金融通的两个渠道

在通常的《货币银行学》教科书中，金融机构往往被定义为"专门从事各种金融活动的法人机构"。这个定义看似简单，其实，要全面而深入地理解它的内涵，我们首先必须回答这样两个问题：第一，什么是金融？第二，金融是怎么"活动"的？或者说金融体系是怎么运转的？

（一）什么是金融？

简单地说，金融就是资金的融通，是资金由盈余单位向短缺单位流动的过程。这里的"盈余"和"短缺"只是两种相对的状态。作为金融市场主体的个人、家庭、企业和政府都可能处于这两种状态的任何一种，而且，随着时间的推移及实际经济状况的变化，任何主体又都可能经历由一种状态向另一种状态的转化。

关于金融的定义，我们还有一点需要明确的是"为什么资金会由盈余单位向短缺单位流动？"这种"流动"的内在动力是什么呢？

对这个问题的回答，可以简单地概括为三点："借方有需求"、"贷方有收益"、"宏观有效率"。所谓"借方有需求"是指资金短缺者或者说需求者通过借入的资金可以更好地安排自己的生产、消费或实现其他的目的。比如，某位同学由于家庭经济困难不能支付学费，这时如果他能够得到一笔助学贷款，他学业的顺利完成将会得到可靠的保障。所谓"贷方有收益"是指资金的盈余单位只有将资金转移给资金需求方，才可能从中获得收益。在转移过程完成之后，原来静止的无收益的资金也就变成了能够生息的资产。当然，收益的取得是以承担一定的风险为代价的，这一点不难理解。最后，所谓"宏观有效率"，我们可以这样理解：在现实经济生活中，社会上的盈余资金通常零散地分散于众多的市场主体当中，单笔资金规模极为有限，在金融市场当中往往难以有所作为。但是，如果发挥金融机构资金的融通功能，把分散的资金聚集起来，统一运用，就可以实现资金的规模经济、规模效益了。

（二）资金融通有两个渠道

资金是怎样由盈余单位向短缺单位转移的呢？

从理论上讲，资金由盈余单位向短缺单位流动有两种渠道：直接融资（或者称直接金融）和间接融资（或者称间接金融）。

直接融资是指资金短缺单位直接在证券市场上向盈余单位发行某种凭证（金融工具），比如债券或者股票，当盈余单位购买短缺单位发行的这些凭证时，资金就从盈余单位转移到了短缺单位。

间接融资是指盈余单位把资金存放（或投资）到银行等金融中介机构中去，再由这些机构以贷款或投资的形式将资金转移到短缺单位。

图4-1清楚地显示了资金通过以上两个基本渠道实现融通的过程。

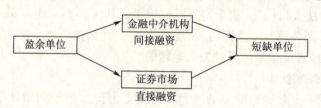

图4-1 资金融通渠道

二、金融机构在金融活动中的功能

通过上文的分析，我们知道金融是通过两个渠道来完成资金流动和配置的，那么，我们就可以把分别在这两个渠道当中发挥不同作用的金融机构分为直接金融机构和间接金融机构。将金融机构作这样的划分是十分必要的，因为分属不同渠道的机构在功能上存在着显著的差异，而且这种差异还是人们经常关注的一个焦点。

（一）直接金融机构及其功能

直接金融机构是指活跃于证券市场上为筹资者和投资者牵线搭桥，提供策划、咨询、承销、经纪、登记、保管、清算、资信评级等一系列相关配套服务的中介机构，各种证券经营公司大都属直接金融机构。

直接金融机构，如证券经纪人和证券交易商、投资银行以及证券交易所等，虽然并不从事以出售负债凭证来获取资金，然后运用这些资金去购买金融资产的金融中介服务，但它们对于证券市场的顺畅运行起着重要作用。例如投资银行在一级市场上帮助企业完成证券的发行，证券经纪人和证券交易商则在二级市场上协助证券的交易，证券交易所提供了证券交易的有组织的市场。直接金融机构无须通过自身的资产负债业务实现社会资金从盈余者手里向赤字者手中的转移，但是，它们往往居于证券的发行者（资金需求者）和投资者（资金提供者）之间，在自身承担相应的收益和风险的同时，使双方更有效地进行直接投融资。因此，以投资银行为代表的直接金融机构在融资双方之间起了一种十分重要的中介作用。

（二）间接金融机构及其功能

间接金融机构是指活动于间接金融领域，在最初的资金提供者和最终的资金使用者之间进行债权债务转移的中介机构，它一方面以债务人的身份从资金盈余者处筹集资金，另一方面又以债权人的身份向资金短缺者提供资金，从而使资金从最初的资金提供者手里转移到最终的使用者手里。商业银行是最典型的间接金融机构。

间接金融机构与直接金融机构最明显的区别是，前者发行以自己为债务人的融资工具来筹集资金，然后又以各种资产业务分配这些资金。而后者一般不发行以自己为债务人的融资工具，只是协助将筹资者发行的融资工具（股票、债券等）销售给投资者，完成筹资目标。

在间接金融市场上，金融中介机构作为一个独立的交易主体发挥着吸收资金和分配资金的功能。这一功能又具体体现为：信用中介功能、期限中介功能和分散风险功能。

1. 信用中介功能。信用中介功能是指间接金融机构通过自身信用活动充当经济行为主体间的货币信贷中间人。通过吸收存款等形式集中大量的闲置货币资金，再以贷款和投资的方式提供给需要补充资金的借款人。在整个运作过程中，间接金融机构可以充分发挥它自身专业化、规模化的优势，大大降低交易成本和信息不对称成本。

交易成本是交易所花费的时间和金钱。金融市场上从事交易的人们都面临着一个因交易成本过高而使交易不能做成的问题，即交易成本问题。交易成本的存在，阻碍了许多小额储蓄者和借款者之间的直接融资，阻碍了金融市场正常作用的发挥。

所谓信息不对称，是指金融市场上交易的一方对另一方了解不充分，造成双方的不平等。这种信息的不对称往往会直接导致两种情况发生：一种是市场上那些最有可能造成信用风险的借款者，往往就是那些寻求资金最积极而且最有可能得到资金的人，这就是所谓的逆向选择。比如，骗子往往最急切地想得到贷款，因为他们知道自己极可能不偿还贷款。在这种情况下，贷款人往往面对的是大量的信用风险很高的借款人。另一种情况是贷款者把资金放贷给借款者之后，借款者可能会从事那些贷款者所不希望的风险活动，这些活动很可能导致贷款不能按期归还，即所谓的道德风险。无论是逆向选择还是道德风险，都降低了贷款归还的可能性。

但是，银行和其他间接金融机构是从事金融中介活动的专业组织，它们拥有降低交易成本的专门技术，并且相对于个人而言，它们对借款者信息的掌握具有相当的优势，在甄别贷款风险、监督借款者方面具有丰富的经验和专门的技术。这就使得间接金融机构在一定程度上可以有效降低交易成本、有效防范信息不对称问题所导致的逆向选择和道德风险的发生。

2. 期限中介功能。在现实经济当中，许多借款人都希望得到能够满足长期投资的资金，而多数的资金盈余单位并不能保证提供相应的长期贷款。而间接金融机构却可以使短期资金转化为长期资金，使借款人获得长期贷款，即使最终贷款人（存款人）只提供短期贷款，这是因为，间接金融机构拥有众多的小额存款者，而他们的取款决定又是相对独立的，因此，可以运用大数定律预测出任一日期提款量的概率分布，这样，只需保留少量的准备金就可以应付提款了，除非出现"挤兑"现象，即由于公众担心银行倒闭而同时大规模提款的行为。

3. 分散风险功能。由于单个投资者的盈余资金相对有限，因此，希望通过投资多样化即"将鸡蛋放在不同篮子里"的方法来实现风险的分散具有一定的困难。但规模庞大的间接金融机构却不受这种限制，它们可以利用自身的优势将资金投资于各种不同性质甚至不同国家的证券之间，从而将风险降至最低。

正是由于间接金融机构在功能上拥有以上这些优势，使得它在资金融通过程中扮演着极其重要的角色。无论是在金融市场不发达的发展中国家还是在相当成熟的发达国家，大部分资金都是通过间接金融机构来流动和配置的。

第二节　西方国家的金融机构体系

在市场经济比较发达的国家，其金融机构体系大多是以中央银行为核心，以存款货币银行为主体，多种金融机构并存的体系结构。美国是金融机构体系发展最为完善的国家，因此，通过图 4－2 美国的金融机构体系，对西方金融体系我们可窥一斑。

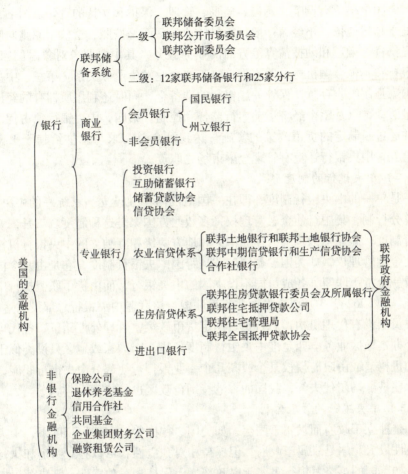

图4-2　美国的金融机构体系

一、中央银行

在西方国家的银行业发展过程中，中央银行是从商业银行中独立出来的一种银行。在现代经济社会，几乎所有的国家或地区都有中央银行或类似于中央银行的金融机构。作为领导和管理全国货币金融的首脑机构，中央银行对内代表国家实施宏观金融调控，维护金融体系的安全运行，对外则是一国货币主权的象征。因此，它是各国（或地区）金融机构体系的核心和主导环节。

（一）中央银行的性质特征

第一，中央银行是管理机关，是具有银行特征的特殊的国家机关，它不是企业性银行，不以盈利为目的，不与一般金融机构争利，它是一国金融业的首脑机构，对全国金融负有调节、调控、监督、管理、保护和扶持的责任。第二，中央银行处于超然地位，不经营一般银行具体业务，而是按照有偿信用原则向政府和银行提供资金融通和划拨清算等方面的业务服务，其主要服务对象是国家政府、商业银行和其他金融机构，并不直接与工商企业发生业务关系。第三，中央银行依靠国家强制吸收存款，保管一般银行的准备金，同时还利用所拥有的经济力量对金融活动，以及整个经济活动实行监督和控制。第四，中央银行独占货币发行权，并通过新制定的货币政策的实施，达到社会总需求与总供给趋于平衡的目的。第五，中央银行还负有管理金融市场之职责。

（二）中央银行的制度形式

一是单一的中央银行制度，即在一国范围内单独设立一家统一的中央银行，通过总分行制，集中行使金融管理权，多数西方国家是这种制度。二是二元的中央银行制度，即在一国范围内建立中央和地方两级相互独立的中央银行机构，分别行使金融管理权，如美国、德国。三是跨国中央银行制度，它是由几个国家共同组成一个货币联盟，各成员国不设本国的中央银行，而由货币联盟执行中央银行职能。如1962年3月成立的西非货币联盟，该联盟中央银行总部设在达喀尔，在各成员国设有代理机构，总行负责制定货币政策，管理外汇储备，各代理机构负责经办本地区业务。四是准中央银行制度，指一个国家或地区只设类似于中央银行的机构，或由政府授权某个或某几个商业银行行使部分中央银行职能，如新加坡、斐济、马尔代夫等，我国的香港特别行政区也是这种模式。

（三）中央银行的管理体制

一是独立于政府而隶属于国会，如美国、德国等。在这种制度下，中央银行的独立性最大。二是隶属于政府，但保持相对独立性，可以独立制定和执行货币政策，如英国的英格兰银行隶属于财政部，但保持相对独立性，其决策机构董事会的16名成员均由政府推荐，由议会任命。三是作为政府的一个部分，完全接受政府的指令，独立性较小，如意大利等。

二、商业银行

在西方国家，商业银行是最早出现的金融机构，它以机构数量多、业务渗透面广和资产总额比重大而成为金融机构体系的骨干和中坚。早期，商业银行主要从事短期工商业贷款的发放。第二次世界大战以后，随着银行业竞争的加剧，商业银行的业务范围有所扩大，特别是长期贷款和投资业务比重增加。当前，大多数国家的商业银行不仅经营存放款业务，还为顾客提供多种服务，被形象地称为"金融百货公司"。

（一）西方国家商业银行的组织形态

1. 独家银行制度，或称单元制，目前仅存于美国。所谓单元银行制，是指银行业务分别由各自独立的商业银行经营，不设或有关章程不允许设立分支机构的一种商业银行组织形态。1900 年美国商业银行共有 8 738 家，而分支行仅有 119 家，故当时美国商业银行基本上是实行独家银行制。美国之所以长时期实行单元银行制，与其政体以及垄断和反垄断势力之间的斗争有一定关系，也同政府由于担心城市会把农村资金吸走，因而禁止银行开设分支行有关。

独家银行制的主要优点在于：（1）可以提倡和鼓励竞争，限制垄断，商业银行在限定的区域内各自独立经营，符合自由经营适度竞争的原则。同时，由于单一银行制下银行家数多，就可保持竞争局面，基本上不会出现由少数几家大型银行垄断经营的情况。（2）独家银行制下，一般银行规模都比较小，组织比较严密，管理比较方便。（3）独家银行制还可以根据实际需要遍设各地，同时一般又是由本地人经营，对本地资金吸收比较容易。（4）独家银行制特别有利于资金在本地的运用，防止本地资金的大规模转移，有利于本地经济的发展。

独家银行制的缺点和不足也是显而易见的：（1）在独家银行制下，由于银行一般规模较小，不能做有效率的经营，特别是不能形成规模经济效益，其现金准备也常投放于各地，不符合经济原则。（2）由于独家银行制在经营的区域范围上受到较大的限制，资金一般容易集中于某一地区或某一行业，不大可能做到风险分散化。同时，独家银行制也不可能像分支行制那样，资金在横向之间有效调剂，由于其客户局限于一地，不易得到大额资金，当资金不足时，经常处于孤立无援的境地，容易造成危机或倒闭。在相反的情况下，资金过剩，也不可能跟分支行制一样，在本行系统内及时高效地找到资金的出路，以提高资金的运用效率。（3）独家银行制下，由于没有设立于各地的分行，故对客户的汇款等要求，也较难提供周到全面的服务。

2. 分支行制。实行这种制度的代表是英国，目前大多数国家都采用这种制度。分支行制是按照同一章程，在同一个董事会管理下，在大都市中设立总行，然后在国内、国外普遍设立分支行的制度。实行分支行制的国家，虽然独立的商业银行数量较少，但银行分支机构大多遍布国内外各地，银行的规模一般较大。例如，目前，英国的 6 家清算银行，在本国共有 10 000 多家分支行。

从银行和顾客的角度来看，分支行银行制度在很多方面比独家银行制度优越：首先，实行分支行制的银行规模可随业务的发展而扩大。其次，有分支行的银行在资金调拨上更灵活，资产更多样化而且也较安全，由于经营的分散化，往往可以降低平均风险程度。分支行制下机构遍及各地，可促使其分散业务，提高资金的安全性，减少银行失败的可能性等。再次，实行分支行制度也更便于管理和联系培训，更有利于节约。最后，在分支行制下，现金准备可以维持相当低的水准，由于资金的流动性较大，总行与分支行之间，以及各分支行之间，超额准备金的调度非常容易，从而能够维持高流动性和高效率，把流动性成本降到最低程度。此外，由于在分支行制下，银行分支机构多，且分散于各地，可便于满足客户的汇款要求，汇兑成本也可保持在最低水平。

分支行制也有不少缺点：（1）实行这种制度往往容易导致银行业的垄断，而银行业的过分集中是不利于效率提高的，甚至会出现操纵控制经济、金融的局面。（2）分支行制往往要将各地的资金吸收后转到大城市发放，这会牺牲地方产业的发展。（3）由于分支行制容易出现垄断，分支机构又如网络分布，关系密切，因此，当银行经营不善而出现危机时，往往会产生连锁反应而造成较大的危害。但相比较而言，分支行制还是利多弊少，除美国外，西方各国商业银行都实行这种组织体制，就是美国，也在朝分支行制方向发展。

3. 其他组织形式。第二次世界大战后，美国又出现了集团银行制，即由某一集团成立一家股份公司，再由该公司控制或收购两家以上的银行。这种组织形式，实际上是一种变相的分支行制，旨在回避对开设分支行的种种限制。美国商业银行一般把成立集团银行公司作为一种手段或工具，以达到如下几个主要目的：（1）逃避各州限制商业银行开设分支行的法律；（2）扩大银行经营范围，打入新的业务领域，使银行能更容易吸收更多的资金，以适应商业银行业务向多功能全方位发展的趋势，提高竞争能力；（3）使银行通过集中管理与集中提供信贷，节约开支，降低经营成本，特别是减少在证券管理与信息整理等方面的经营成本。同时，分散而多样化的业务经营，还能降低经营风险。

此外，还有一种新的商业银行组织形式，叫连锁银行制，它是通过持股或聘任董事手段把两家以上独立的银行联系在一起，彼此间保持较松散的联系，但控制权集中于同一个人或同一集团。连锁银行制与集团银行制的作用基本相同，它能够在连锁的范围内发挥分支行制的作用，所不同的是连锁银行不必成立控股公司。

（二）目前西方国家商业银行的发展趋势

1. 经营国际化。随着经济全球化和金融自由化的加深，各国银行业的市场准入不断扩大，国内外金融市场连成一体，金融服务的国内外界限越来越模糊。加上西方发达国家在金融服务贸易方面具有竞争优势，金融服务贸易收入成了这些国家贸易盈余和商业银行利润的增长点，从而使得商业银行业务经营国际化程度不断提高。

2. 业务全能化。长期以来，西方国家的商业银行业务范围大致形成了两种模式：一是以德国为代表的业务全能化经营模式，即不实行商业银行业务与投资银行业务的严格划分；二是以美国为代表的分业经营模式，即实行商业银行业务与投资银行业务的严格划分。20 世纪 70 年代以后，随着金融管制的放松，美、英、日等分业经营的国家逐步允许商业银行涉足投资银行业务，20 世纪 90 年代以后，这种业务交叉步伐加大，1999 年 11 月 12 日，美国总统克林顿签署了《金融服务现代化法》，该法完全废除了旧的分业经营法律，标志着西方国家商业银行全面走上了全能化发展道路。

3. 竞争集团化。随着金融自由化的发展，金融竞争已从单个银行的竞争与合作走向银行集团的竞争与合作。这在各国国内的表现是：银行加速兼并成金融集团公司，国内竞争程度弱化，商业银行越来越少，金融市场由少数金融集团把持，如美国 1995 年的银行数比高峰时期 1980 年的减少 36%。

三、专业银行

专业银行是指专门经营指定范围的业务和提供专门性金融服务的银行。其特点有三：一是专门性；二是政策性；三是专业银行的建立往往有官方背景，有的就是政府的银行或政府的代理银行。

西方国家的专业银行的种类很多，名称各异，下面介绍其中主要的几种：

（一）开发银行

开发银行是专门为满足经济社会发展的长期投资需要而设立的。这类投资具有开发性强、投资量大、见效慢、周期长、风险大等特点，一般商业银行不愿意承担。开发银行多为国家或政府创办，不以盈利为目的。像新产业的开发、新经济区的基础设施建设、全国性公共设施建设都属于投资多、见效慢、周期长的工程，社会效益好，但是否盈利难以预计，所以往往由国家主办的开发银行承担。

开发银行可以分为国际性的、区域性的和本国性的三种。

国际性开发银行，即国际复兴开发银行（也称世界银行），它主要为成员国提供长期贷款，解决成员国经济的复兴和开发对资金的需求。其贷款主要用于各种基础设施，如工业、农业、电信、铁路、公路、港口及动力设备、公用事业、文化教育等工程项目。贷款需要成员国政府出面担保，期限最长可达 30 年，利息率较低，贷款要专款专用，审查较严格。区域性开发银行的宗旨、业务与世界银行基本相同，服务对象仅限于某一区域内的会员国，如亚洲开发银行，仅对亚洲地区参加该组织的会员国提供服务。本国性开发银行主要对国内企业和建设项目提供长期贷款。

（二）投资银行

投资银行是指专门对工商企业办理投资和长期信贷业务的银行。投资银行与商业银行不同，其资金来源主要依靠发行自己的股票和债券，有的国家也允许投资银行接受定期存款。现代投资银行的主要业务有：对工商企业的股票和债券进行直接投资，提供中长期贷款，为工商企业代办发行或包销股票与债券，参与企业的创建、重组和并购活动，包销本国政府和外国政府的公债券；提供投资和财务咨询服务等。此类银行在美国称为投资银行，在英国称为商人银行，在日本称为证券公司。

在 1929 年以前，西方投资银行主要从事证券承销业务。在发展初期，由于西方经济正处于快速增长时期，企业的直接融资规模迅速扩大，投资银行业获得了相当丰厚的利润。巨大的经济利益吸引了商业银行从事证券业务，商业银行和投资银行业务的交叉融合使得大量的短期资金流向风险较大的证券市场。因此，在 1929 年到 1933 年的金融危机中，许多人将投资银行与商业银行的混合经营视为罪魁祸首。1933 年 3 月 9 日，美国国会通过了《1933 年银行法》，将银行业与证券业完全分离，这一限制也影响了其他国家。然而，1929 年以后，投资银行业不断推陈出新，发展了公司兼并、资产管理、投资咨询等多种新业务。进入 20 世纪 90 年代以来，投资银行业务与传统商业银行业务相互间的不断渗透迫使许多国家不断放松管制。1999 年，《金融服务现代化法》的颁布最终完全打破了美国投资银行与商业银行跨业经营的法律障碍，这必将对其他西方国家产生深刻影响。

世界著名的投资银行有摩根斯坦利、美林公司、所罗门兄弟公司、第一波士顿公司等。

（三）储蓄银行

储蓄银行是指专门吸收居民储蓄存款并为居民提供金融服务的银行。这类银行的服务对象主要是居民消费者，资金来源主要是居民储蓄存款，资金运用主要是为居民提供消费信贷和其他贷款等。此外，也在可靠的债券市场上投资。与我国几乎所有的金融机构均经营储蓄业务的状况不同，在西方不少国家，储蓄银行大多是专门的、独立的，对储蓄银行也大多有专门的管理法令。其主要内容一方面是旨在保护小额储蓄人的利益，另一方面则是规定它们所聚集的大量资金应该投向何处。

储蓄银行所汇集起来的储蓄存款余额较为稳定，所以，主要用于长期投资，如发放不动产抵押贷款（主要是住房贷款），投资于政府公债、公司股票及债券，对市政机构发放贷款等。有些国家明文规定必须投资于政府公债的比例。储蓄银行的业务活动所受到的约束，如不得经营支票存款、不得经营一般工商贷款等，近些年来已有所突破。有些储蓄银行已经在经营过去只有商业银行才能经营的许多业务。不少国家的邮政系统都办理储蓄业务，有的从居民住宅的角度发展起建房储蓄银行等。西方国家的储蓄银行既有私营的，也有公营的，甚至有些国家绝大部分储蓄银行都是公营的。

储蓄银行的名称各有不同，有的甚至不以银行相称，但功能基本相同。在美国称为互助储蓄银行、信贷协会、储蓄贷款协会等，在英国称为信托储蓄银行，日本称为储蓄银行。

（四）进出口银行

进出口银行是指专门为对外贸易提供结算、信贷等国际金融服务的银行。当今社会，对外贸易及非贸易等经济活动的国际交往日益频繁，逐渐扩大。因此，大多数国家都设立了专门为此服务的进出口银行，有的是政府出面设立的，如美国的进出口银行、日本的输出入银行就是政府的金融机构；也有的是政府与商业银行合办的，如法国的对外贸易银行就是由属于政府的法兰西银行与一些商业银行共同出资组建的。进出口银行与商业银行不同，创建进出口银行的宗旨是推动本国进出口贸易，加强国际间金融合作，广泛吸引国际资本，搜集国际市场信息。进出口银行是一个国家或地区对外开放、利用外资的窗口。

（五）农业银行

农业银行是指在政府的资助和指导下，专门为农业、畜牧业、林业、渔业的发展提供金融服务的银行。农业受自然因素影响大，对资金的需求有强烈的季节性，农村地域广阔，农户分散，资本需求额小，期限长，利息负担能力低，抵押品大多无法集中，管理困难，有不少贷款只能凭个人信誉作担保，这些都决定了经营农业信贷具有风险大、期限长、收益低等特点。因此，农业部门很难成为一般金融机构的融资对象，需要有政府的指导和资助，设立专门的金融机构为之服务，如美国的联邦土地银行、合作银行，法国的土地信贷银行、农业信贷银行，德国的农业抵押银行，日本的农林渔业金融公库等。

农业银行的资金来源主要是政府用于农业发展的资金、发行债券、组合成员存款、根据有关法律出资的团体的缴纳款等。资金运用主要是向农、牧、渔民创业和发展生产提供低息贷款。农业银行一般都是官方或半官方的金融机构。

（六）住房信贷银行

住房信贷银行是指专门为居民购买住房提供金融服务的金融机构。美国称为住房信贷体系，和进出口银行一样同属于联邦代理机构。日本称为住房金融公库，属政府的金融机构。英国称为住房协会，其资金来源主要是协会会员交纳的股金和吸收存款。

（七）不动产抵押银行

不动产抵押银行是专门经营以土地、房屋及其他不动产为抵押的长期贷款的专业银行。它们的资金不是靠吸收存款，而是靠发行不动产抵押证券来筹集。贷款业务大体可分为两类：一类是以土地为抵押的长期贷款，贷款对象主要是土地所有者或购买土地的农业资本家；另一类是以城市不动产为抵押的长期贷款，贷款对象主要是房屋所有者或经营建筑业的资本家，法国的房地产信贷银行、德国的私人抵押银行和公营抵押银行等，均属此类。此外，这类银行也收受股票、债券和黄金等作为贷款的抵押品。

事实上，商业银行正大量涉足不动产抵押贷款业务。不少抵押银行除经营抵押放款业务外，也经营一般信贷业务。这种兼营、融合发展呈加强、加速之势。

此外，西方金融机构体系中的专业银行还有：专门为中小企业服务的银行、海外银行等。

四、非银行金融机构

西方国家一般将中央银行、商业银行、专业银行以外的金融机构称做非银行金融机构。因此，这一类机构比较庞杂，它们属于信用机构，如保险公司、养老基金、投资基金、信用合作社等。

（一）保险公司

保险公司是以经营保险业务为主的经济组织。保险公司的运作以大数法则和概率论为科学依据，并以各方面专业知识为基础，具有分散风险、削减损失的功能。西方国家的保险业十分发达，几乎是人人保险、物物保险、事事保险，因而按照保险种类分别设有形式多样的保险公司，如人寿保险公司、财产保险公司、灾害和事故保险公司、老年和伤残保险公司、信贷保险公司、存款保险公司、再保险公司等等。

保险公司主要是依靠投保人缴纳保险费和发行人寿保险单方式来筹集资金，对那些发生意外灾害和事故的投保人，予以经济补偿，是一种信用补偿方式。保险公司筹集的资金除保留一部分以应付赔偿所需外，其余部分主要投向有稳定收入的政府债券、企业债券和股票，以及发放不动产抵押贷款、保单贷款等。在一些西方国家，如美国，保险公司的资金已成为借贷资本市场上最大的资金来源之一。人寿保险公司发行的人寿保单事实上是一种长期的储蓄契约。投保人每年缴纳保费，如在保险期间死亡，其家属可获得赔偿保障，期满后投保人亦可提回本金及利息。保险原本是在近代商品货币经济不断发展过程中出现的一种经济补偿制度，但在现代信用经济中，保险公司已成为西方国家一种重要的金融机构，经常在政府公债、企业证券、不动产抵押放款和保单放款等长期资金市场上投资，成为重要的机构投资者。

西方国家保险公司的组织形式有：

（1）国营保险公司，它们往往主要办理国家强制保险或某种特殊保险；

（2）私营保险公司，它们一般是以股份公司的形式出现，也是西方国家中经营保险业务的主要组织形式；

（3）合作保险，是社会上需要保险的人或单位采取合作组织形式来满足其成员对保险保障的要求，如相互保险公司，就是保险人办理相互保险的合作组织；

（4）个人保险公司，即以个人名义承保业务，目前只有英国盛行；

（5）自保保险公司，这是一些大企业或托拉斯组织，为了节省保费，避免税收负担，成立的专为本系统服务的保险公司。

（二）退休或养老基金会

这类机构是指雇主或雇员按期缴付工资的一定比例，在退休后，可取得一次性付清或按月支付的退休养老金。20 世纪 80 年代以前这类基金运营简单化，即主要用于购买国债券和存入银行生息。20 世纪 80 年代以后，由于西方国家人口老龄化问题越来越突出，完全依靠增加企业和个人负担来筹集足够的养老基金越来越困难，因而 20 世纪 80 年代至 90 年代初，养老基金的运营开始转向股市，即越来越多的养老基金投向企业股票和债券。20 世纪 90 年代初以来，养老基金运营开始走向国际化，即养老基金投向海外证券市场的比例不断上升，这是因为海外投资回报率比国内市场要高。

（三）投资基金

投资基金是指经过发行基金股票或基金受益凭证将众多投资者的资金集中起来，直接或委托他人将集中起来的资金投资于各类有价证券或其他金融商品，并将投资收益按原始投资者的基金股份或基金受益凭证的份额进行分配的一种金融中介机构。

一般认为，基金起源于英国，是在 18 世纪末 19 世纪初产业革命的推动下产生的。由于投资基金具有积累个人财富、价值储藏、追求高收益等多种投资功能，同时又具有基金投资份额小，极受中小投资者欢迎的优势。因此，在其产生以来的 100 多年间，世界基金产业从无到有，从小到大，尤其是 20 世纪 70 年代以来，随着世界投资规模的剧增，现代金融业的创新，品种繁多、名目各异的基金风起云涌，形成了一个庞大的产业。以美国为例，到 2000 年底，美国共同基金的资产总量已达 8 万亿美元，超过了商业银行的资产规模（7 万亿美元）。基金产业已经与银行业、证券业、保险业并驾齐驱，成为金融体系的四大支柱之一。

投资基金的组织形式有契约型和公司型两种。契约型是指基金的设定人（基金经理或基金经理公司）设计特定类型的基金，以信托契约的形式发行受益凭证，募集投资者的定期资金，进行运营和投资。基金的募集、保管、利润分配、收益及本金的偿还支付等业务，则委托银行具体办理。公司型投资基金是指通过组建基金股份公司来发行基金股票、募集投资者的资金，由公司投资经理部门或委托其他投资管理公司进行投资操作，并以基金股息、红利的形式将收益分配给投资者。基金资产的保管与业务处理可以由公司自己负责，也可以委托银行办理。公司型投资基金的最大特点是基金与投资者之间的关系是股份公司与股东的关系。美国绝大部分投资基金属于此种类型。

根据交易方式的不同，投资基金还可以分为开放型投资基金和封闭型投资基金两种。所谓开放型投资基金，就是基金股权是开放的，投资者随时可以购买该股票，持股人也随时可以退股。而封闭型投资基金，是指一次发行一定数量股份，以后不再追加，一般也不允许退股。

（四）信用合作社

信用合作社是吸收城镇小手工业者或农民为社员的一种信用组织，它主要办理社员的存放款业务，也运用一部分资金投资于不动产和政府公债。以社员缴纳的股金和吸收的存款为主要资金来源。信用社可分为城市信用社和农村信用社两种，前者是手工业者的组合，后者则是农民的信用组合。农村信用社以日本最为普遍，参加者占全国农户的90%左右。信用社是为了适应小商品生产的客观需要而建立起来的，在民间具有很强的生命力，它能够较好地解决小商品生产者正常的生产和流通中常常出现的资金不足困难，而这些人是很难得到大银行的贷款支持的。同时，信用合作社除了办理社员的存款业务之外，还购买政府公债或把资金转存于其他金融机构，这对社会融资也很有好处。

（五）金融租赁公司

金融租赁公司是经营融资租赁业务的金融机构。将自己有的物件借给他人收取费用称为租，借他人的物件而支付费用称为赁。租赁是所有权和使用权之间的一种借贷关系。租赁业务是由资产所有者按契约规定，将租赁物件租给使用者，使用者在规定期限内分期支付租金，并享有物件使用权的一种经济行为。

按国际通行的划分标准，租赁业务分为融资租赁、经营租赁及综合租赁三大类。融资租赁是指当企业需要添置某些设备而又缺乏资金时，由出租人代其购进或租进所需设备，然后再出租给承租单位使用的租赁方式，其具体形式有直接购买租赁、回租租赁、转租租赁和杠杆租赁四种。经营性租赁又称操作性租赁和服务性租赁，是通过为承租方提供临时性使用的租赁物件来获得资金收入，其特点是：租赁物件的保养、维修、管理等工作归出租方负责；承租人提前通知后，可以中途解约；出租人由于承担经营风险，租金一般较高。综合性租赁是租赁与合资经营、补偿贸易、来料加工和产品的返销等贸易方式相结合，由承租人以产品偿付租金的租赁方式。

目前，国际上的租赁行业由三种类型的机构组成：银行或与银行有关的金融机构所属的租赁公司，属于制造商的租赁公司，综合经营并独立开业的租赁公司。

除此之外，非银行金融机构还有消费信贷机构、信托投资公司、企业集团财务公司等。

第三节 我国的金融机构体系

目前，我国已经初步建立起在中央银行宏观调控下，政策性金融与商业性金融分离，以国有控股银行为主体，股份制商业银行、城乡信用合作社、非银行金融机构和外资金融机构并存，分业经营、相互协作的金融机构体系。图4-3展现了目前我国金融机构体系的基本框架。除此之外，还有对金融实施监管的政府性质的监管机构和自律组织。

一、中央银行

中国人民银行是我国的中央银行。中国人民银行于1984年1月起专门行使中央银行职能。1993年12月，《国务院关于金融体制改革的决定》进一步明确中国人民银行的主要职能是制定和实施货币政策，保持货币的稳定；对金融机构实行严格的监管，维护金融体系安全、有效地运行。1995年3月18日，第八届全国人民代表大会第三次会议通过了《中华人民共和国中国人民银行法》，就中国人民银行的设立、职能等以立法形式作出了界定。至此，中国人民银行作为我国的中央银行的地位以法律的形式确定下来。

中国人民银行总行设在北京，在全国设有众多分支机构。在1998年以前，中央银行按照中央、省（市）、县（市）四级分别设置总、分支行，省（市）及以下的分支行的管理实行条块结合，地方政府干预较多。1998年下半年，中央银行体制进行重大改革，撤销省级分行，设置跨省区分行，实行总行、分行、中心支行和县市支行四级管理体制。

需要指出的是，2003年4月28日中国银行业监督管理委员会正式挂牌营

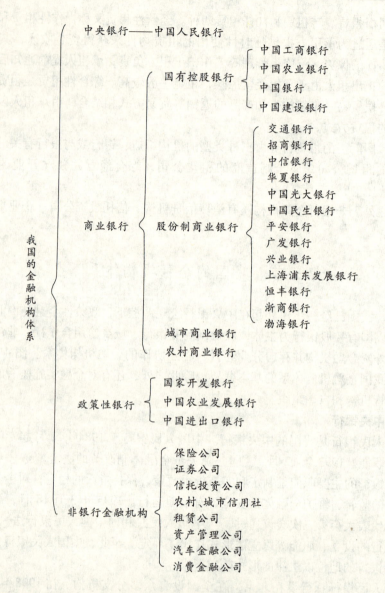

图4-3　我国的金融机构体系

业，统一监督管理银行、金融资产管理公司、信托投资公司以及其他存款类金融
机构，维护银行业的合法、稳健运行。银监会的成立使得中央银行监督管理金融
机构的这项职能有所变化。2003年9月发布的《关于中国人民银行主要职责内
设机构和人员编制调整意见的通知》明确了中国人民银行为国务院组成部门，

是在国务院领导下制定和执行货币政策、维护金融稳定、提供金融服务的宏观调控部门。

原由公安部承担的组织协调国家反洗钱工作的职责，转由中国人民银行承担。对银行业金融机构的监管职责，转由中国银行业监督管理委员会承担。

根据最新颁布的《中华人民共和国中国人民银行法（修正）》，中国人民银行的主要职责有：

（一）发布与履行其职责有关的命令和规章；

（二）依法制定和执行货币政策；

（三）发行人民币，管理人民币流通；

（四）监督管理银行间同业拆借市场和银行间债券市场；

（五）实施外汇管理，监督管理银行间外汇市场；

（六）监督管理黄金市场；

（七）持有、管理、经营国家外汇储备、黄金储备；

（八）经理国库；

（九）维护支付、清算系统的正常运行；

（十）指导、部署金融业反洗钱工作，负责反洗钱的资金监测；

（十一）负责金融业的统计、调查、分析和预测；

（十二）作为国家的中央银行，从事有关的国际金融活动；

（十三）国务院规定的其他职责。

二、商业银行

我国商业银行在所有制结构上，以国家投资或控股的国有商业银行为主体，同时发展了一定数量的股份制商业银行，还有在城市信用社和农村信用社基础上组建的城市商业银行和农村商业银行。到 2012 年 8 月，我国商业银行总资产为 88.14 万亿元，占全国金融机构总资产的 71.25%。[①]

1995 年 5 月 10 日，第八届全国人大常委会第十三次会议通过《中华人民共和国商业银行法》，就商业银行的性质、职能等以立法的形式作了界定。根据这一法律，商业银行在境内不得从事信托投资和股票业务，不得投资于非自用不动产，不得向非银行金融机构和企业投资。2003 年 12 月 27 日第十届全国人民代表大会常务委员会第六次会议通过了《关于修改〈中华人民共和国商业银行法〉的决定》的修正案。

修正案规定，商业银行具体业务范围包括：（1）吸收公众存款；（2）发放

---

① 数据由银监会网站《2012 年银行业金融机构资产负债情况表（境内）》计算而得。

长、中、短期贷款；（3）办理国内外结算；（4）办理票据贴现；（5）发行金融债券；（6）代理发行、代理兑付、承销政府债券；（7）买卖政府债券；（8）从事同业拆借；（9）买卖、代理买卖外汇；（10）从事银行卡业务；（11）提供信用证服务及担保；（12）代理收付款项及代理保险业务；（13）提供保管服务；（14）经中国银监会批准的其他业务。

（一）国有控股商业银行

国有控股商业银行是相继经历了国家专业银行、国有独资商业银行演变而来的，包括中国工商银行、中国农业银行、中国银行和中国建设银行，它们基本上是在 1979 年以后陆续恢复、分设的。原来这四大银行的分工比较明确：中国工商银行主要承担城市工商信贷业务，中国建设银行主要承担长期投资信贷业务，中国农业银行以开办农村信贷业务为主，中国银行主要经营外汇业务。随着金融改革的不断深化，四家银行的传统分工也开始逐步打破。特别是 1994 年成立了三家政策性银行后，这些专业银行的政策性业务被划分出去，它们开始专营商业性业务，成为国有独资商业银行，各行的业务交叉进一步扩大，传统分工更趋淡化，逐步成为了国家独资商业银行。由于社会主义市场经济的不断发展，中国加入世贸组织，国有独资商业银行的弊端越来越明显，2004 年初，国务院决定对中国银行和中国建设银行实施股份制改造，年底，中国银行股份有限公司、中国建设银行股份有限公司相继挂牌成立，是国有独资商业银行改革进程中迈出的里程碑式的一步，拉开了国有独资银行改革的序幕，是中国金融业一次全新的改革创新，到 2009 年，四大国有独资商业银行都已成功转变成为了四大国有控股银行。

尽管国有控股商业银行只有四家，但它们却是我国金融体系的主体。目前，这四家国有独资商业银行无论在人员、机构网点数量上，还是在资产规模及市场占有份额上，在我国整个金融领域中均处于绝对举足轻重的地位，在世界上的大银行排名中也处于较前列的位置。2003 年底，这四大国有独资商业银行的资产占全部商业银行资产的 55%，到 2010 年底，这一比例降为 48.7%。随着其他商业银行的进入，它们所占的市场份额将继续呈下降趋势。

1. 中国工商银行。中国工商银行成立于 1984 年。目前，工商银行是我国规模最大的商业银行，到 2011 年底，拥有工商企业账户 411 万个，居民储蓄账户 2.82 亿户，总资产达到了 154 768.68 亿元。中国工商银行不仅是中国实力雄厚的大银行之一，而且已跻身于世界大银行的行列。2011 年《银行家》杂志按市值排名，中国工商银行列第四位。2005 年 10 月 28 日，中国工商银行股份有限公司正式挂牌成立，注册资本为 2 480 亿元。其中，中央汇金投资有限责任公司和财政部分别持有中国工商银行股份有限公司 50% 股权。股份公司成立后，完整承继中国工商银行的资产、负债和所有业务，并继续从事原经营范围和业务许可文件上批准、核准的业务。2006 年 10 月 27 日，中国最大的商业银行——中国工商银行在上海和香港两地成功实现 A + H 同步上市，这标志着工商银行的股份制改革已经取得阶段性成果。

2. 中国农业银行。中国农业银行原是我国办理农村金融业务的国家专业银行，现为国务院直接管理的局级经济实体，是国有独资商业银行。总行设在北京，各省（自治区、直辖市）设分行，地（市）设中心支行，县级设支行，农村设营业所。

随着我国金融体制改革的不断深化，1993 年 12 月，国务院作出《关于金融体制改革的决定》之后，中国农业银行开始迈开了由国家专业银行向国有商业银行转变的步伐。其市场定位可以概括为：不放弃农村，但不局限于农村。1996 年 8 月，国务院《关于农村金融体制改革的决定》出台以前，中国农业银行还领导农村信用合作社。1996 年 8 月以后，中国农业银行与农村信用合作社在人、财、物三个方面彻底脱钩。随着股份制改革的推进，2009 年 1 月 9 日，中国农业银行股份有限公司在北京召开创立大会，其注册资本为 2 600 亿元。经国务院批准，中央汇金投资有限责任公司和财政部代表国家各持该股份公司 50% 股权。2009 年 1 月 16 日，中国农业银行股份有限公司正式挂牌成立。

3. 中国建设银行。中国建设银行成立于 1954 年 10 月 1 日，是一家以中长期信贷业务为特色的国有商业银行。改革以前，只是服务于财政基建拨款的出纳机构。改革后，经历了十几年财政、银行双重职能并行的阶段后，于 1994 年进入向国有商业银行转变的新阶段，并于 1996 年 3 月将其原名中国人民建设银行改名为中国建设银行。由于该行过去经常从事基本建设业务，在与大行业、大企业的密切联系中，积累了一定的管理经验。目前，建设银行已与世界上 580 家银行建立了代理行关系，其业务往来遍布五大洲的近 80 个国家，并已成为国际金融资本与中国经济建设结合的重要桥梁。2004 年 9 月 15 日，中国建行银行股份有限公司挂牌成立，由中央汇金公司、中国建投、宝钢集团、国家电网和长江电力共同发起设立股份公司，注册资本为 1 942.3025 亿元。2005 年 10 月 27 日，中国建设银行成功地在香港联交所挂牌，成为中国四大国有商业银行中首家上市的银行。2007 年 9 月 25 日，中国建设银行正式在上海证券交易所挂牌。

4. 中国银行。中国银行成立于 1912 年，是中国历史最为悠久的银行，也是《银行家》杂志所评选的资本实力最雄厚的国际大银行之一。该行在其作为国家外汇外贸专业银行时期，在发展国际金融业务方面奠定了良好的基础。现在，它继续发挥着在支持外贸事业发展、提供国际结算服务、提供进出口融资便利及对外筹资主渠道作用等方面的业务优势。中国银行是中国第一家在亚、欧、澳、非、南美、北美六大洲均设有机构的银行。目前，中国银行在 19 个国家和地区设立了 525 个分支机构，直接经营当地法律许可的银行业务。在香港和澳门，中国银行还承担了发钞行的责任。2004 年 8 月 26 日，中国银行股份有限公司挂牌成立，2006 年 6 月 1 日，中国银行在香港联合交易所正式挂牌上市。2006 年 7 月 5 日，中国银行在上海证券交易所成功挂牌上市，这是我国首家在 A 股市场挂牌上市的大型国有商业银行，创造了中国资本市场有史以来最大的首次公开发行新记录，同时也成为目前沪深两市中权重最大的上市公司、国内首家 H 股和 A 股全流通发行上市的公司、股权分置改革以来第一家大型公司上市项目。

（二）股份制商业银行

随着金融体制改革的不断深化，我国陆续组建和成立了一批股份制商业银行。1987 年 4 月交通银行经过重组后开业。改革开放后，纷纷成立了深圳发展银行、中信实业银行（2005 年底变更为中信银行）、招商银行、华夏银行、中国光大银行、中国民生银行、广东发展银行、福建兴业银行（2003 年变更为兴业银行）、上海浦东发展银行等。近年来，伴随着我国对外开放的步伐，国外资本开始参股国内银行，比如，中国光大银行资本中就有 3% 是由亚洲开发银行投资入股的。这些股份制商业银行最初成立时，均明确有全国性商业银行和区域性商业银行之分，但近年来，一些区域性商业银行的经营范围已越出原来的指定范围，向其他城市和区域扩展。它们和其他商业银行之间的竞争已经在全国范围内展开。据银监会统计，截至 2012 年 6 月末，股份制商业银行资产总额 21.18 万亿元，占银行业金融机构资产总额的 16.7%。深圳发展银行、上海浦东发展银行、中国民生银行、华夏银行、中信银行等的股票都已在证券交易所挂牌上市。

股份制商业银行的共同特点是：（1）初步建立了自主经营、自负盈亏、自担风险、自求平衡、自我约束、自我发展的经营机制；（2）产权关系明晰，最终所有者比较明确，风险意识和盈利意识大为加强；（3）公司治理结构得到不断的完善，实行董事会领导下的行长负责制和股东大会制度；（4）依照国际通行规则和市场原则，开展各项银行业务，进行自身经营管理。

（三）城市商业银行和农村商业银行

城市商业银行是在 1997 年由城市合作银行统一更名而来的。城市商业银行是在对城市信用社清产核资的基础上，通过吸收地方财政、企业入股组建而成的。1994 年底，全国共有城市信用合作社 5 200 家，其中 2 275 家设在地级以上城市，2 925 家设在县或县级市。它们虽然冠以"合作"二字，但实际上有相当多的城市信用社已失去合作性质，实际上已办成小的股份制商业银行，适用于《商业银行法》。为规避风险，形成规模，1995 年国务院决定，在城市信用社基础上组建城市合作银行，将众多的城市信用社组建成地方性、股份制的银行。城市商业银行实行一级法人、多级核算经营的体制。其服务领域是，依照商业银行经营原则为地方经济发展服务，为中小企业发展服务。截至 2011 年 9 月末，城市商业银行总资产 8.96 万亿元。从整体上看，城市商业银行发展速度很快，经营管理水平有所提高，经济效益明显改善，抵御风险能力有所增强。

经过多年的发展，城市商业银行经营规模不断扩大，总体实力不断增强，资产质量逐年好转，盈利水平逐年提高，呈现出良好的发展态势，对化解城市信用社风险起到了很好的作用。城市商业银行的组建，为中国金融改革与发展注入了新的活力，并发挥了独特的作用。它打破了国有控股银行一统天下的局面，形成了多元化的竞争格局，带动了金融服务水平的提高，促进了金融体制改革的深化。

按照银监会发布的《农村商业银行管理暂行规定》的解释，农村商业银行是主要以农村信用社和农村信用社县（市）联社为基础组建的，由辖内农民、农村工商户、企业法人和其他经济组织共同发起成立的股份制地方性金融机构，主要任务是为当地农民、农业和农村经济发展提供金融服务，促进城乡经济协调发展。目前，在我国的金融市场当中农村商业银行只占很小的份额。据银监会数据，到 2003 年底，农村商业银行总资产为 384.8 亿元，占全国金融机构总资产的 0.1%。但是，它是我国农村信用社改革的一个方向，标志着我国农村金融体系正在逐步得到改革和完善。

三、政策性银行

政策性银行是指由政府投资创办的，按照政府的意图与计划从事信贷活动的金融机构。我国从 1993 年底开始先后建立了国家开发银行、中国农业发展银行、中国进出口银行三家政策性银行，目的是实现政策性金融与商业性金融分离，以解决专业银行身兼二任的问题。这三家政策性银行将原来四大专业银行的政策性业务承担过来，一方面便于原四大专业银行尽快向商业银行转化；另一方面，在市场经济条件下，保证对投资期限长、收益低甚至无收益的国家基础项目和重点项目在资金上予以倾斜。在具体的业务活动中，它们必须坚持不与商业性金融机构竞争、自主经营与保本微利的基本原则。其中，中国进出口银行和国家开发银行在办理贷款拨付等具体业务时，主要委托国有商业银行为其代理，一般不再设分支机构；而中国农业发展银行的业务则以自营为主、代理为辅，除在北京设立总行以外，还在各省、自治区、直辖市设立分行，在计划单列市和农业大省的地

（市）设立分行的派出机构，在农业政策性金融业务量大的县（市）设立分行。

（一）国家开发银行

国家开发银行，1994年3月正式成立，是将政策性业务从中国建设银行中剥离出来而成立的政策性银行，总部设在北京，在全国设有32家分行和4家代表处，注册资本500亿元人民币，从国家财政逐年划拨的经营性建设基金和经营基金（含原来的"划改拨"）回收资金中安排。其任务主要是，一方面为国家重点建设融通资金，保证关系国民经济全局和社会发展的重点建设顺利进行；另一方面把当时分散管理的国家投资基金集中起来，建立投资贷款审查制度，赋予国家开发银行一定的投资贷款决策权，并要求其承担相应的责任与风险，以防止我国经济中长期存在的盲目建设，重复建设现象。目前，除了资本金以外，国家开发银行的主要资金来源是靠发行政策性金融债券来解决的。因此，其资金运用分为两部分：一是软贷款，即国家开发银行将属于资本金的资金以长期优惠贷款的方式，按投资项目的配股需要，贷放给国家控股公司和中央企业集团，由他们对项目进行参股、控股；二是硬贷款，国家开发银行将靠发行金融债券筹集的资金直接贷款给投资项目。由于国家开发银行主要目的是解决制约我国经济发展中的"瓶颈"问题，故其融资项目主要集中在能增强我国综合国力的支柱产业、高新技术项目，以及跨地区的重大政策性项目上。2008年12月，经国务院批准，国家开发银行整体改制成国家开发银行股份有限公司。

（二）中国进出口银行

中国进出口银行成立于1994年，是直属国务院领导的、政府全资拥有的国家银行。中国进出口银行总部设在北京。截至2011年底，在国内设有21家营业性分支机构；在境外设有东南非代表处、巴黎代表处和圣彼得堡代表处；与1 250多家银行的总分支机构建立了代理行关系，注册资金为33.8亿元人民币，由国家财政全额拨给。和国家开发银行一样，中国进出口银行也发行政策性金融债券。除此之外，它还可以从国际金融市场上筹集资金。其主要职责是扩大我国机电产品、成套设备和高新技术产品进出口，推动有比较优势的企业开展对外承包工程和境外投资，促进对外关系发展和国际经贸合作，提供金融服务。

（三）中国农业发展银行

中国农业发展银行，1994年11月正式成立，是将政策性业务从中国农业银行中剥离出来而成立的政策性银行，总行设在北京，注册资本为200亿元人民币，在全国设有分支机构，是三家政策性银行中唯一一家存款货币银行。中国农业发展银行的主要资金来源是中国人民银行的再贷款，并发行少量的金融债券。其业务范围是办理粮食、棉花、油料、猪肉、食糖等主要农副产品的国家专项储备和收购贷款，办理扶贫贷款和农业综合开发贷款，以及国家确定的小型农、林、牧、水基本建设和技术改造贷款。其主要任务是集中管理农业政策性信贷资金，保证其良性循环，防止各种流失，提高资金使用效益，以更好地贯彻党和国家的农村产业政策和经济政策，加强农业的基础地位，支持农业和农村经济发展。

四、非银行金融机构

（一）保险公司

1988 年以前，我国的保险业由中国人民保险公司独家经营。1996 年，中国人民保险公司改建为中国人民保险集团，简称中保集团。1998 年，中保集团宣布撤销，旗下原有的三家全资子公司独立为中国人民保险公司、中国人寿保险公司、中国再保险公司。而且保险市场的主体逐渐增加，中国太平洋保险公司、中国平安保险公司、华泰财产保险有限公司、新华人寿保险有限公司、泰康人寿保险有限公司及一些外资保险公司不断加入进来。保险公司的业务主要有两大类：一是人身保险业务，包括人寿保险、健康保险、意外伤害保险。二是财产保险业务，包括财产损失保险、责任保险、信用保险。

1995 年颁布实施的《中华人民共和国保险法》是新中国成立后的第一部保险法。该法对保险公司的组织形式、设立及变更的条件和程序、机构的扩展与变更等作了具体的规定。1996 年，中国人民银行又先后颁布实施了《保险代理人管理暂行条例》和《保险管理暂行条例》等多项规章制度。1998 年 11 月，中国保险监督管理委员会成立。2002 年 10 月，九届全国人大审议通过了修改《保险法》的决定，于 2003 年 1 月 1 日起正式实施。这次《保险法》的修改，贯穿了以下几个指导思想：一是履行加入世界贸易组织承诺；二是加强对被保险人利益的保护；三是强化保险监管；四是支持保险业的改革和发展；五是促进保险业与国际接轨。最新的《保险法》是第十一届全国人民代表大会常务委员会第七次会议于 2009 年 2 月 28 日修订通过的。

为加快发展，我国国有保险公司明确了进行股份制改革的方向。2003 年 7 月 19 日，中国人民保险公司率先完成了股份制改革，由中国人保控股公司、中国人民财产保险股份有限公司、中国人保资产管理有限公司三家公司取而代之。2003 年 12 月，中国人寿成功在纽约和香港上市，创造了 2003 年全球最大 IPO。2007 年 1 月 9 日中国人寿成功回归 A 股，在上海上市，成为首家在三地上市的金融保险企业，注册资本为人民币 28 264 705 000 元。2007 年 10 月，中国再保险公司改制为中国再保险（集团）股份有限公司，从而跨入专业化、集团化、国际化经营的全新时期。

（二）信托投资公司

信托是指委托人将其财产转移给受托人，受托人以自己的名义为了受益人的利益或特定的目的，管理处理信托财产的行为。1979 年，中国第一家信托公司成立。1980 年，全国信托机构盲目膨胀，管理混乱，无序竞争，形成了严重的风险隐患。1982 年、1985 年、1988 年、1993 年，全国进行了四次清理整顿，使隐藏的风险得到化解。到 1996 年底，我国共有信托投资机构 244 家，其中，规模比较大的和比较著名的有中国国际信托投资公司，1979 年 11 月成立，主要业务是引进国外和港澳地区资金，举办以信托投资业务为主的金融机构；中国新技术创业投资公司，1985 年 12 月成立，主要经营新技术风险投资。地方开办的信托投资机构主要是由地方政府、财政部门等经办的信托投资公司。根据规定，信托投资机构只能在大中城市设立，县及县以下地区不得设立。目前，我国大部分省、直辖市、自治区都设有不同级别的地方信托投资公司及地方国际信托投资公司。

目前，我国的信托投资机构大体上有两种类型：一类是直属国务院和地方政府的综合性信托投资公司，另一类是各经济主体和部门设立的专业信托投资公司。

信托投资公司的业务有四类：（1）信托投资业务，可分为信托投资与委托投资。信托投资是指信托投资公司运用自有资金和组织的信托存款，或者运用发行股票、债券筹集的资金，直接向企业或项目进行投资。委托投资则是信托投资公司接受委托单位的资金，对投资项目的资金使用负责监督管理，或者办理投资项目的收益处理。（2）代理业务。代理保管，代理有价证券的发行和买卖。（3）租赁业务。（4）咨询业务，包括资信咨询、项目可行性咨询、投资咨询等。

（三）证券机构

证券机构是指从事证券业务的机构，包括证券公司、证券交易所、证券登记结算公司、证券投资咨询公司等。

1. 证券公司。证券公司是专门从事有价证券买卖的金融机构，它受托办理债券、股票发行业务，受托代理单位及个人的证券买进或卖出，同时自己也从事有价证券的买卖经营。我国证券公司是在金融市场迅速发展、证券业不断扩张的条件下产生和发展起来的。到现在为止，已形成了全国性和地方性两个层次的证券公司。在这些公司当中，既有信托机构投资兴办的，也有财政机构创办的；既有独资公司也有股份制公司，它们的业务都受国家证监委的监管。

从业务的专业性上看，证券公司可以分为两种类型：一是证券专营机构，即专门从事与证券有关的各项业务的证券公司；另一类是证券兼营机构，主要是通过其设立的证券业务部经营证券业务的信托投资公司，后来这些证券公司也是在分业经营、分业管理的原则下，与其他各类金融机构脱钩。根据1999年7月1日实施的《证券法》第一百一十九条，我国的证券公司被划分为专门从事证券经纪业务的证券公司和可以从事所有证券业务的综合类证券公司，后者逐渐向投资银行靠拢。

2. 证券交易所。我国目前有两家证券交易所：深圳证券交易所和上海证券交易所，它们都是不以盈利为目的，为证券的集中和有组织的交易提供场所、设施，并履行相关职责，实行自律性管理的会员制事业法人。

3. 证券登记结算公司。证券登记结算公司是专门为证券与证券交易办理存管、资金结算、交收和证券过户业务的中介服务机构。我国的证券登记结算公司不是以盈利为目的的法人，采取全国集中统一的运营方式。按照我国《证券法》的规定，我国证券登记结算机构履行下列职能：证券过户、结算账户的设立，证券的托管和过户，证券持有人名册登记，证券交易所证券上市的清算和交收，受发行人的委托派发证券权益，办理与上述业务有关的查询，国务院证券监督管理机构批准的其他业务。目前，我国上海证券交易所的登记结算工作由上海证券中央登记结算公司承担，深圳证券交易所的登记结算工作由深圳证券结算公司承担，它们是两个证券交易所的附属机构。每个交易日的资金划拨和证券交收均采用净额结算方式，于成交后的次日完成。

4. 证券投资咨询公司。证券投资咨询公司是证券投资者的职业性指导者，他们根据客户的要求，向客户提供参考性的证券市场统计分析资料，对证券买卖提出建议，代拟某种形式的证券投资计划等。

（四）租赁公司

1981年2月，中信公司与北京机电设备公司、日本东方租赁公司共同创建了我国第一家租赁公司——中国东方租赁有限公司。1981年7月，又由中信公司与国家物资局等单位共同成立了中国租赁有限公司。自此，租赁业在我国作为一个新兴行业开始独立存在了，以后又成立了中国环球租赁有限公司、中国对外贸易租赁公司、中国电子租赁公司等。目前，在我国的租赁公司大致可以分为三种类型：中外合资的，中资的，由金融机构兼营的。

租赁公司的主要业务：设备及工厂和资本货物的租赁、转租赁，租赁期限一年以上的标的物的购买业务，出租物资残值的销售处理业务，与融资租赁有关的经济、技术咨询业务，经国家外汇管理局批准的外汇业务，经人民银行批准的人民币债券发行业务，与租赁项目有关的人民币担保业务，经人民银行、外经贸部批准的其他业务。

（五）证券投资基金

证券投资基金在管理部门的大力扶植下，依托高速成长的新兴市场环境，在短短时间里获得了突飞猛进的发展。1997 年 11 月，国务院颁布《证券投资基金管理暂行办法》；1998 年 3 月，基金安泰、基金开元设立，证券投资基金业从此进入崭新的发展阶段，其数量和规模迅速增长，市场地位日趋重要。开始试点的 1998 年，有 5 只基金，净值 107.4 亿元；1999 年 22 只，资产规模 484.2 亿元；2000 年 33 只，总资产 845.9 亿元；2001 年 51 只，资产规模 818 亿元；2002 年 71 只，其中，封闭式 54 只，开放式 17 只，基金资产净值 1 330 亿元，占两市流通 A 股总市值的 10.50%；2003 年 102 只，基金资产规模 1 782 亿元，截至 2012 年 9 月，基金只数为 1 100 只。在基金规模快速增长的同时，基金品种创新也呈加速趋势。一方面，开放式基金后来居上，逐渐成为基金设立的主流形式；另一方面，基金产品差异化日益明显，基金的投资风格也趋于多样化，除传统的成长型基金、混合型基金外，债券基金、收益型基金、价值型基金、指数基金、行业基金、保本基金、货币市场基金等纷纷问世。而中外合资基金的从无到有、数量逐渐增加更是引人注目，中国基金业对外开放的步伐越来越快。

（六）农村、城市信用社

农村信用社是农村集体金融组织，特点集中体现在由农民入股，由社员管理，主要为入股社员和乡镇企业提供金融服务，实行自主经营、独立核算、自负盈亏、自担风险的经营原则。1996 年下半年，农村信用社在两方面进行了改革，一是与农业银行脱钩，二是恢复农信社的合作金融性质。

我国原有的约 5 000 家城市信用合作社，已经在 1995 年被组建为城市合作银行，1997 年统一更名为城市商业银行，其主要功能是为本地区经济的发展融通资金，重点为城市中小企业的发展提供金融服务。

（七）金融资产管理公司

由于旧的计划经济体制和金融体制的原因，我国有相当一部分国有企业不能按期归还银行贷款的本金和利息，导致四大国有商业银行和国家开发银行等金融机构形成了大量的不良贷款。这种大规模的呆坏账已不是银行本身所能核销解决的，特别是面临我国经济的市场化和加入世界贸易组织的背景，国有商业银行存在着巨大的信用风险和支付危机。鉴于以上客观情况，一方面为了化解金融风险、最大限度地收回、变现不良贷款，另一方面为了推进国有企业改革，国务院分别于 1999 年 4 月和 1999 年 10 月成立了四家直属国务院的国有独资金融机构——中国信达资产管理公司、中国华融资产管理公司、中国长城资产管理公司和中国东方资产管理公司。

1. 金融资产管理公司的概念。金融资产管理公司，是指经国务院决定设立的收购国有银行不良贷款，管理和处置因收购国有银行不良贷款形成的资产的国有独资非银行金融机构。金融资产管理公司以最大限度保全资产、减少损失为主要经营目标，依法独立承担民事责任。"独立承担民事责任"，赋予了资产管理公司独立的权力和地位，使其不附属于政府和银行，而是独立进行业务的运作，独立承担责任，给予了资产管理公司极大的自由运作的空间，责权利集于一体，便于资产管理公司的高效运作。

2. 金融资产管理公司在其收购的国有银行不良贷款范围内，管理和处置因收购国有银行不良贷款形成的资产时，可以从事下列业务活动：（1）追偿债务；（2）对所收购的不良贷款形成的资产进行租赁或者以其他形式转让、重组；（3）债权转股权，并对企业阶段性持股；（4）资产管理范围内公司的上市推荐及债券、股票承销；（5）发行金融债券，向金融机构借款；（6）财务及法律咨询，资产及项目评估；（7）中国人民银行、中国证券监督管理委员会批准的其他业务活动。

3. 金融资产管理公司收购不良贷款的范围、额度及资金来源。金融资产管理公司按照国务院确定的范围和额度收购国有银行不良贷款，超出确定的范围或者额度收购的，须经国务院专项审批。在国务院确定的额度内，金融资产管理公司按照账面价值收购有关贷款本金和相对应的计入损益的应收未收利息，对未计入损益的应收未收利息，实行无偿划转。金融资产管理公司收购不良贷款后，即取得原债权人对债务人的各项权利。原借款合同的债务人、担保人及有关当事人应当继续履行合同规定的义务。

金融资产管理公司收购不良贷款的资金来源包括：

（1）划转中国人民银行发放给国有独资商业银行的部分再贷款。中国人民银行发放给国有独资商业银行的再贷款划转给金融资产管理公司，实行固定利率，年利率为 2.25%。

（2）发行金融债券。金融资产管理公司发行金融债券，由中国人民银行会同财政部审批。

中国人民银行、财政部和中国证券监督管理委员会依据各自的法定职责对金融资产管理公司实施监督管理。金融资产管理公司终止时，由财政部组织清算组，进行清算。

四家金融资产管理公司成立以来，积极运用多种手段处置不良资产。据中国银行业监督管理委员会统计，截至 2006 年 3 月 31 日，四家金融资产管理公司累计阶段性处置不良资产 8 664.4 亿元（不含政策性债转股），回收现金 1 805.6

亿元。其中，华融资产管理公司累计处置不良资产 2 468.0 亿元，回收现金 546.6 亿元，占处置不良资产的 22.15%；长城资产管理公司累计处置不良资产 2 708.8 亿元，回收现金 278.3 亿元，占处置不良资产的 10.28%；东方资产管理公司累计处置不良资产 1 419.9 亿元，回收现金 328.1 亿元，占处置不良资产的 23.11%；信达资产管理公司累计处置不良资产 2 067.7 亿元，回收现金 652.6 亿元，占处置不良资产的 31.56%。

上述数据显示，经过七年的运作，资产管理公司的成效可谓显著，发挥了一定的作用，但并没有彻底解决我国商业银行的不良资产问题。新一轮的不良资产剥离已经拉开了序幕。同时，资产管理公司也在悄然转型，正在向着投资银行的方向转变。长城资产管理公司在追求资产处置手段多样化的同时，努力开拓投资银行业务，并将其作为提高资产处置速度与效益的一条途径。

（八）汽车金融公司

汽车金融公司，是指经中国银行业监督管理委员会批准设立的，为中国境内的汽车购买者及销售者提供金融服务的非银行金融机构。经中国银监会批准，汽车金融公司可以从事的业务范围包括：

（1）接受境外股东及其所在集团在华全资子公司和境内股东 3 个月（含）以上定期存款；（2）接受汽车经销商采购车辆贷款保证金和承租人汽车租赁保证金；（3）经批准，发行金融债券；（4）从事同业拆借；（5）向金融机构借款；（6）提供购车贷款业务；（7）提供汽车经销商采购车辆贷款和营运设备贷款，包括展示厅建设贷款和零配件贷款以及维修设备贷款等；（8）提供汽车融资租赁业务（售后回租业务除外）；（9）向金融机构出售或回购汽车贷款应收款和汽车融资租赁应收款业务；（10）办理租赁汽车残值变卖及处理业务；（11）从事与购车融资活动相关的咨询、代理业务；（12）经批准，从事与汽车金融业务相关的金融机构股权投资业务；（13）经中国银监会批准的其他业务。

国内主要汽车金融公司有上汽通用汽车金融有限责任公司、大众汽车金融公司、福特汽车金融公司、沃尔沃汽车金融（中国）有限公司、东风日产汽车金融有限公司、一汽汽车金融有限公司，其中，上汽通用汽车金融有限责任公司成立于 2004 年，是我国首家汽车金融公司，由通用汽车金融、上汽通用、上汽财务三方合资组建，作为中国第一家专业汽车金融公司，上汽通用汽车金融公司专业为通用汽车、其他汽车品牌客户及汽车经销商提供融资服务，注册资本 15 亿元。

（九）消费金融公司

消费金融公司是指经中国银行业监督管理委员会批准，在中华人民共和国境内设立的，不吸收公众存款，以小额、分散为原则，为中国境内居民个人提供以消费为目的的贷款的非银行金融机构，包括个人耐用消费品贷款及一般用途个人消费贷款，前者通过经销商发放，后者直接向借款人发放。由于消费金融公司发放的贷款是无担保、无抵押贷款，风险相对较高，银监会因而设立了严格的监管标准。经中国银行业监督管理委员会批准，消费金融公司可以从事的业务有：（1）办理个人耐用消费品贷款；（2）办理一般用途个人消费贷款；（3）办理信贷资产转让；（4）境内同业拆借；（5）向境内金融机构借款；（6）经批准发行金融债券；（7）与消费金融相关的咨询、代理业务；（8）中国银行业监督管理委员会批准的其他业务。

目前，国内首批 3 家消费金融公司已于 2010 年 1 月 6 日获得中国银监会同意筹建的批复，首批获批的消费金融公司发起人分别为中国银行、北京银行和成都银行，这 3 家公司将分别在上海、北京和成都三地率先试点。随后，2 月 12 日，银监会又给 PPF 集团发放了在天津试点的牌照，由 PPF 集团全资建立的捷信消费金融有限公司在天津成立，注册资金为 3 亿元人民币，成为中国首家外商独资的消费金融公司。首家获得试点牌照并营业的北银消费金融有限公司 2010 年 2 月在北京成立，注册资金 3 亿元，为北京银行全资子公司。

五、外资金融机构

我国对外金融机构的引进主要采取三种形式：一是允许其在我国设立代表机构，二是允许其设立业务分支机构，三是允许其与我国金融机构和工商企业合作设立中外合资金融机构。1999 年 1 月 27 日，我国取消了外资银行在华设立营业性分支机构的地域限制，外资银行可在全国所有中心城市设立营业性分支机构。随着我国金融市场准入的扩大，外资金融机构与国内金融机构之间的竞争逐步加剧。截至 2011 年 9 月末，外国银行在华已设立 39 家外资法人银行（下设 247 家分行及附属机构）、1 家外资财务公司、93 家外国银行分行和 207 家代表处，外资银行资产总额为 2.06 万亿元。网点布局范围广阔，逐步深入内陆省份及二、三线城市。除西藏、甘肃、青海和宁夏外，外资银行已在全国其他省（自治区/直辖市）的 48 个城市设立营业网点。

根据世界贸易组织有关协议，我国将逐步取消对外资银行的限制：正式加入时，取消外资银行办理外汇业务的地域和客户限制，外资银行可以对中资企业和中国居民开办外汇业务。逐步取消外资银行经营人民币业务的地域限制：加入时，开放深圳、上海、大连、天津；加入后 1 年内，开放广州、青岛、南京、武汉；加入后 2 年内，开放济南、福州、成都、重庆；加入后 3 年内，开放昆明、珠海、北京、厦门；加入后 4 年内，开放汕头、宁波、沈阳、西安；加入后 5 年内，取消所有地域限制。逐步取消人民币业务客户对象限制：加入后 2 年内，允许外资银行对中国企业办理人民币业务；加入后 5 年内，允许外资银行对所有中国客户提供服务。允许外资银行设立同城营业网点，审批条件与中资银行相同。加入后 5 年内，取消所有现存的对外资银行所有权、经营和设立形式，包括对分支机构和许可证发放进行限制的非审慎性措施。允许设立外资非银行金融机构提供汽车消费信贷业务，享受中资同类金融机构的同等待遇；外资银行可在加入后 5 年内向中国居民个人提供汽车信贷业务。允许外资金融租赁公司与中国公司在相同的时间提供金融租赁服务。中国加入世界贸易组织已十余年，中国履行加入时的承诺，中国银行业实施的对外开放举措为外资银行提供了平等的发展环境。

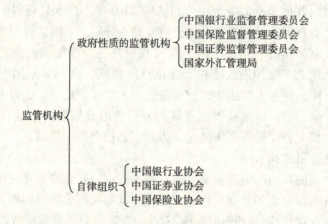

图 4 - 4　我国的金融监管体系

六、金融监管机构

（一）政府性质的监管机构

1. 中国银行业监督管理委员会

中国银行业监督管理委员会（简称中国银监会）成立于 2003 年 4 月，目的是通过审慎有效的监管，保护广大存款人和消费者的利益；通过审慎有效的监管，增进市场信心；通过宣传教育工作和相关信息披露，增进公众对现代金融的了解；努力减少金融犯罪。中国人民银行原来的银行监管一司、二司、非银司、合作司和银行管理司进行了重新整合。整合后的新部门分别是银行一部负责大型商业银行，银行二部负责承办对股份制商业银行、城市商业银行和城市信用社的监管工作，银行三部负责承办对外资银行的监管工作，银行四部承办对政策性银行及国家开发银行、邮政储蓄银行和金融资产管理公司的监管工作，非银行金融机构监管部负责对信托公司、租赁公司、资产管理公司等金融机构的监管。合作部承办对农村存款类合作金融机构、新型农村金融机构的监管工作。

银监会的职责有：（1）依照法律、行政法规制定并发布对银行业金融机构及其业务活动监督管理的规章、规则；（2）依照法律、行政法规规定的条件和程序，审查批准银行业金融机构的设立、变更、终止以及业务范围；（3）对银行业金融机构的董事和高级管理人员实行任职资格管理；（4）依照法律、行政法规制定银行业金融机构的审慎经营规则；（5）对银行业金融机构的业务活动及其风险状况进行非现场监管，建立银行业金融机构监督管理信息系统，分析、评价银行业金融机构的风险状况；（6）对银行业金融机构的业务活动及其风险状况进行现场检查，制定现场检查程序，规范现场检查行为；（7）对银行业金融机构实行并表监督管理；（8）会同有关部门建立银行业突发事件处置制度，制定银行业突发事件处置预案，明确处置机构和人员及其职责、处置措施和处置程序，及时、有效地处置银行业突发事件；（9）负责统一编制全国银行业金融机构的统计数据、报表，并按照国家有关规定予以公布；对银行业自律组织的活动进行指导和监督；（10）开展与银行业监督管理有关的国际交流、合作活动；（11）对已经或者可能发生信用危机，严重影响存款人和其他客户合法权益的银行业金融机构实行接管或者促成机构重组；（12）对有违法经营、经营管理不善等情形的银行业金融机构予以撤销；（13）对涉嫌金融违法的银行业金融机构及其工作人员以及关联行为人的账户予以查询；对涉嫌转移或者隐匿违法资金的申请司法机关予以冻结；（14）对擅自设立银行业金融机构或非法从事银行业金融机构的业务活动予以取缔；（15）负责国有重点银行业金融机构监事会的日常管理工作；（16）承办国务院交办的其他事项。

2. 中国证券监督管理委员会

中国证券监督管理委员会（简称中国证监会）成立于 1992 年 10 月，为国务院直属正部级事业单位，依照法律、法规和国务院授权，统一监督管理全国证券期货市场，维护证券期货市场秩序，保障其合法运行。中国证监会设在北京；中国证监会还设有股票发行审核委员会，委员由中国证监会专业人员和所聘请的会外有关专家担任。中国证监会在省、自治区、直辖市和计划单列市设立 36 个证券监管局，以及上海、深圳证券监管专员办事处。

依据有关法律法规，中国证监会在对证券市场实施监督管理中履行下列职责：（1）研究和拟订证券期货市场的方针政策、发展规划；起草证券期货市场的有关法律、法规，提出制定和修改的建议；制定有关证券期货市场监管的规章、规则和办法。（2）垂直领导全国证券期货监管机构，对证券期货市场实行集中统一监管；管理有关证券公司的领导班子和领导成员。（3）监管股票、可转换债券、证券公司债券和国务院确定由证监会负责的债券及其他证券的发行、上市、交易、托管和结算，监管证券投资基金活动，批准企业债券的上市，监管上市国债和企业债券的交易活动。（4）监管上市公司及其按法律法规必须履行有关义务的股东的证券市场行为。（5）监管境内期货合约的上市、交易和结算，按规定监管境内机构从事境外期货业务。（6）管理证券期货交易所，按规定管理证券期货交易所的高级管理人员，归口管理证券业、期货业协会。（7）监管证券期货经营机构、证券投资基金管理公司、证券登记结算公司、期货结算机构、证券期货投资咨询机构、证券资信评级机构，审批基金托管机构的资格并监管其基金托管业务，制定有关机构高级管理人员任职资格的管理办法并组织实施，指导中国证券业、期货业协会开展证券期货从业人员资格管理工作。（8）监管境内企业直接或间接到境外发行股票、上市以及在境外上市的公司到境外发行可转换债券，监管境内证券、期货经营机构到境外设立证券、期货机构，监管境外机构到境内设立证券、期货机构，从事证券、期货业务。（9）监管证券期货信息传播活动，负责证券期货市场的统计与信息资源管理。（10）会同有关部门审批会计师事务所、资产评估机构及其成员从事证券期货中介业务的资格，并监管律师事务所、律师及有资格的会计师事务所、资产评估机构及其成员从事证券期货相关业务的活动。（11）依法对证券期货违法违规行为进行调查、处罚。（12）归口管理证券期货行业的对外交往和国际合作事务。（13）承办国务院交办的其他事项。

3. 中国保险监督管理委员会

中国保险监督管理委员会（简称中国保监会）成立于 1998 年 11 月 18 日，是国务院直属事业单位。根据国务院授权履行行政管理职能，依照法律、法规统一监督管理全国保险市场，维护保险业的合法、稳健运行。2003 年，国务院决定，将中国保监会由国务院直属副部级事业单位改为国务院直属正部级事业单位，并相应增加职能部门、派出机构和人员编制。中国保险监督管理委员会内设 16 个职能机构，并在全国各省、直辖市、自治区、计划单列市设有 35 个派出机构。

其主要职责是：（1）拟定保险业发展的方针政策，制定行业发展战略和规划；起草保险业监管的法律、法规；制定业内规章。（2）审批保险公司及其分支机构、保险集团公司、保险控股公司的设立；会同有关部门审批保险资产管理公司的设立；审批境外保险机构代表处的设立；审批保险代理公司、保险经纪公司、保险公估公司等保险中介机构及其分支机构的设立；审批境内保险机构和非保险机构在境外设立保险机构；审批保险机构的合并、分立、变更、解散，决定接管和指定接受；参与、组织保险公司的破产、清算。（3）审查、认定各类保险机构高级管理人员的任职资格，制定保险从业人员的基本资格标准。（4）审批关系社会公众利益的保险险种、依法实行强制保险的险种和新开发的人寿保险险种等的保险条款和保险费率，对其他保险险种的保险条款和保险费率实施备案管理。（5）依法监管保险公司的偿付能力和市场行为；负责保险保障基金的管理，监管保险保证金；根据法律和国家对保险资金的运用政策，制定有关规章制度，依法对保险公司的资金运用进行监管。（6）对政策性保险和强制保险进行业务监管；对专属自保、相互保险等组织形式和业务活动进行监管。归口管理保险行业协会、保险学会等行业社团组织。（7）依法对保险机构和保险从业人员的不正当竞争等违法、违规行为以及对非保险机构经营或变相经营保险业务进行调查、处罚。（8）依法对境内保险及非保险机构在境外设立的保险机构进行监管。（9）制定保险行业信息化标准；建立保险风险评价、预警和监控体系，跟踪分析、监测、预测保险市场运行状况，负责统一编制全国保险业的数据、报表，并按照国家有关规定予以发布。（10）承办国务院交办的其他事项。

4. 国家外汇管理局

国家外汇管理局为副部级国家局，外汇管理是指一国政府授权国家货币金融管理当局或其他国家机关，对外汇收支、买卖、借贷、转移以及国际间的结算、外汇汇率和外汇市场等实行的管制措施。外汇管理局承担的监督职责主要有：负责全国外汇市场的监督管理工作；承担结售汇业务监督管理的责任；培育和发展外汇市场；负责依法监督检查经常项目外汇收支的真实性、合法性；负责依法实施资本项目外汇管理，并根据人民币资本项目可兑换进程不断完善管理工作；规范境内外外汇账户管理，负责依法实施外汇监督检查，对违反外汇管理的行为进行处罚。除了监督职责，外汇管理局还有其他的职责。

（二）自律组织

1. 中国银行业协会

中国银行业协会成立于2000年5月，是经中国人民银行和民政部批准成立，并在民政部登记注册的全国性非营利社会团体，是中国银行业自律组织。2003年中国银监会成立后，中国银行业协会主管单位由中国人民银行变更为中国银监会。凡经中国银监会批准设立的、具有独立法人资格的银行业金融机构（含在华外资银行业金融机构）以及经相关监管机构批准、具有独立法人资格、在民政部门登记注册的各省（自治区、直辖市、计划单列市）银行业协会均可申请加入中国银行业协会成为会员单位。经相关监管机构批准设立的、非法人外资银行分行和在华代表处等，承认《中国银行业协会章程》，均可申请加入中国银行业协会成为观察员单位。截至 2012 年 6 月，中国银行业协会共有 151 家会员单位和 2 家观察员单位。会员单位包括政策性银行、国有商业银行、股份制商业银行、城市商业银行、资产管理公司、中央国债登记结算有限责任公司、中国邮政储蓄银行、农村商业银行、农村合作银行、农村信用社联合社、外资银行、各省（自治区、直辖市、计划单列市）银行业协会、金融租赁公司、货币经纪公司。观察员单位为中国银联股份有限公司和农信银资金清算中心。

中国银行业协会以促进会员单位实现共同利益为宗旨，履行自律、维权、协调、服务职能，维护银行业合法权益，维护银行业市场秩序，提高银行业从业人员素质，提高为会员服务的水平，促进银行业的健康发展。

2. 中国证券业协会

中国证券业协会是依据《中华人民共和国证券法》和《社会团体登记管理条例》的有关规定设立的证券业自律性组织，属于非营利性社会团体法人，接受中国证监会和国家民政部的业务指导和监督管理。中国证券业协会成立于 1991 年 8 月 28 日。截至 2011 年 6 月，协会共有会员 239 家，其中，证券公司 107 家，证券投资咨询公司 86 家，金融资产管理公司 2 家，资信评估机构 5 家，特别会员 39 家（其中地方证券业协会 36 家，证券交易所 2 家，证券登记结算公司 1 家）。

协会的宗旨是：在国家对证券业实行集中统一监督管理的前提下，进行证券业自律管理；发挥政府与证券行业间的桥梁和纽带作用；为会员服务，维护会员的合法权益；维持证券业的正当竞争秩序，促进证券市场的公开、公平、公正，推动证券市场的健康稳定发展。

协会的主要职责是：（1）依据《证券法》的有关规定，行使下列职责：教育和组织会员遵守证券法律、行政法规；依法维护会员的合法权益，向中国证监会反映会员的建议和要求；收集整理证券信息，为会员提供服务；制定会员应遵守的规则，组织会员单位的从业人员的业务培训，开展会员间的业务交流；对会员之间、会员与客户之间发生的证券业务纠纷进行调解；组织会员就证券业的发展、运作及有关内容进行研究；监督、检查会员行为，对违反法律、行政法规或者协会章程的，按照规定给予纪律处分。（2）依据行政法规、中国证监会规范性文件规定，行使下列职责：制定自律规则、执业标准和业务规范，对会员及其从业人员进行自律管理；负责证券业从业人员资格考试、认定和执业注册管理；负责组织证券公司高级管理人员资质测试和保荐代表人胜任能力考试，并对其进行持续教育和培训；负责做好证券信息技术的交流和培训工作，组织、协调会员做好信息安全保障工作，对证券公司重要信息系统进行信息安全风险评估，组织对交易系统事故的调查和鉴定；负责制定代办股份转让系统运行规则，监督证券公司代办股份转让业务活动和信息披露等事项；行政法规、中国证监会规范性文件规定的其他职责。（3）依据行业规范发展的需要，行使其他涉及自律、服务、传导的自律管理职责：推动行业诚信建设，督促会员依法履行公告义务，对会员信息披露的诚信状况进行评估和检查；制定证券从业人员职业标准，组织证券从业人员水平考试和水平认证；组织开展证券业国际交流与合作，代表中国证券业加入相关国际组织，推动相关资质互认；其他自律、服务、传导职责。

3. 中国保险行业协会

中国保险行业协会成立于 2001 年 2 月 23 日，是经中国保险监督管理委员会审查同意并在国家民政部登记注册的中国保险业全国性自律组织，是自愿结成的非营利性社会团体法人。截至目前，中国保险行业协会共有会员 218 家，其中，保险公司 145 家、保险中介机构 37 家、地方保险行业协会 36 家。

中国保险行业协会的宗旨是：遵守国家宪法、法律、法规和经济金融方针政策，遵守社会道德风尚，深入贯彻科学发展观，依据《中华人民共和国保险法》，在国家对保险业实行集中统一监督管理的前提下，配合保险监管部门督促会员自律，维护行业利益，促进行业发展，为会员提供服务，促进市场公开、公平、公正，全面提高保险业服务社会主义和谐社会的能力。

保险行业协会的基本职责为：自律、维权、服务、交流。

重要概念

金融　金融机构　直接融资　间接融资　存款货币银行　政策性银行　投资银行　投资基金　保险公司　信用合作社　信托投资公司

复习思考题

1. 金融机构有哪些类型？
2. 金融机构存在的必然性是什么？
3. 中国人民银行有哪些职责？
4. 金融资产管理公司的成立对我国商业银行不良资产处置有哪些作用？
5. 银监会的成立对我国中央银行的职能有什么影响？

第五章 商业银行及其经营管理

第一节 商业银行概述

一、商业银行的起源与发展

（一）商业银行的起源

现代意义上的商业银行是以工商企业和居民家庭为主要服务对象，通过开展广泛的金融业务来实现盈利最大化的金融企业，它是商品经济不断发展的产物，是在古老的货币兑换业基础上逐渐产生并发展起来的。

在前资本主义社会，由于诸侯国林立，货币各异，商人们为了完成交易，就必须进行货币的兑换，在这种情况下，便从贸易商当中分化出了货币兑换商，专门从事货币兑换业务。后来，贸易商们开始将从事贸易过程中携带的多余货币保管在货币兑换商那里，并且会要求货币兑换商用其托管的货币办理一些简单的支付和汇兑。随着这些业务的发展，货币兑换商发现，在同一时间贸易商来托管货币的概率非常高，但在同一时间这些贸易商同时来提取货币的概率却非常小，于是，货币兑换商便将多余的货币用于贷款，摇身一变，货币兑换商就成为了货币经营商，他所从事的行业被称为货币经营业。货币经营业通常被看做是银行的雏形或前身，但它并不是真正意义上的银行，当货币经营商发放的贷款开始建立在以付息为条件的存款上，既办理货币兑换，又经营存款、放款和汇兑业务时，才产生了近代意义上的银行。

一般认为近代银行首先产生在地中海沿岸的意大利，"银行"一词据说也是来源于意大利文 Banca，即商业交易所用的桌子和长凳，1171 年成立的威尼斯银行是产生最早也是最先以"银行"命名的信用机构，17 世纪传到欧洲各国。

中国虽然早于西方国家在公元 6 世纪的南北朝寺院中就出现了经营典当业务的信用机构，但长期以来在信用活动中占统治地位的是放高利贷性质的"钱庄"、"票号"，到 19 世纪中叶，在中国境内才出现了以"银行"命名的金融机构。

与现代商业银行相比，近代商业银行的特点在于：

1. 大多数是高利贷银行。例如，17 世纪英国银行的贷款年利率大多在 20%～30%，有的甚至更高。

2. 主要以政府为服务对象，满足奴隶主、封建地主、宫廷的需要。

3. 业务单一，所从事的是银行最基本的存、放、汇业务。

（二）商业银行的发展

资本主义制度建立以后，新兴资产阶级利益集团和高利贷者的矛盾日渐突出，高利贷银行越来越不适应资本主义经济发展的需要，现代意义上的商业银行便应运而生了。1694 年，在政府的帮助下，英国商人建立了世界上第一家私人股份性质的现代商业银行——英格兰银行。

一般认为，现代商业银行主要是通过两种途径产生的。一是从旧式高利贷银行转变而来。早期的银行（如威尼斯银行等）建立时主要从事高利贷业务。然而高利贷因利息过高而影响了资本家的利润，不利于资本主义的发展，便面临着贷款需求锐减的困境，它要么关闭，要么降低贷款利率，并主要为资本主义工商企业提供流动资金贷款，转变为商业银行，不少高利贷银行选择了后者。二是根据资本主义经济发展的需要，以股份公司形式组建而成，并且大多数现代商业银行都是依此方式建立的。英格兰银行的组建模式很快被推广到欧洲其他国家。商业银行也开始在世界范围内普及，但是各国对商业银行的称谓却不尽一致，英国称之为"存款银行"、"清算银行"，美国称为"国民银行"、"州立银行"，日本称为"城市银行"、"地方银行"等等。

在中国境内出现最早的现代银行是 1845 年由英国人在广州开办的丽如银行（后改称东方银行），由中国人自己建立的第一家银行是 1897 年成立的由官僚买办控制的中国通商银行。

到今天，商业银行已形成了完全不同于近代银行的特征，这突出表现在：

1. 利率市场化；

2. 经营行为市场化；

3. 经营目标盈利化；

4. 制度股份化；

5. 业务活动综合化、国际化；

6. 管理现代化；

7. 具有信用创造的能力。

二、商业银行的性质与职能

（一）商业银行的性质

首先，商业银行是一种企业，它具有现代企业的基本特征。和一般的工商企业一样，商业银行拥有业务经营所需的自有资金，需要独立核算、自负盈亏，也要把追求利润最大化作为自己的经营目标。最大限度地获取利润是商业银行产生和发展的基本前提，也是它经营的内在动力。就此而言，商业银行与工商企业具有共性。

其次，商业银行与一般的工商企业又有所不同，它是一种特殊企业，主要表现在：（1）商业银行是以资产和负债为经营对象，经营的是特殊商品——货币和货币资本，经营内容包括货币收付、借贷以及各种与货币运动有关的金融服务。（2）商业银行活动于货币信用领域，从事的是货币信用业务。（3）商业银行对整个社会经济的影响要远远大于任何一个企业，同时商业银行受整个社会经济的影响也较任何一个具体企业更为明显。（4）一般工商企业只以盈利为目标，只对股东和使用自己产品的客户负责；商业银行除了对股东和客户负责之外，还必须对整个社会负责。

（二）商业银行的职能

商业银行作为一国经济中最重要的金融中介机构，具有不可替代的作用，商业银行的经济职能恰恰说明了这一点。

1. 信用中介职能。信用中介职能是商业银行最基本也是最能反映其经营活动特征的职能。这一职能的实质是通过商业银行的负债业务把社会上的闲散资金集中起来，再通过资产业务投向社会经济各部门。商业银行作为货币资本的贷出者和借入者实现货币资本使用权的转换和融通。

2. 变货币收入为资本投入。

3. 支付中介职能。商业银行除了作为信用中介融通货币资本以外，还执行着货币经营业的职能。通过存款在账户上的转移代理客户支付，在存款的基础上为客户兑付现款等，成为工商业团体和个人的货币保管者、出纳者和支付代理人，这样，以商业银行为中心，就形成了经济社会无始无终的支付链条和债权债务关系。支付中心职能的发挥，大大减少了现金的使用，节约了社会流通费用，加速了结算过程和货币资金周转，促进了经济发展。支付中介职能在历史上先于信用中介职能。但当银行的信用中介职能形成后，支付中介职能的发挥就要以信用中介职能为存在前提。现代商业银行所提供的转账结算、支付汇兑等服务主要是面向其存、贷款客户的。而支付中介职能的充分发挥，又促进了银行存、贷款业务的扩大，使银行信用中介职能得到更充分的体现。

商业银行在发挥支付中介职能的过程中，具有两个作用：一是使商业银行拥有比较稳定的廉价资金来源。二是节约社会流通费用，增加生产资本投入。

4. 创造信用流通工具，这是商业银行支付中介职能的延伸。随着经济的不断发展，为了满足社会对交易媒介和支付手段的需要，商业银行应客户的要求不断创造出了相应的信用流通工具，如早期的银行券以及现在的汇票、本票、支票等。通过信用流通工具的创造，既降低了交易费用，同时也扩大了信用规模，满足了经济发展的需要。

5. 金融服务。金融服务是商业银行凭借其在国民经济中的特殊地位，及其在提供信用中介和支付中介业务过程中所获得的大量信息，运用电子计算机等先进手段和工具为客户提供的其他服务，主要包括财务咨询、代理融通、信托、租赁、计算机服务、现金管理等。通过这些服务，商业银行既扩大了社会联系和市场份额，也促进了信息技术的发展，借助于日新月异的信息技术，商业银行的金融服务功能也正在发挥着越来越大的作用，并使整个商业银行业正在发生着革命性变化，向着"电子银行"、"网上银行"发展。

三、商业银行的类型

商业银行在不同的国家存在不同的类型，一般按以下几种标准进行划分。

（一）按资本所有权划分

按资本所有权不同，商业银行可以划分为私人商业银行、股份制商业银行以及国有商业银行。私人商业银行一般由若干出资人共同出资组建，其规模较小，抗风险能力相对较弱，由于现代商业银行对安全性要求日益提高，所以私人商业银行在现代商业银行中的比重较小。股份制商业银行指以股份公司形式组织的商业银行，也称为股份银行，这种商业银行是现代商业银行的主要形式。国有商业银行则是由中央或地方政府出资组建的商业银行。

目前，我国商业银行产权形式大致有以下三种：

一是国有商业银行，即中国工商银行、中国银行、中国农业银行、中国建设银行。它们是全资国有企业，构成了我国商业银行的主体。随着商业银行的改革，国有商业银行已经开始了股份制改造。

二是股份制的银行，如交通银行、招商银行、中国光大银行、华夏银行、中信银行、上海浦东发展银行、广发银行、上海银行、平安银行等，它们是在我国经济体制改革后，按照股份制的原则新建立的或重新组建的银行。

三是民营银行，例如中国民生银行。民营银行完全是由民营企业投资入股组建的银行，民营银行的出现，使我国关于私人不得开设银行的法律规定受到了冲击。

（二）按业务覆盖地域划分

按业务覆盖地域划分，商业银行可以划分为地区性银行、全国性银行和国际性银行。地方性银行是以所在地区的客户为服务对象的商业银行，如广发银行等；全国性银行是以国内市场为主要服务对象的商业银行，如中、农、工、建四大银行以及交通银行等；国际性银行是指在世界各地拥有众多分支机构，以国际客户为主要业务对象的银行，如花旗银行等。

（三）按业务结构划分

按照业务的结构可将商业银行分为：全能型银行和职能分工型银行。全能型银行在业务领域内没有什么限制，可以经营所有的金融业务。全能银行又可分为德国式全能银行、英国式全能银行。德国式全能银行是指那些既能全面经营银行业务，又能经营证券业务和保险业务的商业银行，这些银行还能投资于工商企业的股票，这种类型的商业银行主要分布在欧洲大陆的德国、瑞士、荷兰等国家；英国式全能银行是指那些可以通过设立独立法人公司来从事证券承销等业务，但不能持有工商企业股票，也很少从事保险业务的商业银行，这种商业银行主要分布在英国及加拿大、澳大利亚等国家。职能分工型银行是指那些只能经营银行业务而不能经营证券承销、保险以及信托、租赁等金融业务的商业银行，这种商业银行曾在许多国家存在并占据过重要地位，代表国家有美国、英国、日本、加拿大、澳大利亚等，我国的商业银行目前也属于这种类型。1933 年，面对世界经济大危机造成的银行恐慌，美国政府通过颁布《格拉斯—斯蒂格尔法案》，建立了其分业经营的模式，但进入 20 世纪 80 年代后，这种形式的商业银行的发展势头逐渐减弱，尤其是 1999 年美国《金融服务现代化法》的颁布，最终使商业银行呈现出了全能化、混业化的趋势。

（四）按组织形式划分

按组织形式可以把商业银行分为单一制银行、总分行制银行和持股公司制银行。

1. 单一制银行。单一制银行是指那些不设立或不能设立分支机构的商业银行，这种银行主要存在于美国。为了平衡各州经济的发展，协调矛盾，美国政府1927 年颁布了《麦克法登法》，规定商业银行业务限定在固定地域内，不允许设立分支机构，每家商业银行既不受其他银行控制也不得控制其他银行。但单一银行制不利于银行规模的扩大和业务的开展，致使银行的资金实力和抗御风险的能力较弱，于是从 20 世纪 70 年代开始，美国国内就有许多对于单一银行制的批评。到 1993 年底，美国已有 39 个州及哥伦比亚特区通过立法程序，允许商业银行无条件在其他地区开设分行。1994 年 9 月美国国会通过《里格—尼尔跨州银行与分支机构有效性法案》（*The Riegle – Neal Interstate Banking and Branching Efficiency Act*），并经总统批准，允许商业银行跨州建立分支机构，宣告单一银行制在美国被废除。

2. 总分行制银行。总分行制银行是指在中心城市或大城市建立总行，在国内外普遍设立若干分支机构，从事银行业务的商业银行。大多数国家都实行总分行制，这是因为和单一制银行相比，总分行制的优点非常明显：它有利于银行吸收存款、扩大资产总额和经营规模，取得规模经济效益；它便于银行使用现代化管理手段和设备，提高服务质量，加快资金周转速度；有利于银行调剂资金、转移信用、分散风险；总行家数少，有利于国家控制和管理，其业务经营受地方政府干预较小；由于资金来源广泛，有利于提高银行的竞争实力。

当然，总分行制也有缺点，例如容易形成垄断，且由于规模大，容易增加管理成本和难度等。但总的来看，总分行制更能适应现代化经济发展的需要，因而受到各国政府和银行界的青睐而成为当代商业银行的主要组织形式。

3. 持股公司制银行。银行持股公司制度又叫集团银行制度，即成立一个股权公司，再由该公司收购或控制若干独立的银行。这些独立银行的业务和经营决策统属于股权公司控制。持股公司对银行的有效控制权一般是指控制一家银行25%以上的投票权。持股公司有两种类型，即非银行性持股公司和银行性持股公司。前者是通过大企业控制某银行的主要股份组建而成，后者是由大银行直接组成持股公司，若干较小的银行从属于此大银行，例如花旗公司就是银行持股公司，它已控制了300多家银行。一般把控制一家银行的称为单一银行持股公司，把控制两家以上银行的称为多银行持股公司。

银行持股公司制度的优点在于，能够扩大资本总量，增强实力，提高抵御风险和竞争的能力，弥补单一银行制的不足。第二次世界大战后，这种银行在美国发展最快，1954 年美国有 46 家银行持股公司，到 1989 年，美国的银行持股公司达 5 871 家。

第二节　商业银行的业务

一、商业银行的负债业务

商业银行的负债业务，就是形成商业银行资金来源的业务，它是商业银行开展资产业务的前提和条件。商业银行的资金来源主要有自有资本和吸收的外来资金。

（一）《巴塞尔协议》与商业银行资本

1. 商业银行资本的功能。与普通工商企业一样，商业银行为了维持自身的正常经营，必须拥有一定量的资本，这是因为，商业银行的资本一般能够发挥营业、保护和管理等三个方面的功能。

营业功能的发挥一方面使得银行经营所用固定资产和流动资金有了初始的来源，另一方面也为保证银行的流动性或清偿能力提供了基础。

保护功能是指当银行资产遭受损失时，银行资本可以及时发挥缓冲的作用，以保护存款者的利益。

商业银行的管理职能体现在，货币当局可以通过对银行资本的限定（如开业资本的规定、资本适量标准的规定）和调整银行的各种资本比率等方法，实现对商业银行的监督管理，保持金融体系的稳定。

2. 《巴塞尔协议》对银行资本的规定。虽然商业银行资本在商业银行的经营活动中起着十分重要的作用，但各国对商业银行资本适宜度的规定却不尽相同。

1988 年 7 月 15 日，西方十国集团的中央银行行长在瑞士的巴塞尔通过了《关于统一国际银行的资本衡量和资本标准的协议》（简称《巴塞尔协议》），后来这成为世界大多数国家衡量银行资本的重要标准。

按照《巴塞尔协议》的规定，银行资本由核心资本（一级资本）和附属资本（二级资本）两部分组成，其中，核心资本在全部资本中的占比不得低于50%。核心资本由股本和公开储备两部分组成，附属资本则由未予公开的储备、重估储备、普通准备金、混合资本工具和长期次级债务五部分组成。《巴塞尔协议》要求，到 1992 年底，银行资本对加权风险资产的比重应达到 8%，核心资本最低应是加权风险资产的 4%。

（二）商业银行的负债

1. 吸收存款。商业银行吸收的存款，传统上包括三大类，即活期存款、定期存款、储蓄存款。

活期存款又称支票账户或交易账户，是指存款客户可随时存取或通过开列支票支付使用的存款。

定期存款是指客户与银行事先商定取款期限并获取一定利息的存款。这种存款原则上不准提前支取以防给双方带来不便和损失，其特点是：（1）期限固定；（2）能使持有者获得一定的利息收入，而且期限越长，利率越高，给持有者带来的收益就越大；（3）开设该账户的客户主要是各种盈利法人或非盈利法人；（4）银行签发定期存单作为存款凭证，该存款凭证不能转让，但可作为抵押品。

储蓄存款是指居民个人和家庭为积蓄货币和取得利息收益而存入银行的款项，可分为定期储蓄和活期储蓄两种。其特点是：（1）开设该账户的客户一般是居民个人和家庭，在我国，盈利法人、政府及其他非盈利法人不能以储蓄存款名义开设账户；（2）银行以存折的形式发给存款人作为存款和提现的凭证；

（3）活期储蓄的存取款无期限限制，存款人凭存折可随时提现；（4）储蓄存款属个人性质存款，为保护存款人利益，西方国家曾经对经营这项业务的金融机构有着严格的资格要求，一般只能由商业银行的储蓄部门或专门的储蓄机构来经营。

2. 借款。

（1）银行同业借款。银行同业借款主要有同业拆借、转贴现与转抵押、回购协议。

同业拆借指的是金融机构之间的短期资金融通，主要用于支持日常性的资金周转，是商业银行为解决短期资金余缺，调剂法定准备金头寸而融通资金的重要渠道。

转贴现与转抵押也是商业银行在遇到资金临时短缺、周转困难时筹集资金的途径。其中，转贴现是指商业银行将其贴现收进的未到期票据，再向其他商业银行或贴现机构进行贴现以融通资金的行为；转抵押则是商业银行把自己对客户的抵押贷款再转让给其他银行以融通资金的行为。这两种方式的手续和涉及的关系都比较复杂，受金融法规的约束比较大，过多使用这类方式会使人形成经营不稳健的印象，因而须有限制地、合理地使用。

回购协议是指商业银行通过卖出资产组合中的证券来获得资金，在卖出证券的同时，要同买入证券者签订一定时期后重新购回证券的协议，其实质是短期资金借贷的一种有担保的具有流动性的融资手段。与此相对应的是"逆回购协议"，买入证券者在签订协议时交割资金买回证券，并在合同期满时"再卖出"证券换回资金。它是回购协议的"逆"运行。

（2）向中央银行借款。中央银行是向商业银行提供货币的最后贷款者。其借款的主要形式有两种，一种是直接贷款，也称再贷款；另一种是间接贷款，即再贴现。这两条途径也是中央银行执行货币政策、控制货币供应总量的重要手段。

再贴现是商业银行从中央银行取得资金融通的最主要途径。商业银行把已经贴现但尚未到期的票据向中央银行进行再贴现。再贴现率由中央银行根据当时的经济状况确定，通常低于现行的同业拆借利率。一旦再贴现成交，票据债权即由商业银行转给中央银行，商业银行便提前取得了资金融通。

再贷款是商业银行开出本票（或票据），以政府债券等作为抵押，向中央银行借款。相比之下，再贷款比再贴现更简便、更灵活，只要通过电话就可以进行。当资金不足时，商业银行将政府债券交给中央银行，与中央银行签订借款协议，商业银行便可取得相应的贷款，数量、期限都比较灵活。

（3）发行金融债券与国际金融市场借款。以发行金融债券的方式筹措资金是国外商业银行通行的一种方式，这种筹资方式与传统的方式比较起来，有其自身的特点：①筹资目的不同。吸收存款是扩大信贷资金来源总量，而发行金融债券是为了解决特定用途的资金需要。②筹资方式不同。吸收存款是经常性的、无限额的，而金融债券的发行是集中性的、有限额的。③筹资效率不同。由于金融债券的利率高于同期存款利率，对顾客的吸引力强，因而一般说来筹资效率高于存款效率。④资金的稳定性不同。金融债券有明确的偿还期，到期之前一般不能提前还本付息，资金的稳定程度高，而存款的期限有弹性，资金的稳定程度相对来说要低一些。⑤资产的流动性不同。记名式的存款使信用关系固定在银行与存款人之间，不能转让，而金融债券不记名可转让流通，因而后者比前者的流动性强。

二、商业银行的资产业务

商业银行的资产业务是指商业银行将其通过开展负债业务筹集的资金再加以运用的业务。

（一）现金资产业务

现金是商业银行所有资产中最具流动性的资产。商业银行要维持资产的流动性，保持清偿力和获取更有利的投资机会，必须保留一定比例的现金资产，并对其进行科学管理。

商业银行的现金资产由库存现金、在中央银行存款、同业存款和在途资金组成。库存现金指的是保存在商业银行金库中的现金钞票和硬币，在中央银行存款由法定准备金和超额准备金构成，同业存款是商业银行存放在代理行和相关银行的存款，在途资金指的是本行通过对方银行向外地付款单位和个人收取的票据。

商业银行的现金资产管理，必须坚持总量适度、适时调节和安全等原则。

（二）贷款业务

按不同的标准划分，银行贷款有不同的种类。按偿还期限划分有活期贷款、定期贷款和透支，按保障程度划分有信用贷款、担保贷款和票据贴现，按偿还方式划分有一次偿还贷款和分期偿还贷款，按贷款的质量（或风险程度）划分有正常贷款、关注贷款、次级贷款、可疑贷款和损失贷款，按贷款对象划分有工商业贷款、不动产贷款、消费者贷款、农业贷款等。

贷款政策是商业银行为实现自身经营目标而制定的指导贷款业务的各项措施的总称。贷款一般遵循安全性、流动性和盈利性原则。这三者是相辅相成的关系：流动性和安全性高，盈利性就低；相反，盈利性高，流动性和安全性就低。安全性与流动性成正比，与盈利性成反比。商业银行在贷款时，要全面考虑三者的要求。

（三）贴现业务

贴现业务是指商业银行应客户的要求，预先扣除从贴现日起到到期日为止的利息，买进其未到期票据，为其融资的业务。

$$银行折扣额 = P \cdot r \cdot \frac{n}{365}$$

$$贴现付款额 = P \times \left(1 - \frac{r \cdot n}{365}\right)$$

式中，P 为票据面额，r 为年贴现率，n 为自贴现日起到到期日为止的时间。

（四）证券投资业务

在现代商业银行的总资产中，总有一部分资金稳定地分布在各种证券上如国库券、中长期国债、政府机构证券、市政债券或地方债券，因此，证券投资已成为商业银行重要的资产业务。

商业银行的证券投资一般有以下几个主要功能：（1）分散风险，获取稳定的收益。银行贷款利率较高，但风险较大。在没有合适的贷款机会时，银行将资金投资于高信用等级的证券，可以获取稳定的收益，可在分散风险的前提下提高利润。（2）保持流动性。可兑换性很强的短期证券是商业银行理想的高流动性资产。它们既可随时变现，又有一定的利息收入。（3）合理避税。商业银行投资的证券大都集中在国债和地方政府债券上，而这些债券往往具有税收优惠，从而银行可以利用证券组合达到避税目的，使收益进一步提高。

三、商业银行的中间业务

所谓商业银行的中间业务，是指不在资产负债表内反映的，银行不动用自己的资金，主要以中间人的身份替客户办理收付和其他委托事项，提供各类金融服务并收取手续费的业务。就广义而言，凡资产、负债业务以外的一切业务都可称为中间业务，也就是说，凡不能在银行资产负债表中直接反映出来的业务，都可归入中间业务的范畴。

（一）结算、代理和信息咨询业务

支付结算是银行代客户清偿债权债务、收付款项的一种传统中间业务。对商业银行来说，这是一项业务量大、风险小、收益稳定的典型的中间业务。在我国，银行支付结算方式主要有汇兑、托收承付和委托收款。汇兑是汇款人委托银行将其汇款支付给收款人的结算方式，分为信汇、电汇两种。汇出银行受理汇款人签发的汇兑凭证，经审查无误后，应及时向汇入银行办理汇款，并向汇款人签发汇款回单。汇入银行对开立存款账户的收款人，应将汇入款项直接转入收款人账户，并向其发出收账通知。托收承付是根据购销合同由收款人发货后委托银行向异地付款人收取款项，由付款人向银行承认付款的结算方式。委托收款是收款人委托银行向付款人收取款项的结算方式。

在结算业务中，国际结算业务历来是商业银行激烈竞争的传统中间业务，也是体现商业银行市场占有率的标志之一。其内容主要有：国外汇款、托收、信用证和保函等。国外汇款是商业银行凭借自己的资信，通过国外分支行或代理行之间的资金划拨，为各类客户办理汇款受授或了结债权债务关系的一种业务。托收是债权人为向国外债务人收取款项而向其开出汇票，并委托银行代收的一种结算方式。债权人办理托收时，要开出一份以国外债务人为付款人的汇票，然后将汇票以及其他单据交给当地托收银行，委托当地托收银行将汇票以及单据寄交债务人所在地的代收银行，由代收行向债务人收取款项，寄给托收行转交委托人（债权人）。信用证结算方式就是付款人根据贸易合同，请当地银行开立以收款人为受益人的信用证，收款人接到信用证后履行合同，开证银行接到有关单据后向收款人付款，付款人再向开证银行付款的一种结算方式。保函是指银行应某商业交易一方当事人的要求，以其自身的信誉向商业交易的另一方担保该商业交易项下的某种责任或义务的履行而作出的一种具有一定金额和期限，承担某种支付或经济赔偿责任的书面付款承诺。

代理业务是指商业银行接受政府、企业单位、其他银行或金融机构，以及居民个人的委托，以代理人的身份代表委托人办理一些经双方议定的经济事务的业务。在代理业务中，委托人和银行一般必须订立契约规定双方的权利、义务，包括代理的范围、内容、期限以及纠纷处理等，并由此而形成一定的法律关系。下面就几种主要的代理业务作简单介绍：

1. 代理收付款业务是商业银行利用自身结算便捷的优势，接受客户委托，代为办理指定款项的收付事宜。代理融通指的是商业银行接受客户委托，以代理人的身份代为收取应收账款，并为委托者提供资金融通的一种中间业务。代理行业务是商业银行的部分业务由指定的其他银行代为办理的一种业务形式。除此之外，商业银行的代理业务还有：现金管理，代理承销和兑付债券，代理清欠，代理监督，代理会计事务，代理保管，代购代销，代客理财，个人外汇、证券买卖业务等。

2. 信息咨询业务是以转让、出售信息和提供智力服务为主要内容的中间业务。商业银行通过对资金运动的记录，以及与资金运动等各项业务相关的经济、金融资料的收集和整理，积累了大量的信息资料，然后根据特定需要，以不同的形式提供给信息征询者，主要包括评估类信息咨询、委托中介类信息咨询、综合类信息咨询以及投资银行业务。

3. 评估类信息咨询业务主要包括工程项目评估、企业信用等级评估和验证企业注册资金等。委托中介类信息咨询主要包括技术贸易中介、资信咨询、专项调查和委派常年咨询顾问等业务。综合类信息咨询主要有企业管理咨询和常年经济信息咨询。而投资银行业务是指银行为客户提供财务咨询，担任投资顾问，从事企业产权交易和收购、兼并、重组等中介服务的中间业务。

（二）信托和租赁业务

信托业务是一种以信用为基础的法律行为，它一般牵涉三个方面的当事人，即授人信用的委托人，受信于人的受托人和受益于人的受益人。信托业务是由委托人依照契约规定，为自己或第三者（受益人）的利益，将财产的权利转给受托人，由受托人依据谨慎原则占有、管理和使用信托财产，并处置其收益。

信托有贸易信托和金融信托之分。金融信托是指经营金融委托代理业务的信托行为，它以代理他人运用资金、买卖证券、发行证券及管理财产等为主要业务。金融信托以财产所有权的转移性、资产核算的他主性和收益分配的实绩性为基本特征。

银行信托业务的种类和形式要远远多于银行的存贷款等传统业务。如按照委托人的身份划分，有个人信托、公司信托、政府信托和公共团体信托等；按照信托方式划分，有动产或不动产信托、投资信托、融资信托、职工福利信托、公益信托、事务代理等等。其中，信托投资指由信托机构将个人、企业或团体的投资资金集中起来，代替投资者进行有价证券投资，最后将投资收益和本金偿还给受托人的行为。融资性信托包括信托存款、信托贷款、委托贷款、买方贷款和卖方贷款等。

租赁业务是指由银行出资，购买一定的商品租借给承租人，然后通过出租收回资金的业务。银行所经营的租赁业务主要是融资性租赁。

融资性租赁是以商品形式表现的借贷资金运动形式，是集融资和融物为一体的信用方式，兼有商品信贷和资金信贷的双重性。在整个运动过程中，出租人通过出租设备商品的形式向承租人提供了信贷便利；而承租人直接借入设备商品，取得了商品设备的使用权。

融资性租赁的主要形式有：（1）直接租赁，指由银行或租赁公司直接从厂商购进承租人所需的设备，再租给承租人使用。（2）转租赁，指银行先以承租人的身份从国外租赁公司或厂商租进其用户所需要的设备，然后再以出租人的身份把设备租给承租人。（3）回租租赁，指企业在急需资金的情况下先将自己的厂房、设备的所有权出售给银行，然后再作为承租人将这些厂房、设备租回来使用。（4）杠杆租赁，指银行租赁部门若一时无能力购买巨额价值的设备，可在小部分自筹资金的基础上向其他银行或保险公司借得大部分贷款，并以所购设备作为贷款抵押，以转让收取租金的权利作为贷款的额外保证，并将设备租给承租人，收取租金偿还贷款。

四、表外业务

所谓表外业务，是指银行从事的，按照会计准则不记入资产负债表或不直接形成资产或负债，但能改变银行损益状况的业务。由于表外业务活动可能是偶然的承诺和合约，它虽然能为银行带来收益，但按传统的会计程序又不记做资产和负债，所以不进入资产负债表。

表外业务是当今银行创新活动最为活跃的领域。由于各国监管实践和会计制度存在相当大的差异，对表外业务的规定也不尽相同，一国的表外业务在另一国也许就成了表内业务，因此，对表外业务的分类比较困难。这里，我们将表外业务归并为两大类：一类为或有资产负债类表外业务，一类为衍生金融工具类业务。

所谓或有资产负债类业务，是指银行在经办这类业务时，虽然没有发生实际的货币收付，银行也没有垫付任何资金，但已形成了银行的债权债务，它们随时可能转变为事实上的资产和负债。这一性质的业务可具体分为担保和类似的或有负债，以及银行承诺业务两大类。

主要的担保和类似的或有负债有：普通负债担保，备用信用证和贷款出售。普通负债担保即银行应某交易中一方的申请，允诺当申请人不能履约时由银行承担对交易中另一方的全部义务的行为。备用信用证业务实质上是担保的一个类别，它通常与商业票据的发行相联系。当信用等级较低的企业试图通过商业票据的发行筹集资金时，通常面临着极为不利的发行条件。在这种情况下，它可向某一银行申请备用信用证作担保，一旦这家企业无力还本付息，则由发证银行承担债务的偿还。贷款出售是指银行将已发放的贷款出售给其他金融机构或投资者。贷款售出后，银行要为买方提供售后服务，如代收利息、监督贷款资金运用、对抵押品进行管理等。此外，常见的担保和类似的或有负债业务，还有票据承兑、商业信用证、福费廷等。

银行承诺业务主要有：回购协议、信贷便利、票据发行便利等。回购协议是指交易一方出售某种资产并承诺在未来特定日期按约定价格向另一方购回的一种交易形式。信贷便利是指银行在对借款人信用状况评价的基础上，可能或承诺对借款人发放贷款的做法。信贷便利主要有两类：信贷额度和贷款承诺。票据发行便利业务是银行提供的一种中期周转性票据发行融资承诺，借款人以发行短期票据或 CDs 方式筹措资金，而无须在银行贷款便利下直接向银行借款。其他的银行承诺业务还有远期期货存款，远期资产购买以及分期付款的证券等。

衍生金融工具指产生于其他基础金融工具之上的金融工具，其种类繁多，据国际货币基金组织调查，目前衍生金融工具数量已达几千种。金融远期、金融期货、金融期权和互换是最主要的衍生金融工具。

第三节　商业银行的经营管理

一、商业银行的经营原则

目前，各国商业银行已普遍认同了经营管理中所必须遵循的"安全性、流动性、盈利性"的"三性"原则，《商业银行法》也对这一经营原则作出了明确规定。

（一）安全性

安全性是指商业银行应努力避免各种不确定因素对它的影响，保证银行本金的安全，实现商业银行的稳健经营和发展。商业银行之所以必须坚持安全性原则，是由商业银行经营的特殊性决定的。

（二）流动性

流动性是指商业银行能够随时满足客户提现和必要的贷款需求的支付能力，包括资产流动性和负债的流动性两重含义。资产的流动性是指资产在不遭受损失的条件下迅速变现的能力。负债流动性是指银行以较低成本随时获得资金的能力。一旦银行不能应付客户提款或满足客户贷款需求以及银行本身需求时，就会出现流动性危机。流动性危机将严重损害商业银行的信誉，影响业务发展并增加银行经营成本，严重的还会导致银行破产，所以，商业银行在经营管理中必须十分注重保持良好的流动性。

一般来说，商业银行保证资产的流动性是以准备金的形式实现的。（1）一级准备，又称现金准备，包括商业银行库存现金、在中央银行存款以及同业存款等。由于一级准备不能盈利或盈利性很低，商业银行应将此类准备金减少到最低限度。（2）二级准备，又称二线准备金，主要包括短期政府债券、商业票据、银行承兑汇票及短期同业拆借等。这些资产的特点是能够在市场上迅速出售或贴现或立即收回，因而流动性很强。同时，通过持有这些资产，商业银行还可以获得一定收益，在盈利性方面要优于一级准备。

商业银行保持负债的流动性则是通过下列创造主动负债的方法进行的，如从同业拆入资金、向中央银行借款、发行大额可转让存单、从国际金融市场借入资金等。一般来说，资金雄厚、信誉较好的大银行通过主动负债保持流动性的能力较强。

（三）盈利性

盈利性是商业银行经营管理活动的目标和动力。商业银行盈利水平的高低是其经营管理状况的综合反映，它不仅反映商业银行现行策略是否正确，更重要的是为商业银行的进一步发展打下了良好的基础。

商业银行的利润是收入与经营成本的差额。因此，增加利润只能通过提高收入和降低成本来实现。商业银行的收入主要分为资产收入和服务费收入两部分。资产收入是指从投资与贷款等资产运用中所获得的收入，例如贷款利息收入、证券投资收入、同业存款利息收入、外汇交易收入等，是商业银行业务收入的主要部分；服务费收入是指商业银行从事咨询、代理、租赁、信托等业务时获取的收入。近年来服务费收入即非利息收入在银行业务收入中所占的比重有逐渐增大的趋势。银行的业务支出则包括利息支出、同业拆借利息支出、职工工资支出、业务费用支出、固定资产折旧等。

一般而言，商业银行利润水平主要受内部经营管理水平的影响，因此，提高盈利水平应从改善银行的经营管理水平入手，如提高业务收入可以通过扩大贷款规模、增加服务手续费、投资高收益证券、吸引新客户、尽量降低非盈利资产的比例等方法，降低经营成本则可以考虑降低存款利息支出、减少非经营性支出、降低管理费用等手段。此外，各种外部因素对商业银行的利润也有很大影响，例如该国宏观经济形势的好坏、货币政策取向、证券市场行情、金融业的竞争情况等都可能影响银行预期的利润水平。

商业银行经营的目标在于盈利，盈利是企业生存、发展的必要条件。但作为一个经营货币信用的特殊企业，商业银行在实现这个目标的过程中又必然受到流动性与安全性的制约，忽视安全性与流动性，商业银行必然陷入危机。因此，现代商业银行在追求盈利目标的同时，必须兼顾安全性和流动性。

商业银行经营的安全性、流动性和盈利性之间往往是相互矛盾的。从盈利性的角度看，商业银行的资金用于盈利资产尤其是高盈利资产的比重越高，商业银行的盈利就越大。从流动性角度看，非盈利资产如现金资产随时可以应付存款的提现要求，具有十足的流动性，因而现金资产的库存额越高，商业银行的流动性越强。从安全性角度看，一般情况下，具有较高收益率的资产，其风险总是较大的。为了降低风险，确保资金的安全，商业银行就不得不把资金投向收益率较低的资产。由此可见，商业银行的安全性、流动性和盈利性之间存在着较大的矛盾。如何协调这一矛盾呢？大多数银行认为正确的做法应当是：在对资金来源和资产规模及各种资产的风险、收益、流动性进行预测和权衡的基础上，在首先考虑安全性保证流动性的前提下，争取利润最大化。这也是在经历多次金融危机后所总结出的一个较为理想的平衡方法。

不过，商业银行经营的"三性"原则之间也存在着潜在的统一协调关系。商业银行的流动性要求商业银行保留一定水平的流动资产，以满足流动性的需求。如果商业银行将过多的资金投放到盈利性资产中去，当商业银行出现新的高盈利投资机会时，就没有多余的资金投放，反而会损害其盈利性。商业银行的安全性会使盈利性更具有现实意义，如果不能保证安全性，盈利也会被侵蚀。安全性与流动性的统一比较好理解，流动性高的资产便于收回，因而风险较小。因此，商业银行在经营中必须综合考虑，寻找"三性"的平衡点。

二、商业银行的经营管理理论

在商业银行几百年的发展历程中，其经营管理理论也不断发展变化，经历了侧重点不同的几个阶段。

（一）资产管理理论

因为银行的利润主要来自于资产业务，银行能够主动加以管理的也是资产业务；而负债则主要取决于客户的存款意愿，银行对此处于被动地位，难有太大作为。于是，初期的银行经营管理的重点就放在资产方面，在资产运用上协调盈利性、流动性和安全性问题。

1. 资金总库法。其起源可追溯到商业银行发展初期，到 20 世纪 30 年代大危机后才普遍运用。这一时期商业银行的存款中活期存款占很大比重。这种方法不管资金来源的期限长短如何，将资金来源作为一个整体进行分配。按以下次序进行：

首先，保留充分的一级准备。一级准备包括库存现金、在中央银行存款、在其他银行存款、托收中的现金。一级准备之所以重要是因为：（1）遵守法律规定保持一级准备的要求；（2）满足银行日常支付和支票清算的需要；（3）作为应付意外提款和意外信贷需要的第一道防线。

其次，保证二级准备，以应付近期内的现金需求和其他资金需求。二级准备包括短期公开市场债券，如国库券、政府机构债券、银行承兑汇票等。二级准备有一定的收益，可随时变现而不受损失，一般不超过一年。作为二级准备还必须信誉高、受利率变动的影响小。

再次，满足客户的信贷需求。这需要商业银行深入了解本地市场，了解客户的经营状况和资金需求。

最后，如果在前三项资产分配后还有剩余，银行可以在公开市场购买长期债券，以增加收益，但不能进行固定资产投资。

这种方法简单易懂，易管理，但比较死板保守，未考虑到资产负债表中各个项目之间的相互关系，过分看重流动性而牺牲了盈利性。

2. 资金转换法。这种方法认为，不同的资金来源有不同的流动性要求，银行可以按照各种资金来源的法定准备金要求和流通速度进行资产分配。例如，活期存款有较高的法定准备金要求和流通速度，这部分资金大部分用于一级准备和二级准备，小部分用于商业短期贷款。储蓄存款和定期存款的法定准备金要求较低，流通速度较慢，则可大部分用于贷款和投资。债券的流动性最小，又不用缴纳准备金，可用于长期贷款和固定资产投资。

这种方法的优点是相对简单、易掌握，可减少过多的流动性储备。缺点是：（1）以存款的流通速度作为标准分配资金，但活期存款中，也存在长期稳定的余额可用于高收益的长期资产；（2）它认为资金来源和资金运用是相互独立的，某一存款的增长和贷款的增长不可能严格对应；（3）比较死板，没有考虑存款和贷款的季节性变化。

3. 预期收入法。预期收入理论产生于 20 世纪 40 年代，该理论认为银行资产的流动性取决于借款人的预期收入，而不是贷款的期限长短。借款人的预期收入有保障，期限较长的贷款就可以安全收回；借款人的预期收入不稳定，期限短的贷款也会丧失流动性。因此，预期收入理论强调的是贷款偿还与借款人未来预期收入之间的关系，而不是贷款的期限与贷款流动性之间的关系。预期收入理论依据借款人的预期收入来判断资金投向，突破了传统的资产管理理论依据资产的期限和可转换性来决定资金运用的做法，丰富了银行的经营管理思想。其不足之处是，对借款人未来收入的预测是银行主观判断的经济依据。而随着客观经济条件及经营状况的变化，借款人实际未来收入与银行的主观预测之间会存在偏差，从而加大银行的经营风险。

资产管理理论强调银行经营管理的重点是资产业务，强调流动性的管理理念，其管理思想在 20 世纪 60 年代以前的 100 多年里对整个商业银行业务的发展及商业银行在金融业中地位的巩固起到了重要作用。

（二）负债管理理论

负债管理理论主张银行可以通过主动借入资金的方式来维持资产流动性，支持资产规模的扩张，获取更高的盈利水平。负债管理理论开辟了满足银行流动性需求的新途径，改变了长期以来经营管理只从资产运用角度来维持流动性的做法。该理论产生于 20 世纪 60 年代市场利率高、利率管制放宽、金融非中介化，以及西方各国建立存款保险制度和存款准备金制度的背景下。

（三）资产负债综合管理

资产管理理论过于偏重安全性和流动性，负债管理理论过于偏重盈利性，由于经营环境的变化，银行需要综合两者，产生了资产负债综合管理。

资产负债综合管理是分别管理银行业务账户（包括存贷款和证券投资等）和交易账户（包括短期外汇、债券和衍生产品交易）的风险，以获得资本性收益为目标。银行业务账户的资产和负债产生于客户交易，银行处于较被动的地位，而在交易账户中，银行可以主动根据市场价格变化改变交易头寸。

银行业务账户的管理重点在于对冲与业务账户资产负债有关的利率风险。在利率管制的条件下，由于银行的利差有相对保障，扩大资产负债额即增加存款和贷款收益就会增加。因此，资产负债的管理的主要目的是对冲利率风险，而交易账户管理的重点在于在控制风险的同时达到各交易产品的利润指标。

在分析银行业务账户和交易账户的风险时要用到利率敏感性分析和缺口分析。资产负债的利率敏感性是指利息（对存款所支付的成本或贷款所带来的收益）对市场利率变动的敏感程度。受市场利率变动影响大则利率敏感性高，反之则低。缺口是指利率敏感性资产与利率敏感性负债之间的差额。银行在利率敏感性分析的基础上，可以根据银行的经营战略来调整其所持缺口的大小。

（四）我国的资产负债比例管理

1994 年，中国人民银行发布了《中国人民银行关于商业银行实行资产负债比例管理暂行监管指标》，规定商业银行在限额控制下进行资产负债比例管理。在该指标体系中人民银行规定了九项指标：

1. 资本充足率指标。中国人民银行在关于资本充足率指标的设立上，采纳了《巴塞尔协议》的做法，要求商业银行资本总额占加权风险资产总额的比率达到 8% 以上，其中核心资本至少占加权风险资产总额的 4%。

2. 存贷款比率指标。中国人民银行规定，各项贷款与各项存款之比不能超过 75%。针对我国原四大国有商业银行普遍存在超贷现象的现实情况，这一指标对原四大商业银行实行增量考核，对其他银行按余额考核。

3. 中长期贷款比率指标。中国人民银行规定，1 年期以上（含 1 年）的中长期贷款与 1 年期以上的存款之比不得超过 120%。

4. 资产流动性指标。该指标要求流动性资产与各项流动性负债的比率不得低于 25%。其中，流动性资产指 1 个月内（含 1 个月）可变现的资产，包括库存现金、在中国人民银行的存款、同业存款、国库券、1 个月内到期的同业净拆出款、1 个月内到期的贷款和银行承兑汇票，其他经中国人民银行核准的证券。流动性负债是指 1 个月内（含 1 个月）到期的存款、同业净拆入款。

5. 备付金比率指标。要求商业银行在中国人民银行的备付金存款加库存现金与各项存款之比不得低于 5% ~ 7%。由于各行情况不同，中国人民银行在规定的总水平内，具体规定各行的备付金水平。

6. 单个贷款比率指标。中国人民银行规定，对同一借款客户的贷款余额与银行资本总额的比率不得超过 15%，此外，对最大十家客户发放的贷款总额不得超过资本总额的 50%。

7. 拆借资金比率指标。中国人民银行规定，拆入资金与各项存款余额之比不得超过 4%；拆出资金余额与各项存款（扣除存款准备金、备付金、联行占款）余额之比不得超过 8%。同业拆借只能用于解决银行在资金营运过程中出现的临时性资金不足，是头寸调剂，不能为盈利而短借长用，弥补资金缺口。

8. 对股东贷款比率指标。为确保银行安全，该指标规定向股东提供的贷款余额不得超过该股东已交纳股金的 100%，贷款条件不得优于其他客户的同类贷款。

9. 贷款质量指标。该指标规定逾期贷款与各项贷款余额之比不得超过 8%，呆滞贷款不得超过 5%，呆账贷款不得超过 2%。

此外，中国人民银行还根据各商业银行具体情况设立了一些其他指标。

1998 年 1 月 1 日，中国人民银行取消了对商业银行的指令性控制，实行"计划指导、自求平衡、比例管理、间接调控"。中国人民银行只对商业银行确定年度贷款增加量指导计划，各商业银行再编制本行的年度计划，下达分支行执行。各商业银行在经营中应逐步达到中国人民银行规定的九大指标。中国人民银行的宏观调控不再以信贷规模为操作目标，而改为调控货币供应量和商业银行的资金头寸，向间接调控过渡。

我国的资产负债比例管理并不是严格意义上的商业银行资产负债管理，而更倾向于中央银行的监管手段，只是从商业银行自身来说，按该指标体系进行管理，才具有一些资产负债管理的性质。

第四节　商业银行的存款创造

一、存款创造的原理

（一）原始存款与派生存款

在信用发达的国家，由于普遍存在部分准备金制度和非现金结算方式，金融机构获得了信用创造能力。金融系统的货币创造功能是通过对存款的伸缩来实现的。由于只有商业银行才能够接受活期存款并用支票方式结算，并通过其贷款和投资活动来扩张存款，它在信用创造中最具代表性。

在商业银行体系的信用创造过程中，我们可以把其存款货币划分为原始存款和派生存款。所谓原始存款，是以现金方式存入银行的直接存款，也就是商业银行吸收到的能够增加其准备金的存款。派生存款是相对于原始存款的一个概念，它是由商业银行通过转账方式来发放的贷款、贴现或投资等业务活动引发而来的存款，故又称为衍生存款或虚假存款。

虽然原始存款和派生存款同属银行机构的存款货币，但两者的区别仍是明显的。首先，原始存款是基础货币的一个转化形态，而派生存款则是超过基础货币的一个增量，因此，原始存款增加，货币存量不变，只会引起结构变动，而派生存款增加，货币存量也随之增加。其次，原始存款的增加会直接引起银行体系准备金的增加，而派生存款并不增加银行体系的准备金。准备金的变化是制约派生存款变化的一个主要因素，所以原始存款是决定派生存款产生及其数量界限的基础。再次，形成派生存款是整个商业银行体系的特殊机能，个别商业银行本身是不能创造派生存款的，而原始存款是任何银行都能形成的，原始存款的增加是先增加资产业务，后形成负债业务，即先贷后存。最后，由于原始存款的增加并不改变货币存量的总额，因此，一般不会引致信用膨胀；而派生存款的增加，会增加社会货币供应量，若控制失当，就有可能导致信用膨胀。

派生存款是信用经济中的一种特殊现象，其存在必须具备如下条件：

1. 银行存在活期存款和转账结算业务。银行可吸收活期存款，并可开出支票，采用非现金方式转账结算。只有在此基础上，银行才能获得创造存款货币的功能。

2. 存在部分准备金制度。因为如果是全额准备金制，则银行根本不可能利用所吸收的存款去发放贷款。在部分准备金制度下，商业银行吸收的原始存款，在上缴法定准备金后，余下部分可以用来发放贷款和投资，而贷款和投资又可以变为转存款，创造出支票货币。

3. 存在一个比较完善的商业银行体系。所有的商业银行形成一个有机的整体，使转账结算过程在银行间不断地进行下去，最后全部原始存款转化为中央银行的法定准备金，整个贷款成几何级数累积，最终达到信用货币的扩张。

(二) 存款准备金与存款准备金率

所谓存款准备金，是指商业银行等吸收存款的金融机构将其吸收存款的一部分，以流动资产储备的形式保留着，防备存款人的提现。商业银行等金融机构提取的存款准备金包括法定存款准备金和超额准备金两部分。其中，法定存款准备金在现代金融中已成为一种制度安排。

与存款准备金的构成相对应，存款准备金率包括法定存款准备金率和超额准备金率。法定存款准备金率就是由中央银行事先规定的，商业银行所提取的法定存款准备金与其吸收的存款总额之间的比率；超额准备金率即商业银行所提取的超额准备金同其吸收的存款之间的比率。

各国准备金比率的内涵各不相同，但综观各国的情况，不外乎包括以下几个方面：

1. 按存款的类别规定准备金比率。

2. 按银行规模、经营环境规定不同比率。

3. 以商业银行库存现金抵充法定存款准备金的不同规定。

4. 法定存款准备金率调整幅度。

5. 准备金中现金和存款的比例。

6. 准备金以外的准备。

二、派生存款的创造过程

下面我们举例说明商业银行派生存款的创造过程。为了说明问题方便起见，我们先作两个假设：（1）客户将从银行得到的贷款全部存入银行，而不提现。（2）银行规定存款准备金率为10%。

假定A银行接受了客户存入的现金10 000元。按规定从中提取现金准备1 000元，以应付客户提现的需要，其余9 000元可以用于贷款以取得收益，A银行资产负债表如表5-1所示。

表5-1　　　　　　　　　　A银行资产负债表　　　　　　　　　　单位：元

资产		负债	
现金准备	1 000	现金存款	10 000
贷款与投资额	9 000		
总额	10 000	总额	10 000

当A银行将9 000元贷给客户时，该客户可以将钱存入B银行。B银行再按10%提取900元作为现金准备，其余再贷放出去，则B银行资产负债表如表5-2所示。

表5-2　　　　　　　　　　B银行资产负债表　　　　　　　　　　单位：元

资产		负债	
现金准备	900	现金存款	9 000
贷款与投资额	8 100		
总额	9 000	总额	9 000

B 银行贷出 8 100 元，借款人又转存入 C 银行。C 银行按 10% 提取准备金后，其余再贷放出去，则 C 银行资产负债表如表 5-3 所示。

表 5-3　　　　　　　　　　　　C 银行资产负债表　　　　　　　　　单位：元

资产		负债	
现金准备	810	现金存款	8 100
贷款与投资额	7 290		
总额	8 100	总额	8 100

如此类推，银行与客户之间不断地贷款、存款，就会产生如表 5-4 所示的结果。

表 5-4　　　　　　　　　　　　存款货币的创造过程　　　　　　　　　单位：元

银行	存款	现金准备	贷款
A	10 000	1 000	9 000
B	9 000	900	8 100
C	8 100	810	7 290
D	7 290	729	6 561
⋮	⋮	⋮	⋮
总额	100 000	10 000	90 000

原始存款为 10 000 元，总存款为 100 000 元。从存款一栏中可看出，数额以 9/10 的比例递减，若 R 表示原始存款，D 表示存款总额，r 表示法定存款准备金比率，则存款货币创造的公式为

$$D = R/r$$

式中，$D - R = 90\ 000$ 元，就是银行体系创造出来的存款货币。因此，r 越高，创造的存款货币额越小；r 越低，则创造的存款货币额越大。

三、派生存款创造的制约因素

上述例子只是假想中的简单模型，实际中还受到下列因素的制约：

（一）现金漏损

客户总是会从银行提取或多或少的现金，从而使一部分现金流出银行体系，即现金漏损。现金漏损与存款总额之比为现金漏损率，或提现率。现金漏损越大，银行体系的存款准备金越小，派生存款的创造能力越小。

（二）超额准备金比率

一般银行的实际存款准备金总要高于法定存款准备金，其超出额占总存款的

比例为超额准备金比率。结果也减小了银行创造派生存款的能力。

（三）定期存款准备金比率

存款可分成定期和活期，其准备金比率是不一样的，因此需要区分。由此，公式 $D = R/r$ 可修正为

$$D = R/(r_d + k + e + r_t \cdot t)$$

式中，r_d 为法定存款准备金比率，k 为提现率，e 为超额准备金比率，r_t 为定期存款比率，t 为定期存款与活期存款之比。

重要概念

银行持股公司制度　回购协议　贴现业务　表外业务　票据发行便利　派生存款　存款准备金　现金漏损

复习思考题

1. 商业银行的性质与职能。
2. 商业银行组织形式与制度的发展演变。
3. 商业银行资本对商业银行的重要意义。
4. 商业银行资产负债管理。
5. 商业银行的信用创造过程及其制约因素。

第六章　中央银行及其货币政策

第一节　中央银行概述

一、中央银行的产生与发展

中央银行是一个国家整个金融体系的核心，它经政府的授权，通过其业务的开展和职能的发挥，影响着全社会的货币供给量，影响着微观经济主体的行为，并最终影响着宏观经济的运行，是全国金融的枢纽。

（一）中央银行的产生

1. 中央银行存在的客观必然性。从性质上说，中央银行隶属于政府干预的范畴，它代表政府制定并贯彻执行货币政策，从而实现对宏观经济运行的干预和调节。但即便是在主张自由价格机制的古典经济框架内，中央银行还是被容忍和接纳下来，这足以说明中央银行是商品经济和货币信用制度发展到一定阶段的必然产物，其存在有客观必然性。

在 18 世纪后半叶到 19 世纪初的这段时间里，受产业革命的推动，银行业在西方得到了飞速的发展。银行业的发展，一方面促进了资本主义经济的增长，但同时也产生出一系列的制约因素和矛盾，由此也决定了建立中央银行制度的必要性。

（1）统一银行券发行的需要。在中央银行产生之前，一个国家和地区的银行券是由带有逐利性特征的商业银行分散发行的，由此便产生出了如下问题。首先，商业银行为了追逐发行收益而大量发行银行券，最终导致银行券种类繁多，货币流通费用增加，货币流通混乱；其次，由于各发行银行券的银行的信誉不同，导致有些信誉差的商业银行发行的银行券无法兑现，失去了流通的基础，更有甚者，将银行故意设在偏僻地区以逃避客户兑现，最终引发了大范围的信用危机和银行危机，给整个社会带来了极大的混乱。在这种情况下，急需一个具有权威性的机构垄断银行券的发行权，以稳定货币流通。

（2）最终贷款人的需要。受经济运行不确定性的影响，商业银行在其经营过程中不免会出现资金周转不灵、清偿能力不足等状况，虽然各商业银行也保留有相应的准备金以备不时之需，但这无法抵御银行的清偿能力危机，结果是极有可能产生银行挤兑，造成银行倒闭破产。银行的倒闭破产又会由于其多米诺骨牌效应引发一连串的银行倒闭，导致信用萎缩，影响经济的发展，危及社会的安定。因此，客观上需要一个信誉良好、实力强大的机构能够在商业银行出现资金周转困难时为其提供必要的信贷支持，维护社会公众对银行体系的信心，以防止银行危机的爆发，保证银行体系的安全稳定。

（3）集中票据清算的需要。在现代经济运行过程中，企业与企业的债权债务关系，最终必然反映为银行与银行之间的债权债务关系。随着经济的不断发展和规模的不断扩大，银行与银行之间的债权债务关系变得日益复杂，商业银行每天需要处理大量的票据以完成债务的结清，依靠商业银行自身来完成这样的结算会面临极大的成本约束，结算效率的降低，影响经济的正常运行。为此，需要建立一个具有权威性、公正性的清算中心，集中进行票据的清算，降低结算成本，提高结算效率。

（4）金融监督管理的需要。金融业是一个高风险的行业，金融业的稳健运行对整个国民经济来说具有非常重要的意义，与此同时，金融业也是充满了竞争的行业。为了保证金融活动主体之间能够平等有序地竞争，保证金融体系的安全，需要由政府授权的机构来制定相应的规则，约束金融主体的行为，实现对金融的监督和管理。虽然现在已经有一些国家将银行监管的权力由中央银行移出，成立了专门的机构，但更多的国家和地区，尤其是发展中国家的中央银行仍在执行着银行监督管理的职能。

2. 中央银行产生的途径。虽然作为经营货币资金的银行迄今已有近千年的历史，但中央银行却是在 17 世纪末才产生的。纵观世界中央银行史不难发现，中央银行主要是通过两条途径建立起来的：一是由政府将某家私人股份性质的商业银行改组成为现代意义上的中央银行，如瑞典国家银行、英格兰银行、法兰西银行等；二是政府直接出资建立中央银行，世界上包括美国在内的大多数国家的中央银行都是通过这种方式建立起来的。

理论界一般认为，历史上最早以中央银行命名的金融机构成立于 1656 年，1668 年改组成为国家银行的瑞典国家银行（瑞典利克斯银行），但由于该银行并没有能够全面执行现代中央银行的职能，因此，理论界又认为，现代中央银行的真正代表是英格兰银行，英格兰银行已被公认为是世界现代中央银行的鼻祖。

英格兰银行在 1694 年成立时是一家私人股份性质的商业银行，它在成立之初便和政府有着千丝万缕的联系，它接受政府的存款、向政府提供贷款，并享受政府在银行券发行方面所赋予它的特权，目的在于解决英国政府的财政赤字问题。1844 年由当时英国首相皮尔主持通过的《英格兰银行条例》（《皮尔条例》），最终将货币的发行权几乎全部赋予了英格兰银行，垄断货币的发行权最终确立了英格兰银行的中央银行地位。后来，英格兰银行还分别于 1854 年和 1872 年成为英国的票据清算中心和最终贷款人。

（二）中央银行的发展

从 20 世纪 20 年代开始，世界中央银行的建立进入鼎盛时期，在 1921 年到 1942 年，世界上共有 43 个国家先后建立了自己的中央银行。中央银行能够在该时期得到迅猛发展和国际联盟的推动以及凯恩斯国家干预主义思想的兴起是密不可分的。

1920 年，国际联盟在比利时的布鲁塞尔召开了国际金融会议，会议建议那些尚未建立中央银行的国家应当尽快建立中央银行以维护国际货币体系的稳定。1922 年的日内瓦国际金融会议又进一步建议各国，包括刚从殖民地中脱离出来的国家，迅速建立中央银行。在国际联盟的积极推动下，世界各国纷纷建立中央银行，从而带动了中央银行的发展。

20 世纪 30 年代的世界经济危机，使凯恩斯的政府干预主义思想代替古典经济学而成为主流经济学，由中央银行组织实施的货币政策被凯恩斯主义学派认为是解决经济危机的重要工具，是政府实现经济干预，调控一国经济金融运行的有力杠杆。在此思想的指导下，有些国家的政府为了实现对经济金融的宏观调节，先后建立了中央银行，并开始控制中央银行。

二、中央银行的性质与职能

（一）中央银行的性质

理论界一般认为，中央银行的性质是由其在国民经济中所处的地位决定的。相对于商业银行来说，中央银行是一个具有二重性的金融机构。

1. 中央银行是政府机关

中央银行是政府机关主要是由以下几个方面的因素决定的。首先，从中央银行的产生途径上看，中央银行的建立和政府有着密切的关系。按照第一条途径建立的中央银行，即私人股份性质的商业银行转变为中央银行，通常是建立在政府不断赋予其特权基础上的，没有政府的支持，商业银行是不可能转化为中央银行的。通过第二条途径建立的中央银行本身就是由政府出资建立的，是政府全资附属的中央银行。

其次，从中央银行的隶属关系来看，世界各国的中央银行一般或隶属于政府，或隶属于政府的某职能部门。例如，我国的中央银行——中国人民银行隶属于国务院，日本银行隶属于大藏省，等等。

最后，中央银行还要在特定情况下为政府提供必要的融资，代表政府制定、贯彻执行货币政策，并承担着许多来自于政府方面的金融事务性工作等。

需要注意的是，虽然中央银行与政府有着千丝万缕的联系，具有政府机关的性质，但出于货币币值和经济运行稳定等方面的考虑，有许多经济学家主张应当尽量保持中央银行的独立性。

中央银行的独立性是指中央银行在决策机构的设置、决策权力的划分、预算支出审批、货币政策目标的确定和货币政策工具的采用等各方面具有自主的权力，能够避免来自于政府及相关部门的干扰。自主权力越大，中央银行的独立性越强。

2. 中央银行是特殊的金融机构

首先，中央银行是金融机构。中央银行和普通商业银行一样，也是经营货币资金的机构，从事的是货币信用活动，开办有存款、放款等基本的银行业务。

其次，中央银行是特殊的金融机构。虽然中央银行是金融机构，但又不同于一般意义上的商业银行，有其特殊性。这种特殊性体现在：

（1）中央银行不以盈利为目的，而是以金融管理者的身份调节金融的运行。

（2）中央银行处于超然地位。现代意义上的中央银行是专门行使中央银行职能的金融机构，它不从事商业银行所经营的一般银行业务，不与商业银行进行竞争。

（3）中央银行对所吸收的存款一般不支付利息。中央银行并不以盈利为目的，因此，对吸收的金融机构存款和政府财政性的存款一般不计付利息。

（4）中央银行的资产有极强的流动性。为了有效实现调节金融运行的目的，中央银行一般不会开展长期资产业务。

（5）中央银行不直接对工商企业和居民家庭提供金融服务，而是以政府和金融机构为服务对象。

（6）中央银行在国外不能设立分行，只能设立代表处或代理处。

（二）中央银行的职能

1. 中央银行是发行的银行。发行的银行是中央银行的首要职能。中央银行是发行的银行，是指中央银行是建立了中央银行的国家的唯一具有货币发行权的银行。[①] 垄断货币发行权通常被看做是中央银行区别于商业银行的最重要的标志。

---

① 在有些国家，如美国、日本等，主币由中央银行发行，而辅币则由财政部发行。

（1）中央银行垄断货币发行权的意义。首先，中央银行垄断货币发行权能够避免因货币分散发行所导致的货币流通的混乱。其次，中央银行垄断货币发行权能够使其更加有效地贯彻实施货币政策。中央银行是一个国家货币政策的制定者和实施者，其业务开展的过程本身就是其货币政策的实施过程，一方面作为中央银行负债的货币发行是经济领域中流通的所有货币的基础，货币发行的多少会影响到流通中的货币量，从而影响经济的运行状况；另一方面，中央银行货币发行的多少还会通过对商业银行信用创造能力的影响，影响货币供给量，最终影响宏观经济的运行。总之，只有中央银行垄断了货币的发行权，才能够根据经济运行的变化，及时调整货币发行策略以灵活调节货币流通量，调节经济运行。

（2）中央银行发行货币的原则。在现代信用货币制度下，中央银行是一个国家唯一具有货币发行权的机构，但这并不意味着中央银行可以毫无约束地去发行货币，中央银行的货币发行必须遵循一定的原则。具体来说，除集中垄断发行原则外，中央银行一般要按照以下原则来发行货币。

第一，信用保证原则。货币发行的信用保证原则，也称为消极原则，指的是中央银行发行货币需要有一定的发行准备，以保证中央银行超脱于政府干预，防止因货币发行量过多导致货币流通混乱。

在现代信用货币制度下，信用货币并不能够严格执行贮藏手段的功能，不能自发地调节流通中的货币量，多余的货币会沉淀在流通领域中，引起货币贬值，引发通货膨胀，因此，货币发行必须有一个客观的限制，有一定的发行准备。

中央银行发行货币的准备主要包括两类：一是现金准备，如黄金、外汇等；二是证券准备，如短期商业票据、政府发行的国库券和公债券等。

第二，弹性供应原则。货币发行的弹性原则也称为积极原则或经济发行原则。这一原则是指中央银行货币发行要具有一定的伸缩弹性，具体就是说，中央银行货币的发行一方面要遵循信用保证原则，防止货币发行过多，但同时要适应社会经济发展的客观需要的变化，对货币发行量进行调整，以防止货币发行不足，导致经济萎缩。一般情况下，中央银行要随着生产和流通的发展，商品和劳务交易规模的扩大，相应增加货币发行数量，当然，货币发行量的这种增加要保持适度。为了能够较好地贯彻这一原则，中央银行就必须经常研究市场发展的动向及规律，对未来的经济走势进行及时准确的研判，从而使货币发行适应经济发展的客观需要。

2. 中央银行是银行的银行。所谓中央银行是银行的银行，是指中央银行为以商业银行为主体的金融机构提供金融服务。中央银行提供的服务包括以下三个部分。

（1）集中存款准备金。商业银行及其他金融机构的负债资金不能全部用于资产业务的开展，按照各国现行制度的规定，它们应当向中央银行缴存一定的存款准备金，这既包括由中央银行规定提取比率的法定存款准备金，也包括商业银行等相关金融机构自愿缴存的超额准备金。

最早将法定存款准备金集中于中央银行的是英国，但将法定存款准备金的缴存作为一项法律制度被确定下来的国家是美国。在1913年美国政府颁布的《联邦储备法》中规定，商业银行等吸收存款的金融机构必须向中央银行缴存法定存款准备金。

中央银行最初实行法定存款准备金制度的目的在于保证商业银行的清偿能力，以此防备银行挤兑，从而保护存款者的利益，维护银行体系的安全与稳定。而今，法定存款准备金已经成为现代中央银行的一个重要货币政策工具，中央银行可以根据宏观经济态势，通过调整法定存款准备金率来调节经济的运行。在有些国家，中央银行根据存款类别的不同规定有不同的法定存款准备金率。

商业银行等金融机构向中央银行自愿缴存超过法定存款准备金的超额准备金，更多是为了结算的方便、同业拆借的便利，当然，它们也可以因此而获得一部分利息收入。

中央银行通过集中存款准备金而成为了一个国家的现金准备中心。

（2）最终贷款者。最终贷款者是一国政府为了维护金融体系的安全稳定而赋予中央银行的一项重要职责，它是指中央银行负有在商业银行等金融机构出现资金周转困难时，向其提供必要的信贷资金支持的责任。

中央银行向商业银行等金融机构提供信贷资金支持的方式主要有两种，即再抵押和再贴现。

再抵押是中央银行根据商业银行等金融机构的要求，依据其提供的票据、有价证券等抵押品为其提供贷款。

再贴现是中央银行应商业银行等金融机构的要求，买进其通过开展贴现业务买入的未到期票据或短期政府债券，为其提供融资。

中央银行由于执行最终贷款者的职能而成为一个国家的信贷中心。

（3）组织商业银行的票据清算。在现代金融体系中，商业银行之间的债权债务是通过中央银行来清算的。存款准备金制度的安排，使各商业银行在中央银行开设了存款准备金账户，中央银行组织商业银行资金清算，就是通过对各商业银行在中央银行开设的存款准备金账户中余额的划转来实现的，具体包括同城或者同一地区的资金清算和异地资金清算。同城或者同一地区的商业银行票据清算一般是通过票据交换来完成的，但最终必须由中央银行集中清算交换的差额。商业银行的异地资金清算则是由中央银行一手办理的。

由中央银行来组织商业银行的票据清算，不仅解决了商业银行资金办理清算所面临的成本约束问题，提高了结算的效率，而且便于中央银行全面地了解商业银行的经营状况及社会资金的运行情况，实现对商业银行的监督管理和对信用的调节与控制。

中央银行组织商业银行等金融机构清算职能的发挥，使其成为了一个国家的清算中心。

3. 中央银行是政府的银行。中央银行是政府的银行是指中央银行作为政府职能部门，代表政府制定并贯彻执行货币政策，为政府提供相应的金融服务，并承担政府的相关工作，主要表现在：

（1）代理国库。这主要是指中央银行利用政府财政在中央银行开立的账户，经办政府财政预算收支，充当政府财政的出纳。这包括办理政府预算收支的缴纳、拨付工作，随时向政府财政反映政府预算的收支情况等。

（2）为政府财政提供融资，提供信贷支持。中央银行为政府财政提供信贷支持主要有两种方式。第一，直接给政府财政提供贷款或透支。其主要目的是为了解决财政先支后收所产生的资金临时性短缺问题或财政赤字问题。当然，中央银行向政府财政直接贷款或透支最终会导致货币发行的增加，有可能引发货币流通的混乱。因此，世界上有些国家已经不再允许中央银行提供这种贷款，政府财政出现赤字或短暂的不平衡后一般是通过发行政府债券来解决的，但这并不排除在非常情况下中央银行向政府财政提供贷款的可能。第二，购买政府发行的债券。这既包括中央银行在发行市场上认购政府债券，即直接购买，也包括在流通市场上买入政府债券，即间接购买。直接购买使认购资金直接流入到了国库，形成了政府的财政收入，实际上相当于给政府财政直接提供了信贷；间接购买虽然不会直接形成政府的财政收入，不是直接给政府财政提供信贷，但它无形中扩大了政府债券市场的容量，为政府增加债券的发行提供了条件。

（3）代理政府债券的发行及还本付息事宜。

（4）代表政府掌管黄金及外汇储备，通过买卖黄金和外汇来保证汇率和币值的稳定，实现国际收支的平衡。

（5）代表政府制定并监督执行金融管理法规，实施对银行业的监管，主要包括：对金融机构市场准入的监管、业务运营监管和市场退出监管等。

（6）代表政府制定并贯彻执行货币政策。

（7）代表政府参加国际性的金融组织，参与国际金融活动。

（8）充当政府的金融顾问，为政府进行经济金融决策提供相关的信息。

第二节 中央银行的制度类型与主要业务

一、中央银行的制度类型

虽然现在世界上绝大多数的国家都建立了中央银行，但由于各个国家政治、经济、社会、文化等方面的差异，中央银行存在着不同的制度类型。

1. 单一中央银行制度。单一中央银行制度是指在一个国家只设立一家中央银行，专门行使中央银行全部职能的中央银行制度。世界上大多数国家实行的都是这种制度。该制度一般具有组织完善、机构健全、权力集中、职能齐全、实行分支行制度等特点。

2. 复合中央银行制度。复合中央银行制度是指在一个国家设立有中央和地方两级相对独立的中央银行，按规定分别行使金融管理权的中央银行制度。中央一级的中央银行主要负责制定并贯彻执行涵盖全国的金融政策，地方中央银行则是在上一级机构的领导下，相对独立地执行中央银行的职能，并在有关本地区的金融政策安排方面有发言权。这种制度通常存在于联邦制的国家，这是和这些国家的政治体制、历史和文化密切联系在一起的，典型代表是美国和德国。

3. 跨国中央银行制度。跨国中央银行制度是指与某一货币联盟有关的，两个或两个以上的主权独立国家出于共同利益的考虑，共同拥有一家中央银行的制度。跨国中央银行主要执行发行统一的货币、制定并执行统一的货币政策、为成员国政府提供服务等方面的职能。这种制度通常和某一货币联盟有关，如西非货币联盟、中非货币联盟等实行的都是跨国中央银行制度。另外，成立于1998年7月1日的欧洲中央银行也是一个跨国中央银行，是一个超越国家主权的机构。欧洲中央银行是根据1992年的《马斯特里赫特条约》规定成立的，其前身是设在法兰克福的欧洲货币局，欧洲央行的职能是维护货币的稳定、管理主导利率、货币的储备和发行以及制定欧洲货币政策。

4. 准中央银行制度。准中央银行制度是指一个国家或地区没有建立通常意义上的中央银行，而是由政府授权的商业银行或专门的机构执行中央银行相关职能，或者是虽建立了中央银行，却不具备中央银行的基本职能，只属于中央银行的初级形式的制度类型。世界上只有少数国家和地区实行准中央银行制度。例如，在新加坡是由金融管理局和货币委员会两个机构共同行使中央银行的职能，其中，金融管理局被称为"不发行货币的中央银行"，它执行的是除货币发行之外的中央银行的主要职能，而货币委员会则专门执行货币发行的职责。在中国香港，金融管理局负责制定和执行货币政策，而货币发行的职能则由汇丰银行、渣打银行和中国银行香港分行三家商业银行执行。除此之外，实行这种制度的还有斐济、马尔代夫、伯利兹、利比里亚、莱索托等国家和地区。

二、中央银行的主要业务

中央银行的职能是借助于其业务的开展来实现的。和商业银行一样，中央银行所从事的业务大致可分为负债业务、资产业务和中间业务三大类。

（一）中央银行的负债业务

中央银行的负债业务指的是形成中央银行资金来源的业务，它是中央银行开展资产业务的基础。

1. 中央银行的资本构成。从中央银行资本金的来源角度，我们可以将中央银行的资本构成分成以下几种情况：

（1）国有资本。中央银行的资本全部属于国家所有，具体包含两种情况：一是中央银行直接由政府财政拨款建立的；二是由政府出资收购私人性质的商业银行的股份，并将该银行改组成为中央银行。

（2）股份资本。这是就股份制的中央银行而言的。按照政府是否在中央银行持有股份划分，股份制中央银行分为两种情况：一是包含政府股份的公私股份中央银行，二是无政府股份的私人股份中央银行。但无论政府在中央银行中是否持有股份，持有股份多少，政府对中央银行都会拥有直接的控制和监督权，私人持股者除了会受到持股比例的限制之外，既无决策权，也无经营管理权，只有按规定取得股息的权利。

（3）无资本金。这是指中央银行在建立之时没有资本金，典型代表是韩国中央银行。

2. 中央银行的货币发行业务。货币发行是中央银行最重要的一项负债业务，也是中央银行一项最大的资金来源。

（1）中央银行发行货币的渠道。中央银行是通过开展资产业务将货币发行出去的，再贷款、再贴现、购买证券和黄金外汇占款是中央银行发行货币的主要渠道。

（2）人民币的发行程序。人民币具体是由中国人民银行设置的发行基金保管库办理发行的。发行基金保管库简称发行库，是保管发行基金的金库。发行基金是中国人民银行存放在发行库内已经印制尚未发行的票币，具体包括已印制未流通的票币和已流通又回笼的票币，也称做发行准备金。目前发行库在中国人民银行总行设总库，下设分库、支库；在没有设人民银行机构的县，发行库由指定的商业银行代理。

与中国人民银行设发行库相对应，各商业银行对外营业的基层营业单位设立业务库，业务库保存的人民币是商业银行办理业务时的备用金，即商业银行的库存现金。中国人民银行和商业银行的上级行负责对业务库的现金核定限额。

人民币的发行是通过发行库与业务库之间调拨来实现的。发行基金由发行库调入业务库的过程，就是货币的发行过程（又称出库）；业务库中超过库存限额部分的现金缴回发行库的过程，就是货币回笼过程（也称入库）。如果货币发行大于货币回笼，表明流通中的现金增加；如果货币发行小于回笼，表明流通中的现金减少。这一过程如图 6 - 1 所示。

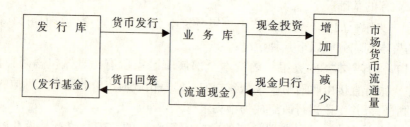

图 6 - 1　人民币的流通过程

3. 中央银行的存款业务

（1）集中商业银行等金融机构的存款准备金。集中商业银行等金融机构的存款准备金存款，是中央银行的一项最大存款业务，中央银行所吸收的存款准备金包括法定存款准备金和超额准备金两部分。集中存款准备金不仅增加了中央银行的资金来源，增强了中央银行的资金实力，而且使中央银行可以通过调整法定存款准备金率的水平来影响货币供给量。

（2）财政性存款。中央银行吸收的财政性存款是仅次于存款准备金存款的一类存款，它是中央银行代理国库业务的结果。它既包括来自于政府财政的存款，也包括来自于政府部门和公共部门的存款。由于中央银行吸收财政性存款一般不支付利息，筹资成本较低。

（3）外国存款。中央银行吸收的外国存款主要表现为外国中央银行或外国政府的存款。外国中央银行或外国政府之所以会在他国中央银行存款主要是为了结算的方便。

4. 其他负债业务，是指中央银行所从事的除上述主要负债业务以外的业务。从世界各国中央银行的现实运行来看，除主要的负债业务之外，还有一些其他负债业务，但在具体项目上存在一定差异，一般包括邮政储蓄存款等内容。所谓邮政储蓄存款，是指邮政机构办理的以个人为主要对象的储蓄存款业务。邮政储蓄存款由邮政机构吸收，然后转存中央银行，最终形成中央银行的资金来源。

（二）中央银行的资产业务

中央银行的资产业务，是指中央银行将其通过负债业务所筹集的资金再加以运用的业务。中央银行通过资产业务的开展，执行了货币发行等方面的职能。

1. 再贷款业务，就是中央银行向商业银行等金融机构和政府财政提供贷款的业务，之所以称为再贷款主要是为了同商业银行提供贷款相区别。其中，对商业银行等金融机构的贷款是中央银行最重要的贷款，通过发放贷款，中央银行执行了其最终贷款人的职能。商业银行等金融机构为了取得这种贷款一般需要提供有价证券和商业票据等抵押品。对政府财政提供的贷款主要是为了解决财政收支的不平衡问题。

2. 再贴现业务，是指中央银行买进商业银行等金融机构的未到期票据或短期政府债券，为其提供融资，以满足它们对短期资金需求的业务。在办理再贴现业务时，中央银行通常会对再贴现的数量以及可用于再贴现的票据等方面进行严格的规定。

3. 证券购买业务。在现代中央银行的业务中，证券购买业务是中央银行的一项重要资产业务，各国中央银行几乎都开办有这种业务。中央银行在公开市场上购买证券的目的并不在于盈利，而是通过公开市场上证券的购买调节货币供求，影响整个国民经济的运行。

中央银行主要通过两种方式来购买证券：一是不带任何附加条件的一般性购买，二是以回购协议方式购买。

需要注意的是，中央银行在购买证券的同时也会出售证券，通过证券的购买和出售，中央银行最终调节了经济的运行，这就是中央银行的公开市场政策。一般地，货币银行学的教材里通常将中央银行资产业务中的购买证券业务称为证券买卖业务，这似乎和中央银行的资产业务是中央银行的资金运用业务产生了矛盾，因此，本教材在此将其修正为中央银行购买证券业务，以供大家讨论。

4. 黄金外汇占款。中央银行受政府的授权集中全国的黄金、外汇储备，因此，中央银行必然要利用本币去收购黄金和外汇，这样就会造成对本币的占用。所谓黄金外汇占款就是中央银行因收购黄金、外汇，进行黄金、外汇的储备而造成的对本币的占用。由此可见，一国黄金、外汇储备的增加，虽然表明该国有较强的国际支付能力和经济实力，但由于黄金、外汇储备会造成对本币的占用，黄金、外汇储备越多，对本币的占用越多，这无形中会给该国带来通货膨胀压力。从这个意义上说，一个国家的黄金、外汇储备规模应当与本国经济发展的客观需要相适应，并且必须保持适当的结构。

5. 其他资产业务，是指中央银行从事的，除上述四项业务以外的资产业务。

从现实来看，中央银行从事的其他资产业务在各国之间不尽相同，甚至在一个国家的不同时期也有可能存在着差异，一般指的是一国中央银行在国外的资产。例如，一国中央银行对外国银行及国际金融机构提供的贷款。

（三）中央银行的中间业务

中央银行的中间业务通常也被称为中央银行的资金清算业务，即中央银行凭借其全国清算中心的地位，为商业银行等金融机构办理资金划拨清算及资金异地转移等方面的金融服务的业务。

如前所言，办理商业银行等金融机构之间的债务清算是中央银行的一项重要职能。中央银行的资金清算业务大致可以分为三类：一是以票据交换所为核心的轧平债务差额的业务，二是以中央银行为核心的集中清算债务差额的业务，三是以中央银行为核心所进行的资金异地转移业务。

由于中央银行的中间业务并不影响中央银行的资产和负债，该项业务并不能在中央银行的资产负债表中反映出来，见表 6－1 所示。

表 6－1　　　　　　　　　中央银行简易资产负债表

资产	负债
再贷款	流通中现金
再贴现	各项存款
证券	其他负债
黄金、外汇占款	
其他资产	资本项目
资产项目合计	负债及资本项目合计

第三节　中央银行货币政策

中央银行通过制定及贯彻执行货币政策使其任务得以完成，职能得以实现，并且，从某种意义上说，中央银行的一切活动都是围绕着货币政策来进行的，是为中央银行的货币政策服务的，甚至于中央银行的某些活动本身就是货币政策的一部分。因此，我们可以说，制定并贯彻执行货币政策是现代中央银行的核心任务。

一、货币政策的含义及其主要内容

（一）货币政策的含义

所谓货币政策是指中央银行用来调节利率、货币供给量等一系列经济变量，从而直接调控金融运行，间接影响整个经济运行以实现特定的经济目标的方针和措施的总称。

在一些专业文献中，人们通常将货币政策等同于金融政策。实际上，货币政策和金融政策并不是同一概念，二者既有联系，又有区别。

（二）货币政策的主要内容

理论界一般认为，货币政策应包含五部分内容。

首先，我们可以从货币政策的含义中看到货币政策的三部分核心内容，即货币政策目标、货币政策工具和货币政策中介指标。其中，货币政策中介指标是货币供给量、利率等一系列的经济变量。之所以将这三部分内容列为核心内容，是因为有了这三部分内容，中央银行就可以进行简单的货币政策操作，见图 6-2。

图 6-2　中央银行货币政策操作示意图

其次，在一个完整的货币政策理论中，除了上述三部分核心内容之外，还包括货币政策传导机制和货币政策效应两部分内容。

二、货币政策目标

货币政策目标是中央银行进行货币政策操作最终要实现的目的，因此，也有人将其称为货币政策最终目标。

（一）理论上的货币政策目标

理论界在承认各国中央银行货币政策目标存在差异的同时，通常把中央银行的货币政策目标确定为稳定物价（币值）、经济增长、充分就业和国际收支平衡四个方面。

1. 稳定物价。这通常是世界各国中央银行货币政策目标中的首要目标。稳定物价，即中央银行采用一定的货币政策手段，实现一般物价水平的相对稳定，使其不出现剧烈的波动。稳定物价通常包括三个方面的含义：

第一，稳定物价是指一般物价水平的稳定，并不排除个别商品或劳务价格的变动。

第二，稳定物价是将一般物价水平控制在一个合理的范围之内，这并不意味着冻结物价。当然，在不同的国家和一国经济发展的不同时期，该范围会存在一定差异，正因为如此，对于怎样才算做物价稳定，经济学家们有着不同的解释。

第三，物价不稳定应包括物价上涨和物价下跌两种情况，稳定物价既包含了防止物价上涨，控制通货膨胀这层含义，同时也意味着防止物价持续下跌，控制通货紧缩。

2. 经济增长。对于何为经济增长，理论界的认识经历了一个不断完善的发展过程。

（1）经济增长是国民生产总值（GNP）的增加。因此，经济增长可以用国民生产总值的增长率来衡量。

（2）经济增长是一国人均国民生产总值的增加。因此，衡量一国经济增长的指标是人均国民生产总值的实际增长率，这也是当前世界大多数国家现实中衡量经济增长的一个指标。

（3）经济增长是一国商品生产和劳务提供能力的提高。

（4）经济增长包括经济增长的数量和质量两个方面的含义。经济单方面的数量扩张有可能破坏经济进一步增长的环境，影响经济增长的质量。经济增长应当是可持续的经济增长或者说是经济发展。

在此应当说明的是，经济增长更多是政府所追求的目标。中央银行并不一定不关注经济增长问题，只是认为货币政策操作所实现的物价稳定及其相关问题能够为长期经济增长作出更大的贡献。[①] 由此可见，稳定物价才是中央银行追求的目标，中央银行是借助于物价稳定目标的实现，来实现经济增长。

3. 充分就业。中央银行货币政策的所谓充分就业目标，是指中央银行通过货币政策的操作能够提供出就业位置，使那些有工作能力和工作意愿的人可以以合理的条件随时找到工作。当然，按照现代经济理论，自愿失业和摩擦性失业通常被排斥在真正意义上的失业之外，也就是说，如果一个国家仅存在着自愿失业和摩擦性失业，这个国家实际上已经实现了充分就业。

和经济增长目标一样，中央银行虽然可以通过实施扩张性的货币政策，刺激需求，增加就业，但就业状况的好坏更多是政府所关注的事情。

4. 国际收支平衡。国际收支平衡成为中央银行的货币政策目标，是因为无论是国际收支的顺差还是逆差，如果超出一定的限度，都会影响一个国家的正常经济运行。理论界一般认为，中央银行可以通过货币政策的操作，如变动利率和汇率，来消除顺差和逆差，实现国际收支的平衡。国际收支平衡，是指一国在一定时期对他国的全部货币收支相抵，略有顺差或逆差的状态。

---

① ［英］莱昂纳尔·普莱斯等：《现代中央银行业务》，1 页，北京，经济科学出版社，2000。

（二）货币政策目标的现实选择

虽然理论上通常将货币政策的目标界定为以上四个方面，但我们应当看到的是，现实中各国中央银行货币政策目标的选择，又经常和理论上的界定存在一定的差异。

从现实来看，虽然有些国家的中央银行，如美国的联邦储备体系，是将四大目标同时作为自己的货币政策目标，但大多数国家的中央银行通常是选择理论上的四大目标中的一个到两个作为现实的货币政策目标选择，并且，"对大多数国家的中央银行而言，货币政策的目标是保持币值的稳定和较低的通货膨胀"。[①]

例如，我国在 1995 年《中国人民银行法》颁布之前，中国人民银行的货币政策目标是"稳定物价，发展经济"的双目标体系，在《中国人民银行法》中则将中国人民银行的货币政策目标界定为"稳定币值，并以此促进经济增长"这样的单一目标。而在德国，长期以来，德意志联邦银行则始终将稳定马克币值作为其货币政策的唯一目标，与德国相类似的还有澳大利亚。

理论界一般认为，之所以会出现理论目标与现实目标相悖的情况，是因为货币政策的四大理论目标之间存在着矛盾与冲突。

（三）货币政策目标之间的矛盾与冲突

1. 稳定物价与充分就业之间的矛盾。对于稳定物价与充分就业两大目标之间的矛盾，国内理论界通常是用经济学中著名的菲利普斯曲线来解释的。

菲利普斯曲线是由英国经济学家菲利普斯描绘的，用来表示失业率和货币工资增长率关系的一条曲线，后来被人们用来说明失业率和物价上涨率之间的关系。

1958 年，菲利普斯在《1861—1957 年英国的失业和货币工资增长率之间的关系》一文中，借助英国 1861—1913 年、1913—1948 年、1948—1957 年的统计资料，对英国这三个时期的失业率和货币工资增长率进行实证分析，绘制了著名的菲利普斯曲线（见图 6－3），并得出结论，失业率和货币工资增长率之间存在着一种此消彼长的负相关关系。

由菲利普斯曲线可以看出，中央银行要想通过货币政策的操作实现物价的稳定，就必须以失业为代价，相反，中央银行要实现充分就业，就会造成通货膨胀。

2. 稳定物价和经济增长之间的矛盾。虽然在西方经济学家那里，对于稳定

---

① ［英］莱昂纳尔·普莱斯等：《现代中央银行业务》，1 页，北京，经济科学出版社，2000。

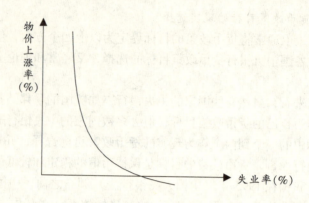

图6-3　菲利普斯曲线

物价和经济增长之间的关系的描述存在着不同的观点,[①] 但从不可兑现纸币流通后的经济运行实践来看,经济增长通常会伴随着物价的上涨,这是因为,经济的增长需要货币资本的推动,经济增长目标的实现意味着要加大货币的发行,增加货币的供给。一旦货币发行超过一定限度,就极有可能导致通货膨胀。这意味着,一国中央银行很难兼顾稳定物价和经济增长这两个目标。

3. 稳定物价与国际收支平衡之间的矛盾。对于一个开放型经济的国家,从静态来说,如果本国物价稳定,而他国存在着通货膨胀,就会使本国的出口增加,进口减少,最终使国际收支失衡;从动态上讲,针对本国存在的通货膨胀状况,中央银行一般会提高利率水平来治理通货膨胀,实现物价的稳定,但利率水平的提高会吸引国际游资的流入,并且还会使出口下降、进口增加,最后也会打破原有的国际收支平衡状态,出现国际收支失衡。虽然国际游资的流入会在一定程度上弥补贸易逆差状况,但到期偿还外债所引起的国际储备的下降,还是会导致国际收支的失衡。由此可见,中央银行很难同时实现稳定物价与国际收支平衡这两个目标。

4. 经济增长与国际收支平衡之间的矛盾。在一个开放型经济里,一国的经济增长必然会带来国内居民需求的增加,这不仅包括对国内商品需求的增加,而且也包括对国外商品需求的增加,即对进口品需求的增加,最终使得进口增加,进口增加则会使国际收支失衡;与此同时,一国为了实现经济增长的目的,一般

---

① 西方经济学家对物价稳定和经济增长之间关系主要存在三种观点:（1）凯恩斯主义学派认为,适度的通货膨胀会刺激经济增长。（2）古典学派认为,只有物价的稳定,才能保持经济的正常增长。（3）马克思认为,经济增长能够使物价稳定。

会大力吸引外资，而外资的大量流入同样会导致国际收支失衡。经济增长与国际收支平衡之间矛盾的存在，使得中央银行很难在二者之间找到一个最佳结合点。

三、货币政策工具

货币政策工具是中央银行为了实现货币政策目标所采用的手段。综合来看，中央银行的货币政策工具通常包括一般性货币政策工具、选择性货币政策工具、直接信用管制和间接信用控制四大类。

（一）一般性货币政策工具

一般性货币政策工具也被称为传统的货币政策工具，俗称"三大法宝"，指的是法定存款准备金政策、再贴现政策和公开市场政策，其特点是通过对货币供给量的总量调节，影响一国的整体经济运行。

1. 法定存款准备金政策。法定存款准备金政策，是指中央银行在法律所赋予的权限范围之内，通过规定和调整法定存款准备金率来影响商业银行等金融机构的派生存款创造能力，进而影响货币供给量的政策。在经济过热条件下，中央银行通常会提高法定存款准备金率，以抑制商业银行等金融机构的派生存款创造能力，给过热的经济降温；与此相反，当经济衰退时，中央银行则会降低法定存款准备金率，以避免衰退的经济走向萧条，或者是促使经济的复苏。

与其他货币政策工具相比，法定存款准备金政策的特点在于法定存款准备金率的规定与调整能够通过货币乘数对货币供应量产生迅速而有力的影响，能够起到立竿见影的效果。但这也意味着，它会对经济运行产生过于强烈的影响，有可能引起经济的剧烈波动，因此，法定存款准备金政策一般不宜成为日常操作的工具。从 20 世纪 80 年代以来，在一些西方国家，由于公开市场业务的广泛运用等原因，该政策工具已经开始呈弱化之势。①

2. 再贴现政策。再贴现政策通常被看做是中央银行最早采用的货币政策工具，它是中央银行在为商业银行等金融机构办理再贴现时所采用的政策，它是通过对再贴现进行条件上的规定以及调整这些规定来运用该种货币政策工具，从而影响市场货币供求。

为了使再贴现政策能够发挥作用，达到调控的目的，中央银行通常是从两个方面对再贴现进行规定的：一是规定和调整再贴现率，二是规定可以向中央银行申请再贴现的票据和金融机构的资格。

规定和调整再贴现率是再贴现政策的主要方面，它主要适用于对市场货币供求的短期调整，因此属于短期政策，具体来说，它是通过两条途径来影响市场货

---

① 黄达：《货币银行学》，353 页，北京，中国人民大学出版社，1999。

币供求的。

首先，中央银行通过再贴现率的规定和调整，提高或降低商业银行等金融机构的再贴现（融资）成本，从而影响它们的信贷及投资规模，最终影响货币供求。例如，中央银行提高再贴现率会加大商业银行等金融机构从中央银行再贴现的成本，这会使它们减少从中央银行的再贴现，收缩对客户贷款和投资的规模。

其次，由于中央银行的再贴现率是基准利率，再贴现率的调整必然会带来市场利率的变动，从而改变市场的货币供求关系。

当经济出现过热时，中央银行一般会提高再贴现率，相反，在经济衰退时，便会降低再贴现率。

规定可以向中央银行申请再贴现的票据和金融机构的资格属于长期政策，中央银行借助于这种再贴现资格条件的规定，可以影响商业银行等金融机构的资金构成，从而影响市场资金的流向，实现对市场资金的结构性调节，达到调整经济结构的目的。

中央银行的再贴现政策虽然可以发挥上述作用，但也存在着局限性。

（1）中央银行处于被动地位。向中央银行申请再贴现仅仅是商业银行等金融机构向外融资的一种手段，而并非唯一手段，它们可以在再贴现以外寻找到筹措资金的途径，增加从其他融资渠道筹资的能力，因此，中央银行调整再贴现率未必能够很好地影响商业银行等金融机构的准备金规模，影响其贷款和投资行为，这最终会影响再贴现政策的效果。

（2）再贴现率的调整是有一定限度的，超过这个限度，它可能不再起作用。例如，在经济繁荣时，由于存在良好的利润预期，中央银行提高再贴现率也未必能够抑制商业银行等金融机构从中央银行再贴现的规模；相反，降低再贴现率也不一定能够使商业银行等金融机构增加从中央银行的再贴现。

（3）再贴现率的调整仅仅会对市场利率的总水平产生影响，而不会改变利率的结构。

（4）再贴现率的频繁变动会引起经济的剧烈波动，虽然这种波动不如法定存款准备金政策的影响那么强烈，但这也使得再贴现政策同样不宜成为日常操作的工具。

3. 公开市场政策。公开市场政策，是 20 世纪 80 年代以来西方发达国家中央银行的主要货币政策工具。

公开市场政策也称为公开市场业务或公开市场操作，它是指中央银行通过在金融市场上买进或卖出有价证券，来调节货币供给量的政策。一般地，当经济出现过热时，中央银行可以在金融市场上卖出有价证券以回笼货币；相反，当经济出现衰退时，中央银行可以在金融市场上买进有价证券来加大基础货币的投放。

在西方市场经济国家，中央银行买卖的有价证券通常是政府债券，而在信用及金融市场不太发达的国家，中央银行仅仅买卖政府债券，还不足以调节整个国家的货币供给量，因此，它们会在买卖政府债券的基础上，增加商业票据、地方政府债券、外汇等有价证券的买卖。

理论界认为，与法定存款准备金政策和再贴现政策相比，公开市场政策一般具有以下几个方面的优越性：

（1）主动性。相对于再贴现政策而言，中央银行在执行公开市场政策时可以主动出击，它不用考虑商业银行等金融机构是否配合，因为它进行货币政策操作并不是为了盈利，它可以高价买入，低价卖出。

（2）直接性。相对于法定存款准备金政策和再贴现政策来说，中央银行进行公开市场操作的过程，就是基础货币的吞吐过程，它能够直接影响商业银行等金融机构的准备金规模，因此，能够直接影响货币供给量。

（3）微调性。相对于法定存款准备金政策和再贴现政策来说，中央银行在公开市场政策执行过程中，可以随时确定和调整买卖有价证券的数量，因此，不会对经济运行产生过于剧烈的影响。

（4）经常性。正是由于公开市场政策具有微调的特征，因此，中央银行可以进行经常的操作，而不像法定存款准备金政策和再贴现政策那样不宜成为日常操作的工具。

（5）连续性。由于同样的原因，中央银行可以对公开市场政策进行连续性的操作。

（6）灵活性。在公开市场政策操作过程中，中央银行可以随时改变买卖的方向、买卖的数量、买卖的方式和买卖的种类，因此，具有较强的灵活性。

正是因为公开市场政策存在上述这些优越性，才使得它能够成为一种比较理想的货币政策工具。当然，公开市场政策优越性的发挥必须建立在以下条件之上：

（1）中央银行必须有较强的独立性，以保证在有价证券买卖方向上的自主性。

（2）中央银行必须具有强大的资金实力，以便于能够对整个金融市场进行控制和干预。

（3）必须存在一个全国统一的、独立的金融市场。

（4）金融市场上流通的有价证券必须达到一定的规模，期限结构必须合理。

（5）必须有其他政策工具的配合。

（二）选择性货币政策工具

选择性货币政策工具也叫做择类性的货币政策工具，是中央银行在对某些特殊领域中的信用量进行调节时所采用的货币政策工具。其主要特点在于：通过选择性货币政策工具的运用，中央银行可以对社会信用量进行结构调节，尤其是在经济失衡是由某些特殊领域的信用状况所引起时，该类货币政策工具便有了较大发挥作用的余地。

按照领域的不同，选择性货币政策工具通常包括以下几种：

1. 消费领域信用控制，是指中央银行根据市场需求状况的变化对消费领域中高档耐用消费品的销售融资予以调控，以实现抑制过度需求或刺激消费目的的政策，具体的措施包括：规定以分期付款方式购买高档耐用消费品时的首期付款额、规定分期付款的最长期限等。

2. 不动产领域信用控制，是指中央银行就商业银行等金融机构对社会公众贷款购买住房或对住宅开发商提供贷款进行限制的政策。与消费领域信用控制相似，其主要手段包括规定以分期付款方式购买住房时的首期付款额、规定分期付款的最长期限、规定金融机构对住宅开发商提供贷款的最高限额等。不动产领域信用控制的目的在于：控制不动产领域的信用规模，防止不动产领域的过度投机行为。

3. 证券市场领域信用控制，是指中央银行对于在该领域交易过程中商业银行提供的，以证券作抵押的贷款进行控制的政策。最常见的措施是实行证券保证金制度，即要求投资者在利用信用交易方式购买证券时，必须拥有一定的保证金。中央银行可以根据证券市场的运行状况，随时调整保证金比例，目的在于防止证券交易中的过度投机行为。

4. 预缴进口保证金，是中央银行为了抑制或刺激进口而在进出口领域所采取的政策措施。它一般是用于那些存在国际收支逆差的国家。其做法同证券市场领域信用控制中采用的方法极其相似，即要求进口商必须按照进口总额的一定比例，向中央银行缴存外汇保证金。中央银行可以通过随时调节该保证金比例来对进出口领域的信用状况进行控制。

（三）直接信用管制

直接信用管制是中央银行以行政命令等方式，直接对商业银行等金融机构的业务活动进行严格限制的政策，具体的措施包括：

1. 信用配额，是指中央银行根据金融和经济发展的需要，对商业银行等金融机构的信用规模进行分配，规定其最高限额，目的在于实现信贷资金的合理分配，保持经济的协调发展。

2. 直接干预，是指中央银行为了实现金融体系的稳定，通过制定严格的法律来对商业银行等金融机构的微观经营行为作出硬性的规定，具体包括规定贷款额度和使用方向、限制对活期存款的吸收等。

3. 流动性比率，是中央银行为了限制商业银行等金融机构的信用扩张能力，保证商业银行等金融机构的流动性而规定的，要求商业银行等金融机构应保持的流动资产占存款或总资产的比率。中央银行对商业银行等金融机构进行流动性比率的规定，可以影响它们的资产业务的安排，如减少长期放款，增加短期放款，持有一部分随时应付提现的资金等。

4. 利率限制，是中央银行为了防止商业银行等金融机构通过哄抬利率的方式吸收存款或发放贷款而规定的，在其吸收定期存款和储蓄存款时所能支付的最高利率或发放贷款时的最低利率。例如，美国颁布的《第 Q 项条例》就曾规定，商业银行不得对吸收的活期存款支付利息，同时对定期存款和储蓄存款规定了利率高限。

（四）间接信用控制

间接信用控制是中央银行采用非指令性的措施，指导和影响商业银行等金融机构经营行为，进而调节信用规模的一类货币政策工具，主要包括道义劝告和窗口指导两种形式。

1. 道义劝告，是中央银行利用自己的声誉、地位和威望，劝告商业银行等金融机构调整其放款的数量或投资的方向，以配合中央银行货币政策的操作，达到控制信用的目的。

由于道义劝告不具法律效力，因此，不听劝告的商业银行等金融机构并不会因此而受到法律的制裁，这也决定了道义劝告并不是中央银行强有力的政策手段。但与此同时，中央银行可以利用自己的最终贷款者的地位对那些不听劝告的商业银行等金融机构实行惩罚性利率等方面的措施，因此，道义劝告也能够在一定程度上发挥它的效力。

2. 窗口指导。它最早由日本银行采用，是指中央银行根据经济运行的态势和货币政策的要求，以指导的方式规定商业银行等金融机构的每季度贷款增减额的货币政策。和道义劝告一样，虽然并不具有法律效力，但通过中央银行最终贷款者等职能的发挥，窗口指导同样具有对商业银行等金融机构的约束力，从而能够起到控制信用的目的。

四、货币政策中介指标

（一）货币政策中介指标的含义

货币政策中介指标指的是介于货币政策工具与货币政策最终目标之间的一系

列经济变量，如利率、货币供给量等。

（二）设置货币政策中介指标的必要性

从货币政策工具的运用到货币政策最终目标的实现，存在着一个较长的时滞，这个时滞在西方发达国家通常需要 6 个月到 9 个月，或 1 年，在我们国家大致需要 1 年半的时间。这意味着我们要观察和检验货币政策工具运用得是否得当，能否实现货币政策最终目标要等到 6 个月、9 个月、1 年，甚至是 1 年半以后，结果可能是错误的货币政策工具的使用已经使宏观经济遭到了极大的破坏。因此，我们有必要在货币政策工具与货币政策最终目标之间选择和设置一系列可以量化和日常操作的经济指标，由中央银行对其进行控制和调节。中央银行通过对它们的控制和调节，通过对这些变量变动的分析，能够时常对货币政策的操作情况进行观察、检验，并及时对货币政策进行调整，测定和控制货币政策的实施程度和方向，目的在于保证货币政策最终目标的顺利实现。

（三）选取货币政策中介指标所需要的条件

虽然我们有必要在货币政策工具和货币政策最终目标之间选择和设置货币政策中介指标，但为了使其能够很好地发挥效用，在众多经济变量中所选取的货币政策中介指标一般应具备以下条件：

1. 可测性。要求中央银行所选取的货币政策中介指标必须有明确的定义，并且能够量化，目的是使中央银行能够及时方便地收集到它的数据资料，及时地对其进行分析和判断。

2. 可控性，是指中央银行选取的这些货币政策中介指标必须能够被它所控制，即中央银行能够通过对各种货币政策工具的运用引起这些指标的明显的变化，因为只有这样，中央银行才能及时准确地掌握和控制这些指标的变动状况和变动趋势，把握货币政策的实施情况，以保证货币政策最终目标的实现。

3. 相关性，是指中央银行所选取的这些货币政策中介指标与货币政策最终目标之间必须高度相关、存在着密切的联系。这意味着，只要中央银行通过货币政策工具的使用将这些指标调整到位，货币政策最终目标的实现就指日可待了。

4. 适应性，是指中央银行所选取的这些货币政策中介指标必须与本国的经济、金融体制相适应，必须能够符合本国经济金融的发展阶段和运行特点。这意味着，在货币政策中介指标的选取上，并不存在所有国家中央银行普遍适用的指标，货币政策中介指标的选取必须要考虑国情。

5. 抗干扰性，是指中央银行所选取的货币政策中介指标应当能够免受来自于其他方面因素的干扰。之所以选择具有抗干扰性的经济变量作为货币政策中介指标，是因为缺乏抗干扰性的货币政策指标会影响中央银行对货币政策操作力度的把握。当然，由于经济变量之间关联性的存在，要想选择出完全具有抗干扰性的货币政策指标是非常困难的一件事情，在现实货币政策中介指标的选择过程中，只能是选择那些受干扰程度较低的中介指标。

（四）西方国家常用的货币政策中介指标

如前所言，在各个国家并不存在完全统一的货币政策中介指标，但在西方国家较为常用的货币政策中介指标主要包括短期利率、货币供给量、超额准备金和基础货币。其中，超额准备金和基础货币通常被看做是近期指标或操作目标，短期利率和货币供给量则被认为是远期指标或中介目标。这些经济变量之所以能够成为中央银行的货币政策中介指标，是因为它们基本上具备了货币政策中介指标应当满足的条件，尤其是可测性、可控性和相关性。

最后需要注意的是，货币政策中介指标并不是一成不变的。由于外在环境的改变，西方国家的中央银行也时常在调整其对货币政策中介指标的选择。例如，20 世纪 70 年代之前，西方各国中央银行奉行的是凯恩斯学派建议的短期利率，但 20 世纪 70—80 年代，它们又将货币学派的货币供给量当做了货币政策中介指标，20 世纪 90 年代以来，由于金融创新使货币供给量变得难以把握，许多国家的中央银行又纷纷放弃了货币供给量这个指标，而把通货膨胀率作为中央银行的主要货币政策中介指标。另外，一些实行开放经济的小国通常是将汇率作为中央银行的货币政策中介指标，具体做法是实行钉住固定汇率制度，即由中央银行确定本国货币和某一强势货币的汇率水平，并通过货币政策的操作来保持这一水平。

五、货币政策传导机制理论

货币政策传导机制指的是通过货币政策工具的运用，导致微观经济主体的行为变化，引起宏观经济变量的变动，最终实现货币政策目标的机理。对货币政策传导机制问题的分析，形成了货币政策传导机制理论。在西方货币政策理论中，比较著名的是凯恩斯学派的传导机制理论和货币学派的传导机制理论。

（一）凯恩斯学派的货币政策传导机制理论

1. 凯恩斯的货币政策传导机制理论。该理论认为，货币供给量的增加，会产生货币与债券之间的替代效应，即一旦人们手中持有的货币量超过其意愿持有量，他们便会用多余的货币去购买债券，这时，债券的价格会因为对债券需求的增加而上涨，利率会因此而降低；利率的降低会刺激投资，从而引起投资增加，投资的增加通过乘数效应，最后引起国民收入的增加。

凯恩斯的货币政策传导机制理论可表示如下

$$Ms\uparrow \to i\downarrow \to I\uparrow \to E\uparrow \to Y\uparrow$$

式中，Ms 为货币供给量，i 为利率，I 为投资，E 为总支出，Y 为国民收入。

2. 凯恩斯货币政策传导机制理论的发展。凯恩斯的货币政策传导机制理论，只是进行了货币市场对商品市场的初始分析，而没有能够反映两个市场之间的相互作用，只是对货币政策传导进行了局部均衡分析。考虑到这一点，后来，凯恩斯的追随者们对凯恩斯的货币政策传导机制理论进行了发展和补充，从而实现了对货币政策传导问题的一般均衡分析。

（1）在产出水平不变的条件下，货币供给的增加，引起利率的下降；下降的利率使投资增加，最终引起总支出和国民收入增加。

（2）国民收入的增加，引起了人们对货币需求的增加，在货币供给量不变的情况下，货币需求的增加会使下降的利率上升。

（3）利率的上升又会使人们对货币的需求下降，在货币供给不变的前提下，利率又会下降。

（4）经过这种往复不断的调整变动，最终会逼近一个均衡点。在这个均衡点上，同时实现了商品市场和货币市场的均衡。

除此之外，针对资本市场发展对货币政策的影响，后凯恩斯学派的一些经济学家，如詹姆斯·托宾、弗雷德里克·S. 米什金等，还对货币供给到利率之间和利率到投资之间的传导机制进行了更加具体化的描述。

从凯恩斯学派的货币政策传导机制理论不难看出，该传导机制理论非常重视利率在整个货币政策传导过程中的作用。

（二）货币学派的货币政策传导机制理论

与凯恩斯学派的货币政策传导机制理论不同，货币学派的货币政策传导机制理论并不重视利率在货币政策传导机制中的作用，因为货币学派认为，虽然货币供给量的增加最初会引起利率的下降，但最终名义利率却会因货币收入的增加和物价的上涨而上升，实际利率则会回到并且稳定在原有水平上。货币学派认为，在整个货币政策传导过程中，货币供给量能够产生直接的效果。货币学派货币政策传导机制理论的思路是：

1. 货币需求函数具有内在稳定性，因此，货币供给量的增加，会使人们手中持有的货币增加，这时，人们就会加大支出，用于对货币资产、金融资产、非金融资产和人力资本的投资。

2. 不同取向的投资会引起不同资产的相对收益（价格）的改变，人们就会根据这种变动相应调整自己的资产结构。如果人们用多余的货币增加对金融资产的购买，就会导致金融资产价格上涨，收益相对下降。

3. 金融资产收益的下降，会使人们增加对实际资产的投资，对实际资产投资的增加又会使实际产出增加，价格上升。

4. 由于国民收入是价格和实际产出的乘积，资产结构的调整必然会最终影响总收入。

5. 通过资产结构的不断调整，不同资产的收益率（价格）的比率又会趋于相对稳定。

货币学派的货币政策传导机制理论的思路可用下面的式子进行简单描述

$$Ms\uparrow \rightarrow E\uparrow \rightarrow I\uparrow \rightarrow Y\uparrow$$

式中，Ms 为货币供给量，E 为支出，I 为投资，Y 为名义收入。

六、货币政策效应

对于货币政策效应的评价，我们可以从数量效应和时间效应两个方面入手。

（一）货币政策的数量效应

对货币政策的数量效应的评价，实际上就是评价货币政策发挥效力的大小。货币政策数量效应的大小可以用货币政策实施实际达到的效果与预期效果之间的偏离程度来衡量。例如，对货币紧缩政策的数量效应的评价，我们可以从以下几个方面予以考虑：

1. 如果该项政策的实施在紧缩货币供给、治理通货膨胀的同时，又没有引起经济增长率的大幅下滑，那么，这就说明该项政策的实施取得了非常好的效果。

2. 如果该项政策的实施在紧缩货币供给、治理通货膨胀的同时，也使得经济增长速度放缓，那么，对于该项政策的效果要视其对通货膨胀的治理程度和对经济增长的影响程度的对比情况而定。

3. 如果该项政策的实施不但没有能够治理通货膨胀，同时又引起了经济增长速度的放缓甚至是衰退，那么，该项政策便是无效的。

（二）货币政策的时间效应

在货币政策理论中，货币政策的时间效应就是货币政策的时滞问题，它表明的是货币政策发挥效力的快慢。

货币政策时滞是指从中央银行认识到应当制定新的货币政策到该项新政策见效为止所经历的时间。一般而言，货币政策时滞越长，货币政策的效果越差，货币政策时滞越短，货币政策效果越好。货币政策时滞可分为内部时滞和外部时滞两部分。

1. 内部时滞，是指从中央银行根据外在经济环境的变化认识到应当制定新的货币政策到制定出新的货币政策之间的时间间隔。内部时滞又由认识时滞和行动时滞两部分组成。

（1）认识时滞，是指从外在经济环境发生变化到中央银行认识到应根据形势的变化制定新政策为止这段时间。认识时滞的长短主要取决于中央银行对形势的判断能力和应变能力。

（2）行动时滞，是指从中央银行认识到需要制定新的货币政策到政策制定出来为止这段时间。行动时滞的长短主要取决于中央银行的决策能力和决策效率，同时也取决于中央银行的独立性。

2. 外部时滞，是指从中央银行制定出新的货币政策到该政策发挥效应为止所经历的时间间隔。外部时滞通常又由中期时滞、决策时滞和作用时滞三部分组成。

（1）中期时滞，是指从中央银行制定出新的货币政策到商业银行等金融机构根据新的货币政策，制定和调整信贷政策所经历的时间。中期时滞的长短主要取决于商业银行等金融机构的反应程度及其决策效率。

（2）决策时滞，是指从商业银行等金融机构制定出新的信贷政策到微观经济主体根据新的信贷政策改变自己的储蓄、消费、投资等经济行为之间所存在的时间间隔。决策时滞的长短主要决定于微观经济主体的信息掌握程度和金融市场的发达程度。

（3）作用时滞，是指从微观经济主体的行为改变到对宏观经济变量产生影响所经历的时间。

（三）影响货币政策效应的主要因素

1. 微观经济主体的预期。理性预期学派认为，由于理性预期的存在，对中央银行任何一项货币政策的出台，微观经济主体都会很快作出反应，并及时采取相应的对策，从而使货币政策不能发挥其效应。但从现实来看，由于微观经济主体的预期并非是完全理性的，再加上微观经济主体针对中央银行的货币政策采取相应的对策需要一定的时间，货币政策还是能够产生效应的。但微观经济主体的预期的确也能够使货币政策的效应大打折扣，要想使货币政策能够更好地发挥效应，中央银行必须考虑到微观经济主体预期对货币政策的影响。

2. 货币流通速度，是单位货币在一定时期里能够媒介商品和劳务交易的次数，表现为一定时期待实现价值的商品和劳务的总值与货币量的比例。这说明，货币流通速度与货币数量是成反比例变化的，货币流通速度越快，流通中需要的货币量越少，反之，流通中所需要的货币量就越多。

货币流通速度和货币量的上述关系决定了中央银行在制定货币政策时必须考虑到货币流通速度的变化，如果忽视了它的哪怕是微小的变动，或者是未能预测到其变动幅度，就极有可能使货币政策失效或效果打折扣。但同时我们不得不承认的是，现实经济生活中的货币流通速度是很难准确计量的，正因为如此，货币流通速度肯定会限制货币政策的有效性。

3. 政治周期。无论你是否愿意接受这个事实，在任何国家和地区，政治与经济的关系都是非常密切的，这也使各国的现实经济周期呈现出了非常明显的政治周期的特色，在这种条件下，中央银行的货币政策必然会受到来自于政治周期的干扰。例如政府的目标更多是集中在短期经济增长上，因为这样可以给它带来好的政绩，但实现经济增长一般需要扩张性的货币政策来予以保证，由于中央银行不可能具有完全意义上的独立性，便极有可能会出现政府挤压中央银行的现象，从而使中央银行违背自己的意愿而调整货币政策。

4. 社会利益集团。由于任何一项货币政策的贯彻实施都有可能给不同的阶层、集团、部门和地方的利益带来一定的影响，这些社会利益集团必然会在自己利益受损时对中央银行作出强烈的反应，这无形中会对中央银行形成压力，当这种压力达到一定程度时，中央银行就有可能被迫对货币政策进行调整。

5. 金融创新。有关金融创新对货币政策效应的影响参见本教材第十三章。

重要概念

发行基金　中央银行的独立性　单一中央银行制度　跨国中央银行制度
准中央银行制度　再贴现　货币政策　法定存款准备金政策　再贴现政策　公开市场政策　选择性货币政策工具　窗口指导　货币政策时滞

复习思考题

1. 试述中央银行的特殊性。
2. 试述人民币的发行程序。
3. 试述中央银行发行货币的原则。
4. 试述货币政策目标之间的矛盾与冲突。
5. 试述中央银行如何利用一般性货币政策工具来实现对金融运行的调节。
6. 试述再贴现政策的局限性。
7. 试述公开市场政策的优越性及条件。
8. 试述设置中央银行货币政策中介指标的必要性。
9. 试述选取货币政策中介指标的条件。
10. 试述凯恩斯学派的货币政策传导机制理论。
11. 试述影响货币政策效应的主要因素。

第七章 金融市场

第一节 金融市场概述

一、金融市场的含义

金融市场是经济发展到一定阶段的产物，同时又伴随着经济的发展而不断发展着自己。在现代经济中，它在一国市场体系中居于重要的地位，它已经渗透到市场体系的其他市场之中，金融市场以外的其他市场都和金融市场存在着密切的联系。与此同时，随着技术的不断发展，它时刻在发生着变化，由此也决定了金融市场是一个复杂多变的市场，"是一个包含许多不同层次和内容的复杂的复合体"[1]，正因为如此，对金融市场进行定义是一件非常困难的事情。

理论界一般从广义和狭义两个角度来对金融市场进行界定。

（一）广义金融市场

广义金融市场一般是指实现货币借贷、办理票据及有价证券买卖的市场。从这个角度看，以金融中介机构为媒介的间接融资行为、以发行股票和债券为特征的直接融资行为，甚至金融机构之间的融资行为，都属于金融市场行为。

（二）狭义金融市场

狭义金融市场通常指的是票据、有价证券发行和买卖转让的市场，其中最典型的金融市场是指证券交易所市场。

二、金融市场的特点

金融市场的特点是与普通商品相比较而得出来的，它具有三个特点：

（一）商品的单一性

在金融市场上商品具有相同的使用价值，给供应者带来预期收益，给需求者带来预期利润。在普通商品市场上，商品的形态是多种多样的，例如，在日用商品市场上，不但有锅碗瓢盆，还有服装鞋帽，具有不同的使用价值，能够满足人

---

① 夏德仁等：《货币银行学》，51 页，北京，中国金融出版社，1997。

们某一方面的需要。而在金融市场上，只有一种商品，即金融工具，虽然这些金融工具会以不同的形式表现出来，如期票、汇票、债券、股票等等，但它们都代表一定的货币资金，其使用价值是相同的，也就是说，给提供资金的人带来收益，给需求资金的人带来利润。

（二）交易活动的集中性

在金融市场上，金融工具的买卖一般都集中于金融中介机构。在普通商品市场上，你卖我买，你买我卖，供求直接见面，一般情况下，不经过中介机构。而在金融市场上，由于买卖的是金融工具，如果资金供应者不了解资金需求者的信用情况，那么很可能买回来的是一张废纸，到时连本金都收不回来，而要了解需求者的信用情况，需要花很多的时间，很不现实。这样，为了保证金融工具的安全性，交易活动一般都要集中在金融中介机构来进行。比如说存贷款要经过银行，汇票承兑也要经过银行，股票债券的买卖要经过证券公司等等。

（三）买卖双方的可变性

在金融市场上，无论是单位或个人，都可以根据情况随时变换资金供求的身份，这一点也与普通商品市场不同。在普通商品市场上，消费者一般是只买不卖，生产者以卖出商品为目的，买进原材料等也是为了生产出能够卖得出去的商品。在金融市场上，单位或个人是买进来还是卖出去，完全要根据其资金状况来决定。对企业而言，当它有多余的资金又不用来扩大生产时，就可以作为金融市场上资金的供应者，买进其他企业的股票或债券；当它准备扩大生产而资金不够时，又可以作为资金的需求者发行金融工具来筹集资金。对个人而言，一般只能先作资金的供应者买进金融工具，然后再作资金的提供者在需要资金时卖出去，因为个人是不允许发行金融工具筹集资金的。

三、金融市场的构成要素

与其他市场一样，金融市场的构成要素包括三个：交易主体、交易客体（对象）和交易价格。

（一）交易主体

从一般意义上讲，作为社会经济活动的四大主体——政府、企业或公司、金融机构和居民家庭都可以参与金融市场的交易，从而成为金融市场上的交易主体，但它们参与交易的目的即在市场中所处的地位和所起的作用往往会存在着差异。其中，金融机构是专门从事金融活动的主体，政府、企业、居民家庭参与金融市场的交易行为主要是为了满足筹资和投资的需要，并不是专门从事金融活动的主体。具体而言，政府和企业（公司）主要是以筹资者或资金需求者的面目出现在金融市场中，因为它们通常是经济运行过程中的资金赤字部门，政府经常会存在财政赤字，企业或公司则经常面临着资金短缺；居民家庭是金融市场上的主要投资者或资金供给者，因为它们是一个国家、一个社会中的最大资金盈余单位，它们参与市场交易的目的主要是为了调整自己手中的货币结构，最终实现消费效用的最大化和投资收益的最大化；金融机构在金融市场中的地位和作用相对比较复杂，这要视金融机构的性质而定。

（二）交易客体

金融市场上的交易客体即交易对象是货币资金，无论是直接融资还是间接融资，甚或是金融机构之间的借贷，最终都表现为货币资金的融通，实现货币资金使用权的转移。但货币资金的融通又是借助于书面契约即金融工具来完成的，包括股票、债券等在内的金融工具是货币资金的代表物，是货币资金的载体。

（三）交易价格

金融市场的交易对象是货币资金决定了金融市场的交易价格就是货币资金的价格——利率，如贴现利率、国库券利率、公司债券利率、银行同业拆借利率等等，金融市场上的交易主体就是根据金融市场的价格——利率来展开交易的。

四、金融市场的分类

金融市场可以从不同的角度来进行不同的分类。

1. 按照融资期限的长短划分，金融市场可分为短期金融市场和长期金融市场。短期金融市场期限最长不超过 1 年，长期金融市场上的期限在 1 年以上。在西方国家，通常又将短期金融市场称为货币市场，将长期金融市场称为资本市场。

2. 按照交易的先后次序划分，金融市场可分为发行市场与流通市场。发行市场是提供新的信用工具的市场，也称做一级市场或初级市场；流通市场是买卖旧的信用工具的市场，也称做二级市场或次级市场。

3. 按照交易方式划分，金融市场可分为现货市场与期货市场。现货市场是在成交后较短时间内办理交割手续的市场，一般是在 1~3 个营业日内办理交割；期货市场是预约成交，定期交割的市场。

4. 按照交易的地域划分，金融市场可分为国内金融市场和国际金融市场。国内金融市场主要在一国范围内开展业务活动，资金供求双方和中介机构均限于国内参与者；国际金融市场则由不同国家之间的机构或个人共同参与，业务活动超越国界。

5. 按照交易有无固定场所划分，金融市场可分为有形市场和无形市场。有形市场是在一个固定场所内完成交易的市场；无形市场是不存在固定的场所，而是通过电传、电报、电话、电脑等现代通信工具来完成交易的市场。

五、金融市场的功能

（一）聚集资金的功能

金融市场聚集资金的功能是指金融市场所具有的能够顺利促成储蓄形成的功能。从经济发展理论上来看，一个国家储蓄率的高低最终会影响和制约该国的经济增长速度。在聚集储蓄方面，金融市场通过提供具有不同风险和收益组合的各种各样的金融工具，能够充分满足投资者对金融投资的不同偏好，因此，能够更有效地吸收储蓄，聚集资金。

（二）优化资源配置的功能

金融市场的优化资源配置的功能是指金融市场所具有的能够高效率实现储蓄向投资转化的功能。金融市场不仅能够吸收储蓄，聚集储蓄，而且能够促进储蓄向投资的有效转化，引导金融资源的合理流动，提高有限资源的配置效率。优化资源配置功能的发挥是通过金融市场上的价格发现机制来实现的，金融市场上金融工具价格的变化最终改变着投资者的投资选择和投资方向，从投资者的理性角度看，金融资源一般总是会流向那些最具发展潜力，能够为投资者带来更多回报的企业、行业和部门。

（三）宏观调控的功能

金融市场的宏观调控功能具体包含两个方面的含义：

1. 金融市场的变化，尤其是金融市场上价格的变化会影响金融市场主体的金融行为，进而影响宏观经济的运行。

2. 金融市场的存在为货币当局调节宏观经济、实现货币供求平衡进而实现社会总供求的平衡提供了一种机制或条件，这既包括场所的提供，也包括信息的提供。

第二节　货币市场

一、货币市场的概念与特征

（一）货币市场的概念

货币市场即短期金融市场，通常是指融资期限最长不超过一年的短期金融工具大量交易所形成的市场。在该市场上，资金借贷期限最短只有一天，最长不超过一年，一般为 3 ~ 6 个月。

（二）货币市场的特征

一个成熟的货币市场通常具有以下基本特征：

1. 市场参与者特征。市场上不存在固定的借方或贷方，同一机构经常同时操作于市场的两方，但政府通常为资金的借入方。

2. 风险特征。一般而言，货币市场是一个风险较小的市场，市场参与者的信誉通常较好，因而违约风险较小；货币市场工具流动性强，期限短，有利于规避利率风险，同时，便于市场参与者撤离市场，从而尽可能减小通货膨胀风险和汇兑风险；价格稳定，易变现，因此再投资风险小。此外，一国的法律规章在短时期内发生重大变动的可能性很小，因此政治风险比较小。

3. 交易特征。货币市场没有统一的集中交易的场所，是一个虚拟的无形市场，交易者们主要通过电话和网络进行交易，大多数交易只需要几分钟甚至几秒钟即可完成。

4. 货币市场的深度和广度。货币市场的深度通常指货币市场的运行效率，重要指标是货币市场的流动性；货币市场的广度是指货币市场连接交易主体和货币市场工具的数量和规模，重要指标是货币市场的存量。货币市场流动性强，易变现，交易频繁，进入障碍小，交易工具和途径众多，吸引了众多参与者，因此，货币市场的广度和深度强，是最有效率的市场。

5. 货币市场的利率形式。市场利率随时间变动经常波动，通常采取在基准利率基础上加点的形式，主要的几种基础利率包括：优惠利率、隔夜拆借利率、短期国库券利率、债券回购利率。

二、货币市场的结构

（一）短期借贷市场

1. 短期借贷市场及其形式。短期借贷市场是指商业银行发放期限为一年以内的短期贷款所形成的市场。短期贷款通常有以下两种形式：（1）贷款承诺，是指银行根据合约在一定期间向借款人提供一定金额限度的固定或浮动利率贷款，借款人在合约期限内和金额限度内自行决定借款的时间和数量。银行一般根据所承诺的贷款金额按一定比例收取承诺费，利息按实际借款额计算。（2）信贷额度，指银行同意在一定限度内基本上随时根据企业的贷款需求进行放款的一种安排，信贷额度的时限一般为一年，企业除对其已使用的金额支付利息外，还要对额度内尚未使用的部分承担一定的费用。

2. 短期借贷市场的定价规律。商业银行贷款定价一般应该遵循以下四个原则：利润最大化、扩大市场份额、保证贷款安全、维护银行形象。短期贷款发生频繁，商业银行往往根据客户的资信状况和贷款记录发放贷款，而不是对每一笔贷款作严格的定价分析，只是对老客户进行定期评估和审核，但是对每个新客户，仍然用客户利润分析模型、基础利率定价法、成本加成定价法、优惠乘数定价法、保留补偿余额法等方法进行分析。

（二）短期政府债券市场

1. 短期政府债券市场的概念。短期政府债券是指一国政府为解决短期资金需求而发行的有价证券，主要是国库券，期限一般在一年以内，以3～6个月居多。一般来说，短期政府债券市场主要指国库券市场。1929年美国开始发行短期政府债券，以拍卖的方式发行，包括定期发行（弥补财政常年性赤字）和不定期发行（弥补日常税收失衡而筹措资金）。目前，国库券的发行主要通过竞价方式（投资者分别报出投标价格和数量，并按自己的投标价格和数量确定中标结果）和非竞价方式（投资者同意以公认的平均竞价购买）进行。

2. 短期政府债券市场的特征。第一，流动性强：国库券投资风险小，期限短，既可以贴现，也可以在市场上出售变现，因此具有"仅次于现款的凭证"之称。第二，违约风险小：国库券是国家的债务，由国家信誉作担保，因此通常被认为是没有违约风险的货币市场工具。第三，收入免税：主要是指国库券的收入免征州及地方收入税。

（三）票据市场

1. 商业票据市场

（1）商业票据的概念与特点。商业票据是银行持股企业、信誉良好的大公司和经营金融业务的非银行金融机构为筹措资金，在公开市场以贴现方式出售给投资者的一种短期无担保承诺凭证。商业票据主要可以分为两种：直接汇票和交易商票据。其中，直接汇票是由大的金融公司或银行持股公司发行的，直接与投资者交易，而不需要证券交易商作为中间人。交易商票据主要是由非金融公司和一些小的银行控股公司发行的或由证券交易商代表其公司客户发行的。商业票据有如下特点（以美国为例）：商业票据的期限一般为3～270天，绝大多数票面原始期限在60天以下，实际期限大约平均为20～45天；商业票据的面额大多在10万美元以上，二级市场票据交易的最低规模为10万美元；商业票据的利率参考发行期间的市场利率水平确定，报价以贴现方式为基础。

（2）商业票据的评级。目前，美国共有5家机构对商业票据进行评级，分别是标准普尔公司、穆迪投资者服务公司、麦肯锡·奎撒迪·拉非公司、菲迪投资者服务公司以及多胡·菲尔普什公司。评级公司根据发行人的财务状况、银行信贷限额和支付期限等因素对票据进行评级。没有评级或低等级的商业票据也可以发售，但是受投资者青睐的程度远不及获得高评级的商业票据。

（3）发行商业票据的利弊。首先，票据利率一般低于银行提供贷款的利率，而且在票据市场上借款的利率比银行提供的利率更为灵活；其次，通常状况下，发行票据的当天就可以筹足资金，通过票据市场借入大额资金比从其他渠道更为方便。但是，从票据市场借款也存在弊端，例如，发行的票据不能提前支付，而银行贷款可以提前偿还；另外，从票据市场借款会导致公司与银行的关系疏远，但企业急需从银行贷款时，往往很难。

2. 银行承兑票据市场

银行承兑票据市场，顾名思义，就是交易银行承兑票据的市场，具体包括银行承兑票据的贴现、再贴现、转贴现以及银行承兑票据的买卖。

如前所述，在商业活动中债权人向债务人开具的商业票据必须经过债务人一方的承兑，才能成为合法的票据，经由银行承兑的商业票据就是银行承兑票据。由于银行的良好信誉，银行承兑票据成为了金融市场中一个很受投资者欢迎的投资品种，这同时也为票据持有人及时变现，提前收进货款提供了便利。

（四）同业拆借市场

同业拆借市场是银行及其他金融机构之间进行临时性资金拆借的市场。在这个市场中相互拆借的资金，主要是各银行和其他金融机构经营过程中暂时闲置的资金和支付的准备金，主要用于弥补短期资金不足、票据清算的差额以及解决临时性的资金短缺需要。同业市场的拆借期限一般是 1～2 日，最短的是隔夜拆借，一般不会超过一个月。同业拆借的利息以日计算，拆息率每天都不同，甚至每时每刻都在变化，同业拆借市场的利率最为灵敏地反映着货币市场资金的供求状况。在国际货币市场上较有代表性的拆息率有：伦敦银行同业拆借利率（LIBOR）、新加坡银行同业拆借利率和香港银行同业拆借利率。

（五）回购市场

1. 回购市场的概念与回购市场的风险。回购市场是指通过回购协议进行短期资金融通交易的场所，市场参与者包括大银行、政府证券交易商、非银行金融机构、地方政府、外国银行等。回购协议（Repurchase Agreement）是指在出售证券的同时和证券购买者约定，在一定期限后按原定价格或约定价格购回所卖证券的协议，证券出售者由此可以获得即时可用的资金，回购协议往往使用高质量的质押物，主要包括押券和押钱两种形式。但是尽管回购协议采用高信用证券，交易双方仍然不可避免地要承担一定风险。例如，证券出售者到期无力购回证券时，资金借出方就会承担利率风险——如果利率上升，证券价格下降，证券价值将小于借出的资金的价值，造成资产缩水。

2. 回购市场利率的决定。这主要取决于以下因素：用于回购的证券的流动性、信用度等，证券质地越好，利率越低；期限越长，利率越高；货币市场利率尤其是同业拆借市场利率。

（六）大额可转让定期存单市场

大额可转让定期存单市场是以大额可转让存单为买卖对象的市场。大额可转让定期存单 1961 年在美国货币市场上出现。20 世纪 60 年代，美国市场利率上升，而定期存款的利率受 Q 条例上限的限制，低于市场利率，因此大公司纷纷把闲置资金投资于国库券、商业票据等货币市场工具，从而使商业银行存款急剧下降。为了阻止存款外流，花旗银行设计了一种短期的有收益票据——大额可转让定期存单，以此来吸引企业短期资金，并取得了一些大的证券经纪人的支持，为大额可转让定期存单提供二级交易市场。70 年代以后，大额可转让定期存单市场迅速发展，由原来的单一品种——国内大额可转让定期存单，发展到欧洲美元大额可转让定期存单、扬基大额可转让定期存单（外国银行在美国的分支机构发行的一种可转让定期存单）、储蓄机构大额可转让定期存单。大额可转让定期存单市场的交易主体一般包括大企业、金融机构、政府机构、外国政府、外国中央银行以及个人等。

进行大额可转让定期存单的投资一般会面临两种风险，即信用风险和市场风险。信用风险是指发行大额可转让定期存单的银行在存单到期时无法偿付本息的风险。市场风险是指当存单持有者急需资金，而存单却不能在二级市场上及时出售变现或不能以较合理的价格成交的风险。投资大额可转让定期存单的收益主要取决于以下几个方面：存单的风险大小，风险与收益为正相关关系，高风险必然要求高回报；发行银行的信用评级等级；存单的期限长短，存单的期限越长，承担的市场风险越大，收益越大；存单的供求状况。

（七）货币市场共同基金市场

1. 货币市场共同基金的发展。货币市场共同基金是指投资于货币市场上短期有价证券的一种基金。该基金资产主要投资于短期货币工具如国库券、商业票据、银行定期存单、政府短期债券、企业债券等短期有价证券。目前，在美国，货币市场基金按风险大小可划分为两类：国库券货币市场共同基金，主要投资于国库券、由政府担保的有价证券等；多样化货币市场基金，就是通常所说的货币市场基金，通常投资于商业票据、国库券、美国政府代理机构发行的证券、可转让存单、银行承兑票据等各种有价证券，免税货币基金，主要投资于短期融资的高质量的市政证券，也包括市政中期债券和市政长期债券。

2. 货币市场共同基金的特点。

（1）流动性好、资本安全性高。这些特点主要源于货币市场是一个低风险、流动性高的市场，而且，货币市场共同基金投资于高质量的证券组合，同时，由于货币市场共同基金一般是一种开放式基金，投资者随时可根据需要转让基金单位。

（2）风险较小。货币市场工具的到期日通常很短，货币市场共同基金投资组合的平均期限一般为4~6个月，其价格通常只受市场利率的影响，因此风险较小。

（3）投资成本低。货币市场共同基金通常不收取赎回费用，并且其管理费用也较低，货币市场共同基金的年管理费用大约为基金资产净值的0.25%~1%。

（4）货币市场共同基金提供一种有限制的存款账户，投资者可以签发以其基金账户为基础的支票来提取现金或者进行支付。

（5）对货币市场共同基金的法规限制较少。

3. 货币市场共同基金的运作。基金的发行可以采取发行人直接向社会公众招募、由投资银行或证券公司承销或通过银行等金融机构进行分销。货币市场共同基金一般属于开放式基金，因此，货币市场共同基金的交易实际上就是基金购买者增加持有或赎回的过程。对于货币市场共同基金分配的收益，投资者可以选择转换为新的基金份额或者领取现金。

第三节　资 本 市 场

一、资本市场的概念与特点

（一）资本市场的概念

资本市场即长期金融市场，通常是指融资期限在一年以上的金融工具，如股票和债券大量交易的市场。

（二）资本市场的特征

1. 融资期限长。资本市场上交易的金融工具的融资期限至少要在一年以上，长的可达数十年，而股票的融资期限一般是永久性的。

2. 筹资者借助于资本市场可以筹集到具有长期或永久使用权的资金，并且融资额度庞大，因此可以进行长期投资资金和资本金的筹集或弥补财政赤字。

3. 资本市场上的金融工具的融资期限比较长，因此，投资收益比较高，变现性比较差，投资风险比较大。

4. 资本市场上的交易主体的范围广泛。货币市场上单笔交易量比较大，因此，参与市场交易的多是机构投资者，资本市场则更加具有包容性，几乎所有的交易主体都可以参与该市场上的交易。

5. 资本市场既包括有形市场，也包括无形市场。市场价格有竞价制和报价制两种形式。

二、资本市场的结构

从广义金融市场角度说，资本市场应当主要包括银行中长期借贷市场和证券市场两部分，在此我们重点讨论证券市场。

（一）银行中长期借贷市场

银行中长期借贷市场，是商业银行等金融机构向工商企业和居民家庭提供用于扩充设备或消费的贷款的市场。这包括银行等金融机构以信用或抵押方式提供的工商业贷款、不动产贷款、消费贷款等。

（二）证券市场

证券市场是进行股票、债券等有价证券发行和流通转让的市场，具体包括证券发行市场和证券流通市场。

1. 证券发行市场。证券发行市场也称做一级市场，或初级市场，是指有价证券发行从规划到销售的全过程，发行市场是资金需求者直接获得资金的市场。新公司的成立、老公司的增资或举债等，都要通过发行市场，都要借助于发行、销售有价证券来筹集资金，使资金从供给者手中转入需求者手中，也就是把储蓄转化为投资，从而创造新的实际资产和金融资产，增加社会总资本和生产能力，以促进社会经济的发展，这就是初级市场的作用。

（1）发行市场的特点：一是无固定场所，可以在投资银行、信托投资公司和证券公司等处发行，也可以在市场上公开出售有价证券；二是没有统一的发行时间，由有价证券发行者根据自己的需要和市场行情走向自行决定何时发行。

（2）发行市场的构成。发行市场由三个主体因素相互连接而组成，这三者就是有价证券的发行者、承销商和有价证券投资者。有价证券的发行规模和投资者的实际投资能力，决定着发行市场有价证券的容量和发达程度；同时，为了确保发行事务的顺利进行，使发行者和投资者都能顺畅地实现自己的目的，承购和包销有价证券的中介机构代发行者发行有价证券，并向发行者收取手续费用。这样，发行市场就以承销商为中心，一手联系发行者，一手联系投资者，积极开展有价证券的发行活动。

（3）有价证券的发行方式。各国不同的政治、经济、社会条件，特别是金融体制和金融市场管理的差异使有价证券的发行方式也是多种多样的。

①公募发行与私募发行。公募发行又称公开发行，是指事先没有特定的发行对象，向社会广大投资者公开推销有价证券的方式。私募发行又叫私下发行，是指发行者只对特定的发行对象发行有价证券的方式。私募发行的缺点是通过这种方式发行的有价证券流动性差，不能公开在市场上转让出售。

②直接发行与间接发行。直接发行是指发行人自己承担有价证券发行的一切

事务和发行风险，直接向认购者推销出售有价证券的方式。直接发行的优点在于可以节省发行费用。间接发行是指发行者委托证券发行中介机构出售有价证券的方式。这些中介机构作为有价证券的推销者，办理一切发行事务，承担一定的发行风险并从中提取相应的收益。有价证券间接发行有三种方法：

一是代销。推销者只负责按照发行者的条件推销有价证券，代理发行业务，而不承担任何发行风险，在约定期限内能销多少算多少，期满仍销不出去的有价证券退还给发行者。由于全部发行风险和责任都由发行者承担，证券发行中介机构只是受委托代为推销，代销手续费较低。

二是承销。有价证券发行者与证券发行中介机构签订推销合同明确规定，在约定期限内，如果中介机构实际推销的结果未能达到合同规定的发行数额，其差额部分由中介机构自己承购下来。这种发行方法的特点是能够保证完成有价证券发行额度，一般较受发行者的欢迎，而中介机构因需承担一定的发行风险，故承销费高于代销的手续费。

三是包销。当发行有价证券时，证券发行中介机构先用自己的资金一次性地把将要公开发行的有价证券全部买下，然后再根据市场行情逐渐卖出，中介机构从中赚取买卖差价。若有滞销有价证券，中介机构减价出售或自己持有，由于发行者可以快速获得全部所筹资金，而推销者则要全部承担发行风险，包销费更高于代销费和承销费。

有价证券间接发行时究竟采用哪一种方法，发行者和推销者考虑的角度是不同的，需要双方协商确定。一般说来，发行者主要考虑自己在市场上的信誉、用款时间、发行成本和对推销者的信任程度，推销者则主要考虑所承担的风险和所能获得的收益。

上述这些发行方式，各有利弊及条件约束，发行人在发行有价证券时，可以采用其中的某一方式，也可以兼用几种方式。当前，世界各国采用最多、最普遍的方式是公开发行和间接发行。

2. 证券流通市场，是指已经发行的有价证券按时价进行转让、买卖和流通的市场。它是建立在发行市场基础上的，因此又称做二级市场。

（1）证券流通市场的构成。现代证券流通市场主要由证券交易所市场、柜台市场、第三市场和第四市场组成。

证券交易所是经过证券监督管理部门批准的，为证券的集中交易提供交易设施和服务，并制定相应交易规则以保证交易顺利进行的正式组织。

证券交易所的制度形式包括公司制和会员制两种。公司制的证券交易所是由银行、证券公司等机构共同出资建立的，以盈利为目的的证券交易所；会员制的证券交易所是不以盈利为目的的社团法人，按照规定，它不能从事证券的买卖交易。现今世界上大多数国家的证券交易所都是会员制的证券交易所。

柜台市场又称店头市场，它与交易所共同构成一个完整的证券交易市场体系，它实际上是由千万家证券商行组成的抽象的证券买卖市场。在柜台市场内，每个证券商行大都同时具有经纪人和自营商双重身份。作为自营商，证券商具有创造市场的功能，作为证券经纪商，证券商替顾客与某证券的交易商行进行交易，在这里，证券商只是顾客的代理人，它不承担任何风险，只收少量的手续费作为补偿。

柜台市场与证券交易所市场的主要不同点是：第一，它的买卖价格是证券商人之间通过直接协商决定的，而股票交易所的证券价格则是公开拍卖的结果。第二，它的证券交易不是在固定的场所和固定的时间内进行的，而是主要通过现代通信工具来完成交易的，是一个分散的市场。在证券交易所内仅买卖已上市的股票，而在柜台市场则买卖那些没有资格在证券交易所上市的证券。第三，证券交易所不能从事证券的买卖，而组织柜台市场交易的证券交易商可以做自营业务。

柜台市场在证券流通市场的地位并不是在所有的国家都一样，柜台市场在美国比在任何国家都发达，其主要原因是，美国的证券交易委员会对证券在交易所挂牌上市的要求非常高，一般的中小企业无法达到。这样，许多企业的证券不可能甚至不愿意在交易所挂牌流通，它们的证券往往依靠场外交易市场，所以比其他国家的都要发达得多。欧洲国家，如英国，则有所不同，其柜台市场远不如美国市场那样发达。原因很简单，就是交易所非常发达，在交易所交易的证券不仅包括所有上市的证券，也包括许多非上市的证券。

投资者如果想买卖某些公司发行的、没有在证券交易所登记上市的证券，可以委托证券商人进行，由他们通过电脑、电话网或电报网直接联系完成交易。在柜台市场买卖有价证券，有时需付佣金，有时只付净价。柜台市场的证券通常有两种价格：买入价和卖出价，差价不大，但当市场平淡时，差价就要大一些，一般来说，这种差额不得超过买卖金额的5%。

总之，柜台市场具有三个特点：首先，交易品种多，上市不上市的证券都可在此进行交易；其次，柜台市场是相对的市场，不挂牌，交易价格自由协商决定；最后，柜台市场是抽象的市场，没有固定的交易场所和交易时间。

第三市场是指在柜台市场上从事已在交易所挂牌上市的证券的交易。这一部分交易原属于柜台市场范围，近年来由于交易量增大，其地位日益提高，以致许多人都认为它实际上已变成独立的市场。第三市场是20世纪60年代才开创的一种证券交易市场，是为了适应大额投资者的需要发展起来的。一方面，机构投资者买卖证券的数量往往以千万计，如果将这些证券的买卖交由交易所的经纪人代理，这些机构投资者就必须按交易所的规定支付相当数量的标准佣金。机构投资者为了减低交易的费用，于是便把目光逐渐转向了交易所以外的柜台市场。另一方面，一些非交易所会员的证券商为了招揽业务，赚取较大利润，常以较低廉的费用吸引机构投资者，在柜台市场大量买卖交易所挂牌上市的证券。正是由于这两方面的因素相互作用，才使第三市场得到充分的发展。第三市场的交易价格，原则上是以交易所的收盘价为准的。第三市场并无固定交易场所，场外交易商收取的佣金是通过磋商来确定的，因而使同样的股票在第三市场交易比在股票交易所交易的佣金要便宜一半，所以第三市场一度发展迅速。直到1975年美国证券交易管理委员会取消固定佣金比率，交易所会员自行决定佣金，投资者可选择佣金低的证券公司来进行股票交易，第三市场的发展便有所减缓。

第四市场是投资者直接进行证券交易的市场。在这个市场上，证券交易由买卖双方直接协商办理，不用通过任何中介机构。同第三市场一样，第四市场也是适应机构投资者的需要而产生的，当前第四市场的发展仍处于萌芽状态。

由于机构投资者进行的证券交易一般都是大数量的，为了保密，不致因大笔交易而影响价格，也为了节省付给经纪人的手续费，一些大企业、大公司在进行大宗证券交易时，就通过电子计算机网络，直接进行交易。第四市场的交易程序是：用电子计算机将证券的买进或卖出价格输入储存系统，机构交易双方通过租赁的电话线路与机构网络的中央主机联系，当任何会员将拟买进或卖出的委托储存在计算机记录上以后，在委托有效期间，如有其他会员卖出或买进的委托与之相匹配，交易即可成交，并由主机立即发出成交证实，在交易双方的终端上显示并打印出来。由于第四市场的保密性及其节省性等优点，对第三市场及证券交易所来说，它是一个颇具竞争性的市场。

（2）证券流通市场的交易方式。证券流通市场一般包括现货交易、期货交易、期权交易和信用交易等方式。

①现货交易。现货交易方式是证券流通市场上最传统的交易方式，它是在证券成交以后的1~3个营业日来办理交割的交易方式。

②期货交易。期货交易是相对于现货交易而言的一种交易方式，它是指交易双方在证券成交后，按照事先的约定，在未来（通常是30天、60天、90天）办理交割的交易方式。

③期权交易。期权交易是指期权的买方有权在一定时间内从期权卖方那里按照双方事先确定的"协议价格"买卖一定数量证券的交易方式。期权的买方到期既可以行使该权利也可以放弃该权利，但如果期权的买方行使这个权利，期权

的卖方就必须尽义务。

④信用交易。信用交易也称做保证金交易或垫头交易，它是指投资者在交易过程中只提供资金或证券的一部分，剩余部分由证券经纪人垫付的交易方式，即证券经纪人为投资者提供融资或融券。

（3）证券交易价格。证券交易价格也通常被称为证券行市，指的是证券交易时的市场价格。证券交易价格受市场供求关系等诸因素的影响而经常变动，有可能低于证券的票面金额，也有可能高于证券的票面金额。证券交易价格一般由两个最基本因素决定，即证券的收益和市场利率，它与证券的收益成正比，与市场利率成反比，三者的关系可表示为

$$证券交易价格 = \frac{证券收益}{市场利率}$$

第四节　投资基金市场

一、投资基金的概念与种类

投资基金是公共投资的集合体，它是众多投资者的零星资金通过组织者予以集中而成的投资机构大户资金，该资金由代理投资的"基金管理公司"进行专业的管理与投资，投资收益除去税费和代理服务费用外，其余均归购买基金的投资者分享。

根据不同标准可将投资基金划分为不同的种类：

1. 根据投资基金所投资的对象或投向，主要可以分为证券投资基金和产业投资基金。

（1）证券投资基金，是指一种利益共享、风险共担的集合资金作为证券投资的方式，即通过发行基金单位，集中众多投资者的资金，由基金托管人托管，由基金管理人管理和运用资金，从事股票、债券、外汇、货币等金融工具的投资，获得投资收益和资本增值，并将投资收益分配给基金投资者。

（2）产业投资基金，是指一种通过基金收益凭证，将投资者的资金集中，交由基金托管人托管，基金管理人管理，主要对未上市公司（项目）投资，投资收益按资分成，投资风险由投资者共担的投融资制度。产业投资基金是利用私募或向外发行基金券的方式汇集投资者的资金，是我国所独创的，其与国外的风险投资基金或创业基金的相似点在于它们都是对新兴高科技产业或国家扶持的产业直接作资本支持的基金，但是国外的风险基金一般在企业演进过程中的"种子期"开始进入，创业基金一般在"创业后期"进入，而我国的产业投资基金

一般在项目的"成长期"或"成熟期"进入（一般将高科技企业项目演进过程分为：种子期、创业期、早期、成长期、成熟期和衰退期），以便减小投资风险。

2. 根据基金单位是否可增加或赎回，投资基金可分为开放式基金（Open-end Funds）和封闭式基金（Close-end Funds）。

（1）开放式基金是指基金发行总额不固定，基金单位总数随时增减，投资者可以按基金的报价在国家规定的营业场所申购或赎回基金单位的一种基金。开放式基金的基金单位总额是可以追加的，投资者可以根据市场状况和自己的投资决策决定是否申购或赎回，而购买或赎回的价格是由基金资产净值决定的。其中，基金资产净值（Net Asset Value）NAV =（总资产 - 总负债）÷ 股份总数或受益凭证单位数。

（2）封闭式基金是指基金公司在设立基金时，限定了基金的发行总额，在初次发行达到了预定的发行计划后，基金即宣告成立，并进行封闭，在一定时期内不再追加发行新的基金单位的一种基金。在封闭期内，投资者不能向基金管理公司要求赎回，而只能采取在证券交易所上市的办法解决基金的流通问题，封闭期满后，投资者可以直接向基金赎回现金。

3. 根据组织形态的不同，投资基金可分为公司型基金和契约型基金。

（1）公司型基金是以盈利为目的的股份制投资公司形式的基金，基金公司通过发行股份筹集资金，投资者通过购买基金公司股份而成为其股东，享有基金收益的索取权。

（2）契约型基金（Contract Funds）是依据一定的信托契约组织起来的基金，作为委托人的基金管理公司通过发行收益信托凭证筹集资金，并将其交由受托人（基金保管公司）保管，本身则负责基金的投资营运，而投资者则是受益人，凭基金收益凭证索取投资收益。

4. 根据投资风险与收益的不同，投资基金可分为成长型基金、收入型基金和平衡型基金。

（1）成长型基金（Growth Funds）是指把追求资本的长期增值作为其投资目的并且注意为投资者争取一定收益的投资基金，风险大收益也较大，适合能承受高风险的投资者，其投资对象主要是市场中有较大升值潜力的小公司股票，有时也会投资于新兴的但目前经营比较困难的行业股票。

（2）收入型基金（Income Funds）是指以能为投资者带来高水平的当期收入为目的的投资基金，损失本金的风险小，长期成长的能力也小，适合比较保守的投资者，其主要投资于绩优股以及派息较高的债券、、可转让大额定期存单等收入较高而且比较稳定的有价证券。

（3）平衡型基金（Balanced Funds）是指既追求长期资本增值，又追求当期收入的基金，谋求收入和成长的平衡，其主要投资于债券、优先股和部分普通股，这些有价证券在投资组合中有比较稳定的组合比例，风险和收益介于成长型和收入型基金之间。

5. 根据投资对象的不同，投资基金可分为股票基金、债券基金、货币市场基金、衍生基金和杠杆基金、对冲基金、套利基金、指数基金等。

（1）股票基金是指以股票为投资对象的投资基金，是最原始、最基本、各国采用最广泛的一种基金形式。

（2）债券基金是指以债券为投资对象的投资基金，规模仅次于股票基金。

（3）货币市场基金是指以国库券、大额银行可转让定期存单、商业票据、同业拆借等货币市场短期有价证券为投资对象的投资基金，属于货币市场范围。

（4）衍生基金和杠杆基金是投资于衍生金融工具，以期货、期权、互换等为投资对象的投资基金。

（5）对冲基金（Hedge Funds）是指在金融市场上进行套期保值交易，利用现货市场和衍生市场对冲的基金。

（6）套利基金（Arbitrage Funds）是在不同的金融市场上利用其价格差异低买高卖进行套利的基金，属于低风险稳回报基金。

（7）指数基金（Index Funds）是指以某种证券市场的价格指数为投资对象的基金。它所购买的股票是根据一特定指数的样本公司的情况，而购买股票与证券的数量则与该公司的市值在指数总市值中占的比例相一致。

6. 根据投资货币的种类，投资基金可分为美元基金、日元基金和欧元基金等。美元基金是指投资于美元市场的投资基金，日元基金是指投资于日元市场的投资基金，欧元基金是指投资于欧元市场的投资基金。

7. 根据资本来源和运用地域的不同，投资基金可分为国际基金、海外基金、国内基金、离岸基金。国际基金是指资本来源于国内，并投资于国外市场的投资基金。海外基金是指基金的发行对象为境外投资者，而投资方向是国内有价证券组合的投资基金。国内基金是指资本来源于国内，并投资于国内市场的投资基金。离岸基金是指基金资本从国外筹集并投资于国外金融市场的基金。

二、投资基金的运作

（一）投资基金的发起与设立

设立投资基金必须具备两个条件：首先，要有拟设立基金的法人，即基金发起人；其次，必须确定基金的性质并拟定相关文件。

1. 发起人。根据我国《证券投资基金管理暂行办法》的规定，基金的发起人必须具备一些基本条件：主要发起人是按照国家有关规定设立的证券公司、信托投资公司、基金管理公司；每个发起人的实收资本不少于 3 亿元；基金的主要发起人有 3 年以上从事证券投资的经验及连续盈利的记录；基金发起人有健全的组织结构和管理制度，财务状况良好，经营行为规范等等。发起人拥有申请设立基金、出席或委派代表出席基金持有人大会、取得基金收益、依据有关规定转让基金单位、参与基金清算、取得基金清算后的剩余资产等权利，同时负有公告招募说明书、遵守基金契约、基金不能成立时及时退还所募集资金本息和按比例承担费用等义务。

2. 相关文件。根据我国《证券投资基金管理暂行办法》，基金发起人申请设立基金，应当向中国证监会提交下列文件：申请报告；发起人名单及协议；基金契约（投资基金正常运作的基础性文件）和托管协议；招募说明书（投资基金的说明性文件）；证券公司、信托投资公司作为发起人的，经会计师事务所审计的发起人最近 3 年的财务报告；律师事务所出具的法律意见书；募集方案；中国证监会要求提交的其他文件。

（二）投资基金的组织结构

投资基金主要由基金投资人（受益人）、基金管理人、基金托管人和基金销售代理人几个要素组成。其中，基金持有人，也就是基金投资人，指基金单位或受益凭证的持有人，可以是自然人，也可以是法人。基金持有人是基金资产的最终所有人，其权利包括：本金受偿权、收益分配权及参与持有人大会表决的权利等。基金管理人，是指具有专业的投资知识与经验，根据法律、法规及基金章程或基金契约的规定，经营管理基金资产，谋求基金资产的不断增值，以使基金持有人收益最大化的机构。基金托管人是投资人权益的代表，是基金资产的名义持有人或管理机构。为了保证基金资产的安全，按照资产管理和资产保管分开的原则运作基金，基金设有专门的基金托管人保管基金资产。基金销售代理人是基金管理人的代理人，代表基金管理人与基金投资人进行基金单位的买卖活动。基金销售代理人一般由投资银行、证券公司或者信托投资公司来担任。

（三）投资基金的发行与交易

1. 基金的发行方式

（1）按发行价格与基金面额的关系，投资基金的发行方式与股票、债券等金融工具的发行一样，分为三种：平价、溢价、折价。基金的平价发行就是指基金按每基金单位的资产净值的票面价格发行。目前，我国绝大多数封闭式基金都是按此发行价格发行的。基金的溢价发行是基金按高于基金面额的价格发行，形成溢价收入，作为基金公司的创业利润。一般来说，溢价的全部或部分金额要转入基金公司的法定准备金，待以后基金公司经营良好时再将其转入基金持有人的资本权益账户。基金的折价发行是指基金以低于基金面额所代表的资产净值的价格发行。这种情况并不常见，但是一些基金管理人为了开拓新的市场，如进入新的地区或领域，采用折价发行不失为一种吸引投资者的策略。

（2）按照发行对象和发行范围的不同，基金的发行方式可以分为公募和私募两种形式。公募发行是指以公开的形式向广大的社会公众发行基金的方式，基金一般以公募发行为主；私募发行是指面向少数特定的投资者发行基金的方式，由于对象特定，发行的费用较低。

（3）按照基金销售的渠道，基金的发行方式可以分为以下三种：直接销售法、承销法（通过承销商来发行基金）、集团承销法（由几个承销商组成销售集团）。

2. 基金的价格

（1）封闭式基金的价格包括发行价格和交易价格。基金的发行价格主要由基金面值、基金的发行与募集费用、基金的销售费用组成。我国的证券投资基金的发行采取上网定价的方式进行，其价格中不包括基金的销售费用，因此发行价格＝基金单位金额＋发行手续费＝基金单位金额＋基金单位金额×发行手续费率。

（2）开放式基金的价格是指基金持有人向基金公司申购和赎回基金单位的价格。申购价格仍然是以基金单位的资产净值为基础的，但是由于开放式基金可以随时进行申购或者赎回，在交易中基金管理人的报价通常包括卖出价（认购价）和买入价（赎回价）两种价格，其中：卖出价＝基金单位资产净值＋首次购买费；买入价＝基金单位资产净值－赎回费。

3. 我国对基金交易以及信息披露的具体规定

（1）我国对上市基金交易的规定类似于股票交易，但是还应该注意以下几点不同：投资者可以开立专门的基金账户进行基金的买卖，仅收取5元人民币的开户手续费。拥有股票账户的投资者可以直接进行基金的买卖；对基金的交易行为免征印花税；基金的交易佣金低于股票的交易佣金。

（2）对于基金的信息披露，《证券投资基金管理暂行办法》中主要规定包括以下几个方面：基金年报经注册会计师审计后，在基金会计年度结束后90日内公告；中报在基金会计年度前6个月结束后30日内公告；年报与中报须按照中国证监会要求的形式进行披露，并反映基金在报告期间的所有重大事项。

（四）投资基金的投资策略

1. 投资基金的投资目标

不同类型的投资基金，投资目标也不尽相同，主要可以分为以下三种：（1）追求长期的资本增值；（2）追求当期的高收入；（3）兼顾长期资本增值和当期收入。前面介绍的按投资风险与收益的不同而对投资基金进行分类也可以视为是按投资目标不同而进行的分类。

2. 基金投资的理论基础

（1）马柯维茨的现代投资组合理论。证券投资的风险可以分为系统性风险和非系统性风险，前者是指某些因素会对所有的证券市价带来损失的可能性，如市场风险、利率风险、购买力风险等；后者是指某些因素对单个证券市价造成损失的可能性，如公司风险、财务风险等。其中，系统性风险无法通过投资组合化解，非系统性风险可以通过证券投资的分散化，即组合投资来降低。组合投资是指将各类证券按一定条件组成一个投资集合，从概率论的角度看，证券投资的分散化可以降低风险产生的概率。

（2）夏普等人的资本资产定价模型（CAPM）。该模型假设投资者根据投资组合的期望收益率和方差选择证券，对证券收益和风险以及证券之间的关联性具有完全相同的预期，而且市场上的资本和信息可以自由流动。在此基础上，夏普提出用 β 系数衡量单个证券的价格波动与市场有效组合的价格波动的敏感程度，$\beta > 1$ 说明该证券的价格波动大于市场有效组合的价格波动；反之则相反。

3. 基金的投资政策

（1）基金投资政策的特点，主要有包括以下五方面内容：投资组合的选择、证券分散化的程度、证券组合质量的高低、基金充分投资的程度、投资组合的调整。

（2）投资组合的选择。基金投资组合包括两个层次的内容：首先确定如何在股票、债券和现金等各类资产之间进行比例分配；其次要确定在同一个资产等级中选择哪些品种以及各自的权重是多少。在设计投资组合时，应该尽可能遵循以下原则：在风险一定的条件下，保证组合收益的最大化；在收益一定的条件下，保证组合风险的最小化。此外，在选择金融资产时，应该充分考虑 β 值的大小，并且要密切注视持有的证券的 β 值的改变。

（3）几种常用的投资策略：投资三分法（将资产部分投资于收益稳定、风险较小的有价证券，部分投资于风险大收益高的股票，部分以现金形式作为备用金保持）、固定比例投资法（将投资分成股票和债券两部分，并在投资操作过程中努力使股票投资总额和债券投资总额保持某一固定比例。当股价上涨时，即出售一定比例的股票，购入一定数量的债券，使股票和债券恢复到既定的比例水平，反之则反向操作）、耶鲁投资计划（基本操作与固定比例投资法一致，但是采用一种浮动的比例，与市场的方向一致，具有更大的弹性）、杠铃投资法（将投资集中到短期证券和长期证券两种工具上，并随市场利率变动而不断调整资金在两者之间的分配比例。当预计长期利率上涨、长期证券价格趋于下降时，应出售长期证券，增加短期证券的持有量，反之则反向操作）。

4. 我国对基金投资的限制

（1）对基金的投资范围的限制。基金的投资范围一般限于国内证券市场内外的有价证券，包括股票、国债、金融债券、认股权证等。开放式基金还可以将部分资产投资于商业票据和银行大额存款单等，以保证资产的流动性。

（2）对投资数量的限制。为了避免基金的投资过于集中，要求基金在投资时遵循分散化投资的原则，主要有以下几个方面：一只基金投资于股票、债券的比例，不得低于该基金资产总值的80%；持有一家上市公司的股票不得超过该基金资产净值的10%；投资于国债的比例不得低于该基金资产净值的20%等等。

（3）对基金运作方法的限制，主要包括：禁止基金之间相互投资，限制由同一基金管理公司管理的多只基金之间的相互交易，禁止从事债券信用交易，禁止以基金资产进行房地产投资，禁止将基金资产用于抵押、担保、资金拆借或者贷款等。

（五）投资基金的费用

一般来说，基金费用包括三类，一是在基金的设立、销售和赎回时发生的费用，该部分费用由投资者直接承担；二是基金在运作过程中的管理费用；三是基金在买卖证券时的交易费用。二类、三类费用都由基金支付。目前，我国的封闭式基金主要包括如下费用：基金发行费（基金面值的1%）、交易佣金（交易额的0.25%）、过户登记费（上交所0.05%，深交所0.0025%）、分红手续费（0.3%）、基金管理费（固定费率一般为基金资产的1.5%，另加业绩报酬费）、基金托管费（一般为基金资产的0.25%）等。从已发行的几只开放式基金来看，开放式基金的费用主要包括：认购费（1%～1.5%）、申购费（1.5%～2%）、赎回费（一般为0.5%）、转托管费、开户费、非交易过户费、分红手续费（有些基金为免费）等。

（六）基金的终止和清算

基金的终止是指基金因各种原因（存续期满或其他特殊原因）不再经营运作，并且进行清算解散。基金终止时，必须经清算小组对基金资产进行清算，清算结果应该报证监会批准并且公告。清算后的全部剩余资产，按基金持有人持有的基金单位占基金资产的比例，分配给基金持有人。

三、投资基金的收益分配与税收

（一）基金收益的构成

基金的收益主要有下列几项表现形式：利息收入（投资于货币市场工具或持有现金的利息）、股利收入（基金作为上市公司的股东而获得的红利或股息收入）、资本利得（因有价证券卖出价高于买入价而获得的收入）等。

（二）基金收益的分配

基金当年获得的全部收益扣除有关的费用（包括基金管理费、设立时的开办费、基金托管费、注册会计师和律师的中介服务费等）的余额为基金当年的净收益，净收益弥补以前年度亏损后的余额作为收益分配的基础。我国规定基金收益分配的比例不得低于基金净收益的90%。基金收益分配一般可以采用如下方式：分派现金、分派基金股份、不分配。我国基金收益分配只能采用分派现金的方式，美国的共同基金多采用分配现金与基金股份相结合的方式。

（三）基金的税收

目前，我国对基金管理公司征收所得税和营业税，但是2003年12月31日前基金管理人运用基金买卖股票债券的差价收入暂免征收营业税。基金管理人运用基金买卖股票按照0.4‰的税率征收印花税。对个人投资者买卖基金获得的差价收入，暂不征收个人所得税，企业投资者买卖基金单位获得的差价收入并入企业所得税征收。投资者从基金分配中获得的利息、股息、红利由上市公司和发行债券的企业向基金派发股息红利时代扣代缴20%的个人所得税，基金向个人投资者分配股息红利时不再代扣代缴个人所得税。个人投资者从基金分配中获得的企业债券的差价收入，应该按税法规定征收个人所得税，由基金在分配时代扣代缴，企业从基金分配中获得的债券差价收入，暂不征收企业所得税。

重要概念

金融市场　货币市场　资本市场　发行市场　流通市场　银行同业拆借市场　证券交易所　柜台市场　信用交易　私募发行　公募发行　货币市场共同基金　投资基金　开放式基金　封闭式基金　公司型基金　契约型基金　对冲基金

复习思考题

1. 试述金融市场的特点。

2. 试述金融市场的功能。

3. 试对比分析货币市场和资本市场。

4. 试述货币市场共同基金的特点。

5. 试对比分析证券交易所市场和柜台市场。

6. 简述我国对投资基金交易以及信息披露的规定。

第八章 货币供给

货币供应的变动，事关整个经济的健康运行。货币好比经济血液，川流不息于经济的各个主体之间，促进经济与信用的发展，促进资本积累，促进生产专业化与分工，促进资源有效利用。问题在于，为了保证经济系统有效运行，必须供给多少货币？是谁在控制着货币供应？是什么因素导致货币供应发生变化？本章通过对货币供应机制进行分析，来回答这些问题。

第一节 货币供给量及其特征

一、货币供给量

货币供给量，就是非银行部门所持有的银行部门的负债凭证的总量，具体地说，指的是一国在某一时点上流通的由政府、企业和社会公众所持有的现金和存款货币之和，从这个意义上来说，货币的供给量是一个存量概念。其中，现金是中央银行的负债，存款货币一般是商业银行的负债。

二、货币供给的特征

（一）外生变量和内生变量

外生变量，也称政策性变量，是指在经济机制运行的过程中，受外部因素影响，由非经济因素决定的变量。外生变量由政策决策和人为控制，用来实现宏观调控目标。

内生变量，又叫政策性变量，它是指在经济机制内部由纯粹的经济因素所决定的变量，不为政策所左右。

（二）货币供给量的特征

货币供给量首先是一个外生变量。20 世纪 60 年代以前，凯恩斯主义经济学和新古典经济学的理论都支持这种观点。这种思想的政策效应在于：货币的数量与结构在很大程度上为政策所左右，中央银行能够按照其调控经济的意图运用政策工具对货币量进行扩张和收缩，无须再去研究货币供给过程中其他因素的影响。

同时，货币的供给量又是一个内生变量。货币供给量的变化不可能不受制于客观的经济过程，除了受中央银行的政策影响之外，还决定于经济生活中其他经济主体的货币收付行为。政府、商业银行、企业和居民所进行的一切关于货币收付行为都对货币供给量的变动产生影响。社会公众是否愿意以及以何种比例持有现金和存款、企业是否有贷款需求、银行是否愿意发放贷款，这些因素都不完全决定于政策。

第二节　货币的供给

由于货币包括通货和存款，所以货币的供给就包括通货的供给和存款货币的供给。

一、通货的供给

以美国为例，现金通货的供给过程大概是这样的：首先由美国财政部所属的印制局印制出钞票，然后把它们出售给联邦储备系统，财政部在联邦储备银行的存款额相应增加。当某家商业银行或者其他的金融机构需要通货的时候，只要它们在中央银行有准备金存款，就可以向中央银行提取钞票，其准备金存款账户会被做相应金额的扣除，随后公众向商业银行提取存款，通货便投入流通。

中央银行还通过对政府贷款，买入贵金属、外汇和证券的方式将通货投入流通。通货的供给有几个明显的特征：

1. 虽然通货是由中央银行供给的，但是中央银行并不是直接把通货送到公众手中，而是以商业银行为中介，借助于存款提现的方式间接使通货投入流通过程。

2. 由于通货的供给在程序上是通过存款提现的方式实现的，因而货币的供给数量即流通中的通货数量取决于社会公众的通货持有意愿。社会公众随时有权将其所持有的存款转换为通货，相应地，商业银行有义务随时满足社会公众的存款提现要求。如果公众的持币愿望不能够得到满足，商业银行会因为其无法履行其保证支付的法定义务而被迫停业或者破产。

3. 由于通货的数量取决于社会公众的持币意愿，中央银行的货币政策就不能通过直接控制通货数量的方式来实施。中央银行一般通过控制商业银行的准备金数量从而间接控制存款货币的数量。

二、存款的供给

与通货的供给过程相比，存款的供给过程要复杂一些。这种复杂之处在于：商业银行体系可以"凭空"创造存款。当公众向某一商业银行存入1元的通货，这 1 元的通货经过商业银行的运用后，可以形成几元的活期存款，存款的供给过程是一个倍数扩张过程。

在现代信用制度下，商业银行的活期存款和通货一样，可以充当完全的流通手段和支付手段。存款人可以据以签发支票进行购买和支付。因此，客户在得到商业银行的贷款和投资以后，一般不会立刻提现，而是把所得的款项作为活期存款存入同自己有业务往来的商业银行，以便随时签发支票加以动用。从商业银行的账户分录可以看出，其资产（放款与投资）和负债（活期存款）同时增加。

从宏观上看，由于商业银行创造的存款货币是一国货币供给量的主要部分，对国民经济影响很大，货币当局必然会对商业银行的存款扩张行为加以管理。从微观上看，商业银行创造存款货币的多少，要取决于它保留了多少现金准备。这种现金准备的主要用途为：

第一，满足向中央银行上缴法定存款准备金的要求。各国中央银行一般都要求商业银行和其他金融机构将占存款一定比例的现金专户存入中央银行或者在中央银行存款账户上保持一个法定的最低存款余额，以保障存款人提取存款和限制商业银行的信用创造规模。

第二，满足存款者提取现金的要求。例如企业在银行有了活期账户之后，不可能一切款项都进行非现金结算，必然要提取部分现金用于支付，如发放工资。银行必须为应付存款者提现准备一部分现金。

第三，商业银行还必须保留一部分现金以应付联行清算等业务上的需要，这部分现金称为超额存款准备金。超额存款准备金占存款总额之比称为超额存款准备率。

回顾商业银行存款创造机制，我们知道，在理论上，存款创造的理论上的最大倍数为法定存款准备金的倒数。但是在事实上，存款实际创造的数值要远低于这个倒数。损耗主要体现在：超额准备金的存在、居民将存款转为通货的要求以及定期存款转化为活期存款的要求。从本质上看，这些表述都说明了一个事实：除了满足中央银行的法定存款准备金要求，商业银行不可能将其余的存款全部投入到存款创造过程中去，总会有各种各样的需求使得商业银行保留一部分现金，进入存款创造过程的基数减小了。

三、货币供给与银行体系

在当代信用货币制度下，流通中作为交换媒介和支付手段的是各种信用货币。这些信用货币实际上是以银行信用为担保的，是体现以银行为主体的债权债务关系的信用凭证。流通中的现钞货币表现为中央银行的负债，而存款货币表现为商业银行等存款机构的负债。这些负债因普遍地被社会公众所接受，所以被广泛地当做货币使用。债权人通过转移这些债权来完成商品劳务的交换和价值的转移，通过持有这些债权来实现价值的贮藏。这样，信用货币就具有了双重性质，它既是银行办理信用业务的工具，是体现债权债务关系的信用凭证，又是以信用为基础的货币符号。信用货币随着债权债务关系的发生而进入流通领域，随债权债务关系的消除而退出流通领域。由此可见，货币供给与银行体系的资产和负债业务有着十分密切的联系。

由此可见，我们在分析货币供给时，应当从整个银行体系的信用业务出发，通过分析这些机构的债权债务关系而揭示货币供给的决定因素。下面我们就通过对整个银行体系合并资产负债表的资产负债结构的分析来说明货币供给的决定因素。

一般说来，整个银行体系的资产负债表可以合并，详见表 8－1。

根据会计核算原理，总资产 = 总负债，即

$$A_a + A_b + A_c + A_d = L_a + L_b + L_c + L_d + M_1$$

$$或者，M_1 = (A_a + A_b + A_c + A_d) - (L_a + L_b + L_c + L_d)$$

这说明，银行体系任何一项资产的增加都会引起 M_1 的增加，反之则 M_1 减少。相反，银行体系任何一项负债的增加都会引起 M_1 的减少，若负债减少，则会引起 M_1 增加。我们对上式做进一步的变形，得到：

$$M_1 = (A_a - L_a) + (A_b - L_b) + (A_c + A_d - L_c) - L_d$$

表 8－1　　　　　　　　　　　　　银行体系合并资产负债表 1

资产	负债
A_a 各项贷款	L_a 储蓄及定期存款
A_b 财政借款	L_b 财政存款
A_c 在国际货币基金组织中的资产	L_c 国际金融机构往来
A_d 黄金外汇占款	L_d 银行资本及其他
	M_1 现金 M_0 + 活期存款

根据上式，我们可以得出结论，货币供应量 M_1 受到以下四个因素的制约：

（一）信贷收支状况

A_a 为银行体系的各项对外贷款，L_a 为银行体系的储蓄及定期存款。$(A_a - L_a)$ 表示银行体系信贷收支的平衡程度，反映了银行与财政部门以外的经济单位的债权债务关系净额。若贷款增加额大于储蓄及定期存款增加额，则会引起 M_1 增加。

（二）财政收支状况

财政收支具体表现在财政存款和财政借款的变动及其对比状况上。表 8－1

中 A_b 表示财政借款余额，L_b 表示财政存款余额。如果财政出现结余，表现为财政存款大于财政借款，$(A_b - L_b)$ 为负，使 M_1 减少；如果财政出现赤字，则表现为财政借款大于财政存款，或财政存款出现透支，$(A_b - L_b)$ 为正，从而必然引起 M_1 增加。

（三）国际收支状况

一国国际收支的状况最终会体现在黄金外汇储备的变化和银行体系在国际金融机构债权债务净额的变化上。在表 8 – 1 中，A_c 表示银行体系在国际货币基金组织中的资产，A_d 表示银行体系的黄金外汇占款余额，L_c 表示银行体系在国际货币基金组织中的负债余额。如果国际收支出现顺差，A_d 或者 A_c 增加，就会带来 M_1 的增加；如果国际收支出现逆差，或 L_c 增加，则 M_1 就会减少。

（四）银行资本的变化及其余额

在表 8 – 1 中，银行资本由 L_d 表示，它与 M_1 呈反向关系。

这是对狭义货币供应 M_1 的决定因素进行的分析。我们可以作一个类似的推导，来考察广义货币供应 M_2 及现金货币 M_0 与银行体系资产负债业务的关系，参见表 8 – 2。

根据银行体系合并资产负债表有如下等式

$$A_a + A_b + A_c + A_d = L_e + L_b + L_c + L_d + M_2$$

经过整理

$$M_2 = (A_a + A_b + A_c + A_d) - (L_e + L_b + L_c + L_d)$$
$$M_2 = (A_a - L_e) + (A_b - L_b) + (A_c + A_d - L_c) - L_d$$

由此可以推断，广义货币供应 M_2 和狭义货币供应 M_1 的决定因素基本上是一致的，主要包括：

1. 信贷收支状况 $(A_a - L_e)$。这里的信贷收支状况指的是整个银行体系贷款总量相对于商业银行以外的金融机构存款的差额。

2. 财政收支状况 $(A_b - L_b)$。

3. 国际收支的平衡状况 $(A_c + A_d - L_c)$。

4. 银行资本的数量及其变化 (L_d)。

表 8 –2   银行体系合并资产负债表 2

资产	负债
A_a 各项贷款	L_e 商业银行以外金融机构存款
A_b 财政借款	L_b 财政存款

续表

资产	负债
A_c 在国际货币基金组织中的资产	L_c 国际金融机构往来
A_d 黄金外汇占款	L_d 银行资本及其他
	M_1 现金 M_0 + 活期存款、商业银行储蓄存款、定期存款

因为 $M_1 = M_0 +$ 活期存款，所以

$$A_a + A_b + A_c + A_d = L_a + L_b + L_c + L_d + M_0 + 活期存款$$

整理后，

$$M_0 = (A_a + A_b + A_c + A_d) - (L_a + L_b + L_c + L_d + 活期存款)$$

$$M_0 = (A_a - L_a - 活期存款) + (A_b - L_b) + (A_c + A_d - L_c) - L_d$$

由此可以得出结论，M_0 也同样取决于银行体系信贷收支状况、财政收支状况、国际收支状况和银行资本的变化。所不同的是，这里的银行体系信贷收支活动还包括商业银行吸收活期存款。

第三节　货币供给模型

一、基础货币与货币供给

（一）基础货币与货币供给的基本模式

基础货币由公众持有的现金和商业银行在中央银行的存款所构成，它是商业银行存款货币扩张的基础，人们又称基础货币为高能货币、强力货币或货币基数。它是中央银行对社会公众和金融机构的负债总额，见表 8 – 3。

表 8 – 3　　　　　　　　　　中央银行资产负债表

资产	负债
国外资产净额	流通中通货净额
对政府债权	商业银行存款准备金
对商业银行债权	政府存款
对其他金融机构债权	其他项目净额
其他有价证券	

由于基础货币是中央银行负债的一部分，我们可以根据中央银行的资产负债，找出影响基础货币的因素。

根据对基础货币的定义，可得

$$基础货币 = （国外资产净额 + 对政府债权 + 对商业银行债权$$
$$+ 对其他金融机构债权 + 其他有价证券）$$
$$- （政府存款 + 其他项目净额）$$

从这个等式可以看出，中央银行资产、其他非货币性负债与净值是影响基础货币的根本因素。当中央银行资产不变时，其他非货币性负债与净值的变动，会使基础货币反方向等额变动；当其他非货币性负债与净值不变时，中央银行资产的变动会使得基础货币同方向等额变动。

影响基础货币规模的因素主要有如下几个方面：

1. 国际收支。如果国际收支顺差，则出口商会出售外汇给中央银行，那么中央银行的国外资产净额会增加，基础货币同时增加。如果出现国际收支逆差的情况，出口商会向中央银行购买外汇，中央银行的国外资产净额减少，同时基础货币供应减少。

2. 汇率政策。如果中央银行控制本国货币升值幅度，就会抛出本国货币，购买外汇，使得中央银行国外资产净额增加，此时基础货币量也随之增加；反之，则基础货币量减少。

3. 财政收支。如果一国财政收支状况良好，中央银行的政府存款会增加，那么基础货币量会减少；如果出现财政赤字，则中央银行对政府的债权会增加，那么基础货币量随之增加。

4. 货币政策。如果中央银行降低再贴现率或者再贷款利率，则商业银行或者其他的金融机构向中央银行借款就会增加，也就是中央银行对商业银行或者其他金融机构的债权增加，那么基础货币量增加；反之，则基础货币量减少。如果中央银行进行公开市场操作业务，买入有价证券，则中央银行"其他有价证券"增加，那么基础货币量增加；中央银行相反的操作会使得基础货币量减少。

第二节讨论的是现金的供给和根据一定原始存款的活期存款扩张机制，这里我们需要进一步考察货币供给量和中央银行自身负债的关系。

如果社会公众的现金持有量不变，中央银行不增加基础货币的供给量，则商业银行的准备金便难以增加。除了发行并且存入中央银行的钞票之外，基础货币作为中央银行的负债，是由中央银行的资产业务创造的，例如购买外汇占款、对商业银行的直接贷款、再贷款和再贴现等等。如果中央银行减少基础货币的供给，例如缩减或者收回对商业银行的贷款，这样商业银行在中央银行的存款相应减少，则商业银行的准备金数额必然减少，在其他条件不变的情况下，必然使得商业银行去紧缩对企业的信用。我们已经知道，收缩的效用同样是多倍的，这说明，基础货币量的伸缩对商业银行的信用规模的影响极其有力，它直接决定了商业银行准备金的增减。

在基础货币中，公众手中持有的现金，商业银行是不能直接用来创造存款货币的。首先，它不是直接掌握在商业银行手中的，其次，它是已经通过商业银行的信用扩张而投入流通的货币，能量已经释放。银行外现金只有流入商业银行转化为商业银行的库存现金和超额存款准备金的时候，才能成为商业银行信用扩张的基础。

法定准备金也是不能由商业银行直接进行信用创造的基础货币，因为它必须保持在法定准备金账户上，商业银行是不能动用的。由此可见，能成为商业银行信用创造基础的，只能是商业银行的超额准备金存款和库存现金。假如说中央银行供给的基础货币是一定的，商业银行要想通过国内渠道增加自己的准备金数量，就商业银行体系来讲，唯一的办法就是设法吸收更多的现金存款。

引入基础货币的概念之后，货币供给的基本模式是

$$M_s = K \cdot M_b$$

式中，M_s 为货币供给总量；M_b 为基础货币，由流通中现金与银行准备金组成；K 为货币乘数，在这里表示单位基础货币的变化所引起的货币供给总量增减的幅度。

一般来说，基础货币的变动可以由中央银行来决定。也就是说，中央银行可以通过对商业银行的贷款发放和收回，以及通过证券的吞吐来主动调控基础货币量的变化。但是，中央银行不能够完全控制 K。我们已经知道，影响 K 的因素有很多，其中，只有活期存款的法定准备率 r、定期存款的法定准备率 r_t 是由中央银行决定的，而商业银行的超额准备率是由商业银行自己决定的，现金漏损率和定期存款占活期存款的比重是由社会公众决定的。由此我们可以更加清楚地理解为什么说货币供给量是一个内生变量：因为它不完全由中央银行决定，还有一些中央银行控制不了的因素同时决定货币供给量的大小。

（二）基础货币与货币供给量

1. 基础货币与货币供给量在数量上的关系。如上所述，基础货币和货币供给量在数量上的关系是：货币供给量等于基础货币与货币乘数的乘积，这是建立在中央银行投放出去的全部基础货币都被商业银行和其他存款机构用来创造存款货币的假设基础上的。但在实际生活中，可能有一部分基础货币由中央银行直接投入流通而成为社会公众所持有的现金，这部分由社会公众持有的现金是否能够流入商业银行或者其他存款机构，取决于公众的意愿，而公众可能手持现金不参加商业银行的存款创造过程。另外，在商业银行所持有的准备金中，有一部分是

法定准备金，必须在一定时期保持在中央银行的存款账户上，或者专户存入中央银行的法定准备金账户，商业银行不能动用；即便是商业银行的超额准备金，为了应付客户的意外提现、发放大额贷款、进行证券投资或者其他必需的支出，商业银行也不能全部将之投入货币创造过程。因此，基础货币与货币供给量在数量上的关系应该为：货币供给量等于基础货币中商业银行实际用于进行货币创造的部分与货币乘数之积加上中央银行对公众直接投放的基础货币所形成的货币供给量。

2. 基础货币与货币供给量在外延上的关系。货币供给量是流通中货币的存量，它包括商业银行和社会公众所持有的现金以及社会公众在商业银行和其他存款机构的存款。假设 A 为金融机构在中央银行的存款，B 为商业银行和社会公众所持有的现金，C 为社会公众在商业银行和其他存款机构的存款，则基础货币与货币供给量在外延上的关系如图 8 – 1 所示。

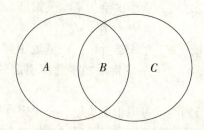

图 8 – 1　基础货币与货币供给量的外延关系

在图 8 – 1 中，基础货币 $= A + B$，货币供给量 $= B + C$。

二、M_1 的供给模型

货币供给的基本模型是：$M_s = K \cdot M_b$，也就是说，货币供给总量由基础货币量和货币乘数来决定。如果要考察货币乘数，至少要在 M_1 和 M_2 两个层次上来讨论这个问题。本节要讨论的是，在 M_1 这个层次上，货币乘数是怎样影响了货币供应量的大小。

M_1 指的是现金和活期存款之和，即 $M_1 = C + D_d$。其中，C 为现金，D_d 为活期存款。M_b 指的是基础货币，$M_b = R_a + C$，这里 R_a 是银行准备金。

如果用 K_1 来表示 M_1 的货币乘数：

$$K_1 = \frac{M_1}{M_b} = \frac{D_d + C}{R_a + C} = \frac{D_d/D_d + C/D_d + C/D_d}{R_a/D_d + C/D_d} = \frac{1 + C/D_d}{R_a/D_d + C/D_d}$$

令 $c = \dfrac{C}{D_d}$

式中，C 为现金量，D_d 为活期存款余额，则 c 为流通中货币的构成情况。

$$K_1 = \frac{1+c}{r+c}$$

从上式可知，M_1 的货币乘数主要取决于现金漏出率和银行准备率。银行的准备率又包括法定准备率和超额准备率。由于中央银行可以决定基础货币的供给和法定准备金率，同时又可以通过利率、货币政策、金融市场及行政手段等影响现金漏出率，还可以通过利率、基础货币供应及一些行政手段来影响超额准备金率，中央银行在 M_1 的供给中起着重要作用。

但是，肯定中央银行在货币供给中的重要作用并不是说中央银行可以决定一切。在货币供给决定机制中，除了中央银行以外，还有两个重要的经济主体：商业银行和社会公众，他们的行为分别决定着超额准备金率和现金漏出率，从而也对货币供给造成重要影响。另外，中央银行也不能随意决定和更改基础货币供应量和法定准备金率。

这一点恰恰是本章所要强调的观点：货币供给是具有内生性的。

三、M_2 的供给模型

M_2 是广义货币的概念，它包括现金及银行体系的所有存款（活期存款和定期存款）。设 D_t 为定期存款，K_2 为 M_2 的货币乘数，r 为活期存款的法定准备率，r_t 为定期存款的法定准备率，则

$$M_2 = M_1 + D_t$$

$$K_2 = \frac{M_2}{M_b} = \frac{D_d + D_t + C}{R_a + C}$$

上下同除以 D_d

$$K_2 = \frac{1 + D_t/D_d + C}{R_a/D_d + C/D_d}$$

令 $t = \dfrac{D_t}{D_d}$

t 为存款的构成。

$$K_2 = \frac{1 + t + c}{(rD_d + r_t D_t)/D_d + c} = \frac{1 + t + c}{r + r_t \cdot t + c}$$

M_2 的大小同样取决于基础货币和货币乘数的规模。在这个层次中，货币乘数由法定准备率、存款构成（定期存款对活期存款的比率）、流通中的货币构成比率所共同决定。

需要注意的是，在这里所分析的 K_2 是假定银行不再保留任何超额准备金的时候所能达到的乘数值。如果还需要对超额准备金的存在加以考虑并且进行修

正，则公式的分母中还应该增加一项 e 值即超额准备率。

$$K_2 = \frac{1 + t + c}{r + r_t \cdot t + c + e}$$

分析广义货币的货币乘数，我们可以更加清晰地发现，货币的供给量的确不是仅仅由中央银行的决策所决定的。现金和活期存款的比例、定期存款和活期存款的比例以及商业银行的超额准备率，虽然受到中央银行政策的影响，但却不是中央银行能够完全左右的。因此，无论哪一个层次的货币供应量，都既是外生变量，也是内生变量。

20 世纪 50 年代末 60 年代初由托宾等人提出了一种新的货币供给理论，并不断地被加以完善。该理论反对货币供给外生论的观点，主张以最广义的货币供应量来代替狭义货币供应量，主要分析货币供给量与利率等经济变量之间的关系，以及货币供给与货币需求之间的相互作用。货币供给新理论模式可简单表述为

$$M = \left[B, r_f(i), k_f(Y, i, o) \right]$$

式中，M 为最广义的货币供应量，B 为基础货币，r_f 为银行对准备金的需求函数，i 为利率，k_f 为收入，o 为其他因素。

该公式更加全面地描述了对广义货币供应量产生影响的几乎所有的因素：基础货币由中央银行供给，银行准备金的需求函数由利率决定，公众的货币需求受收入、利率和其他因素的支配，而利率、收入、货币需求、货币供给等变数之间又是互相制约、互为因果的，因此，在这个理论中，货币供给量同样是一个内生变量，不是中央银行所能决定的。货币需求等因素的频繁变化使得社会公众不断改变其现金持有数量，同时也使得商业银行不断改变其贷款规模和准备金的持有量，因此，货币乘数不是稳定的。例如，如果中央银行扩大基础货币的供应量，就会使商业银行的准备金增加，贷款的规模随之增加，那么货币供给量增加；但是与此同时，资金的充裕又使得利率下跌，从而影响银行的贷款积极性，公众持有的现金数量增加，结果是货币乘数变小，引起通货紧缩。

此外，这个理论认为，银行体系创造存款货币的能力，要取决于银行体系是否有足够的贷款和投资机会，这也是中央银行无法直接控制的。

四、货币乘数的决定因素

在上述模型中，我们不难得出结论：货币乘数的决定因素主要有四个：（1）通货比率；（2）定期存款比率；（3）法定存款准备比率；（4）超额准备比率。这里依次讨论这四个因素本身又是如何被决定的。

（一）通货比率

所谓通货比率，通常是指非银行社会公众所持有的通货与其所持有的活期存

款的比率。一般来说，通货比率受这样一些因素的制约：

1. 可支配收入水平的高低。如果社会公众的可支配收入水平较高，通货比率会比较高；反之，如果非银行社会公众的可支配收入水平低，则通货比率较低。

2. 保有通货的机会成本。保有通货的机会成本为两种，一是利息收入的损失，二是由于价格变动引起购买力的损失。从前者看，通货作为一种价值贮藏手段，与其他的金融资产有很大的替代关系。通货以外的金融资产报酬率的相对变动，将会给通货保有者带来相应的利息损益。那么，如果其他金融资产的报酬率提高，保有通货的机会成本就会增加，公众就会倾向于将一部分通货转换为其他金融资产，从而使得通货比率下降；反之，如果其他金融资产的报酬率降低，公众就会将一部分其他金融资产转换为通货，从而使得通货比率提高。从后者看，通货作为一种购买手段，其购买力的高低与商品价格的高低呈反方向变化。这样，如果商品的价格上涨，非银行社会公众认为通货膨胀会加剧，他们就会将其他金融资产转为通货，购买保值资产以避免购买力的损失，从而致使通货比率提高；反之，如果物品价格下跌，则通货比率就会降低。

3. 金融制度的发达程度。通货比率表示非银行社会公众保有通货与活期存款的相对变化，活期存款量的增减自然也会影响到通货比率的变动。这样，影响非银行社会公众对活期存款保有量的因素同样也会影响到通货比率因素的变动。这类影响因素通常与金融制度的发达程度有关，如商业银行的地理分布、商业银行的经营效率、使用支票的成本费用和社会的支付习惯等。一般而言，金融制度越是发达，非银行社会公众越愿意保有活期存款，从而通货比率越低；反之，金融制度越是落后，非银行社会公众就越愿意保有通货而不愿意保有活期存款，从而通货比率越高。

4. 其他非经济因素。一般而言，社会的稳定态势如何，也会对通货比率的变动产生影响。如果社会动荡、政局不稳或是遭遇战事等，非银行社会公众就会保有更多的通货，以应付安全性和流动性的不时之需，从而致使通货比率提高；反之，国泰民安、政通人和，则非银行社会公众就会放弃通货持有，从而致使通货比率下降。此外，自然界的季节性因素也对通货比率的变动有影响，比如，农忙和节假日期间，非银行社会公众的通货需求将较平时急剧增加，从而致使通货比率提高。

（二）定期存款比率

所谓定期存款比率，通常是指非银行社会公众所持有的定期存款与其所持有的活期存款的比率。一般而言，定期存款比率主要受这样一些因素的影响：

1. 可支配收入水平的高低。非银行社会公众的可支配收入水平的高低，是影响定期存款比率变动的主要因素之一。随着非银行社会公众的可支配收入的增加，其所保有的金融资产数额也会相应增加。就商业银行所出售的金融资产而言，虽然随着可支配收入的增加，非银行社会公众所持有的活期存款和定期存款都会增加，但由于活期存款是无息或微息保有而定期存款是高息保有，活期存款的增加数量达到一定限度时就会出现递减趋势，甚至停止增加。因此，随着可支配收入的增加，非银行社会公众所保有的定期存款的增长幅度将会高于活期存款的增长幅度，从而定期存款比率具有随着可支配收入水平的提高而上升的趋势。

2. 定期存款利率的高低。定期存款作为价值贮藏手段是一种生息资产，它是非银行社会公众的主要投资对象。非银行社会公众保有定期存款的主要动机是生息谋利。因此，定期存款的报酬率即利率的高低，是非银行社会公众保有定期存款的主要诱因。如果定期存款利率提高，非银行社会公众以定期存款作为投资的诱因就会增强，他们就会对其所保有的金融资产进行重新配置，增加定期存款的相对保有量，从而提高定期存款比率；反之，如果定期存款利率降低，非银行社会公众以定期存款作为投资的诱因就会减弱，定期存款比率就会相应降低。

3. 保有定期存款的机会成本。定期存款是非银行社会公众所保有的一系列作为投资对象的金融资产的一种，其他金融资产报酬率的变动，当然会影响保有定期存款的机会成本。如果其他金融资产的报酬率相对提高，非银行社会公众保有定期存款的机会成本就会增加，从而他们就会把一部分定期存款转换为其他金融资产，致使定期存款比率降低；反之，如果其他金融资产的报酬率相对降低，非银行社会公众保有定期存款的机会成本就会减少，从而他们就会把一部分其他金融资产转换为定期存款，致使定期存款比率提高。

（三）法定存款准备比率

所谓法定存款准备比率，通常是指商业银行所交存的法定存款准备金与其存款负债的比例。法定存款准备比率一般主要受这样一些因素的影响：

1. 货币政策意向。作为中央银行所操作的变量，法定存款准备比率的变动首先取决于中央银行的货币政策意向。一般说来，中央银行的货币政策意向是逆经济风向行事的，即经济繁荣时期，中央银行提高法定存款准备比率，紧缩银根；经济衰退时期，中央银行降低法定存款准备比率，放松银根。因而法定存款准备比率与经济运行态势呈反方向变动。

2. 商业银行的存款构成。中央银行的货币政策意向是法定存款准备比率变动的主要决定因素，但不是唯一决定因素，因为在中央银行规定的法定存款准备率不变的条件下，如果商业银行的活期存款与定期存款结构发生变化，实际的法定存款准备比率也会发生变化。在商业银行的存款负债中，如果定期存款比率相对上升，活期存款比率相对下降，则实际的法定存款准备比率将下降；反之，如果定期存款比率相对下降，活期存款比率相对上升，则实际的法定存款准备比率将提高。

3. 商业银行的规模和处所。中央银行通常对商业银行实行差别存款准备率政策。除了上述存款差别以外，还有两种差别：一是商业银行规模的差别。商业银行规模越大，法定存款准备比率越高；反之，商业银行规模越小，法定存款准备比率越低。二是商业银行处所的差别。商业银行所在地有中央银行分支机构的，法定存款准备比率较高；商业银行所在地没有中央银行分支机构的，法定存款准备率较低。这样，即使中央银行的货币政策意向与商业银行的存款结构不变，只要有存款在不同规模的商业银行和不同地区的商业银行之间流动和转移，则整个商业银行体系的实际法定存款准备比率也会发生变化。

（四）超额准备比率

所谓超额准备比率，通常是指商业银行所保有的超额准备金与其对非银行社会公众的存款负债的比率。而所谓超额准备金，就是指商业银行所保有的实际存款准备金超过其应保有的法定存款准备金部分。超额准备比率通常主要受这样一些因素的影响：

1. 保有超额准备金的机会成本。超额准备是商业银行保有的实际存款准备的一部分，属于不能生息的准备性资产。因此，市场利率也就是商业银行放款与投资的利息收入就成为商业银行保有超额准备的机会成本。如果市场利率上升，从而商业银行放款与投资的报酬率提高，则商业银行的超额准备的保有量就会减少，超额准备比率也必然降低；反之，如果市场利率下降，使得商业银行放款与投资的报酬率降低，则商业银行的超额准备的保有量就会增加。可见，超额准备比率与市场利率呈相反方向变动。

2. 借入准备金的价格。商业银行为了维护自己的资产运用与负债经营的流动性，要经常从中央银行和其他商业银行借入准备金。于是，中央银行的再贴现率和商业银行的同业拆借利率就成为商业银行借入准备金的价格。在放款与投资等生息资产的报酬率不变的条件下，如果再贴现率与同业拆借利率上升，则商业银行的借入准备金价格增大，为避免利息损失，商业银行就会保有较多的超额准备，从而使超额准备比率提高；反之，如果再贴现率与同业拆借利率下降，超额准备比率也会下降。可见，超额准备比率与再贴现率和同业拆借利率呈正方向变动。

3. 非银行社会公众的通货与定期存款偏好。在实际存款准备为一定的条件下，超额准备与法定准备呈反方向变化，因而通过法定准备这个中介环节，非银行社会公众对通货与定期存款的偏好，也就是通货比率和定期存款比率的变动也会对超额准备比率的变动产生影响。就前者而言，如果非银行社会公众对通货的偏好意愿增强，将一部分活期存款转换为通货，则通货比率就会提高。由于通货比率的提高，商业银行保有的库存通货或在中央银行的存款就会减少。为了防范库存通货和在中央银行存款的减少给资产运用与负债经营带来的不利影响，商业银行就会保有更多的超额准备，从而使超额准备比率提高；反之，如果非银行社会公众对通货的偏好意愿减弱，将一部分通货转换为活期存款，则通货比率就会降低，由于通货比率的降低，商业银行保有的库存通货和在中央银行的存款就会增加。为了减少库存通货和在中央银行存款的增加所带来的利息损失，商业银行将会增加放款和投资量，减少超额准备的持有量，从而使超额准备比率降低。可见，商业银行的超额准备比率与非银行社会公众的通货偏好意愿呈相反方向变动。就后者而言，如果非银行社会公众因其他金融资产的相对报酬率降低而增强其对定期存款的偏好意愿，将一部分活期存款转换为定期存款，则定期存款比率就会提高。定期存款比率的提高又会使实际法定准备比率降低，从而诱使商业银行增加放款和投资，最终导致超额准备比率的下降；反之，如果非银行社会公众因其他金融资产的相对报酬率提高而减弱其对定期存款的偏好意愿，将一部分定期存款转换为其他金融资产，则定期存款比率就会降低。定期存款比率的降低又会使实际法定准备比率提高，从而诱使商业银行减少放款和投资，最终导致超额准备比率提高。可见，商业银行的超额准备比率与非银行社会公众的定期存款偏好意愿呈相反方向变动。

4. 中央银行的货币政策意向与商业银行的经营传统。这两个因素也在一定程度上影响超额准备比率的变动。如果中央银行的货币政策意向是紧缩银根，则商业银行将会保有较多的超额准备，从而使超额准备比率上升；反之，如果中央银行的货币政策意向是放松银根，则商业银行将会保有较少的超额准备，从而使超额准备比率下降。如果商业银行的经营传统是趋于保守的，则通常将会保有较多的超额准备，从而使超额准备比率偏高；反之，如果商业银行的经营策略是比较激进和勇于冒险的，或者对经营前景非常乐观，通常会保有比较少的超额准备，从而使得超额准备比率偏低。

重要概念

货币供给量　基础货币　货币乘数　定期存款比率

复习思考题

1. 货币供给量是外生变量还是内生变量？为什么？
2. 不同口径的货币是如何进入流通领域的？
3. 影响基础货币的因素有哪些？
4. 论述影响货币乘数的因素。

第九章 货币需求

市场经济离不开货币，人们持有货币是为了满足各种各样的需要。人们持有多少货币才能够满足需要呢？货币供求规律是货币理论的基石，货币政策的选择往往以此为出发点。从20世纪30年代以来，货币理论可以说是围绕着凯恩斯学派和货币学派之间的论战而发展的。虽然这两大学派代表了货币理论的主流，但是它们之间也存在一些支派。关于货币的需求，是货币理论中争论最激烈的部分之一。

第一节 货币需求的基本概念

一、货币需求

货币的需求是一个古老的命题，关于这个问题的讨论可谓源远流长。在近代，资产阶级古典经济学家就对这一问题进行了研究并且形成了一些初步的观点和结论，如亚当·斯密、大卫·李嘉图、约翰·穆勒等人对货币需求的决定因素和数量关系曾经作出明确的分析。

那么究竟什么是货币需求呢？这得从需求谈起。从字面上理解，需求就是一种愿望，一种纯心理的占有欲望。需求如果是纯心理的，那么人们的需求将是无限的。而我们这里所讲的需求，却是经济学意义上的概念。经济学意义上的需求同社会学或心理学意义上的需求是存在很大差别的。经济学在考察需求时，也研究需求的动机等心理因素，但是给这种欲望以相对确定的前提，如购买力、支付能力等，它不是无限的，这种需求必须是有效的。有效需求（Effective Demand）是一种能力和愿望的统一。从这一点出发来理解，在货币理论中对货币的需求，不是指人们对财富的占有欲望，也并非意味着一个人想要借入的货币数量。

人们为什么会产生对货币的需求呢？其根本原因在于货币所具有的职能。在一个使用货币的经济体系中，人们以货币方式取得收入，用货币作为交换和支付的手段，用货币进行财富的贮存。这样，对于货币就产生了一个具有客观数量的需求问题。一个家庭持有多少货币才方便？一个企业需持有多少货币才可以满足日常经营中所发生的必要的支付？一个社会需要多少货币才能满足和适应经济正常和有效率的运转？从这个意义上来说，所谓货币需求，指的是在一定的经济条件下，一个国家，或者一个家庭、一个企业所需要的货币量，是在一定时期里商品生产和交换过程中所需要的货币量。货币需求是在一定条件下由社会公众的持币愿望所决定的。

二、货币需求量

货币的需求量，具体表现在人们在获取收入和进行支付之间的间隔中想要持有的货币数量。影响人们想要持有多少货币的情况是不确定的。在某些条件下，人们愿意多持有一些，这使一个国家的货币需求增大；在另一种情况下，人们却可能愿意少持有一些，这使一个国家的货币需求减少。但是这种数量的变动和不确定，并不影响货币需求数量的客观性。

货币需求量是人们手中愿意保持的货币数量（被形象地比喻为"栖息的货币"），也就是说，在流通中暂歇、准备随时或者在短期内投入流通的货币数量。在数量上，它等于货币总量减去正在交易支付中转手的货币（所谓"飞翔的货币"），再减去贮藏货币后的差额。

一定时期的货币需求量，是货币供应政策的基础。传统的货币理论认为，货币流通是为商品流通服务的，因此，符合商品流通客观需要的货币量就是货币必要量，即客观的货币需要量。用马克思的货币需要量公式表述，即

$$M = P \cdot Q/V$$

式中，P 为商品的价格水平，Q 为流通中的商品数量，V 为货币流通速度，M 为货币需要量。

这个货币流通量，事实上是指在金属货币流通条件下，货币具有内在价值，一定价格水平的商品数量只能容纳一定的货币流通量，这就是货币的必要量。当实际的货币流通量大于或者小于必要的货币流通量的时候，就会发生金属货币退出流通或者进入流通，以维持二者之间的均衡。

但是，在纸币流通的条件下，因为纸币本身没有价值，它不能够发挥自动调节功能，实际的货币流通量与货币必要量之间可能发生偏离。如果实际的货币流通量大于货币的必要量，就会发生过多的货币滞留流通领域而导致物价上涨；反之，货币流量的不足又会造成通货的紧缩和物价下跌。

第二节 古典的货币数量学说

货币数量理论是关于货币数量、货币价值及商品价格之间关系的货币理论。

它的基本命题为：货币数量决定货币价值及商品价格，货币价值与货币数量成反比，商品价格与货币数量成正比。

货币数量学说的理论基础是货币本质论。货币本质理论基本上可以分为货币金属论和货币名目论两派。货币金属论的基本观点为：货币是一种贵金属商品，它具有内在实体价值；货币名目论则认为，货币是一种没有内在价值的观念的存在，货币本身没有内在的价值，其价值纯粹来自交换价值，即对商品和劳务的实际购买力。货币只是遮掩"实质力量行动的面罩"，或者是披盖于"经济生活的躯体"的外衣。这种思想有相当悠久的历史，可以追溯到 18 世纪英国哲学家和经济学家休谟的著作。

货币数量说又有新旧之分。旧货币数量说或者传统的货币数量说在 20 世纪 30 年代前发展至顶峰，而新货币数量说或者当代货币数量说则是 20 世纪 50 年代中期以后才开始发扬光大的理论体系。这里首先介绍古典的货币数量说。

一、现金交易理论

现金交易理论的基本观点认为货币在社会经济生活中主要是一种交易、支付工具，因而货币均衡的要求就是全社会货币交易和支付总额应等于全部出售商品的总价格。同时，货币具有流通速度，因而货币的交易、支付总量又应等于流通中货币数量与每一单位货币用于购买的平均次数的乘积；而用于交易的商品的价格总额则等于这些商品的总量乘上其平均价格。穆勒第一个表达了现金交易说的基本公式

$$MV = PT$$

式中，M 为货币量，V 为货币流通速度，P 为商品平均价格，T 为商品量。

费雪的《货币购买力》一书是交易说的代表作，它几乎包含了交易说的全部内容。他论述的是金本位制下的货币流通，把纸币看成是代用货币。费雪注重的只是货币的流通手段职能，并认为货币价值只是在流通中和商品交易量相比较而决定的。这种货币的价值就是货币的购买力，即特定货币量可以购买到的商品量，它是商品价格水平的倒数。

对 $MV = PT$ 这一公式，费雪认为有以下几个要点：（1）假定 V 和 T 不变，则 P 随 M 呈同方向变动；（2）假定 M 与 T 不变，则 P 随 V 呈同方向变动；（3）假定 M 与 V 不变，则 P 随 T 呈反方向变动。而在以上三个关系中，第一个关系最为重要，因为只有这个关系才构成货币数量论的基本框架。

费雪还扩大了穆勒的交易式，即将 $MV = PT$ 扩大为

$$MV + M'V' = PT$$

式中，M 为流通中现金量，V 为现金流通速度，M' 为存款通货量，V' 为存款通货

的流通速度。费雪承认，当 M 增长时，其他因素 V、M'、V' 及 T 也会变动，从而加速或减缓 M 对 P 的影响。例如，当 M 增长后，价格上升，并作用于利率引起利率上升，但起初利率上升不如价格上升快，从而使企业家利润增加，增加借款，商品生产规模扩大，商品数量增加，但这种增加会受到资源约束。一旦利率上升超过了价格上涨率之后，借款扩张就停止，利率也随之下跌，生产收缩，货币数量减少，价格下跌。费雪将这种经济循环、价格水平的往复波动比做一种钟摆运动，它会自动实现平衡。而在以上各个因素中，最主要的是货币量的增长，它发动了整个经济及价格的循环运动。正是在这个运动中，M、M'、V、V'、T 等因素相互调整并接近于 $MV + M'V' = PT$ 这样一种趋势。但是，这些因素本身不过是公式以外的先行原因的结果。他指出：交易式本身只是一个等式，并未指明因果关系。因此，反对数量论的人力图把它说成只是无意义的自明之理，但一旦对其中包括的各个变量之间的关系作出解释，并确定其中最基本的因果关系，该式就具有极大的经济意义。

但他的理论也有很大的缺陷：第一，他把货币的交易媒介职能看成是货币的唯一职能，认为货币只是一种被普遍接受的商品，它的出现只是为了解决物物交换的困难。这种把交易看成是货币需求的唯一原因的观点是极为片面的，因为货币事实上在支付、结算和信用关系中发挥着巨大的作用，作为财富的形式，它也是人们选择资产的重要对象，而交易方程则完全忽略了货币与资产之间的关系。第二，在商品运动与货币运动的关系上，交易方程片面强调了货币运动的主导性和推动作用，且用货币量的变动去解释经济循环。其实，生产与商品流通是第一性的，而货币流通是第二性的，是商品运动决定货币运动，而不是相反，两者的关系是不能颠倒的。第三，在货币流通速度上，未分析货币的贮藏手段问题，认为货币量无一例外都是进入流通过程的，从而影响价格水平，这使得其对 V 的分析带有很大的不确定性。

二、现金余额理论

现金余额理论不是从货币供给量或货币流通量的角度，而是从货币需求量或货币保有量的角度来分析货币数量的一种理论。其主要代表有马歇尔、庇古、凯恩斯（"货币改革论"），由于他们几乎都在英国剑桥大学接受教育和从事学术活动，表述这种学说的方程式又称为"剑桥方程式"。

该学说第一次从个人保有现金余额数量的角度来分析货币需求量，并以此作为对数量论的重新解释。

人们保留现金余额，是因为不仅在人们的收入与支出间存在时差，而且在其他资产形式和货币的转换之间也可能会出现成本大于收益的情况以及不可预见的

偶发事件。现金余额说认为货币余额保有量与货币流通量及价格水平成反比例变化，而与货币价值成正比例变化。用公式表示，即为

$$P = \frac{KR}{M}$$

这一公式又被称为"庇古方程式"或者"剑桥方程式"。庇古于 1917 年在英国的《经济学季刊》上发表《货币的价值》一文，陈述这一方程式。他在马歇尔分析的基础上，把现金余额理论用数学方程式加以解释。式中 P 为单位货币的币值，M 为货币供应量，R 为全部财富，K 为用货币形态保持的财富与总财富之间的比率，KR 为货币需求量（货币余额保有量）。

上式中，如果 R 与 M 不变，则单位货币的币值 P 与 K 的变化成正比，因为币值越高，物价越低。物价与 K 的变化成反比，货币的币值或一般物价水平决定于现金余额系数 K，也就是马歇尔所说的"货币的价值决定于全国居民欲以通货保持的实物价值与该国货币数量的比例"。

货币保有率是有可能确定的，因为它和人们选择以通货形式保有财富的意图、愿望直接相关，而人们的这种愿望、意图又是某些确定变量的函数。

决定人们保有现金余额的因素又是什么呢？现金余额理论认为，人们愿意保有多少现金余额在手边，视是否有利可图而定；这样就使货币具有了资产的性质，是一种图利的工具。人们要对保有现金与把现金投入流通两者进行权衡比较，以确定究竟在手边保留多大比率的现金量。超出意愿保有量以上的现金则用于投资或消费；反之，则收缩投资和消费。占有太多的现金余额，可能会失去投资获利的机会；反之，又会带来交易的不便，失去购买的良机。而人们这种最佳保有量的选择又最终受到收入或财富总量的制约。

可见，在现金余额论者看来货币需求量是人们进行资产选择的结果，而不是出于交易的需要，这是现金余额理论与现金交易理论在货币需求分析上的重大差别。

货币不论是购买什么样的金融资产，或者保留多长的时间，最终都是要买商品的，从这个意义上说，货币不论以什么样的资产形式保持，只是货币购买商品支出的递延，或者说只是货币流通速度（指购买商品的速度）的减慢。所以，货币供给量不等于货币流通量，因为货币供给量中总有一部分要在一定时期内退出流通。货币流通量总是小于货币供给量。对物价水平有影响的不是全部货币量，而是货币存量中除了沉淀在人们手中（包括为买卖金融资产服务的货币量）的现金余额之外的流通中货币量。

现金余额理论提出了关于不可能在流通与非流通货币之间划一条界线的思

想，因此，广义的流通中货币应包括正在支付、转手的货币（"飞翔的货币"），也应包括保留在人们手边准备支出的货币（"栖息的货币"）。货币绝大部分处于后者。所不同的是，现金交易理论注重的是"飞翔的货币"，而现金余额理论则注重"栖息的货币"。货币流通速度的变化实际只是影响这两部分货币在货币总量中的比重，如货币流通速度越快，"飞翔的货币"就越多，"栖息的货币"就越少；反之则相反。

对比交易方程式，剑桥方程式在学术思想上更有突破并且接近于现实。第一，交易方程式强调的是每一单位货币存量的平均持有时间，剑桥方程式则注重总收入中以货币形式持有的比例。前者重视的是货币的交易媒介功能，把货币需求与经济单位支出的流量联系在一起，关心的是社会公众使用货币的数量和速度。后者强调的是货币的资产功能，把货币需求当成保存资产或者财富的一种手段。而资产有多种形态，货币只是其中一种，因此货币的需求总量决定于货币资产的边际收益和其他资产边际收益的比较。第二，交易方程式重视影响交易的货币流通速度的金融及经济制度等机械因素，忽视了经济主体在金融市场中的主观意志因素。而剑桥方程式重视资产的选择，即持有货币的成本与满足程度之间的比较，强调人的意志、预期等心理因素的作用，这是学术思想上的重大突破。庇古本人亦认为剑桥方程式的优点在于，它能够顾及人类意志，即需求的原动力的作用。

现金余额理论的局限性在于：第一，现金余额只反映个人的货币需求，而不包括法人的货币需求；第二，在对人们保留货币因素的分析中没有引入利率因素；第三，没有联系社会再生产过程来分析货币需求；第四，没有在货币需求分析中考虑政府干预的因素。因此，在其后又出现了收入数量理论。

三、收入数量理论

传统的数量理论从笼统的货币总量出发，分析货币量对价格水平的影响，而没有将货币总量进一步区分为各种不同的用途，不涉及生产领域，不重视生产投资在物价决定中的作用，不重视利率的作用，并假定货币流通速度不变。

收入数量理论是对传统货币数量理论的改造，它的基本思路是从国民收入而非货币总量出发，具体分析货币收入变动对各种不同商品价格从而对价格水平变动的影响过程。其特点是由收入—支出分析出发，从流通领域深入到生产领域，将收入—支出方法进一步转化为投资—储蓄分析，并提出利率是调节投资与储蓄关系的杠杆，并以此出发论述货币对价格变动的影响，主要代表人物有霍特里、凯恩斯、庇古等。

收入数量理论认为交易说的 MV 所计量的支出大部分结果并不创造实际收

入。例如，某人买一幢老房子，其对社会经济的影响与他建设一幢新房子的情况不同，在后一场合，所有的受雇人员都取得了更多的收入，而在前一场合，只是房子与货币在不同的所有者之间的交换。收入说者想把他们的研究分析范围限于同商品生产和劳务直接有关的那些交易，并仍使用交易方程式的方法。于是方程式变为

$$MV_y = P_y T_y$$

式中，M 为货币供应量（同以前完全一样），P_y 为该时期内所有最终产品的物价指数，T_y 为该时期内生产的最终产品的实际数量，V_y 为货币的收入速度。这个方程式与交易方程式一样是"自明之理"，但它突出了收入问题，把同收入无关的纯粹财务交易剔除了。这个公式的缺点在于 V_y 比 V 更难把握，在实践上，可使用倒推法来计算 V_y，如已知 $P_y T_y$（GNP）和 M，便可知 V_y。因 V 是变量，故 V_y 与 V 之间没有固定的比例关系。但实证研究表明，在较长的期间里，它们的变动方向是一致的。

收入数量理论对传统数量理论的修正与发展主要有以下几个方面：

首先，传统数量理论以供给自动创造需求，储蓄自动转化为投资以及生产资料充分利用和劳动力充分就业为假定前提，从而得出价格水平随货币量等比同向变动的结论。收入数量理论则在货币量和价格水平变动之间引入了信用扩张和收缩的作用分析，认为信用的扩张加速了货币流通速度，使价格产生向上的压力，在价格上涨后，利率也跟着上升，但利率上升滞后于价格上升，使企业利润增加，从而刺激生产和信用扩张，导致价格进一步上涨；但是当投资超过储蓄，使借贷资本供不应求时，利率上升将会超过价格上升，这时，这一过程就会逆转。

其次，收入数量理论已注意到资源充分利用与否在货币量对价格水平关系中的重要作用。凯恩斯认为：投资（I）＝储蓄（S）状态，正是生产饱和状态，这时价格水平与货币量等比变化。在生产资源尚未充分利用以前，由于银行信用创造增加的货币量使消费者收入—支出增长，刺激生产进一步扩大，但一旦达到生产资源利用的饱和程度，货币量将促使价格上涨。

另外，收入数量理论分析了货币流通和经济循环、产业波动之间的关系。例如，维克塞尔把利率分为两种：一种是货币利率，即市场利率；另一种是自然利率，即"借贷资本之需求与储蓄的供给恰好相等的利率"。当两种利率一致时，整个经济的投资等于储蓄，则货币是中立的，不对经济造成影响。因为这时货币处于均衡状况，它保证了经济的均衡。但在现实生活中，这两种利率是经常背离的。这种背离大多是由于自然利率的变动引起的，他认为自然利率等于资本利润率，故随着生产技术的改善，自然利率将随着资本利润率的上升而上升；但市场

利率停留不变，故资本利润率上升必然使得投资增加，使生产要素价格上升及生产要素的生产者或所有者的货币收入增加。因这时市场利率相对较低，这部分收入就转向消费而不储蓄，结果造成消费品价格上涨，然后，资本品的价格也随之上涨，然后再引起投资的增加。这种循环一直要持续到市场利率与自然利率相等时为止。反之，若市场利率高于自然利率，就会导致一种经济收缩过程，这一收缩过程也要到两种利率相等时为止。

第三节　马克思的货币需求理论

货币的流通手段职能是实现商品价格，商品的价格是在商品未实际进入流通以前就有的，进入流通的商品价格总额大，要求实现商品价格的货币多；进入流通的商品价格总额小，要求实现商品价格的货币少。因此，流通中所需要的作为流通手段的货币量首先是商品价格总额决定的，排除货币流通速度，流通中的货币总量应与进入流通的商品价格总额相等。但是，货币流通是有速度的，这一速度就是同一枚货币在一定时间空间内交换的次数。在一定时间空间内，同一枚货币能反复在许多次交换中发挥作用，能够实现多倍的商品价格，因而，货币流通速度越快，实现既定的商品价格所需要的货币量便少；反之，则需要的货币量便多。马克思指出："流通的货币量不仅决定于待实现的商品价格总额，同时也决定于货币流通的速度。"

一、金币必要量规律

这一规律的含义为：货币流通量与待实现的商品价格总额成正比，与货币流通速度成反比。数学公式的表述为

执行流通手段的货币必要量＝商品价格总额/同名货币的流通速度

如果用字母表示就是

$$M = \frac{PT}{V}$$

在以金币作为货币的条件下，流通中的货币量以若干单位的金币量表现出来。在等价交换且金币的流通速度为1的条件下，这若干单位的金币量所包含的价值量应等于它待实现的商品价格总额所反映的价值总量。若生产金币的劳动生产率变动，则单位金币的价值量也随之变动。设流通中待实现的商品价格总额所反映的价值总量不变，则流通中所需要的金币量与单位金币的价值高低成反比，即单位金币的价值量高，所需要的金币量少；反之，所需要的金币量多。对此，马克思把货币流通规律表述为："已知商品价值总额和商品形态变化的平均速

度，流通的货币或货币材料的量决定于货币本身的价值。"这种情况"先是商品价格同货币价值成反比例变化，然后是流通手段量同商品价格成正比例变化"。

金币流通规律向我们表明：流通中的货币量主要取决于商品价格总额，与价格总额成正比，而价格总额主要取决于单位货币的价值量，与单位货币的价值量成反比。其逻辑结论为：

1. 这个公式不是一个交易恒等式，它反映的是一种实际交易过程。所以，恒等时刻存在。

2. 这是一个简单的恒等式，式中含有相对稳定的因果关系。根据马克思的劳动价值论，商品价格由其价值决定，而价值源于社会必要劳动，因此，商品价格是在流通领域之外决定的，商品是带着价格进入流通的。商品价格总额是一个既定的值，必要的货币量是根据这一既定值确定的。

3. 公式中货币流通量总是等于货币必要量。马克思认为，货币储藏具有充分的调节功能，它"既是排水渠，又是引水渠；因此，货币永远不会溢出它的流通渠道"。

马克思的金币必要量规律，可以说概括了他在货币需求理论领域的基本观点。

二、金币必要量规律发挥作用的条件

马克思所揭示的金币流通规律是一种理论的抽象，必须符合若干的假定条件：

1. 假定流通中的商品价格都是按照它的价值决定的。

2. 假定确定出来的商品价格都能反映商品价值和单位货币价值的比例关系。

3. 假定商品与货币的交换都是等同价值的交换。

4. 假定金属货币能够自由铸造、自由流通。

只有符合了这些条件，流通中的金币才决定于商品的价格总额，使流通中金币的价值与待实现的商品价格总额所反映的价值相等。当然，商品交换的现实和这些假定条件有相当大的距离。但是，这一理论的抽象和假定有其合理之处，因此，马克思所揭示的金币流通规律，仍然具有普遍意义。

第四节　凯恩斯学派的货币需求理论

经济学大师和当代宏观经济学的创始人凯恩斯在20世纪30年代之前，基本上是古典货币数量学说的信徒。例如，他在1923年出版的《货币改革刍议》一书，本质上是运用剑桥方程式来解释和分析通货膨胀与紧缩、汇率波动和购买力

平价论的著作。但即使在他的这本早期著作中，凯恩斯也开始对古典学派将 k 或 V 视为常数的观点表示怀疑。他认为货币数量的变动，很可能引起 k 或 V 和银行储备率的变动。因此，物价水平未必与货币量作同一比例的变动。在 1930 年出版的《货币论》一书中，凯恩斯用货币价值基本方程式来剖析物价波动和企业循环，并特别注意投资、储蓄、利率、利润在引起波动和循环中所起的作用。在该书中，他虽然也批评古典学派的货币数量理论，但对货币需求的动机及决定因素则并未论及。直至 1936 年在他的划时代巨著《就业、利息和货币通论》一书中，才提出一种独特创新的货币需求理论，即后人所谓流动性偏好理论。

凯恩斯认为，人们之所以需要持有货币，是因为存在流动性偏好这种普遍的心理倾向。所谓流动偏好，是指人们在心理上偏好流动性，愿意持有货币而不愿意持有其他缺乏流动性资产的欲望。

这种欲望构成了对货币的需求。因此，凯恩斯的货币需求理论又被称为流动偏好理论。

一、凯恩斯的货币需求理论①

（一）交易性货币需求

货币的交易需求是指个人或企业为了应付日常交易需要而产生的持有货币的需要。每一个人都需要在手头保存一定数量的货币以进行日常的交易。个人保存货币量的多少直接与货币收入的多少及货币收支时间的长短有关。对企业而言，其持有货币的理由则是把货币当做其采购支出与销售收入之间的一个桥梁，企业持有货币的多少主要取决于企业当期生产规模的大小及生产周期的长短。

首先，在相同收入水平下，收入时距的不同，会产生货币需要的差距。一个人或企业收入、支出的时间越是接近，为了这一交易目的而保留的平均货币余额就越少。在极端的情况下，如果某人在某一时刻收入的数量和他在同一时刻支出的数额完全相等，那他就不需要为交易目的而持有货币。实际上，每个人都会保留一定数额的货币以弥补收入和支出在时间上的差距。一般说来，在其他条件不变的情况下，个人或企业为了方便交易而保有的货币余额，随着取得收入次数的增加而减少。

其次，如果个人或企业获得收入的时间差相同，而其他情况不变，则交易货币的需要量将主要受收入水平制约，比如一个规模较大的企业，为维持企业运行而保留的交易周转金也较多。同理，平均看来，收入水平较高的个人或家庭为维持消费而持有的货币也比较多。因此，在其他条件不变时，收入水平是决定交易

---

① 夏德仁等：《货币银行学》，北京，中国金融出版社，1997。

性货币需求的重要因素。

最后，如果收入水平和收入时距均相同，那么个人或企业的支出形态也会改变货币的持有余额。例如，收入水平和收入时距相同的两个家庭或者个人，前者必须在每月初为消费而支出，后者只需在每月底进行消费支出，二者的交易性货币需求也会有所不同。

除此之外，收入与支出的规律性、金融市场发达程度与支付习惯、预期因素等都会影响交易性的货币需求。

由此可知，影响交易需求的因素包括：收入规模、收入与支出的时距及其规律性、支出习惯、金融制度、预期因素等。除了收入规模外，其他因素可视为在短期内不变的常量，因此，在这些因素不变的条件下，交易货币需求是收入的函数。

（二）预防性货币需求

货币的预防性需求与货币的交易需求有一定的联系。货币的交易需求的产生主要是因为在收入与支出之间有一定时差；而货币的预防性需求则主要是因为未来收入和支出的不确定性，为了防止未来收入减少或支出增加这种意外变化，人们往往保留一部分货币余额以备不测。预防性货币需求的变化在某种程度上与人们的收入变化成正比。当收入水平较高时，为了这种预防的目的，人们有需要也有能力支持较多的货币持有，而收入水平较低时，人们只能支持较低水平的预防性货币需要。

此外，预防性货币需求也可以说是为了保险，以备万一，这种万一的时刻也许对某些人来说永远不会遇到。因而，当利率相当高的时候，人们可能试图承担预防性货币余额不足的风险，并且将这种货币需求的一部分转化成生息资产。由此可见，预防性货币需求还是利率的函数，利率较低时，预防性货币需求会比较大，而当利率上升时，预防性货币余额会减少。

尽管预防性货币需求与交易性货币需求在定义上可以互相区分，但是在实践中，这两种货币余额是难以截然分开的。为了简化起见，可以把预防性货币需求分为两部分，一部分是在任何情况下，都必须持有的预防性货币余额，它主要是收入的函数；另一部分是具有需求伸缩性的预防性货币需求，它主要受利率影响，是利率的函数。前一部分可并入交易性货币余额中一并讨论，后一部分可并入下面的货币投机性需求余额中加以讨论。

（三）投机性货币需求

古典货币数量论者认为，货币需求仅仅包括交易需求，交易用货币余额不过是执行交易媒介职能的货币。以上将货币需求扩展到预防性货币需求，仅仅是对古典学派论点的一种补充，不会对其结论产生实质性影响，但是，古典学派的理论范围也就到此为止了。

　　凯恩斯对货币理论作出的重大贡献之一，就是提出持有货币的另外一种动机：投机性动机，也就是投机性货币需求，这同古典学派有重大分歧。

　　古典学派理论假定人们所持有的货币不会超出满足其交易需求（包括预防性需求）所必需的数量，否则就会将超出部分变成证券以获得利息，其理由就是持币者受收益最大化驱使，只要利息收益为正，人们就不会愿意持有货币。而凯恩斯则认为，购买证券的人预期在他打算持有该证券的时期内利率不会有大幅度的提高。如果他相信利率会提高，他将不保存任何不生息的货币资产。正是这种未来的利率的不确定性才使得人们有货币的投机性动机。如果人们确切地知道未来的利率是多少，就不会产生对货币的投机性需求。

　　为了便于分析，凯恩斯以长期政府债券代表所有生息资产，并以此作为保持财富的货币的唯一替代品。债券不仅能给其持有者带来利息收入，还可能因为债券价格变动给其持有者带来资本收益或者资本损失。债券价格的变动依赖于市场利率的变动，当市场利率上升时，债券价格则会下降；而当市场利率下降时，债券利率就会上升。凯恩斯认为在每个投资者或投机者的心目中，都有一个利率水平的正常值。如果实际利率高于这一正常值，投机者会预期利率下降；如果实际利率水平低于这一正常值，他就会预期利率上升。如果投机者预期利率将会下降，他就会毫无保留地把全部货币换成债券，以期在债券价格上升时同时获得利息收入和资本溢价这双重收益。相反，如果投机者预期利率将上升，就会有多种可能，其中最典型的一种可能性是：当预期债券价格的下降使得债券的资本损失超过债券利息收入时，投机者就会只持有货币而不持有债券，以避免损失并在将来债券价格下降时再获得投机机会。简单地说，凡相信未来利率将高于当前市场利率者，将愿意保持现金；凡相信未来利率将低于当前市场利率者，会愿意放弃持有货币甚至用短期借款来购买较长期限的债券。

　　投机动机的货币需求金额取决于三个因素：当前市场利率、投机者正常利率水平的目标值及投机者对利率变化趋势的预期。其中，第三个因素依赖于前两个因素，所以，投机动机的货币需求实际上取决于当前市场利率水平与投机者对正常利率目标的取值之差。从整体经济来看，不同的投机者对正常利率目标的取值会有相当大的不同，因而不同投机者对利率变化的预期也差异很大。如果当前市场利率水平较低，那么预期利率上升的投机者就会较多，从而以货币形式持有其财富的投机者也就较多，货币的投机性需求就较大；反之，如果当前市场利率水平较高，那么预期市场利率下降的投机者会较多，从而以债券形式持有其资产的投机者会较多，货币的投机性需求便会相应减少。从上述分析可以得出结论，货币的投机性需求是当前利率水平的递减函数。

二、货币总需求函数

（一）货币交易需求和预防需求的特征

1. 相对稳定，可以预计。出于交易动机的货币需求一般可以事先确定，因为人们对当前某一时期（如一周、一月或一季）内用于交易的货币金额、用途、支出时间是完全可以事先预计的。出于预防动机的货币需求虽不如交易动机那么确定，但它主要作为交易的备用金，一方面受制于货币的收入，另一方面还要考虑到持有货币的机会成本——手持现金而丧失利息收入，这些因素在短期内都是相对稳定的，因此，出于预防动机的货币需求也是可以预计的。

2. 货币主要充当交换媒介。货币的交易需求和预防需求主要用于商品交换。这类货币需求者将货币作为商品交换的媒介，发挥流通手段的职能，以满足商品交易的需要。

3. 对利率不太敏感。货币具有十足的流动性，但自身却不能产生效益，这样人们持有货币就意味着要牺牲利息收入，因此，利率的变动对货币需求会发生影响。但是基于交易需求的货币主要用于必不可少的日常交易，利率再高、利息损失再大也必须保持一定数额的现金，以保证交易的正常进行和起码的预防需要，为此，这类货币需求对利率的变化不太敏感。

4. 是收入的递增函数。凯恩斯把利率对货币交易需求和预防需求的影响看得很微小，因此，他认为货币交易需求的大小，主要取决于收入的多少和货币流通速度的快慢。而货币流通速度在短期内是相对稳定的，因此，这类货币需求主要取决于人们的收入。收入的增加会使得开支增加、交易数量增加，因此，必然增加货币的交易需求；反之则相反。货币的预防需求主要也是取决于人们的收入。预防需求只有在一定的收入水平上才会产生，并随着收入的增加而上升，因而货币交易需求和预防需求都是收入的递增函数，即 $M_1 = L_1(Y)$，式中，M_1 表示满足交易动机与预防动机所持有的货币，Y 代表收入，如图 9-1 所示。

（二）货币投机需求的特征

1. 货币需求难以预测。因为人们出于投机动机产生的货币需求，注重的是货币的流动性，但人们的流动偏好随着他们对未来的情况所作的估计而起变化，并且各人对未来的估计不尽相同，甚至大相径庭。这种心理现象是变幻莫测的，加上市场行情变化的影响，导致货币投机需求难以预测。

2. 货币主要充当贮藏财富的职能。凯恩斯从繁杂的经济现象中抽象出一种简单的假设：经济体系中只有两种金融资产：货币和证券。他认为由于货币的特

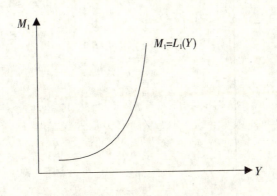

图 9 - 1

征，其不仅具备极好的流动性执行交换媒介的职能，还能充当贮藏财富的职能，人们在选择自己的资产时，需要在对金融市场作出预测的基础上，权衡货币与证券所带来的效用，将两者进行比较后，才能决定他们是以货币还是以证券作为自己的资产存在形式。一般说来，持有货币的目的首先是使自己的资产价值至少得到保存，然后才进行投机，尽力使其增值，对于不确定的未来，保存货币本身带来灵活升值。所以，货币的投机需求强调的是货币贮藏财富的职能。

3. 对利率极为敏感，并是利率的递减函数。证券未来价格随利率的变化呈反方向运动，人们出于投机而在手中保持货币的多少，主要取决于利率的变化：当利率上升时，未来证券价格将下降，就会出售证券，保存货币，此时，货币的投机需求增加；反之，当利率下降时，未来证券价格将上升，就会买进证券，以备日后证券价格上涨时抛出，从中赚取投机利润，此时货币的投机需求减少。用公式表示

$$M_2 = L_2(r)$$

式中，M_2 为投机需求的货币量，r 为利率，L_2 代表利率 r 与 M_2 的函数，如图9 - 2所示。

由于货币总需求等于货币交易需求、预防需求与投机需求之和，所以，货币总需求的函数式是

$$M = M_1 + M_2 = L_1(Y) + L_2(r)$$

交易需求是货币的最终需求，预防需求和投机需求是货币的中间需求。除了受收入和利率影响之外，人们的货币需求还受其他因素的影响，如预期通货膨胀、经济周期以及机会成本等的影响。例如，当利率降至极低水平，由于利息收入太低，保留货币的机会成本太小，公众宁愿持有现金而不愿持有证券，也就是

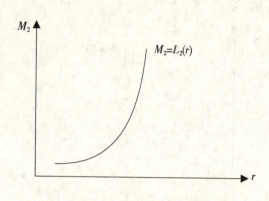

图 9－2

人们的货币需求趋于无限大。货币当局此时便无法控制利率，货币政策也会失效，因为无论增加多大的货币供给量，都会被人们持有，后人称之为"流动性陷阱"，但这只是理论上的分析，在现实的经济生活中还没有出现过。在现实经济生活中出现过的是以下两种情况：一是在恶性通货膨胀下，相对于保持实物资产而言，人们保持货币的机会成本太高，故人们的货币需求趋向于零；二是在严重经济危机时期，由于支付手段的严重缺乏，人们的流动性偏好达到高峰，货币需求也趋于无限大。这些都是由于特殊原因造成的人们货币需求的极端情形。

三、凯恩斯货币需求理论的发展

凯恩斯逝世以后，许多经济学家对凯恩斯的一些具体观点和主张做了许多修正和发展。现代凯恩斯主义分化成两个支派：一是以英国剑桥大学为中心的新剑桥学派，一是以美国麻省理工学院为中心的新古典综合派。

（一）新剑桥学派对凯恩斯货币需求理论的发展

凯恩斯认为人们的货币需求动机有三种，即交易动机、预防动机和投机动机。新剑桥学派则认为，随着经济的发展，仅这三种动机不能说明全部现实状况，他们提出了货币需求的七动机说。

1. 生产流量动机。当企业决定增加产量或扩大经营规模时，无疑需要有更多的货币。它相当于凯恩斯提出的交易需求，这部分需求由企业的行为所决定。

2. 货币—工资动机。这种货币需求是由货币—工资增长的连带效应产生的。在现代经济中，通货膨胀是一种经常性的现象，当货币供应量增加以后，往往连带着工资的增长。

3. 金融流量动机。这是人们为购买高档消费品需要储存货币的动机。高档商品在实际购买之前一般要有一个积蓄货币的过程。

4. 预防和投机动机。在手中保留超出交易需要的货币，一方面以备不测之需，另一方面等待时机以进行投机。

5. 还款和资本化融资动机。随着信用的发展，债权债务关系十分普遍，大部分个人或企业都负有一定的债务。同时，现代社会融资具有资本化特点，即各种融资形式都以取得报酬为前提，因此，为了保持自己的信誉，必须按规定的条件偿还债务、支付利息等，就需要保持一定的货币量。

6. 弥补通货膨胀损失的动机。因为在物价上涨、货币贬值的情况下，即使维持原有的生产水平，也需要更多的货币量。

7. 政府扩张动机。除个人或企业外，政府也有货币需求扩张动机。现实中，赤字往往是货币需求大大增加的重要原因。特别是当政府有意识地采取这种政策以支持战争或作为反危机措施时，情况更是如此。

（二）新古典综合派对凯恩斯货币需求理论的发展

对于凯恩斯关于交易性货币需求取决于收入而与利率基本无关的观点，凯恩斯以后的许多经济学家都提出过异议，然而第一次深入分析交易性货币需求与利率关系的是美国经济学家鲍莫尔。他认为，任何企业或个人的经济行为都以收益最大化为目标。因此，在货币收入取得和支用之间的时间差内，没有必要让所有用于交易的货币都以现金形式存在。由于现金不会给持有者带来收益，所以应将暂时不用的现金转化为生息资产的形式，需用时再变现，只要利息收入超过变现的手续费就有利可图。利率越高，收益越大，人们就会把现金持有额压到最低限度。但若利率低下，利息收入不够变现的手续费，那么人们将持有全部的现金。因此，货币的交易需求与利率不但有关，而且关系极大。

如前所述，凯恩斯认为，人们出于预防动机而产生的货币需求与出于交易动机而产生的货币需求一样，其大小主要取决于收入水平，而不受利率变动的影响。美国经济学家惠伦和奥尔先后发表文章，提出了预防性货币需求与利率变动有关的观点，并论证了二者呈反方向变动的关系。惠伦认为，决定人们预防性货币需求大小的因素主要有两个：一是持币的成本；二是收入和支出的状况。人们持有货币的成本由两项内容构成：一项是转换现金的手续费，另一项是利息损失成本，转换现金的手续费用取决于转换的次数，利息损失成本取决于利率的高低。就收入和支出状况来看，只有当收入和支出的差额（净支出）超过持有的预防性现金余额时，才需要将非货币性资产转化为货币，所以，收入和支出状况会引起预防性货币需求的变化。

对投资者如何在未来不确定的情况下选择金融资产，托宾提出了"资产组合理论"。托宾认为，资产的保存形式不外两种：货币和证券。持有证券可以得到收益，但也要承担由于证券价格下跌而受损失的风险，因此，证券称为风险性资产；持有货币虽没有收益，但不必承担风险（排除物价变动情况），故货币称做安全性资产。一般来说，如果某人将其资产全部投入风险性资产，那么他的预计收益达到最大，与此同时他冒的风险最大；如果某人的所有资产都以货币形式保存在手里，他的预计收益和所要承担的风险都等于零；如果他将资产分作货币和证券各一半，那么他的预计收益和风险就处于中点，由此可见，风险和收益是同方向变化，同步消长的。若某人的资产构成中只有货币而没有证券，为了获得收益他会把一部分货币换成证券，因为减少了货币在资产中的比例就带来了收益的效用。但随着证券比例的增加，收益的边际效用递减而风险的负效用递增，当新增加证券带来的收益正效用与风险的负效用之和等于零时，他就会停止将货币换成证券的行为。同时，若某人的全部资产都是证券，为了安全他就会抛出证券而增加货币持有额，直到抛出最后一张证券带来的风险负效用与收益正效用之和等于零时为止。只有这样，人们得到的总效用才能达到最大。这就是所谓的资产分散化原则，这一理论说明了在不确定状态下人们同时持有货币和证券的原因。

第五节　现代货币数量理论

现代货币数量理论的发源地在美国芝加哥大学，因而它又被称为芝加哥学派的新货币数量论。现代货币数量论是货币主义的理论基础。弗里德曼是这一学派的集中代表。

一、弗里德曼的主要观点

（一）货币需求是稳定的，从而货币政策是有效的

凯恩斯对货币数量论的修正主要是在货币流通速度问题上，凯恩斯认为货币流通速度易变，从而货币量对经济及价格的推动作用被弱化。因此，弗里德曼着重研究货币流通速度的性能，但是，货币流通速度是个难以测度的抽象概念，而货币流通速度的倒数现金余额保有量（货币需求量）则是一些确定变量的函数。弗里德曼在理论上找到了恒定收入（过去、现在和将来预期收入的平均值）代替当前收入作为货币需求函数中的主要变量。这种恒久收入具有较高的稳定性，因此，由它决定的货币需求量也具有高度稳定性。弗里德曼并通过实证研究证实了这一结论。1963 年，他与施瓦兹女士合著的《美国货币史》发表了，在这本书中，他们对美国 1867—1960 年近一百年的货币流通的长期变动趋势及在各个经济循环中的变动趋势的实际资料作了分析考察，得出了货币需求量基本稳定的结论，虽然从长期来看，随着真实人均收入的增长，货币需求量有上升的

趋势。

（二）影响价格水平的主动因素是政府的货币供给

弗里德曼认为货币需求函数长期稳定，而由政府外在控制的供给函数则多变，所以，影响价格水平的主动因素是货币供给。假设人们持有的由货币供给决定的名义货币量大于与现行价格相对应的实际货币量，即货币供给量大于货币需求量，则使公众持有的现金余额增加，人们会将超过其意愿持有的余额用以购买债券、股票、不动产和其他实物资产，从而降低利率、刺激投资，使产量或价格提高，或两者兼而有之。弗里德曼认为，他的货币理论，既不是研究货币量与价格水平之间的关系，也不是研究货币量与产量水平之间的关系，而是关于货币量与名义收入之间关系的理论，即名义收入中包括的价格与产量的比例究竟如何分割，亦即在货币供给量变动时，有多少反映在价格水平的变动上，有多少反映在产量的变动上，它们的决定因素是什么。

（三）在经济循环中，货币流通速度加强了货币量对价格和产量的作用

货币流通速度的实证研究表明，它在长期内呈稳定的下降趋势，而在每一次循环周期内，在扩张期加速，在收缩期减缓。因此，货币流通速度不会下降到零，形成所谓"流动性陷阱"，即货币量无论怎样增加都会被公众持有，而不会对产量或价格发生作用。相反，在每一次循环中，它会按同一方向加强货币量的作用，帮助它影响价格或产量。例如，在繁荣时期，货币流通速度加速，从而加强了过多的货币量对产量或价格的推动作用；在衰退时期，货币流通速度减缓，加强了由于货币量的减少而对产量或物价的收缩作用。

综上所述，弗里德曼对货币需求的综合函数——货币流通速度的实证研究作出了重大的贡献；他强调了货币存量和货币政策的重要作用，提出了通货膨胀的根本原因在于货币量增长率超过国民生产总值增长率，主张国家控制货币供给以及单一规则等货币政策，主张进一步发展和完善货币理论。

二、弗里德曼的货币需求函数公式

弗里德曼的货币需求函数公式是

$$\frac{M_d}{P} = f\left(y, W, r_m, r_b, r_e, \frac{1}{P}\frac{dp}{dt}, u\right)$$

式中，$\frac{M_d}{P}$ 表示实际货币需求，Y 表示实际恒久性收入，W 表示物质财富占财富总额的比率，r_m 代表货币的预期收益率，r_b 是固定收益证券利率，r_e 是非固定收益的证券利率，$\frac{1}{P}\frac{dp}{dt}$ 是预期物价变动率，u 是反映主观偏好、风尚及客观技术、

制度等因素的综合变量。

人们保持多少货币，首先要受到他拥有的财富总额的制约，如果财富总额难以计量，也可用恒久性收入（因为现期收入在整个生命周期中是不平均的）来代替。一个人能够保持的货币最大数额不能超过他卖掉所有的财产、耐用品、债券等等所获得的货币总额。

非人力财富（物质财富）可以买卖，它很容易转化为现金，因此，非人力财富的规模与货币需求成反比；人力财富要转化为现金收入则较困难且不大稳定（失业），因此，人力财富的规模与货币需求成正比。人力财富与非人力财富之间的替代虽然也可以发生，例如个人会出售他的一部分非人力财富用于进一步提高自己或子女挣钱能力的教育上；或者忽视教育而积累非人力财富，但这种替代在范围上是有限的。所以，非人力财富占财富总额的比率也是货币需求的函数之一。

保持货币的机会成本是指从持有债券、股票上获得的收入，如果任何其他资产的收益上升，则货币需求就下降。一个人若拥有相对于其收入过多的货币，则货币的边际效用（流动性）就会递减，在其他资产收益上升时，将货币转化为其他资产（如债券、股票）将是有利的；反之，则相反。这些其他资产的收益由两部分组成：一是它们带来的利息（或股息），二是在证券市场上买卖的预期资本损益。由于证券价格与市场利率成反比，预期利率变化的幅度也可用于预测资本损益的幅度，当然在方向上是相反的。因此，其他资产的收入是持有货币的机会成本，因为如果持有的是货币而不是这种资产，则这种收入就是放弃了的东西。虽然各种资产的收益率都是独立的变量，但某种资产收益率的变化也会引起其他资产收益率的变化。例如，当债券收益率上升时，将会吸引人们出售股票去购买债券，从而引起两种证券相对价格的变化，这种相对价格的变化将一直继续到各种资产的收益率相等为止。

在物价上涨时，持有货币的收益率下降；在物价下跌时，持有货币的收益率上升。因此，预期物价水平变动的幅度可用来测量持有货币的预期收益率变动幅度。在其他条件不变的情况下，持有货币的预期收益率越高，货币持有量将越多；预期收益率越低，则货币持有量越少。因此，预期通货膨胀率是货币需求函数中的一个重要变量。

弗里德曼在他的函数式中，并不区别货币是用于交易的还是用于投机的，他认为货币本身并不根据其持有目的的不同而有所不同，于是把它们都包括在货币总量中，用同一函数式来表达。

重要概念

货币需求　古典货币数量学说　凯恩斯货币需求理论

复习思考题

1. 现金交易理论的缺陷是什么？
2. 收入数量理论对传统数量理论有哪些修正和发展？
3. 货币交易需求和预防需求的特征有哪些？
4. 新剑桥学派认为，有哪七个动机影响货币需求？

第十章 通货膨胀与通货紧缩

20世纪70年代通货膨胀开始受到世人关注。20世纪90年代起，世界经济又面临着通货紧缩的挑战。通货膨胀与通货紧缩作为经济现象，干扰经济的正常运行，不利于经济发展。要解决和克服经济运行中遇到的这两种不利的通货现象，需要我们对其进一步认识。

第一节 通货膨胀概述

通货膨胀是现代货币理论中涉及的问题，是各国普遍存在的经济现象。准确、科学地认识、分析通货膨胀及其产生的原因，对于有效预防通货膨胀具有重要意义。

一、通货膨胀的概念

通货膨胀虽经常出现并被人们广泛谈及，但由于所处的历史环境及出发点不同，对于通货膨胀的解释和理论，各国经济学家们却众说纷纭，对通货膨胀的理解和解释存在一定差异，始终未能给出一个可被普遍接受的明确解释。

（一）西方学术界对通货膨胀的定义

在凯恩斯之前的一段时间里，经济学家认为通货膨胀是"太多的货币追逐太少的货物"。但凯恩斯则将通货膨胀与实际经济资源的利用程度相结合，认为只有当经济达到充分就业后，货币供给的增加以及有效需求的增加，不再可能增加产量和就业时，物价便随货币供给的增加而同比例上涨，从而形成真正的通货膨胀。多数西方经济学家们对通货膨胀的理解是围绕物价上涨、货币供给量过度增加和货币购买力下降等方面展开的。

第二次世界大战后，西方经济理论界一般视通货膨胀为"求过于供"的现象，着重对"过度需求"作用加以分析。其后，又将分析的重心移至社会各阶层的不合理分配之上，如新剑桥学派代表人物琼·罗宾逊认为："通货膨胀通常指的就是物价总水平的持续上升。"而现代货币主义者弗里德曼则认为"通货膨胀在任何时空条件下都是一种货币现象"，"物价的普遍上涨就叫做通货膨胀"。

新古典综合学派代表、美国当代经济学家保罗·萨缪尔森在其《经济学》一书中认为通货膨胀是"物品和生产要素的价格普遍上涨时期——面包、汽车、理发的价格上升，工资、租金等等也都上升"。新自由主义者 F. 哈耶克指出："通货膨胀一词的原意和真正意义是指货币数量的过度增长，这种增长会合乎规律地导致物价上涨。"美国著名经济学家莱德勒和帕金的定义是："通货膨胀是一个价格持续上升的过程，也就是说，是一个货币价值持续贬值的过程。"

综合不同观点，西方经济学侧重于从通货膨胀的表现形式对其进行定义："商品和生产要素价格总水平的持续不断的上涨"。但是也应看到，在关于通货膨胀的理论中具有重要地位，并相互对立的凯恩斯学派和货币学派对于通货膨胀进程的观点并非截然不同，双方都认为高通货膨胀只能在高货币增长率的情况下发生（这里的通货膨胀指的是物价水平的不断高速上升）；在这一共同认识之下大多数经济学家都同意弗里德曼所说的"通货膨胀在任何时空条件下都是一种货币现象"。

（二）中国学术界对通货膨胀的定义

20 世纪 70 年代以前，中国有关教材中关于通货膨胀的定义大多引自前苏联，这种观点认为社会主义国家不存在通货膨胀。事实上，中国及前苏联等国也都不同程度地遭到通货膨胀的困扰，可见，通货膨胀是经济发展过程中不可避免的现象。我国过去的传统教材中对于通货膨胀的定义是根据马克思关于货币流通规律的理论而定义的，即货币发行量超过商品流通中的实际需要量而引起的物价上涨和货币贬值。

中共十一届三中全会后，解放思想，实事求是，理论界逐渐认识到社会主义条件下虽无通货膨胀存在的必然性，但仍然存在其可能性。对于通货膨胀的内涵，我国学术界不仅有不同理解，而且在如何使用这个概念上也有不同的看法。

刘鸿儒主编的《经济大辞典》将通货膨胀定义为流通中的纸币量超过实际需求量所引起的货币贬值、物价上涨的经济现象。林继肯认为通货膨胀完整的概念应该是：通货发行过多，造成物价上涨，引起国民收入的再分配。还有观点认为通货膨胀的原因并不仅仅是由货币超量发行造成的，由于需求增量大于供给增量导致的持续性短缺也是通货膨胀的一种形式。这种理解对传统的定义进行了补充，从供给与需求的角度出发，一方面说明通货膨胀的发生有其历史原因，即过去发生的累积性通货膨胀对即期有一定的影响；另一方面，指出在非充分就业的情况下，由于供给量的主动减少也会导致通货膨胀的发生。还有人认为，政府人为地对物价进行冻结或计划管制时，过量的货币供给不会引起物价的上涨，但会造成市场供给的短缺，凭票限量供应、持币待购以及黑市价格与计划价格相差悬殊等实质也是通货膨胀的表现形式。可见，通货膨胀是指由于货币发行量超过了经济发展的实际需要量而导致的物价水平公开或变相的普遍性持续地明显上涨的经济现象。

综合中西方学术界的不同观点，可以认为通货膨胀是由于市场上货币的供给量超过了商品生产和流通所需要的量，继而造成的货币贬值，是总的物价水平以不同的形式（或公开的或隐蔽的）持续上升的一种经济现象。

理解通货膨胀需要把握以下几个要点：

第一，普遍性。通货膨胀所指的不同形式的物价上涨并非个别商品或劳务价格的上涨，而是指一般物价水平即全部物品及劳务的加权平均价格的上涨，不同形式则包括公开的和隐蔽的形式。在公开的形式下，政府不采取物价管制和物价津贴等措施，因此，物价上涨很明显，无从隐蔽。但在某些非市场经济或由于种种原因采取物价管制政策的国家，过多的货币供应并非都通过物价上涨表现出来，有时通货膨胀也会表现为商品短缺、凭票供应、持币待购以及强制储蓄等形式，即物价水平隐蔽地上升。

第二，持续性。即物价上涨必须体现为一段时期以内的连续性上涨过程，至于季节性、临时性或偶然性的物价上涨，都不能算做通货膨胀。如在受台风袭击期间，副食品价格短期虽然上涨，但不久价格又会恢复到原来水平；经济萧条后恢复时期的商品价格正常上涨等等也不能算做通货膨胀。

第三，显著性。即物价上涨的幅度应该比较明显，如果上升幅度极小，也不能认为是通货膨胀。通货膨胀所指的物价上涨必须超过一定的幅度，但这个幅度该如何界定，各国又有不同的标准。一般说来，通货膨胀中的价格变动应体现为一个过程（常以年度为时间单位来考察），年物价上涨的幅度在2%以内都不被当做通货膨胀，有些学者甚至认为只有年物价上涨率超过5%才能算做通货膨胀。

第四，关联性。通货膨胀虽是一种货币现象，但更是一种经济现象，因为货币供给量的多少是相对于商品供给而言的，商品供给又与商品的生产和流通密切相关。如能合理地保持货币供给量与商品供给量在总量上的一致，就不易发生通货膨胀。因此，通货膨胀应当是同经济运行密切联系的一种现象。

最后，需要解释的是，通货膨胀与纸币膨胀既有联系又有区别。过去曾有人定义，通货膨胀是纸币发行量超过商品流通的客观需要而引起的物价上涨、纸币贬值的经济现象。随着商品经济的发展，货币形态经历了实物货币→金属货币→纸币→信用货币→电子货币的发展变化过程。既然通货的形式和内容在不断变化，因而也就不能简单地将通货膨胀等同于纸币膨胀，纸币发行虽然过多，但由于存款货币等其他通货量相应萎缩，也未必会造成通货膨胀。因此，在分析通货膨胀时，应着重考察导致总供求失衡的货币总量是否超量发行，而不仅仅是纸币发行量。

二、通货膨胀的度量

通货膨胀一般都体现为物价水平的持续上升，因此，世界上多数国家的测度方法都是围绕"价格变动"来设计的，通过一种或几种物价指数来衡量通货膨胀的程度。常见的方法有：

（一）物价指数

物价指数是最常用来测度通货膨胀的一种指标，是指本期物价水平对基期物价水平的比率，用以反映物价涨跌的幅度。通常人们将基期物价水平定为100％，在此基础上计算本期物价涨跌的幅度。如果本期物价指数为107％（大于100％），则表示本期物价水平相对于基期物价水平上涨了7个百分点，即物价上涨率（或通货膨胀率）为7％。

物价指数由于计算时采用的商品或价格等的不同而有各种不同的称谓。通常用来测度通货膨胀的物价指数主要有消费物价指数（CPI）、批发物价指数（WPI）和生活费用价格指数等。

（二）货币购买力指数

货币购买力是指一定时期内单位货币实际能买到的商品和服务的数量。如果物价下跌，单位货币买到的商品与服务就增多，表明货币购买力提高，货币升值；反之，如果物价上升，单位货币所能购买的商品与服务就减少，表明货币购买力下降，货币贬值。在这里，物价起着决定性的作用。因此，货币购买力变化可以反映通货膨胀情况。货币购买力指数小于1，说明货币购买力下降，货币贬值，通货膨胀发生。货币购买力指数越小，通货膨胀越严重。

（三）国民生产总值（GNP）平减指数

国民生产总值平减指数，也称国民生产总值缩减指数、国民总产值价格指数、国民生产总值调整指数，简称折算数。它是指按现行价格计算的国民生产总值与按不变价格计算的国民生产总值的比率。

上述几种指标中，消费物价指数（CPI）和GNP平减指数较为全面，使用频率较多，但这两个指数也不完全准确，因为它们遗漏了许多重要的资产，如金融资产（股票、债券、存款等）。用国民生产总值平减指数来度量通货膨胀，优点是它所包括的范围广，除消费品和劳务外还包括资本以及进口商品等，能够全面反映社会总体物价水平的趋势，也正因为如此，近年来，许多西方经济学家都把它视为衡量通货膨胀的最佳尺度。但是编制这一指数需要收集大量的资料，且一般只能一年公布一次，所以不能迅速反映物价变化的幅度及其动向；它还受产品价格结构的影响而不能准确反映消费品价格的变化情况，因此不能及时反映通货膨胀的程度和动向，有其局限性。比如，虽然消费品价格的上涨幅度已经很高，但其他产品价格的变动幅度却不大，这时就会出现国民生产总值平减指数虽然不高，但居民的消费品支出已经明显增加的状况。

以上三种指标各有利弊，大多数国家在测量通货膨胀的程度时，往往同时采用多种指标综合分析。随着金融的不断发展，金融资产在各类资产中所占的比重越来越大，应该将金融资产价格的变动反映在通货膨胀的变化情况之中。因此，适时地调整衡量通货膨胀程度的尺度也是非常必要的。

三、通货膨胀的类型

依据不同的标准，可以将通货膨胀划分为若干类型。

（一）按市场机制的作用来划分，通货膨胀可以分为公开型通货膨胀和隐蔽型通货膨胀

公开型通货膨胀又称开放型通货膨胀，是指市场机制充分运行和政府对物价上升不加控制的情况下所表现出来的通货膨胀，或者政府虽然施以控制，但因通货膨胀的压力太大而未能生效，价格上涨非常明显。

隐蔽型通货膨胀又称抑制型通货膨胀，是指国家实行物价管制，主要消费品价格基本保持人为平衡，但却表现为市场商品短缺严重、供应紧张、凭证限量供应商品、变相涨价、黑市活跃、商品走后门等隐蔽性的一般物价水平普遍上涨的经济现象。这种通货膨胀没有以物价上升的形式表现出来，因此也称为潜在型通货膨胀。

（二）按照通货膨胀的程度和物价水平上涨的速度来划分，通货膨胀可分为爬行的通货膨胀、温和的通货膨胀与恶性的通货膨胀

爬行的通货膨胀（Greeping Inflation）也称潜在的通货膨胀，一般指物价水平按照不太大的幅度持续上涨的通货膨胀。这种通货膨胀发展缓慢，短期内不易察觉，但持续时间很长。对于物价上涨率达到多少，或到什么界限才能称为爬行的通货膨胀，经济学界并无统一的标准。通常认为年通货膨胀率在1%左右时，一般是统计误差，不能视为通货膨胀。在没有通货膨胀预期的前提下，年通货膨胀率应该在2%~4%，且低于经济增长率。20世纪50年代和60年代资本主义国家发生的通货膨胀都属于这种类型。

温和的通货膨胀（Moderate Inflation），一般是指在没有通货膨胀预期的前提下，年通货膨胀率在10%以下，即在4%~9%，且低于经济增长率的通货膨胀。

恶性的通货膨胀，是指物价水平按照相当大的幅度持续上涨，一般年通货膨胀率在10%以上，达到两位数的水平，且高于经济增长率的通货膨胀。当恶性的通货膨胀发生以后，由于物价上涨率较高，人们对通货膨胀有明显感觉，公众预期物价水平还将进一步上涨，不愿保存货币，纷纷抢购商品用以保值，货币流通速度加快，货币购买力下降，这会使通货膨胀更为加剧。如果不采取有力的反通货膨胀措施，将有可能发展为通货膨胀失控。

历史上曾经由于战争、政变、金融危机或经济危机等所引发的，物价连续暴涨且已失去控制，月平均物价上涨率超过50%，通货膨胀率往往在100%以上，最严重时甚至达到天文数字的野马脱缰式的通货膨胀，也称为恶性的通货膨胀，或奔驰的、极度的通货膨胀。如第一次世界大战后的德国和中国国民党政府垮台前退出大陆时的情况即属于此种情况。1965—1975年西方发达国家发生的恶性通货膨胀中，美国、法国、日本、英国的零售物价上涨率依次为58.2%、88.6%、120%、130%。当代，由于各国都采取了有效的措施预防和治理通货膨胀，并取得了一定的成效，因而即使是两位数字的年通货膨胀率，也应该算是恶性的通货膨胀了。

需要说明的是，在经济学界，这种按物价上涨幅度来划分通货膨胀的方法，其划分标准并不完全一致。在不同的历史时期、不同的国家、不同的经济体制和不同的经济发展水平下，对其标准的确定也不是一成不变的。21世纪之初，美国消费物价上涨率在1.5%~3%，美联储主席格林斯潘认为3%以下是"合适的"，一旦超过3%他就需要考虑提高利率抑制通货膨胀了。

（三）按通货膨胀能否预期来划分，通货膨胀可分为预期型通货膨胀和非预期型通货膨胀

将通货膨胀区分为预期型和非预期型，是当代通货膨胀理论与传统通货膨胀理论的分水岭。

预期型通货膨胀是指在经济生活中，人们预计将要发生通货膨胀，为避免经济损失，在各种交易、合同、投资中将未来的通货膨胀率预先计算进去。对通货膨胀的预期是因物价上涨而产生的。无论预期准确与否，这种心理恐慌都会进一步导致市场恐慌，对物价发展起推波助澜的作用，并引起新一轮的物价上涨，加剧通货膨胀压力。这种类型的通货膨胀不是现实经济运行的结果，而是心理作用的产物。

非预期型通货膨胀，是指在没有心理预期作用的情况下，现实经济运行中所产生的通货膨胀。只有这种类型的通货膨胀才会影响到就业、产量等，它对经济具有真实的负效应。

（四）按通货膨胀产生的原因来划分，通货膨胀可以分为需求拉上型通货膨胀、成本推进型通货膨胀、混合型通货膨胀、结构型通货膨胀、财政赤字型通货膨胀、信用扩张型通货膨胀和国际传播型通货膨胀等

这种按照产生原因对通货膨胀的分类，是最常见的对通货膨胀的划分，由此也产生了相关类型的通货膨胀理论，即需求拉上说、成本推进说和结构说等，在通货膨胀形成的原因中还将进行具体详细的介绍与分析。

四、通货膨胀对经济运行的影响

（一）国民收入再分配效应

货币供应增加，一般会使整个社会的名义收入增加，但增加的这部分名义收入不会均衡地分配于社会的各个阶层，而是产生国民收入再分配。一般说会有以下几种情况：

1. 实际财富持有者得利，货币财富持有者受损。实际财富诸如贵金属、珠宝、不动产等在通货膨胀时期价格上涨，而货币财富诸如现金、银行存款等因物价上涨而下跌，从而使实际财富持有者获利，货币财富持有者受损。

2. 债务人获利，债权人受损。债务人在债务到期时按债务的名义价值进行偿还，当通货膨胀发生时，同量货币的实际购买力已经下降，所以，债权人的利益受到了损害。当然若预期未来通货膨胀率将上升，为防止这种损失，债权人通常会采用浮动利率贷款或在借款合同中附加通货膨胀条款，那么这种收入再分配效应也就不存在了。

3. 浮动收入者得利，固定收入者受损。在通货膨胀过程中，那些领取租金、养老金、退休金以及白领阶层和公共雇员等固定收入阶层会因通货膨胀使实际收入下降。企业主等浮动收入者，若收入上涨幅度大于工资和原材料价格的上涨幅度，则会获得超额收入。

4. 国家得利，居民受损。国家一方面通过通货膨胀税占有了一部分实际资源，另一方面，国家通过发行国债可以成为大的债务人，在累进税率制度下，又可以成为浮动收入者。

（二）强制性储蓄效应

通货膨胀的直接原因就是货币发行过多，伴有政府财政赤字增加，并采用向中央银行借款的方式弥补，在经济已达到充分就业的情况下，就会强制增加全社会的储蓄总量，因为多发行的那部分货币直接表现为政府的收入，可以用于增加投资。这部分收入就是"通货膨胀税"，即政府通过增发货币引起通货膨胀而获得的超额收入，其实质是政府对所有人的一种隐蔽性强制征税。当政府用这部分增发货币购买社会物资后，市场上的商品会相应减少，等居民拿到货币再去购买

商品时，由于流通中货币量的增加导致价格上升，从而居民手持的货币已经贬值，其所受的损失由国家占有。

通货膨胀的这种"强制储蓄"效应能否增加投资以及增加幅度的大小应具体分析。若政府的储蓄倾向高于社会各阶层的储蓄倾向，则整个社会的平均储蓄水平会提高，从而有更多的投资资金来源。就国家投资而言，一般情况下，发展中国家的国家投资在社会总投资中比重较大，因而"强制储蓄"效应对国家投资的影响也就比较大。对于发达国家，政府投资所占比重较小，所以该效应对国家投资的影响也就相对较小。就私人投资而言，一方面，通货膨胀使企业利润增加，资本家的边际消费倾向低于工人的边际消费倾向，从而会将新增的利润更多地用于投资；另一方面，在利率上升幅度小于通货膨胀上升幅度的情况下，筹资成本的降低也会使私人投资相应增加。

（三）资产结构调整效应

一般地说，资产可分为实物资产和金融资产两类。在通货膨胀发生时，实物资产的货币价值会随通货膨胀率的变动而相应调整，或高于通货膨胀率或低于通货膨胀率。金融资产的构成相对比较复杂，在一般情况下，货币供应量与股票价格经常成正比关系。货币供应量的增加，一方面会扶持物价水平，阻止商品价格的下降，可能促进生产；同时，商品价格的上涨会使上市公司的销售收入和利润相应增加，从而使以货币形式表示的股利有一定幅度的上升，使股票需求增加，股价上涨；通货膨胀又会造成企业利润普遍上升的假象，保值意识使人们倾向于将货币投向贵金属、不动产和短期债券上，股票需求量也会增加，从而使股价相应上涨。但通货膨胀率与股价的关系并不是绝对的正比关系，当通货膨胀达到一定程度后，会推动利率上升，资金将从股市中撤出，使股价下跌。对于货币债权债务的各种资产如现金、银行存款、债券等，随物价的涨跌，其实际货币额也相应涨跌。为了避免损失或降低损失程度，资产持有者势必会调整其资产结构。

（四）影响投资和产业结构的合理配置

通货膨胀中需求增加，而需求拉动的首先是投资少、周期短、见效快的加工工业，然后才是投资大、周期长、见效慢的基础工业。这样，会使国民经济出现加工工业膨胀，基础工业滞后，产业结构失衡的局面。在通货膨胀时期，若利息率没有随预期的物价上涨率相应调整，就会促使社会消费增加，投资缩减，制约生产；若股息的增长率低于利息率的上涨也会使股票、债券价格下跌，企业直接融资受阻，投资率下降。

（五）打乱商品流通，妨害货币职能的正常发挥

通货膨胀会造成人们对未来货币贬值的预期，从而助长企业大量囤积商品，

人为加剧市场供求矛盾。由于卖方市场的存在，企业会不再致力于提高产品质量，降低生产成本，从而使产品粗制滥造，商品和劳务的质量降低。同时，由于币值的波动频繁，使货币的名义价值与真实价值脱离，不能正常发挥其价值尺度。

（六）影响国际收支平衡

在通货膨胀时期，若汇率不变，国内一般物价水平的上升会引起出口货物价格相对较高、进口货物价格相对较低，从而导致国际收支失衡。若通货膨胀引起本国货币对外贬值，则必然导致进口价格上涨，在发展中国家进口需求弹性较小的情况下，可能引起国际收支恶化。

（七）影响社会稳定

恶性通货膨胀还会损害社会公众对政府的信任，使政局不稳，工薪人员会为争取提高工资反对通货膨胀而进行罢工，以致加深社会矛盾，影响社会稳定。

第二节　通货膨胀的成因与治理

一、通货膨胀的成因

分析通货膨胀的成因有助于理解通货膨胀过程中出现的各种现象，从而制定正确的治理通货膨胀的措施。

由于通货膨胀的成因和机理比较复杂，各国经济学家从不同的角度出发进行分析，提出了各种对策和主张，其中主要的有需求拉上说、成本推进说、供求混合说、结构说和财政赤字说等不同的理论解释。

（一）需求拉上说

早期的西方经济学家主要从需求方面分析通货膨胀的成因，认为经济中需求扩张超出总供给增长时所出现的过度需求是拉动价格总水平上升、产生通货膨胀的主要原因。"太多的货币追逐太少的商品"，使得对商品和劳务的需求超出了在现行价格条件下可得到的供给，从而导致一般物价水平的上涨。从需求角度进行分析形成了较有代表性的两种思路：一种观点认为，基建投资过大引起财政赤字过大，进而使货币供给量增长过快导致总需求膨胀。另一种则认为，通货膨胀就是信用膨胀的结果。两种思路从财政和信贷两方面入手进行分析，其实，在中国这种特定的体制下，应该是财政信贷的交错影响引发了需求的膨胀。

那么，总需求超过总供给又是怎么引起物价上涨的呢？

为了说明这一理论，现假定总供给与总需求相等，即国民经济达到均衡状态，物价稳定。但是如果经济体系中出现了某种变动，例如出现一次货币供应量的增加、投资活动的一次冲击或扩大，甚至即使是一笔政府开支也会使总需求上升。然而在价格水平不变的情况下，市场上不会有足够的商品来满足增加了的需求，因此只有提高价格，才能使总供给与总需求达到新的均衡，如图 10 - 1 所示。

图 10 - 1 的横轴代表国民收入或产量，以 Q 表示；纵轴代表物价水平，以 P 表示；SS 是总供给曲线；D_0D_0、D_1D_1 和 D_2D_2 分别表示总需求曲线。假设总需求与总供给处于均衡状态时的价格水平是 P_0，则由于总需求的增加，致使价格水平分别上涨至 P_1 和 P_2。

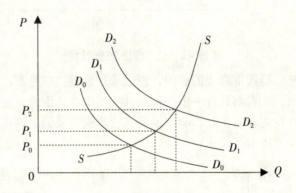

图 10 - 1　需求拉上型通货膨胀

（二）成本推进说

成本推进说主要从总供给或成本方面分析通货膨胀的生成机理。该理论认为，通货膨胀的根源并非是总需求过度，而是总供给方面的生产成本上升。在通常情况下，商品的价格是以生产成本为基础，加上一定利润而构成的，因此，生产成本的上升必然导致物价水平的上升。成本推进说的理论分析可用图 10 - 2 加以说明。

图 10 - 2 的横轴为国民收入或实际产量（Q），纵轴为价格水平（P），S_0、S_1、S_2 为总供给曲线，D 为总需求曲线，Q_f 为充分就业时的实际产量。随着生产成本的提高，总供给曲线 S_0 向左上方移至 S_1，再由 S_1 移至 S_2。当总需求不变时，价格水平 P_0 上升至 P_1，再由 P_1 上升至 P_2，而产出则由 Q_f 减至 Q_1，再由 Q_1 减至 Q_2。由此可见，生产成本提高将会导致企业生产压缩、失业增加和总供给减少，从而成为通货膨胀和失业增加的根源。

（三）供求混合推进说

现实生活中，需求拉动的作用与成本推进的作用常常是混在一起的，需求拉

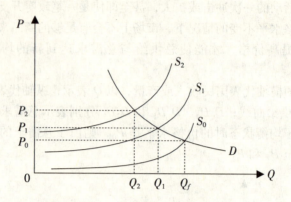

图 10 - 2　成本推进型通货膨胀

上说撇开供给来分析通货膨胀的成因，而成本推进说则以总需求给定为前提条件来解释通货膨胀，二者都具有一定的片面性和局限性，因此，应当同时从需求和供给两个方面以及两者的相互影响来说明通货膨胀的成因。供求混合推进说的理论分析如图 10 - 3 所示。

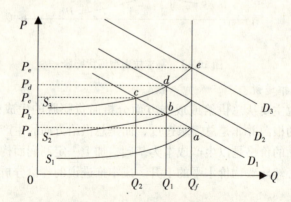

图 10 - 3　供求混合型通货膨胀

图 10 - 3 的垂直线 Q_f 为经济体系处于充分就业时的实际产量，由于成本推进的通货膨胀使供给曲线由 S_1 移至 S_2，这时的物价水平由 P_a 涨至 P_b；如果政府采取刺激总需求的措施，使总需求曲线由 D_1 移到 D_2，则物价水平涨至 P_c，这时的物价和产量均处于充分就业状态；成本推进的通货膨胀又使供给曲线移到 S_3，物价水平涨至 P_d；依次循环，物价循 a、b、c、d、e……作螺旋式上升。

　　总之，混合型通货膨胀是在成本推进和需求拉上共同发生作用的情况下发生的。但在一次通货膨胀过程中，两者所起的作用不是前后交替的，而是交织在一起的，有时是其中的某一种因素起着更重要的作用（一般是需求拉上的影响较为明显）。

（四）部门结构说

部门结构说认为在供给与需求总量平衡的前提下，由于某些关键产品的供求失衡，也会引发通货膨胀。在中国，前几年一方面消费结构的升级快于产业和产品结构的升级，致使供求失衡；另一方面国家为调整不合理的经济结构通过增加信贷投放、减免税收等措施加以引导，也造成了货币供应量过多，总需求过大。

一些经济学家还从经济部门的结构方面分析通货膨胀的成因，发现即使整个经济在总需求和总供给处于平衡状态时，由于经济结构、部门结构的因素发生变化，也可能引起物价水平的上涨。这种通货膨胀被称为结构型通货膨胀。其基本观点是，由于不同国家的经济部门结构的某些特点，当一些产业和部门在需求方面或成本方面发生变动时，往往会通过部门之间的互相看齐的过程而影响到其他部门，从而导致一般物价水平的上升。

（五）预期说

理性预期学派是 20 世纪 60 年代末出现于美国的一个反凯恩斯主义的经济学派。在对失业和通货膨胀问题的看法上，该派继承萨伊定律，吸收货币主义的自然失业率理论，强调通货膨胀预期的作用，否定菲利普斯曲线的有效性，从而否定了凯恩斯主义理论和经济政策的有效性。在当代通货膨胀理论中，合理预期学说具有重要地位，有些经济学家认为，20 世纪 70 年代后的通货膨胀理论与传统通货膨胀理论的最大区别在于引进了通货膨胀预期的作用。

通货膨胀预期说主要是通过对通货膨胀预期心理作用的分析来解释通货膨胀的发生。该理论认为，在完全竞争的市场条件下，如果人们普遍预期一年后的价格将高于现在的价格，就会在出售和购买商品时将预期价格上涨的因素考虑进去，从而引起现行价格水平提高，甚至达到预期价格以上。预期心理引起或加速通货膨胀的作用主要表现为：加快货币流通速度、提高名义利率、提高对工资的要求等方面。

（六）其他学说

对于通货膨胀发生原因的解释除上述五种学说外，还有财政赤字说、信用扩张说和国际传播说等其他不同学说，对其简要分析如下：

1. 财政赤字说。该学说本质上属于需求拉上型通货膨胀说，它的侧重点在于当财政出现巨额赤字，政府采取增收节支、直接增发纸币或发行公债等措施弥补时，引起货币供应量的增长超过实际经济增长的需要而导致的通货膨胀。

2. 信用扩张说。这种类型的通货膨胀说是指经济主体对经济形势作出错误的判断，中央银行宏观控制不力，政府实行扩张性的货币政策盲目扩大信用，使虚假存款增加、货币流通速度加快、新的融资工具不断涌现进而致使信用过度扩张，引起物价上涨。

3. 国际传播说。这种类型的通货膨胀说是指进口商品的物价上涨、费用增加而使物价上涨所引起的通货膨胀。

4. 体制说。这种观点实质上是从深层次挖掘需求拉上的原因，认为由于转轨时期国家与企业之间产权关系不明晰，权责关系不明确，从而有效供给的增加和有效需求的增加总是不成比例的，而需求的过度积累必然推动物价上涨。

5. 混合类型说。该学说认为一国通货膨胀的机理十分复杂，体制因素、政策性因素和一般性因素等交互发生作用，引发通货膨胀，因此称为混合型通货膨胀。

对通货膨胀的成因的分析，一般都需要结合一国的国情，尤其是体制改革等因素对宏观经济的影响，不能单纯从一个角度加以考察，而应综合诸多因素。因此，最后一种说法相对地较为客观、全面。分析通货膨胀，应着重考察总供求水平、成本推进率、结构调整滞后导致的瓶颈产业制约，利益驱动导致的微观主体不合理提价行为，居民对未来的预期等不确定因素以及国际市场物价、利率、汇率和国际市场需求变化对本国经济的影响等诸多因素。当然在分析的过程中有些因素是可以量化的，而有些则不可以量化，所以，对通货膨胀形成机理的分析还有待于我们进一步探讨和研究。

二、通货膨胀的治理

根据对各国经济发展历史过程的分析，可以发现通货膨胀对经济发展是弊多利少。由于通货膨胀对一国经济、社会、政治生活都有影响，世界各国政府和经济学家都力图通过各种途径稳定通货，预防和避免通货膨胀的发生。但由于对通货膨胀产生原因认识不同，所采取的对策也各不相同，总体看大致可以从两方面来着手：一方面是从分析通货膨胀的成因入手，进行具体分析，采取针对性的措施；另一方面，是从总体分析的思路采取对策，加以解决。前种方法的优越性在于有的放矢，具有针对性，但有点治标不治本；后种方法则正好相反。

（一）从分析通货膨胀的成因入手解决

1. 需求拉上型通货膨胀的治理措施。针对需求拉上型通货膨胀，一般应当采取紧缩的财政和货币政策。

所谓紧缩的财政政策，主要是指政府通过削减开支、压缩公共工程、增加税收等，减少政府和个人的开支，从而控制总需求的膨胀。

　　所谓紧缩的货币政策主要是指中央银行通过一系列调节货币供应量的措施从货币角度控制总需求，如提高法定存款准备金率，压缩商业银行贷款，减少货币供给量；再如提高再贴现率，以促使商业银行提高贴现率影响市场利率，抑制企业贷款需求。这样，一方面，贷款成本的增加控制了贷款规模乃至总需求；另一方面，存款利率的上升会鼓励居民增加储蓄，从而控制消费需求的增长，减轻通货膨胀的压力。如在公开市场上出售有价证券，中央银行通过公开市场业务操作，减少商业银行的超额准备金或公众手中的现金和在商业银行的存款，控制货币供应量。同时，中央银行还可以通过窗口指导等补充性手段调节信贷和货币供应量。严厉的紧缩措施可以在短期内使通货膨胀率迅速下降，但要注意可能带来经济衰退的危险，因此，在实施紧缩政策时，必须准确把握力度。

　　2. 成本推进型通货膨胀的治理措施。针对成本推进型的通货膨胀，一般要采用收入政策进行调节。收入政策又称为工资物价管制政策，即由政府拟定物价和工资标准，由劳资双方共同遵守，目的一方面是降低通货膨胀率，另一方面不致造成大规模的失业。具体可以采取以下措施：一是指导性为主的限制。确定工资—物价指导线，以限制工资—物价的上升。这种指导线是由政府当局在一定年份内允许总货币收入增加的一个目标数值线。二是强制性限制，即政府强制推行的控制全社会职工货币工资增长的总额或幅度。有时政府甚至可以冻结工资和物价。一般情况下，政府并不采取此措施，只有当通货膨胀非常严重时才采取。但由于严重的通货膨胀会使人们的实际生活水平持续下降，所以冻结工资在此时实施难度会更大，要十分谨慎。三是以税收为基础的限制，即政府以税收作为奖励和惩罚手段来限制工资—物价的上涨。若企业的工资增长率超过政府规定的幅度，则政府可对其征收特别税款以示惩罚。若企业的工资增长率保持在政府规定的幅度内，则政府就减少其企业和个人所得税以示奖励。这样，就可以使企业有依据，从而控制成本上升，减缓通货膨胀的压力。

　　必须注意的是，采用收入政策进行工资—物价管制后，一方面，价格信号的作用被削弱，资源的流动和优化配置会受到影响；另一方面，若采取价格管制的同时没有采取相应紧缩需求的措施，则公开的通货膨胀会变为隐蔽型的通货膨胀，一旦价格放开后，通货膨胀又会重新爆发出来。

　　3. 结构性通货膨胀的治理措施。治理结构性通货膨胀，要采取结构调整政策，使各产业部门之间保持适当的比例关系，以缓解由于某些产品的供求结构失衡所造成的通货膨胀。首先是政府要制定合理的产业政策予以指导，同时采取必要的财税和信贷政策以保证产业政策的实施。如税收结构政策和公共支出结构政策，在保持税收总量一定的前提下，通过调节税率诸如对关键性产业施行免税措施以刺激这一行业的发展，或在保持财政支出总量一定的前提下，调整公共支出的项目数额，以求扩大就业，增加有效供给，降低通货膨胀率。同时，通过各种利息率结构和信贷结构的调整，使资金流向国民经济发展急需的产业和部门，提高资金的使用效率，缓解供求的结构性不平衡。

此外，治理通货膨胀，单从需求角度考虑是不够的，还需要从供给角度采取措施。如减税，降低边际税率，刺激高收入阶层的储蓄和投资积极性；削减社会福利开支，争取平衡预算，缓解财政对私人部门的挤出效应；取消政府对工商业的管制，由市场机制对经济进行自动调节，从而充分发挥减税刺激供给的积极作用；控制货币供给的增长率，稳定币值，恢复人们对储蓄与投资的乐观性预期，以增加投资、增加供给。当然，通货膨胀的成因有时是"混合型"的，那就不能采取单一措施，必须实行综合治理，包括治理经济环境、整顿经济秩序，实行经济改革，采取多种政策手段协调配合，只有这样才能从根本上解决通货膨胀。如我国在治理1993年的通货膨胀中，成功地实现了经济"高增长、低通胀"的"软着陆"，就是一个很好的例证。

（二）依总体分析的思路所采取的对策

1. 宏观紧缩政策。这是各国对付通货膨胀的传统政策调节手段，也是迄今为止在抑制和治理通货膨胀中运用最多、最为有效的政策措施，其主要内容包括紧缩性货币政策和紧缩性财政政策。

（1）紧缩性货币政策。紧缩性货币政策又称为抽紧银根，即中央银行通过减少流通中货币量的办法，以提高货币购买力，减轻货币膨胀的压力。它是一种调节总需求的宏观间接控制措施，目的在于影响总需求，并促使总需求更接近于维持充分就业和物价比较稳定所要求的水平，其主要方法包括：

①中央银行提高存款准备率。中央银行提高存款准备率以后，商业银行的法定准备金增加，贷款能力缩减，从而达到紧缩货币、减少投资、压缩货币供应量的目的。

②提高利率。中央银行一方面提高再贴现率，以促使商业银行提高贴现率，导致企业利息负担加重、利润减少，从而抑制企业贷款需求，以达到减少投资、减少货币供应量的目的；另一方面提高存款利率，鼓励居民增加储蓄，把消费基金转化为生产基金，减少通货膨胀的压力。

③公开市场业务。中央银行向商业银行或市场出售手中持有的有价证券，以减少商业银行的超额储备金和居民、企业手中的现金及商业银行的存款，从而达到减少市场货币供应量的目的。

④中央银行规定基础货币指标。它可以使中央银行实现以控制基础货币达到

控制货币供应量的目的。

⑤道义劝告。中央银行用口头或书面的要求去影响商业银行，以实现其紧缩信贷总规模，压缩市场货币供应量的目的。

（2）紧缩性财政政策。它是指当总支出过多，价格水平持续上涨时，减少政府支出，增加政府收入，从而抑制总支出，其手段有：

①削减政府预算，限制公共事业投资。这一措施目的在于减少政府支出，减少财政赤字。

②降低政府转移支付水平，减少社会福利费用。

③增加税收。增加税收以后，企业与个人收入减少，从而投资减少，政府赤字也随之减少，最终控制总需求的膨胀。

④发行公债。国家向企业和个人发行公债，既可以减少财政赤字，又可以减轻市场压力。

总的来看，宏观紧缩政策主要用来对付非预期通货膨胀和需求拉上型通货膨胀。货币政策是通过影响信贷和投资来影响市场货币供应量以压缩总需求的，财政政策则是直接影响政府和个人的消费支出从而压缩总需求。但由于人们对紧缩性货币政策和财政政策导致的总需求下降常常缺乏准确的预期，或者即使对此有准确的预期，却由于政策的滞后效应，宏观紧缩政策并不会立即产生预期的效果，而且，紧缩性政策通常伴随着短期内的失业上升和产出下降，会导致经济衰退。

2. 收入紧缩政策。就是为了降低一般物价水平的上涨幅度而采取的强制性或非强制性的限制货币工资与价格的政策，其目的在于一方面降低通货膨胀率，另一方面又不至于造成大规模的失业。收入紧缩政策的理论基础主要是成本推进型通货膨胀理论，其主要手段有：

（1）工资管制。就是强制推行对全社会职工货币工资增长总额和幅度进行控制的措施。其中，包括在通货膨胀非常严重的时期，采取冻结工资的办法，即政府强制规定职工工资在若干时期内不再增加。管制工资被认为能降低商品成本，从而缓解通货膨胀的压力。

（2）确定工资—物价指导线。这种指导线是政府确定的，在一定年份内允许货币收入增加的一个目标数值线，即根据估计的平均生产力的增长，政府估算出货币收入的最大增长限度，每个部门的工资增长率应等于全社会劳动生产率增长趋势，不允许超过。只有这样，才能维持整个社会经济中每单位产量劳动成本的稳定，从而预定的货币收入增长就会使物价总水平保持不变。但是，"指导线"原则上不能直接干预，只能说服，因而效果并不理想。

（3）物价管制。政府通过立法程序，规定物价上涨率的限度，或将物价冻结在一个既定的水平上，如果超过，即对违犯者施以法律制裁。但是，冻结物价会导致囤积居奇，市场商品供应不足，产品质量下降；加上冻结工资的结果，居民又会因为长期通货膨胀，预期物价将继续上涨，虽然当期名义收入未增加，但仍会提取存款、抢购商品，从而进一步扩大市场供求缺口，加剧通货膨胀。

西方国家曾使用收入紧缩政策治理过通货膨胀，但是其结果却很不理想。如美国政府于 1971 年 8 月 15 日宣布实行"新经济政策"，其对应措施之一就包括冻结工资、房租和物价 90 天；尼克松"新经济政策"国内措施的第二阶段，决定在上述工资、物价冻结期满后，于 1971 年 10 月 13 日起，实行对工资和物价的管制，规定工资的增长率不得超过 5.5%，物价上涨率不得超过 2.5%。但在美国实行"新经济政策"的四个阶段中，消费物价指数继续加速上涨，将其上涨率折合为年率，第一阶段则为 2%，第二阶段为 3.6%，第三阶段为 8.3%，第四阶段则增至 12%。

3. 指数联动政策，又称收入指数的政策或收入指数化方案，是货币学派代表人物弗里德曼提出的，是指将工资、储蓄和债券利息、租金、养老金、保险金和各种社会福利津贴等名义收入与消费物价指数紧密联系起来，名义收入随物价指数的变化而变化。也就是说，对各种不同的收入实行指数化，使其按照物价指数的变动而得到调整。弗里德曼认为，指数联动政策能抵消物价波动对收入的影响，消除通货膨胀所带来的收入不平等现象，剥夺各级政府从通货膨胀中捞取的非法利益，从而杜绝人为制造通货膨胀的动机。

指数联动政策对面临世界性通货膨胀的开放经济小国来说尤其具有积极意义，是这类国家对付输入型通货膨胀的有效手段，比利时、芬兰和巴西等国曾广为采用，就连美国也曾在 20 世纪 60 年代初期实施过这种措施。但全面实行指数联动政策在技术上有很大难度，会增加一些金融机构经营上的困难，而且有可能造成工资—物价的螺旋上升，反而加剧成本推进型的通货膨胀，因此该政策通常仅被当做一种适应性的反通货膨胀措施，不能从根本上对通货膨胀起到抑制作用。

4. 供给政策。同宏观紧缩政策一样，供给政策也是立足于消除总需求与总供给的缺口的政策，其不同之处是宏观紧缩政策试图通过减少总需求来消除缺口，而供给政策则是试图增加供给来达到目的。20 世纪 70 年代以后，许多发达国家出现了停滞膨胀现象，供给政策也因此受到重视。供给方面的经济政策是既压缩总需求，又运用刺激生产增长的方法来增加供给，主要的措施有：

（1）削减政府开支增长，降低总需求。

（2）降低所得税税率，并提高机器设备折旧率，促进投资，增加供给量。

（3）限制货币供应量增长率，压缩总需求。

5. 货币规则。货币学派代表人物弗里德曼认为，货币需求是相对稳定的，因此要保持通货的稳定，即保证货币需求与货币供给的稳定性。他主张采用"单一规则"的货币政策来实现通货的稳定，即公开宣布并长期采用一个固定不变的货币供应增长率，使其与经济增长率大体相适应。他根据对美国近百年历史资料的实证研究提出，美国的年平均经济增长率为 3%，就业年平均增长率为 1%～2%，因此美国的货币供应量若每年以 4%～5% 的速度稳定增长，就可避免物价和经济的剧烈波动。20 世纪 90 年代以来，弗里德曼的这种观点为越来越多的西方经济学家所接受，他们称"单一规则"的货币政策为货币规则。

货币规则对付通货膨胀确实比较有效，这是被 20 世纪 80 年代以来美国和其他一些发达国家的实践所证明了的。但对于一些以经济增长作为首要政策目标的国家来说，尤其对那些经济严重衰退、失业率居高不下的国家来说，这一政策有很大的局限性，不顾一切推行这一政策，可能会导致社会经济的动乱。

6. 币制改革。如果一国物价上涨已发展到不可遏制的状态，而政府却还在不断发行纸币，该国整个货币制度就会处于或接近于崩溃边缘，即已属于恶性的通货膨胀，这时唯一可采取的有效对策就是实行币制改革。币制改革一般的做法是废除旧货币，发行新货币，并制定一些保证新货币币值稳定的措施。发行新币的目的在于增强居民对货币的信任，增加居民储蓄存款，使货币恢复执行其原有职能。但是，币制改革必须辅之以其他措施，如停止军事行动、维护社会安定、恢复和增加生产等，否则通货膨胀仍难以得到遏制，新发行货币的信誉会迅速下降，最终导致新货币的出台以失败告终。实践证明，发行新货币这一措施本身往往是治标不治本。

以上从不同的角度论述了实现通货稳定、战胜通货膨胀的对策，但是，治理通货膨胀是一个十分复杂的问题，不仅造成通货膨胀的原因及其影响是多方面的，而且其治理的过程也必然会牵扯到社会的方方面面，影响到各个产业部门、各个企业、社会各阶层和个人的既得利益，因此不可能有十全十美的治理对策，必须具体问题具体分析，多种措施协调使用。

第三节　通货紧缩概述

20 世纪 90 年代以后世界经济发展出现了新的变化，开始面对通货紧缩的挑战。相对于通货膨胀的研究，通货紧缩的研究相对较少，如何确切定义、测量和治理通货紧缩，理论界尚面临许多新的课题。

一、通货紧缩的内涵

通货紧缩是与通货膨胀相对立的一个概念。与通货膨胀的概念一样，人们的看法也各不相同。概括地说，对通货紧缩的定义有以下几种不同的看法。

第一种意见是衰退论，也可以称为多要素论，认为物价下跌、货币供应量下降和经济衰退同时出现的现象，就是通货紧缩。第二种意见是伴随论，也可以称为二要素论，认为商品和劳务价格下跌往往与经济衰退相伴随，即物价下跌、经济衰退的现象就是通货紧缩。第三种意见是物价下跌论，即单要素论，认为通货紧缩就是物价全面持续下跌的现象。但这种观点中还因物价全面持续下跌的程度不同有两种不同的衡量标准，一是只要物价全面持续下降就是通货紧缩；二是只有物价下跌即通货膨胀率为负值时才是通货紧缩，当物价下跌而通货膨胀率为正值时，是正常的物价回落，不能称为通货紧缩。

通货紧缩这种货币现象大致可分为两类。第一类可以认为是良性通货紧缩，即价格水平的下降是由于技术进步和劳动生产率提高而引起的，与此同时，消费需求仍然非常旺盛，不会阻碍经济发展的进程。第二类可以认为是恶性通货紧缩，即通货紧缩是与投资需求和消费需求不足相伴随的。具体而言，恶性通货紧缩带来的后果主要有：一是实际利率的上升抑制了消费和投资需求，反过来，总需求的不足进一步加剧了通货紧缩，二者交互影响，形成了恶性循环；二是通货紧缩造成了企业利润下降，失业人数上升，阶级和社会矛盾加剧；三是通货紧缩使企业和个人债务负担加剧，银行坏账增多，从而危及整个社会信用，加剧了金融动荡；四是世界性通货紧缩会导致国际市场的需求不足，各国为促进本国经济发展必然加剧出口竞争，这样会导致贸易保护主义抬头，使各国的贸易关系日趋紧张。简言之，恶性通货紧缩的危害相当大，必须引起足够重视。

在一些西方经济学教科书中，一般将通货紧缩定义为一段时期内"价格总水平的下降"或"价格总水平的持续下降"。如保罗·A. 萨缪尔森与威廉·D. 诺德豪斯所著的《经济学》教程对通货紧缩的定义是："用通货紧缩来表示价格和成本正在普遍下降。"美国经济学家斯蒂格利茨在其编写的《经济学》中指出："通货紧缩表示价格水平的稳定下降。"现任美联储主席格林斯潘对通货紧缩的解释是："正如通货膨胀是由一种货币状况的变化——人们不愿持有货币，而宁愿持有实物——而产生的，通货紧缩的发生则是由于人们更愿意把持有的实物换成货币。"巴塞尔国际清算银行对于通货紧缩提出的标准则是：一国消费品的价格连续两年下降可被视为通货紧缩。

中国自 1996 年实现"软着陆"以来，经济逐渐显示出通货紧缩状态，因而国内学者对通货紧缩的研究也开始逐渐深入，主要的观点有如下四种。

1. 刘国光、刘树成认为：通货紧缩是与通货膨胀相对应的经济过程，如果说通货膨胀是普遍的持续的物价上涨，而非局部的短暂时间的物价上涨，则通货紧缩就不应是短暂的、局部的物价下降，而应是普遍的持续的物价下降（持续时间在半年以上）。此外，通货紧缩是一种货币现象，在实体经济中的根源是总需求对总供给的偏离，或现实经济增长对潜在经济增长的偏离。

2. 苟文均认为：通货紧缩从根本上说是一种货币现象，其根本含义是由于货币供应量相对于经济增长和劳动生产率增长等要素的持续减少而引致的有效需求严重不足、物价持续下跌和经济衰退。

3. 董辅礽认为：对通货紧缩的判断不是以物价水平为标准，而是基于以下三点，即市场能力有效利用率是否过低、失业人数是否大量增加、社会产品是否长时间出现供大于求的局面。并且，持续的通货紧缩会使国民经济出现萎缩，危害不比通货膨胀小。

4. 陈东琪认为：通货紧缩就是总物价水平的持续下降，并具有两个特征，其一是价格总水平持续下降，表现为 CPI 和全国零售物价上涨率连续负增长；其二是物价水平持续下降的时间在 6 个月以上。此外，通货紧缩除了表现为价格水平的持续下降外，还表现为银行信用紧缩，货币供给量增长速度持续下降，信贷增长乏力，消费和投资需求不足程度持续提高，企业普遍开工不足，非自愿失业增加，收入增长速度持续放慢。综合来看，通货紧缩表现为市场普遍低迷。

中外学者对通货紧缩的观点虽不尽相同，但其共性认为：通货紧缩是由于货币供应量相对于经济增长和劳动生产率增长等要素减少而引致的有效需求严重不足、一般物价水平持续下跌、货币供应量持续下降和经济衰退的现象。对于通货紧缩概念的理解应注意把握以下几点：

1. 通货紧缩本质上是一种货币现象，其在实体经济中的根源是总需求对总供给的偏离，或现实经济增长率对潜在经济增长率的偏离。

2. 通货紧缩的特征表现在于物价水平的持续、普遍下跌。物价水平严格来说指包括资产价格（如股票、债券和房地产）、商品及服务在内的广义的一般物价水平。其持续、普遍下跌是指物价水平持续下降超过了一定的时限（半年或一年）和幅度，才可断定发生了通货紧缩。

3. 通货紧缩是一种实体经济现象，通常与经济衰退相伴随。通货紧缩不仅仅是一种货币现象，更是一种经济现象，具体表现为投资机会相对减少和投资边际收益下降，从而致使银行信用紧缩，货币供应量增长速度持续下降，信贷增长乏力，消费和投资需求减少，企业普遍开工不足，非自愿失业增加，收入增长速度持续放慢，市场普遍低迷，整体经济出现衰退。

二、通货紧缩的测量

通货紧缩是通货膨胀的对立面，测量通货膨胀所采用的指标也可用于测量通货紧缩，即消费价格指数、批发物价指数、国民生产总值平减指数。但由于消费价格指数具有资料容易收集、对一般物价水平反应敏感等优点，在测量通货紧缩时被广泛使用。一般是将基期的消费价格指数定为100%，在此基础上计算报告期的消费价格指数，如报告期的消费价格指数持续（至少六个月）低于100%时，即为通货紧缩。通货紧缩测量的指标除了各种物价指数指标外，还可以同时使用货币供应量持续下降、经济增长持续下降两项辅助指标来测量。

（一）货币供应量持续下降

在一定时期内，物价总水平的持续下跌可能与货币供应量（M_2）适度增长并存，这就需要进一步深入分析。首先，要把货币供应量的增长率与经济增长率对比，看二者的增长幅度是否相适应。如果货币供应量增长率长期滞后于经济增长率，也是通货紧缩的标志。其次，要观察货币供应量层次结构，分析货币的流动性（M_1/M_2）是否下降。如果货币的流动性持续下降，这属于一种结构性的通货紧缩。最后，要研究货币流通速度的变化，分析货币流量的变化情况。如果现金和存款货币的流通速度持续下降，进而引起货币流量逐年萎缩，同样也是一种通货紧缩的表现形式。

（二）经济增长率持续下降

通货紧缩使商品和劳务价格变得越来越便宜，但这种价格下降并非源于生产效率的提高和生产成本的降低，因此势必减少企业和经营单位的收入，企业单位就被迫压缩生产规模，又会导致职工下岗或失业，而社会成员的收入下降必然影响社会消费，消费减少又将加剧通货紧缩，而且通货紧缩使人们对经济前景看淡，这反过来又影响投资，投资消费缩减最终将使社会经济陷入困境。

三、通货紧缩的类型

对于通货紧缩，一般可以按照其持续时间、紧缩程度、与货币政策的关系及产生原因等不同标准划分成不同类型。

（一）通货紧缩按持续时间长短可分为短期通货紧缩、中期通货紧缩与长期通货紧缩

一般而言，5年以下的通货紧缩为短期通货紧缩，5~10年的通货紧缩为中期通货紧缩，10年以上的为长期通货紧缩。历史上，一些国家曾经发生历时数十年的通货紧缩（其中也不排除个别年份价格水平的上升）。如英、美两国在1813—1849年发生了长达36年的通货紧缩、美国1866—1896年长达30年的通

货紧缩、英国1873—1896年长达23年的通货紧缩等。

（二）通货紧缩按紧缩程度划分，可分为相对通货紧缩和绝对通货紧缩

1. 相对通货紧缩。这是指物价上涨率在零以上，同时处于适合一国经济发展和充分就业的物价区间以下。例如，若把物价水平年增长3%～9%看成是适合经济发展的，则0～3%的物价年上涨率所对应的通货状态，就是通货紧缩的状态。在这种状态下，物价水平虽然还有一些正增长，但它已经低于适合一国经济发展和充分就业的物价水平，因而已经使一国经济失去正常发展所必需的动态平衡，通货处于不足的状态。

2. 绝对通货紧缩。这是指物价上涨率在零值以下，即物价负增长。这种状态说明一国通货处于绝对不足的状态，在这种状态下，极易造成一国经济的萧条乃至衰退，因而绝对通货紧缩又分为两个方面：衰退式通货紧缩和萧条式通货紧缩。

（1）衰退式通货紧缩是指物价较长时间的负增长，但负增长的幅度不大，已经或足以给一国经济造成一定的影响，使之处于衰退状态的绝对通货紧缩状态。

（2）萧条式通货紧缩指物价出现较长时间和较大幅度的负增长，已经和足以给一国经济造成一定的影响，使之步入萧条的绝对通货紧缩状态。

（三）通货紧缩按其与货币政策的关系，可以分为货币紧缩政策下的通货紧缩、货币扩张政策下的通货紧缩和中性货币政策下的通货紧缩三种类型

通货紧缩和货币紧缩政策是两个不同的概念，不能混为一谈。通货紧缩是指普遍、持续的价格下降，如果货币当局采取的紧缩政策是为了治理通货膨胀，就不一定会出现通货紧缩现象。同时，紧缩政策虽然有可能导致通货紧缩，但绝非所有的通货紧缩都来自于紧缩政策，造成通货紧缩的原因可能是多方面的。

（四）按通货紧缩的成因进行分类，可以分为政策紧缩型、经济周期型、成本压低型、需求拉下型、外部冲击型、体制转轨型和结构型的通货紧缩。

四、通货紧缩对经济运行的影响

人们对待通货紧缩并不像对待通货膨胀那样敏感和警觉，通货紧缩在一定时期和一定范围内，对经济有一定的正面影响，主要表现在以下几个方面：

一是由于工资具有一定的刚性，在通货紧缩发生初期工资不会马上下降，那么，工薪消费者可以同样数额的工资购买到更多的商品，得到更多的实惠，使生活水平能有所上升；

二是在技术更新的条件下，由于物价下跌使技术开发的成本有一定幅度的下降，这样可以促进新兴产业的发展和技术的进步；

　　三是通货紧缩带来的价格下跌在推动技术革新和新兴产业发展的同时，又会损害老行业的利益，降低其利润水平，使老行业压缩生产规模，这样会消除这部分行业的过剩生产能力，推动产业结构的调整。

　　但从经济发展的长远看，通货紧缩的负面影响则是主要的，这主要体现在以下几个方面。

　　（一）通货紧缩对经济发展的影响

　　当经济处于正常发展的区间时，轻微的通货紧缩一般不会对经济造成什么危害，但若经济处于衰退期间，通货紧缩就可能成为经济衰退的助推器。对消费来说，通货紧缩意味着以同样数量的货币可以购买到更多数量的商品，即货币的购买力增强，这将促使人们更多地储蓄、削减消费。同时，消费者常常"买涨不买跌"，在预期价格水平会进一步下跌，失业率可能上升，收入水平可能下降的情况下，消费者会因此缩减支出，增加储蓄。这样，通货紧缩就会抑制个人消费支出，使消费总量趋于下降。

　　对企业来说，伴随着通货紧缩的发展，物价水平进一步降低，企业收入和利润水平下降甚至出现了亏损，在这种情况下，整个经济体中企业破产率就会上升。

　　对投资来说，通货紧缩期间，通货膨胀率的下降带来了实际利率水平的提高，由此导致资金成本较高，利润率下降，投资减少。

　　对就业来说，物价下跌或是使企业破产，或是使企业开工率不足，这些都会使整个社会的失业人口增加，而失业率的上升又会使消费需求进一步萎缩，物价继续下跌，企业破产率上升，失业率上升，形成恶性循环，使整个宏观经济陷入衰退的泥淖中。

　　（二）通货紧缩对债务人的影响

　　在通货紧缩的情况下，名义利率水平不下降或下降速度赶不上物价下跌的速度，都会使债务人负债的实际利率较高，加重债务人的负担。同时，企业生产成本下降往往低于价格下降，使企业扩大生产的积极性下降。生产停滞以及实际利率水平的上升会进一步削弱企业归还银行贷款的能力，使银行体系经营风险增大，个人对货币的需求增大，更倾向于持有现金，从而可能使得通过增加货币供给量降低利率的货币政策失效，出现"流动性陷阱"。这样一来，债务人的负担便只能加重，不能减轻，从而迫使企业在无法增加收入的情况下通过减少劳动需求的方式降低成本，企业间竞争性成本大战会导致价格一跌再跌，加剧通货紧缩。

（三）通货紧缩对银行业的影响

前面已经提到，企业债务负担加重会使银行贷款难以收回的可能性增大，使银行业陷入困境。同时，由于资产价格的下降会降低资产的抵押或担保价值，银行被迫要求客户尽快偿还贷款或余额。这最终导致资产价格进一步下跌，借贷者的净资产进一步减少，从而加速破产过程。当银行体系面临一系列恐慌时，又有可能引发储户的"挤兑"行为，一些经营状况不佳，流动性较差，甚至资不抵债的银行有可能被迫破产。而"挤兑"行为有一定的示范效应，面对小银行的纷纷破产，"挤兑"浪潮会进一步加剧，这样就有可能引发整个社会银行体系的动荡甚至金融危机。

（四）通货紧缩对股票市场的影响

通货紧缩会使企业利润率下降和破产率上升，这势必波及股票市场，如果股民对经济发展和股票市场的预期非常悲观，则有可能竞相抛售股票，引起股票价格的下跌，甚至导致股票市场的崩溃。

（五）通货紧缩的国际影响

通货紧缩具有一定的传导性，一些国家或地区发生通货紧缩和经济衰退，导致该国或地区的货币贬值，进而又会引起另一些国家货币贬值，继而又将通货紧缩扩展到世界范围，导致世界性经济衰退。

总之，通货紧缩有其内在规律，具有自强化的特性：物价下跌、消费支出和投资支出的减少会相互作用，使经济衰退和通货紧缩加剧。这一特征要引起足够的重视。

第四节　通货紧缩的成因与治理

一、通货紧缩的形成原因

与通货膨胀类似，单一原因造成通货紧缩的可能性不大，通货紧缩的形成原因比较复杂，往往是多方面因素综合作用的结果。导致通货紧缩发生的原因一般有如下几个方面：

（一）债务挤压萧条理论

有关通货紧缩最著名的理论是美国经济学家欧文·费雪在1933年资本主义世界经济大萧条时期提出的"债务挤压萧条理论"。他认为，美国30年代的经济大萧条也就是通货紧缩现象，是由于过多的债务负担造成的。一方面，由于过度负债，使大量资金被用于支付利息，企业面对清算债务压力增大的情况，不得不被迫销售，以获取偿债资金，这样，就导致了物价水平的下降，而物价下降又导致实际利率的上升，由于偿债速度赶不上物价下降的速度，负债者的偿债能力越来越差。另一方面，由于要偿付银行贷款，所以存款货币会紧缩，导致货币流通速度下降，这又会使物价进一步下跌。在这种情况下，如果不采取相应措施，企业的净值会伴随物价的下跌而下降，破产的可能性相应增加。以上这一切会导致产出、贸易量和就业水平的下降，这样一来，会加剧人们对未来经济的悲观预期，从而影响当期的消费水平，增加储藏货币的行为，这又会使货币流通速度进一步下跌，加剧通货紧缩。如此作用机制一旦形成恶性循环，就会出现经济的普遍衰退。费雪认为，问题之所以可怕是由于债务人争先恐后偿还债务的结果使每个人的负债都会增加，也就是说，大萧条的秘密就在于债务人越是还债，他们欠的债务就越多。费雪认为，如果他的这一理论是正确的，那么控制价格水平就显得格外重要。至于过度负债的原因，费雪认为是由于新发明、新产品的出现或新资源的开发等所导致的利润前景看好，从而导致过度投资。

（二）资本边际效率理论

针对 20 世纪 30 年代的经济危机，凯恩斯从投资的角度阐述了通货紧缩的原因。他认为投资不仅依赖于现有资本品的多少及其生产成本的大小，而且依赖于人们对资本品未来收益率的预期。在经济繁荣阶段的后期，资本品的数量在迅速增加，同时其成本也在不断上升，但由于人们对未来的经济生活充满乐观情绪，也就是资本品的预期收益率相当高，这样，上升的成本并不足以遏制投资需求的膨胀。投资需求的扩张带来了资本边际效率的下降，最终会使人们在权衡成本与收益后减少投资量。进而，资本边际效率的崩溃又常常伴随着利率水平的上升，使投资量进一步萎缩，加剧了经济生活中的悲观情绪，从而进一步推动了通货紧缩的发展。简言之，资本边际效率的崩溃和通货紧缩的加剧互相影响，互相作用，陷入了恶性循环的困境。

（三）紧缩性的货币财政政策

一国当局采取紧缩性的货币政策或财政政策，大量减少货币发行或削减政府开支以减少赤字，会直接导致货币的供应不足，或加剧该国商品和劳务市场的供求失衡，使"太多的商品追逐太少的货币"，从而引起物价下跌，出现政策紧缩型的通货紧缩。例如 20 世纪 30 年代经济大危机时期，美国联邦储备委员会在应该采取扩张性货币政策的时候采用了紧缩性的货币政策，结果造成货币供给量的大幅度下降，信贷总量急剧萎缩，使美国的经济危机大大加剧，1929—1933 年美国的一般物价水平下降了 22.58%。持这种观点的人从货币供给的角度分析通货紧缩的成因，认为，由于货币供给量的增加不能满足经济增长的实际需要、影响总需求的扩大，有效需求的不足造成了通货紧缩。19 世纪后期，在实行金本位的情况下，黄金生产的速度赶不上生产增长的速度，结果导致了 19 世纪末 20 世纪初的通货紧缩。在纸币制度下，商业银行系统的信贷和货币收缩也使货币供给量减少，导致通货紧缩的出现。20 世纪 30 年代美国的经济大危机中，由于银行系统紧缩信贷，美联储又没有在这次危机中充当"最后贷款人"的角色，对通货紧缩起了推波助澜的作用。还有人认为，货币流通速度如同货币供应量一样重要，货币流通速度下降也是通货紧缩的重要原因。

（四）心理因素论

持这种观点的人从公众的心理角度进行分析，认为由于经济周期的变化，人们会由此产生一些心理因素。如在日本，金融体系的效率很低，银行业存在严重的不良贷款问题，有人曾估计日本商业银行在 20 世纪 90 年代末的不良贷款高达 800 亿美元，这种情况有可能加剧人们的悲观预期，导致银行系统崩溃，致使出现了通货紧缩和经济萧条。

此外，心理因素还表现为消费的预期下降。如果由于宏观经济影响和收入预期发生变化，消费需求预期出现下降时，社会需求也会出现剧烈下降。消费者一般都具有"买涨不买跌"的心态，当物价进一步下降时，由于实际利率趋于提高，即期消费比远期消费更加昂贵，消费者会推迟即期消费，这样会促使消费品价格大幅下降，从而导致一般价格水平下降。理论上，心理预期因素对通货紧缩的影响更多地表现在动态效应上。如果价格下降的心理预期被证实，未来价格下降的预期会进一步放大，导致物价进一步下跌。可以说，预期的作用倾向于加大通货紧缩的程度，延长通货紧缩的期限。

（五）政府削减支出与通货紧缩

经历了经济危机的冲击后，西方国家已越来越认识到政府干预经济的重要性。政府部门参与经济活动一方面可以保证国家安全，另一方面，还可带动私人部门的经济活动。当政府增加公共支出时，可直接增加社会需求，带动相关市场的发展，刺激物价上升。反之，政府为了降低财政赤字的水平，会大规模削减公共开支，减少转移支付，增加税收，这样会使社会总需求减少，造成有效需求不足，从而导致通货紧缩。

（六）生产力水平的提高与生产成本的降低

通货紧缩的产生有时与生产力提高和技术进步有关。技术进步提高了生产力水平，放松管制和改进管理降低了生产成本，因而会导致产品价格下降，出现成本压低型通货紧缩。一方面，技术进步会使劳动生产率提高，降低生产成本，按照"成本加成"定价法，产品的销售价格会随之下降，如果劳动生产率的提高具有普遍性，那么，就会形成一般物价水平的持续下降，造成通货紧缩的压力。

如 19 世纪的最后 30 年中，随着铁路的延伸和工业技术的发展，制成品的生产成本大幅下降，美国的消费物价指数下降了近 50%。另一方面，技术进步可能会导致生产能力过剩，商品的供给大于商品的需求，物价水平下跌，如果这种物价水平下跌的幅度比较大，涉及的范围比较广，就会导致通货紧缩的出现。生产能力过剩往往是由于厂商决策失误而引起的，若厂商的市场开发策略相同，则会导致重复投资，增加市场供给的力量，最终导致产品市场价格的下跌。

（七）本币汇率高估和其他外部因素的冲击

一国实行钉住强币的汇率制度时，本币汇率高估，会减少出口，扩大进口，加剧国内企业经营困难，促使消费需求趋减，导致物价持续下跌，出现外部冲击型的通货紧缩。国际市场的动荡也会引起国际收支逆差或资本外流，形成外部冲击型的通货紧缩压力。一个国家如果采用相对固定的汇率制，往往出现本币高估，从而导致出口减少，出口企业经营困难和国内消费需求的减少，使物价水平下跌。如果一个国家采取钉住汇率制，一旦被钉住国货币升值，那么该国货币也就会被动升值，货币升值将导致出口商品价格上升，货币购买力增强，国内物价水平相对下降。1997 年，东南亚国家出现通货紧缩就与这些国家采取钉住美元的汇率制度有直接的关系。1995 年以后，美元出现升值使有关国家货币升值的压力增大，货币相对价值上升的同时带来了通货紧缩的压力。

此外，通货紧缩具有向外输出的特性，1997 年，东南亚金融危机使得东南亚国家货币贬值 30% 以上，其出口商品价格的大幅下降加大了国际市场价格进一步下降的压力，也使通货紧缩的压力向其他国家蔓延。这样，新加坡、中国香港等受其影响，出现了不同程度的通货紧缩。

（八）经济周期的变化

经济周期达到繁荣的高峰阶段，生产力大量过剩，无论是绝对过剩还是相对过剩，其必然结果都是产品面临市场需求不足。只要这个市场是竞争性的市场，产品的价格就会下降，有些企业就会被迫减产或裁减职工，这必然导致企业投资和居民消费减少，反过来又加剧了市场需求不足，加大了物价下跌的压力；当一个经济体中的大多数产业部门都出现了生产能力过剩时，在竞争条件下，一般物价水平的下降是不可避免的，最终就会导致出现经济周期型通货紧缩。

（九）投资和消费的有效需求不足，国内金融体系的效率低

当预期实际利率进一步降低和经济走势不佳时，消费和投资会出现有效需求不足，导致物价下跌，形成需求拉下型通货紧缩。国内金融体系的效率低，表现为银行业的不良资产增加以及金融机构不能满足企业贷款的需要。金融体系的效率降低或信贷扩张过快导致出现大量不良资产和坏账时，金融机构"惜贷"或

"慎贷"引起信用紧缩，也会减少社会总需求，导致出现通货紧缩。

（十）体制和制度因素

体制和制度方面的因素也会引发通货紧缩，如企业制度由计划机制向市场机制转轨时，精减下来的大量工人预期收入减少，导致有效需求下降；住房、养老、医疗、保险、教育等方面的制度变迁和转型，都可能会影响到个人和家庭的收支和消费行为，引起有效需求不足，导致物价下降，形成体制转轨型的通货紧缩。

（十一）供给结构不合理

前期经济中的盲目扩张和投资，造成了不合理的供给结构和过多的无效供给，这些积累到一定程度时必然会加剧供求之间的矛盾。一方面许多商品无法实现其价值，迫使价格下跌；另一方面大量货币收入不能转变为消费和投资，减少了有效需求，最终将会导致结构型通货紧缩。

二、通货紧缩的治理

对于治理通货紧缩，各国经济学家和政府都提出了一些设想并付诸实施，有些措施也确实取得了较好效果。一般说来，治理通货紧缩通常是采取积极的财政货币政策，并针对通货紧缩形成的不同原因，采取具体对策。

无论通货紧缩形成的具体原因如何，它的基本特征就是有效需求不足。因此，治理通货紧缩，关键是如何扩大需求，包括消费需求和投资需求，对此可采用宏观扩张政策，具体则包括货币政策和财政政策两方面。

（一）积极的财政政策

1. 扩大政府支出。扩大政府支出可以增加政府需求。在财政收入既定或减少的条件下，扩大政府支出的资金主要来源于发行国债和财政赤字。通货紧缩时期，有可能伴随着信贷的紧缩，为了配合货币政策的实施，可采取增加财政公共支出的政策，以带动居民支出，激活经济。在1929—1933年的经济危机中，罗斯福新政的核心内容就是用大规模的财政支出来启动内需，走出通货紧缩。这其中就包括兴建公共工程，以工代赈，以扩大就业来提高社会购买力等。近年来，人们对治理日本日益严重的通货紧缩，也提出了诸如对低收入者发放政府补贴等建议。凯恩斯在其《就业、利息和货币通论》中就将财政政策的作用提到了一个较高的地位。货币主义学派的代表人物弗里德曼虽然认为通货紧缩是一种货币现象，但仍认为可以将财政政策作为一项重要的政策措施。

2. 削减税率。如果政府在增加财政支出的同时，相应地增加税收，那么增加公共支出的政策效应便很可能被抵消。因此，在扩张财政支出的同时，应考虑减少公司税和增值税，以减少财政政策的"挤出效应"。事实上，削减税率未必造成税收收入的下降，理论上讲，削减税率可以使财政支出产生乘数效应，促进经济增长，而经济活动的恢复有利于扩大税基，从而增加税收。也就是说，削减税收无非是将征税的时期进行了转换，用长期税收的增加来弥补即期税收的减少。调整税收除了针对公司税和增值税以外，还可以针对其他税种，如利息税。通过征收利息税，在客观上可以降低实际利率，有利于促使消费转化为投资。我国在 1999 年 11 月对储蓄存款开征利息税，不乏出于解决通货紧缩的考虑。减少税收虽然减少了财政收入，但可以直接增加社会总需求。例如，降低个人所得税的税率，可以增加消费需求；降低企业所得税税率，可以增加企业的投资需求。减税涉及税法和税收制度的改变，不能作为一种经常性调控手段，但在对付较为严重的通货紧缩时也会被采用。

（二）积极的货币政策

其主要内容是，中央银行采取有效措施扩大商业银行和非银行金融机构的信贷规模，增加货币供应量，以刺激经济发展。中央银行在实施扩张性货币政策时主要采用的政策工具包括，在金融市场上购进政府债券，降低再贴现率、再贷款率、法定存款准备金比率。

1. 适度的膨胀政策。造成通货紧缩的直接原因就是宏观经济中的供求关系不平衡，这种不平衡最直接地就是体现在物价的持续下跌上。那么，在治理通货紧缩时，自然就要想到使一般物价恢复到一个相对合理的水平，从而减轻债务人的负担，促进消费支出的增加。为此，可采取适度的膨胀政策，增加货币供应量，提高货币流通速度。尤其是当通货紧缩威胁到经济的持续发展时，就可适当采取这种政策。当然，需要注意的一点是，膨胀政策并不是通货膨胀政策，它是要使物价回升到一个合理的水平。如促使银行努力扩大贷款，增加对企业的贷款支持；也可以采用增加货币供应量的措施，以提高一般物价水平。但必须注意在进行信贷扩张的同时，要防止不良贷款的恶化。1998 年下半年，针对美国经济面临的潜在困难，美联储就采取了膨胀政策，连续三次下调利率。这种政策使其债券市场脱销，股市上升很快。

2. 汇率制度的改革。僵硬的汇率制度可能使本币高估，产生输入型通货紧缩。针对此类通货紧缩就需要对汇率制度进行改革，废除僵硬的汇率制度，采取较为灵活的汇率制度。这样，经济政策可以变得相对主动，政策决策部门可以根据经济发展和国际形势的变化，及时调整汇率水平，提高国内企业的对外竞争力。同时，货币对外贬值，可以改变人们对通货紧缩的预期，从而调整消费和投资行为，提高就业率，带动国民经济的增长。20 世纪 80 年代到 90 年代的美国、瑞典都曾利用货币的贬值来促进经济的恢复和增长。需要注意的是，虽然货币贬值在一定程度上可以有效地缓解通货紧缩的压力，但出现世界性的通货紧缩时，如果每个国家都采取竞相贬值的策略，其结果只能是货币对商品的普遍贬值，这样，显然不利于世界性通货紧缩问题的解决。

（三）生产结构调整

无论是扩张性的财政政策，还是扩张性的货币政策，其作用都是有限的。对于因经济周期变化而导致的生产能力过剩等长期因素造成的通货紧缩，要从根本上解决问题，就必须进行生产结构的调整，以推动产业结构和产业组织结构的调整。

产业结构的调整，主要是推动产业结构的升级，培养新的经济增长点，同时形成新的消费热点。产业组织结构的调整也是在中长期内治理通货紧缩的有效手段。在生产能力过剩时，很多行业会出现恶性市场竞争，为了争夺市场，价格战会不断出现，行业利润率不断下降，如果价格战能够在较短的时间里使一些企业退出市场，或者在行业内部出现较大范围的兼并与重组，即产业组织结构调整，则在调整后的产业组织结构中，恶性市场竞争会被有效制止，因恶性竞争带来的物价水平大幅度下降的情况可能被避免。

（四）健全金融体系，完善金融制度

20世纪30年代大危机期间，"罗斯福新政"首先就是从整顿金融入手的。当时，通过了许多挽救金融业的法律，特别是通过了《1933年银行法》，严格实行金融业分业经营，建立存款保险制度，恢复公众对金融业的信心，帮助发生财务危机的企业和个人解决流动性问题。

通货紧缩的根本是实体经济方面的原因，随着现代社会经济的货币化程度不断加深，对居于现代经济核心地位的金融部门来说，如果其运行出现问题，就可能在出现通货紧缩苗头时不仅不能有效遏制其发展势头，甚至可能加速其发展。一般说来，如果金融制度运行出了问题，导致全社会的信用危机甚至信用崩溃，则通货紧缩就会伴随着全面的经济衰退。为了防患于未然，金融部门要建立健全金融风险的防范制度，以避免大规模的系统性风险的出现。大致说来，旨在治理和防范通货紧缩的金融制度建设包括：建立银行内部风险防范机制，建立存款保险制度，促进信贷供给结构和信贷需求结构相吻合。

（五）其他配合性措施

除了积极的财政政策和货币政策以外，治理通货紧缩还可以配合一些其他的措施。

1. 鼓励消费。在多数情况下，通货紧缩是由有效需求不足引起的，在治理时，就应努力提高消费需求。消费需求与个人收入水平密切相关，为了扩大消费支出，就要保持名义工资和实际工资的合理增长，创造消费增长的前提条件。这样，财政应通过增加转移支付提高低收入阶层的收入水平，货币政策则应侧重于结构上的调整，一方面，可以增加消费信贷，促进消费支出；另一方面，要侧重于新产品的开发研制和技术改造的投入，尽快改善供给结构，使产品的升级换代与消费结构的升级换代相适应。

2. 改善公众的预期。在很大程度上，通货紧缩的加剧往往有心理预期的作用。投资者预期价格下跌，会减少投资欲望，消费者预期价格下跌，会减少消费支出。在这种情况下，就需要对公众的悲观预期加以改善。这就要求政府与公众有效沟通，通过政策引导，调整人们的预期和行为。政府在实施某些政策之前，应向公众公开宣布，从而对消费需求和投资需求起到一定的导向作用。首先，通货紧缩会加剧经济衰退。物价的持续下跌，必然会导致人们对经济前景的悲观预期，持币观望，使消费或投资进一步萎缩。其次，物价的下跌还会提高实际利率，加重债务人的负担。即使名义利率下降，资金成本仍然会比较高，致使企业不敢贷款投资或难以偿债，银行则会出现大量坏账，并难以找到盈利的项目提供贷款，经济效益不断滑坡，甚至因"金融恐慌"和存款人挤兑而被迫破产，使金融系统濒临崩溃。个人因担心银行倒闭更倾向于持有现金，从而导致"流动性陷阱"的产生，并因而造成经济持续衰退，失业率进一步提高，工人工资收入下降，陷入痛苦的困境。通货紧缩还会通过需求持续下降导致的进口萎缩而输出到国外，引起全球性的通货紧缩，反过来又会影响到本国的出口，造成国际收支逆差扩大和资本外流，使国家外汇储备减少，偿债能力削弱，甚至发生债务危机。

除了上述主要措施外，对工资和物价的管制、对股票市场的干预也是治理通货紧缩的手段。例如，可以在通货紧缩时期制订工资增长计划或限制价格下降，这与通货膨胀时期的工资—物价指导线的作用方向相反，但作用的原理相同；如果股票市场呈现出熊市走势，对股市的干预则有利于形成乐观的未来预期，同时股票价格的上升使居民金融资产的账面价值上升，产生财富增加效应，有利于提高居民的边际消费倾向。

总之，通货紧缩会提高货币的购买力和实际利率水平，抑制消费和投资，导致商业萎缩和失业率上升，最终造成经济衰退。因此，要保障经济的健康运行，不仅要抑制通货膨胀，还要治理通货紧缩。

重要概念

通货膨胀　公开型通货膨胀　隐蔽型通货膨胀　爬行的通货膨胀　温和的通

货膨胀　恶性的通货膨胀　预期型通货膨胀　非预期型通货膨胀　紧缩性货币政策　紧缩性财政政策　紧缩性收入政策　指数联动政策　通货紧缩

复习思考题

1. 如何度量通货膨胀?
2. 通货膨胀可划分为哪些类型?
3. 通货膨胀对经济发展有何影响?
4. 通货紧缩如何进行分类?
5. 试述通货膨胀形成的原因。
6. 如何治理通货膨胀?
7. 试述通货紧缩形成的原因和治理措施。

第十一章 金融风险与金融监管

　　20世纪60年代开始的金融创新和70年代以来的金融自由化，极大地调动了金融市场主体的热情，焕发出了金融体系的活力，提高了金融运行的效率。但与此同时，金融市场也因此而变幻莫测，金融的虚拟性增强，金融的变异现象普遍，其结果是金融风险日益加剧。金融风险的集中释放便是金融危机的爆发。20世纪80年代以来的一连串的金融危机充分证明了这一点。

　　金融风险是金融监管的一个重要基础，金融监管通常是和金融风险相伴产生的，金融监管的首要目的就是防范和化解金融风险，维护金融体系的稳定。从现实来看，金融风险的存在和累积，的确也使世界各国政府逐渐认识到了金融监管的重要性。

第一节　金融风险及其分类

一、金融风险的含义与特征

（一）金融风险的含义

　　金融风险是一般意义上的风险在金融领域中的特殊表现，因此，对金融风险含义的界定必须建立在对风险的解释基础上。

　　社会经济生活中到处充满了风险，风险无时不在，无处不在。但理论界对于风险却有着不同的认识和界定。综合来看，理论界有关风险含义的争论主要表现为主观与客观之争，损失（纯粹风险）与收益（投机风险）之争。

　　主观论者认为，风险即不确定性。与此相对，客观论者认为，将风险定义为不确定性可能会增加风险计量的难度，因为不确定性通常表现为人们的主观判断或偏好，而风险则应当是能够用客观的或然率来进行计量的。

　　纯粹风险是指风险的承担者在风险释放后只会遭受损失，不可能从中获得收益，如火灾、地震、疾病等。但也有人认为，风险的承担者既有可能因风险而遭受损失，也可以因风险而获得收益，即风险就是投机风险。

　　基于理论界对风险含义的争论，我们认为对风险的认识应注意以下三点：

首先，从一般意义上说，风险和不确定性确实存在着密切的联系，它是基于不确定性而产生的。风险是关于不愿发生的不确定性之客观体现。[1]

其次，风险有广义和狭义之分。广义风险即投机风险，它是指未来结果的不确定性，这意味着风险及可能给行为人带来损失，也可能使行为人获取收益，它"是指结果的任何变化，它既包括了不希望发生的结果，也包含了希望发生的结果"。[2] 所谓不确定性是指这样一种状态，某事件的未来发展演变存在着多种可能性，而人们却很难事先准确地预测到其最终结果。狭义风险即纯粹风险，它仅仅是指不幸事故发生给行为人造成损失的不确定性。

最后，在不同的领域对风险的界定会有所区别。例如，在保险领域中可能更多是将风险定位在纯粹风险上，更加强调的是损失的可能性；而在金融投资领域则通常将风险界定为是投机风险。

金融风险同样有广义和狭义之分。广义的金融风险是指金融市场活动主体在投融资过程中，由于不确定性因素引起其收益的不确定性和资产损失的可能性。狭义的金融风险仅是指金融机构在金融业务活动中，由于各种不确定因素的影响，如决策失误、市场价格变动等，使其蒙受损失的可能性。本章所说的金融风险主要是就狭义金融风险而言的。

（二）金融风险的特征

1. 客观性。金融风险是与金融活动相伴产生的，有金融活动的存在，就必然会产生金融风险，它是不依人们的意志为转移的客观实在。

2. 扩散性。现代金融是一个由众多金融机构等组成的复杂体系，各金融机构之间紧密联系、相互依存。它们通过同业拆借、清算、票据贴现和再贴现、金融债券发行和认购以及信用工具的签发使用等活动形成了紧密而复杂的债务链。一旦某家金融机构经营管理上出现了问题，往往会影响到整个金融体系的运转，甚至会危及整个金融体系的安全与稳定。与此同时，金融的自由化和全球化极大地增强了各国金融机构之间和金融市场之间的相互依赖性，一个国家或地区金融体系中出现的任何差错，都会迅速波及其他国家和地区，影响其金融体系的安全与稳定。1994—1995 年的墨西哥金融危机和 1997 年的东南亚金融危机充分地证明了这一点。

3. 社会性。与其他普通企业相比，金融机构通常具有较高的资产负债率，自有资本的比重非常小，绝大部分营运资金都是来自吸收存款和借入资金，通过

---

[1]　A. H. 威雷特（1901）：《风险与保险的经济理论》，参见《新帕尔格雷夫金融学大辞典》。

[2]　洛伦兹·格利茨：《金融工程学》，3 页，北京，经济科学出版社，1998。

吸收存款和借入资金，金融机构同社会公众之间建立起了一种依附型、紧密型的债权债务关系。在这种情况下，如果金融机构资金周转困难，清偿能力不足，就会使社会公众对金融体系失去信心，导致银行挤兑，最终可能会对信用体系和社会经济秩序的稳定造成非常大的破坏性影响。

4. 认知性和可控性。尽管金融风险具有客观性和永恒性的特征，任何主体及所采取的任何措施都不可能完全消除金融风险，但金融风险还是可以通过分析预测金融机构的经营状况而被认知的，并且可以通过金融机构的内部控制、金融行业的自律、政府的金融监管以及社会的监督、市场的约束等方式来予以防范和控制。

二、金融风险的分类

金融风险有两种常用的分类方法，一种是按照风险发生的范围，可将金融风险分为系统性金融风险和非系统性金融风险；另一种是根据成因，将其分为信用风险、市场风险、流动性风险、结算风险、操作风险、国家风险和法律风险等，其中，信用风险和市场风险是金融机构面临的最为基本和重要的风险。

（一）按金融风险发生的范围分类

1. 系统性金融风险。系统性金融风险是指某家金融机构倒闭破产的连锁反应、经济危机、通货膨胀、国家宏观经济政策、国内国际政治局势、战争等外部不确定性因素而使大部分甚至是全部金融机构遭受损失或倒闭破产的可能性。由于系统性金融风险是建立在无法控制的外在不确定性基础之上的，金融机构一般不可能实现风险的分散，而只能采取一定的措施来转嫁或规避这种金融风险。

2. 非系统性金融风险。非系统性金融风险也称为可分散金融风险，它是指某家金融机构自身决策失误、资产组合不当、债务人违约等方面的原因而使该金融机构及关联机构遭受损失的可能性。由于非系统性金融风险是由个别因素引起的，这种风险一般可借助于一定的策略来予以降低，甚至是消除该种风险。

（二）按金融风险的成因分类

1. 信用风险。信用风险也称为违约风险或爽约风险，它是指债务人或交易对手不能正常履行事先作出的承诺使金融机构蒙受损失的可能性。信用风险的大小一般取决于债务人或交易对手的客观履约能力和主观履约意愿。

2. 市场风险。市场风险是指市场价格，如利率、汇率、证券价格波动等原因使金融机构遭受损失的可能性，具体包括：

（1）利率风险。即市场利率水平的变动给金融机构带来净利差损失的可能性。由于净利差的大小通常和金融机构持有的利率敏感性资产与利率敏感性负债以及二者之间的结构有关，金融机构所面临的利率风险程度可以用利率敏感性缺口或利率敏感性缺口率（简称缺口率）来表示。利率敏感性缺口是利率敏感性资产与利率敏感性负债之差，利率敏感性缺口率是利率敏感性资产与利率敏感性负债的比率。

（2）汇率风险。是在国际经济活动中，汇率波动给金融机构带来损失的可能性。与利率风险相类似，汇率风险的程度大小和金融机构所持有的以外币计价的资产和负债以及二者之间的结构有关，因此，金融机构的汇率风险可以用外汇敞口或外汇敞口率来反映。外汇敞口是金融机构暴露在汇率风险中的外汇资产与负债的差额，外汇敞口率是金融机构暴露在汇率风险中的外汇资产与负债的比率。

汇率风险一般有以下三种情况：

①交易风险，是指金融机构在进行以外币计价的交易中，汇率变动对经济主体交易活动的现金流量产生影响，从而使金融机构蒙受损失的可能性。例如，在国际信贷中，汇率变动有可能使金融机构的资产减少，负债增加，从而可能使金融机构遭受损失。

②会计风险，又称折算风险，是指金融机构在对其资产负债进行会计处理过程中，将功能货币转换成记账货币时，因汇率波动而出现账面损失的可能性。其中，功能货币是金融机构在开展对外经济活动时使用的货币，记账货币则是金融机构在合并财务报表时所使用的货币。会计风险带来的损失并非实际损失，而是账面损失，但由于账面损失要记在股东权益下，可能会对金融机构的股票价格不利。

③经济风险，是指难以预见的汇率波动对金融机构的运营产生影响，从而使金融机构的未来收益遭受潜在损失的一种可能性。需要注意的是经济风险仅指意料之外的汇率波动，因为意料之中的汇率变动对未来收益的影响已经在原来决策时予以了考虑。

（3）证券价格风险，是指金融市场有价证券价格剧烈波动而给金融机构的投资造成损失的可能性。证券价格的变化主要是指股票价格和债券价格的波动。证券投资业务是金融机构资产业务的一种重要形式，尤其是在现代经济金融环境中，金融机构的证券投资业务呈上升趋势，在这种条件下，有价证券价格的波动必然会直接影响投资者的投资收益及其本金的安全。

（4）通货膨胀风险，也称为购买力风险，它是指一般物价水平持续上涨而使金融机构遭受损失的可能性。

一般情况下，金融机构确定贷款的利率或进行证券投资时，应当考虑到通货膨胀可能会带来的影响，否则，金融机构便会因此而蒙受损失。但在现实经济生活中，包括金融机构在内，人们通常会存在有"货币幻觉"，即他们首先看到的是资产的名义价值或投资的名义收益率，而往往会忽视通货膨胀所带来的影响。例如，如果金融机构在向借款者提供贷款之前没有能够准确地预测通货膨胀状况，那么其提供贷款的本金和利息肯定会因此而遭受损失，因为金融机构贷款利率的构成应如下式所示

$$i = i_0 + IP + LP + MP + DP$$

式中，i 代表名义利率，IP 代表通货膨胀率，MP 代表期限风险补偿率，LP 代表流动性风险补偿率，DP 代表违约风险补偿率。

从上式可以看出，金融机构贷款名义利率的确定必须要考虑通货膨胀因素，否则，它在将来所取得的利息和收回的本金就会因一般物价水平的上涨而贬值。

一般来说，因通货膨胀引起的货币贬值使货币实际购买力下降，最终会导致资产实际价值下降或实际收益率下降。当名义收益率一定时，通货膨胀率越高，实际收益率就会越低，若通货膨胀超过名义收益率，则金融机构不仅不会获得收益，其资本及利息还会因通货膨胀而受到损失。

3. 流动性风险，也称做清偿能力风险，它是指金融机构的流动能力下降或清偿能力不足而给其带来损失的可能性。金融机构如果出现流动能力下降或清偿能力不足，就不能满足存款者提取存款本金和利息的要求或借款者的合理要求，最终会影响金融机构的信誉，严重时可能会引起挤兑，从而危及金融机构的生存与发展。

为了防止流动性风险，对于金融机构自身来说，第一，金融机构可以保持一定量的流动性资产；第二，可以持有一定比例的变现能力较强的有价证券；第三，由中央银行通过执行最终贷款者的职能来为金融机构提供信贷资金支持。对于金融监管机构来讲，可以通过强制或指导性的措施来对金融机构的流动性进行监督和管理。

4. 融资结构风险，也称为财务结构风险，它主要是指金融机构融资结构不当而给其带来损失的可能性。

所谓融资结构是指不同融资方式，如间接融资、直接融资之间的组合搭配。对于金融机构而言，不同的融资方式具有不同的特点，因此，对金融机构融资来说，也具有不同的意义，对其业务经营会产生不同的影响。例如，通过发行股票，金融机构可以筹集到具有永久使用权的资本金，按照规定，金融机构一般不需要对股票进行还本付息，因为股票是具有不可返还性的工具，并且股息的支付与否也要视企业盈余情况和长期发展战略而定。但金融机构采用发行股票的方式筹集资金也有其弊端，如相对于其他一些融资方式而言，股票融资的成本较高，

此外对于发行普通股股票来说，金融机构还会因此而失去部分控制权，如果是增发股票的话，金融机构的股票市价等也会受到影响。相比而言，金融机构发行债券的成本比发行股票要低，并且也不会因金融债券的发行而失去控制权，也不存在增发新股可能带来的一些问题。但是，金融债券一般是有到期日的，债务到期时，金融机构必须对所承担的债务还本付息，这无形中会构成对金融机构的还本付息压力。向中央银行等主体借款具有相似的特征。

正因为如此，金融机构就必须在各种融资方式之间进行合理的搭配与组合，否则，金融机构便会因此而陷入财务困境。

5. 操作风险。虽然仍处于起步阶段，但近年来，防范操作风险已经成为全球金融风险管理活动中日趋重要的内容之一。对于操作风险，目前在国际上有着不同的界定。当前被世界各国所普遍认可和接受的是巴塞尔委员会对于操作风险的定义。巴塞尔委员会对于操作风险的定义实际上采用的是英国银行家协会（BBA）对于操作风险的界定。在 2004 年巴塞尔委员会通过的《巴塞尔新资本协议》中，操作风险被定义为"由于内部程序、人员、系统不充足或者运行失当，以及因为外部事件的冲击等而导致直接或者间接损失的可能性的风险"。按照此定义，操作风险可以分为人为因素引起的操作风险、内部操作流程因素引起的操作风险、系统因素引起的操作风险和外部事件引起的操作风险等四种类型。

（1）人为因素引起的操作风险主要是指操作失误、违法行为（员工内部欺诈/内外勾结）、关键人员流失、越权行为等因素所造成的风险。

（2）内部操作流程因素引起的操作风险是指金融机构内部操作流程设计不合理或内部操作流程未能得到有效执行等原因而造成的风险。

（3）系统因素引起的操作风险是指金融机构的交易系统、信息系统等失灵或者是系统存在漏洞而给金融机构带来损失的风险。

（4）外部事件引起的操作风险主要是指外部因素的冲击，例如，因税收制度和政治方面的变动、监管和法律环境的调整等所引起的银行经营环境的不利变化，外部欺诈等而使金融机构遭受损失的风险。

近年来，操作风险已成为世界各国金融机构面临的主要风险之一，20 世纪80 年代以来的银行倒闭案大多与操作风险有关，其中最为典型的案例便是 1995年英国巴林银行新加坡分行倒闭案。综合来看，操作风险通常和金融机构内部控制制度的不完善等因素密切相关。

6. 法律风险，是指金融机构的经营行为不符合当地法律或不符合金融监管当局的监管要求等方面的因素而使其遭受损失的风险。按照巴塞尔委员会的规定，法律风险是操作风险的一部分。

7. 国家风险。随着外债危机的频繁爆发，国家风险已经成各国金融机构，尤其是从事跨国业务的金融机构面临的重要风险之一，也成为国际金融风险防范的一个重点内容。巴塞尔委员会《有效银行监管的核心原则》中的原则 11 就规定，"银行监管者应确保银行制定出完善的政策与程序，以便在国际贷款和投资活动中识别、监测和控制国家风险及转移风险并保持适当的风险准备"。

所谓国家风险就是指债务国政治、经济、金融及社会环境等方面因素发生变化，以至于不愿或无力偿还债权国金融机构的贷款本息，或国际结算款项、投资收益等无法汇回本国，而给债权国金融机构的权益造成负面影响，从而使其遭受损失的风险。

与其他金融风险相比，国家风险一般有以下特征：

（1）国家风险和国家主权有着密切的关系，主要表现为主权风险。国家风险通常与债务国制定的有关法律、法规、法令对债权国金融机构存在一些不利或歧视待遇有关。主权风险的基本表现形式是[1]：①政府宣布停止对外偿还债务。一是临时性拖欠，这往往是行政或技术上的原因造成的，如资金管理不善；二是重新谈判，与外国贷款人就即将到期的贷款进行谈判，如重新安排还款期限、再融资、调整贷款结构等；三是延期偿付，即借款国暂停债务偿还，待情况有所改善后再进行偿付；四是拒绝偿付，即借款国终止其债务责任，如一国新政府拒不承认旧政府举借的外债。②政府实行产业民族化，对外资企业强制性地实施国有化，或要求国外投资者将一部分股权转让给本国居民。③政府实行外汇管制，限制外国投资者将利润汇出国外或撤回资金，或者对因偿债导致的资金外流加以限制。④政府不保护外国人的私人产权，当发生战争、领土争端、宗教纠纷、政治动乱时，对外资资产的损失不予赔偿。⑤政府实行不利于外国投资者的经济政策，如产业政策、税收政策等。

（2）国家风险存在或产生于国际信贷活动中，属于国际经济交往过程中的风险。

（3）国家风险通常是由债务国政治、经济、社会环境等方面的因素所决定的，是债权国金融机构所无法控制的，因此，把握和控制这种风险有一定的难度。

按照引起国家风险的原因来进行划分，我们可以将其分为政治风险、社会风险和经济风险三种类型。

（1）所谓政治风险是指由于债务国政治原因的限制，如政权的更迭，民族、

---

[1] 黄宪等：《货币金融学》，244 页，武汉，武汉大学出版社，2002。

种族、宗教、劳工政策，对外政策，国际关系等，债权国金融机构无法将在该债务国的贷款等权益汇回本国而遭受损失的风险。引发政治风险的因素包括政权风险、政局风险、政策风险和对外关系风险等多个方面。

（2）社会风险是指由于债务国非经济因素所造成的社会环境不稳定，债权国金融机构不能把在该债务国的贷款等权益汇回本国而遭受损失的风险。

（3）经济风险是指由于债务国直接或间接经济因素的限制，如国际收支状况、经济发展态势、经济政策等，债权国金融机构不能把在该国的贷款等权益汇回本国而遭受损失的风险。

目前用来评判一国偿债能力大小的指标主要是国家风险指数。所谓国家风险指数，是指在国际金融市场上，一个国家债券的利率与美国类似债券利率的差额。风险指数越高，说明这个国家偿债能力越差。例如，如果美国债券年利率是5%，而另外一个国家债券的利率是10%，比美国债券利率高出5个百分点，那么这个国家的国家风险指数就是500点。

第二节　金融监管及其基础

一、金融监管的含义

从历史角度来看，金融监管经历了一个"放松—管制—再放松—监管"的发展过程。

20世纪30年代之前的整个世界金融体系处于"自由银行时代"，金融运行几乎不受任何监管。由于银行危机的不断爆发，尤其是世界经济危机的爆发，自20世纪30年代开始，以美国为首，世界各国逐渐建立起了它们的金融管制体系，从而使整个世界金融进入到了管制时代。到20世纪七八十年代，受经济自由主义思想的引导，各国政府纷纷放松了对金融的管制，整个世界掀起了金融自由化的浪潮。由于各方面的原因，放松金融管制的结果是连续不断的金融危机的爆发，从日本的股市、房地产泡沫破灭，到墨西哥金融危机、东南亚金融危机，再到南美地区金融危机，金融危机的爆发频率明显加快，外部效应日益变大，在这种情况下，各国政府和整个国际社会重新又把金融监管问题提到了议事日程。

对于金融监管的这种发展路径，美国经济学家凯恩将其称为"管制辩证法"。

为了正确理解金融监管的含义，我们有必要区分一下金融管制和金融监管。

按照监管理念的不同，我们可以将整个金融监管分为20世纪30年代到70年代的金融监管和20世纪八九十年代以来的金融监管两大阶段。前者称为金融管制（Financial Control）或狭义金融监管，后者称为金融监管（Financial Regulation 或 Financial Supervision）或广义金融监管。

金融管制是狭义的金融监管，是金融监管的早期形式，它是在非市场条件下或不完善的市场经济环境里，政府在特定的发展阶段上，为实现特定的宏观控制目标而采取的非市场化的措施，具体是指政府或权力机构通过严格限制金融机构的市场准入、经营业务范围、控制金融产品的价格等方式，即限制金融机构的活动来防范金融风险，保证金融体系的稳定。金融管制主要包括利率管制、外汇管制或汇率管制、贷款规模控制等内容。

广义金融监管是指为了维护金融体系的安全与稳定，保护存款者及社会公众的利益，提高金融的运行效率，由政府通过专门的机构，或由金融行业组织，或被监管者自身等所制定的一系列制度安排或者所采取的行动。

二、金融监管的基础

（一）一般基础

对于金融监管的必要性的分析，最早是建立在政府管制论基础上的，而政府管制的必要性又是以社会利益论为基础的。因此，所谓金融监管的一般基础就是社会利益论在金融领域中的运用。

社会利益论认为市场是存在缺陷的，管制是减少或消除市场缺陷从而保护公众的手段。市场缺陷的前提是：自然垄断、外部效应和信息非对称。

市场缺陷可能发生的这些前提在金融领域有着充分的体现，突出表现在：[①]

1. 金融体系的负的外部性影响。所谓外部性，是指生产和提供一种产品或劳务的社会费用（或利益）与私人费用（或所得）之间存在的偏差。

金融体系运行的外部性有正外部性和负外部性之分。

金融体系的正的外部性突出表现为，金融体系功能的发挥，可以最终促进储蓄向投资的转化，刺激经济的增长。

金融体系的负的外部性是指金融机构的倒闭破产及其连锁反应，对社会公众及宏观经济增长所造成的破坏性的影响。

金融机构是典型的负债经营企业，它联系着广大的工商企业和居民家庭，在这种情况下，一家金融机构的倒闭会使社会各阶层，包括债权人、存款者等蒙受重大损失。更为严重的是，一家金融机构的倒闭破产，会产生多米诺骨牌效应，导致一连串的金融机构倒闭，最终会通过货币信用紧缩破坏经济增长的基础。

---

① 白宏宇、张荔：《百年来的金融监管：理论演化、实践变迁及前景展望》，载《国际金融研究》，2000（1）。

按照福利经济学的观点,外部性问题可以通过征收"庇古税"来进行补偿,但这并不适用于金融领域,面对金融活动的巨大杠杆效应——个别金融机构的利益与整个社会经济的利益之间的不对称,"庇古税"也会变得无能为力。

科斯定理从交易成本的角度证明,外部性问题不可能通过市场机制的自由交换来予以消除,因为这里存在着非常高的交易费用。因此,金融体系的负外部性只有通过市场以外的力量来解决。

2. 金融体系的公共产品特性。在现代经济中,金融机构具有非常强的渗透性和扩散性功能,金融体系越来越成为整个国民经济的神经中枢和宏观经济的调节机构。

但一个稳定、公平和有效的金融体系对整个社会经济而言是一种公共产品:金融机构开展经营的资金是来源于社会公众的储蓄,金融机构的资金运用又是面向社会公众,金融机构的行为、经营状况、业绩对社会公众有着直接的影响。

对于具有公共产品特性的金融体系来说,"搭便车问题"的产生是不可避免的,即人们通常缺乏对金融体系进行监督管理的动力,而是乐于享受在他人监督下的金融体系所提供的良好金融服务。根据公共财政理论,金融体系的这一特性决定了对金融体系的监督管理职责只能由代表全民利益的政府来承担。

3. 金融机构的自由竞争悖论。理论界一般认为,一般工商企业的自由竞争原则并不一定适用于金融业,这是因为,一方面,金融机构之间自由竞争的结果,最终会发展到高度的集中垄断,垄断不仅会损害金融体系的运行效率和消费者福利,同时也容易滋生政治上的腐败现象;另一方面,金融机构之间自由竞争的结果是优胜劣汰,而金融机构的被淘汰可能具有很强的扩散效应,会导致整个金融体系的不稳定,最终危及整个经济体系的稳定。因此,理论界一般认为,对于金融机构而言,自由竞争并不必然导致效率的提高,相反,自由竞争和稳定之间则存在着明显的替代性。

4. 金融交易中的信息非对称。金融是货币资金的跨时交易,其间存在着大量的不确定性,存在着许多金融风险。另外,在现实的金融交易过程中,信息在交易双方的分布又是极其不均衡的,金融机构和筹资者往往掌握着较完备的信息,而存款者和投资者一般拥有不完备的信息。信息非对称的存在不免会产生道德风险和逆选择现象,而道德风险和逆选择现象的存在则会使社会公众减少对金融交易的参与,金融交易会因此而萎缩,金融市场运行效率会因此而下降。

(二)现代金融监管的特殊基础:现代金融制度(体系)的脆弱性

随着制度经济学的发展,理论界开始从对现代金融制度的剖析层面来研究金融监管的必要性。他们认为,现代金融制度(体系)的脆弱性,决定了政府应当实施对金融业的监管。

从实证角度看，现代金融制度是具有两面性的：金融制度运行良好时，经济就能保持强劲的增长；而一旦金融制度出了问题，就会爆发危机，延缓经济增长。我们在强调金融制度的积极作用的同时，也不得不看到现代金融制度的缺陷：脆弱性。

从金融制度的形成机制来看，金融制度是经济过程的派生制度，经济制度决定金融制度，金融制度服务于经济运行。这也决定了金融制度必须与经济的发展相适应。但鉴于金融在现代经济中的核心地位，各国政府往往会干预金融制度的安排，使其符合政府政策及目的。金融制度的政府安排极有可能改变金融制度的运行轨迹，最终导致金融制度与经济制度的不相适应，从而造成金融制度的人为缺陷。这在发达国家通常表现为金融制度的发展滞后于经济制度的发展，在发展中国家则表现为金融制度的发展超前于经济制度的发展。

现在人们更热衷于对人为的正式金融制度安排的批评，而对非正式金融制度安排的自然缺陷往往认识不足，忽视了非正式金融制度安排的风险自增强功能。非正式金融制度安排的脆弱性主要是基于金融的独立性而产生的。所谓金融的独立性是指随着金融业的不断发展，金融活动逐渐脱离现实的生产过程，而成为一个相对独立的领域，并形成了特殊规律和运作方式。应当说，金融的独立性是经济发展过程中的必然现象或客观要求，也是经济过程自然演进的结果。但这种独立性发展超过一定限度，就产生了强烈的金融异化现象。所谓金融异化是指金融业和金融活动背离为经济活动服务而自我膨胀的畸形发展现象。脱离经济制度控制的金融制度的独立性（脱离为经济服务的自我发展）最终产生了经济泡沫。除此之外，非正式金融制度的脆弱性也和其高负债条件下的逐利性有着密切的联系。

（三）金融监管的现实基础

20世纪八九十年代以来的金融监管，一方面和该时期频繁发生的金融危机有关，同时也同传统金融管制对金融自由化的不适应性有着密切的联系。

1. 金融危机。《新帕尔格雷夫经济学大辞典》中对金融危机的解释是：金融危机是指全部或大部分金融指标——短期利率、资产（证券、房地产、土地）价格、商业破产数和金融机构倒闭数——的急剧、短暂和超周期的恶化，是基于预期资产价格的下降而抛出不动产或长期金融资产，换成货币。

金融危机一般可分为货币危机、银行危机、外债危机、系统性金融危机，但现实中更多是系统性金融危机。

从金融监管的发展过程看，金融监管总是与金融风险的总释放——金融危机有着密切联系的。这是因为，金融危机的代价是高昂的，金融危机爆发后，无论是金融机构本身，还是财政、货币以至于社会稳定、国家安全都会受到强烈的冲击。

2. 传统金融管制。对传统金融管制提出挑战的主要是金融自由化以及由此引发的层出不穷的金融创新。

虽然金融监管的基础没有因金融自由化而动摇，但金融自由化的确使传统的金融管制体系越来越不能适应金融运行的状况，面临严峻的挑战，主要体现在以下几个方面：

（1）不能适应金融日渐混业化的新情况。金融自由化以前的金融行业有着专业化的分工，金融机构之间的业务有着明确的划分，与此相适应，金融监管采取了机构型监管体制，即不同的金融业务分别由不同的机构进行监管。机构型监管的优点是专业性比较强，但面对金融自由化后的金融混业经营局面，它的缺陷也日益暴露了出来：第一，容易因领域界限不清和责任不明而产生监管缺失的现象；第二，缺乏对金融机构的清偿力以及资产组合风险等方面的总体控制和评价。

（2）传统金融管制条件下建立的官方金融安全网存在缺陷。在传统金融管制条件下，各国金融监管当局为了防范金融风险，维护金融体系的安全与稳定，纷纷建立了包括存款保险制度、资产负债表限制、最终贷款人机制等在内的官方金融安全网。

总体而言，官方金融安全网的确能够在一定程度上保证金融体系的安全稳定，但它并非十全十美，很容易产生道德风险。例如存款保险制度，它的最大缺陷是，过多的保险会引发存款者和银行的道德风险，使经济主体的行为脱离市场规则，因为：第一，面对政府建立的存款保险制度，存款者往往会忽视对银行的选择。第二，由于政府提供了存款保险制度，银行就会更加积极地去从事高风险、高收益项目的投资。第三，由于存款保险金的缴纳构成了银行成本的一部分，因而银行存在着逃避存款保险制度的动机，它们会减少对存款的吸收，而到金融市场上去冒险借入资金。

（3）传统的金融管制主要限于对国内金融业的监管，疏忽了对跨国银行的监管。20世纪70年代以来，伴随着跨国公司的大量涌现，跨国银行进入到了一个全面发展和迅速扩张的时代。跨国银行实际上是跨国公司的一种特殊形式，它是指在两个或两个以上国家拥有分支机构，开展跨国金融业务的银行。跨国银行的发展促进了金融的全球化，实现了国际金融资本的相互渗透和激烈竞争。与国内银行业不同，跨国银行除了会面临与国内银行相似的风险之外，往往还涉及日渐频繁的国家风险和汇率风险，并且使金融风险的爆发呈现出国际化特征。这使得一国金融监管当局对跨国银行业务的监管显得力不从心。更何况，在传统金融管制体制下，由于母国和东道国双方的有意宽容，跨国银行实际上处于金融监管的相对真空地带。

（4）传统金融管制体制存在着各国金融监管的法律制度不规范，宽严不一的问题。如上所言，在传统金融管制条件中各国金融监管当局更加关注的是对国内银行业的监管。在这种情况下，各国的金融监管基本是各自为战的，很少存在金融监管在国际间的合作与协调，结果是各国在金融监管法规的宽严程度上存在较大差异。各国金融监管法规的宽严不一会产生如下结果：第一，金融监管法规宽严程度上的不同，给有关金融机构尤其是跨国银行的经营管理带来了相当程度上的不便，导致跨国银行经营管理成本上升；第二，给国际投机资本留下了活动的空间，这是因为如果一个国家金融监管过于严厉，国际投机资本就会将业务移往监管宽松的国家和地区；第三，监管制度的差异导致各国金融竞争力的差异，这有可能导致各国过度放松金融监管的恶性竞争。原监管较严厉的国家为了留住那些国际资本，有可能会放松金融管制。

第三节　金融监管的目标与原则

一、金融监管的目标

所谓金融监管的目标，就是对金融领域实施监管最终所要达到的目的。

从金融监管的实践来看，世界各国几乎无一例外地都对监管目标进行了规定，并且为了确保监管目标的权威性和稳定性，世界各国政府还将监管目标写入了其金融法律法规中。

世界银行专家米拉德·朗（Millard Long）、迪米瑞·威塔（Dimitri Vittas）认为，金融监管最终需要实现三个目标，即稳定性、效率性和公平性，其中，金融体系的稳定性与公平性是金融监管的核心，而效率性是金融监管的生命，金融监管的艺术在于从三个目标之间寻求平衡。[1] 从这个意义上说，金融监管所要达到的目标不应是单一的，而应该是多层次的有机体系，该体系由下列要素目标组成。[2]

---

[1] Millard Long, Dimitri Vittas, "Financial Regulation: Changing the Rules of the Game", EDI Development Studies, P. 61（1992）.

[2] 张忠军：《金融监管法论》，28～30 页，北京，法律出版社，1998。

（一）维护金融体系的安全与稳定

金融是现代经济的核心，金融体系的安全与稳定对一国经济的发展具有重要意义，它是衡量一个国家金融业是否健康发展的重要标志。正因为如此，这个目标通常是各个国家金融监管的首要目标。为此，金融监管者必须采取有效措施促使金融机构依法稳健经营，降低和防范金融风险，防止金融机构倒闭和"传染效应"。

（二）保护存款人、投资者和其他社会公众的利益

相对于金融机构和金融市场来说，存款人、投资者及其他社会公众在信息取得、资金规模、经济地位等各方面都居于弱势地位，但他们同时又是金融业的支撑者，是金融业生存和发展的基础，所以，金融监管机关应对这些社会弱者的利益提供保护，除应采取确保一个稳健、安全的金融体系的监管措施之外，还应依法予以特殊保护，要把保护他们的利益作为金融监管的一个重要目标。实际上，随着消费者保护运动的全球普及以及法律观念的提高，对金融业社会弱者利益的特殊保护，已日益成为各国金融立法关注的重点，以保护投资者利益为核心的证券市场信息披露制度作为证券法的核心已为世界各国所认同。

（三）促进金融体系公平、有效竞争，提高金融体系的运行效率

金融监管意在防范和化解金融风险，但并不能因此而抑制了金融机构的竞争活力。竞争是市场经济的基本法则，没有竞争，金融机构便失去了经营活力，金融运行效率便会降低。因此，各国金融监管当局都把促进金融体系公平、有效竞争，提高金融体系的效率作为金融监管的目标之一。为了实现这个目标，金融监管当局一方面要依法为金融机构提供公平竞争的环境，从而使金融活动主体拥有平等的机会和权力，另一方面也要采取一些提高效率的监管措施，如减少银行开业的限制、更多地发挥市场机制的作用等等。

二、金融监管的原则

金融监管的原则即实施金融监管过程中各活动主体的行为准则。虽然世界各国在具体表述上会存在一定差异，但都对金融监管的原则进行了相应的规定。综合各国的情况来看，金融监管原则主要包括：

（一）依法监管的原则

依法监管的原则是指金融监管机构必须依照法律规定和法定程序来实施对金融机构的监管。依法监管的目的是为了避免金融监管行为的随意性，避免金融监管机关超越权限，侵害被监管者的合法权益，保证金融监管的合法性、权威性、严肃性、强制性和连贯性。为了保证依法监管原则的顺利实施，政府必须通过法律赋予金融监管机关相应的权力，并且要约束和监督监管者的监管行为。

（二）公平、公正、公开的原则

公平、公正、公开的原则是指金融监管当局在将有关金融监管法律、法规等公之于众的基础上，对于各监管对象应当一视同仁，公平对待。公开有关监管法律法规和制度的目的在于：

（1）提高金融监管的透明度，使金融机构明确金融监管的监管要求，保证监管的公正性，避免监管的随意性；

（2）便于金融机构的自律管理和内部控制；

（3）便于社会公众对金融机构的监督。

公平的原则可以使金融机构之间开展公平合理的竞争。

（三）适度监管的原则

适度监管的原则是指金融监管必须以保证金融的市场调节为前提，不能因监管而压抑了金融机构的竞争、创新与发展活力，破坏金融市场运行的效率。

适度监管原则的目的主要是为了避免过度监管。所谓过度监管是指监管者出于自身声誉和利益等方面的考虑而超过合理限度来实施监管的现象。贯彻适度监管的原则需做到：

（1）摒弃政府外部监管万能的思想，应认识到政府缺陷的存在；

（2）政府监管不能完全代替市场的作用，在不存在市场缺陷的情况下，监管者最好不要介入；

（3）政府监管应尽量避免对金融机构经营行为的直接干预；

（4）在政府监管的同时，应充分发挥金融同业组织自律、金融机构内部控制、社会中介机构以及社会公众监督在金融监管中的作用。

（四）审慎监管的原则

审慎监管的原则实际上就是会计中的谨慎原则在金融监管领域中的运用。审慎监管所关注的是金融机构的经营稳健性及其健康程度，强调对金融机构的资产负债表、资本充足性、资产质量、流动性、内部治理结构和内控制度等审慎指标的分析和监控，其核心是风险管理，即它是通过防范和控制金融风险，防止系统性金融风险的爆发来保证金融机构稳健运行。

（五）持续监管的原则

持续监管的原则要求，监管机构必须对金融机构的日常业务经营情况进行连续的、动态的分析和监控，因为只有这样，金融监管机构才能及时、全面地了解和掌握金融机构的风险状况，从而防范和控制风险，防止因个别金融机构倒闭而产生的系统性风险。

（六）高效监管的原则

金融监管并非免费的午餐，金融监管的组织实施是有成本的。为此，金融监管必须能够通过一定的措施来保证以最低的成本来实现监管的目标，提高监管的效率。

第四节　金融监管体制

一、金融监管体制及其构成要素

金融监管体制是指一个国家为了确定金融监管的职责划分和权力分配，而对金融监管所进行的一系列制度安排，或一整套机制和组织结构的总和，具体包括金融监管的组织结构、金融监管手段等内容。

金融监管体制主要解决由谁监管、对谁监管以及如何监管等方面的问题，因此，与该体制相关的基本要素主要是监管的参与者和监管手段。

（一）金融监管的参与者

1. 金融监管的主体。金融监管的主体即金融监管的具体实施者。在谈到金融监管主体时，人们首先想到的是政府。但现代市场化金融监管理念认为，单纯靠监管当局来监管金融自由化以后日益复杂的金融服务领域是远远不够的，现代金融监管的主体不应仅局限于政府机构，而应当允许多个不同性质的监管主体的存在。另外，从当今各国金融监管的实践来看，有些金融监管活动确实也是由非政府性质的金融行业组织、金融机构和社会中介机构等来完成的，例如，证券商协会对证券商的自律监管，证券交易所对上市公司的监管等等。

一般说来，在市场经济条件下，金融监管主体主要由以下两类机构组成：

（1）政府性质的金融监管机构。政府性质的金融监管机构是由政府授权，负责制定相关金融监管法规和规章制度，并具体组织实施这些规章制度的机构。政府性质的金融监管机构可以对违反这些规章制度的金融活动主体进行相应法律法规的制裁。属于这类监管机构的有银行业监督管理委员会、证券监督管理委员会、保险监督管理委员会等。

（2）非政府性质的民间机构或私人机构。与政府性质的金融监管机构不同，非政府性质的民间机构或私人机构的权力并不是来自于政府，而是来自于其成员对该机构所制定的行为规范的普遍认同。非政府性质的民间机构或私人机构主要是通过制定一系列的行业行为规范来约束其成员的经营行为，由于这些规范并不具备法律性，它们对于违规金融机构只能进行行业纪律上的处罚。作为监管主体的非政府性质的民间机构或私人机构主要是指证券交易所、金融行业公会、各种金融行业协会等自律组织。

2. 金融监管的客体。金融监管的客体即金融监管的对象。金融监管的对象是一个国家金融体系的运行，包括几乎所有金融主体所从事的金融活动。从事金融活动的金融主体主要包括商业银行、证券公司、保险公司、信托投资公司、信用合作社、投资基金、上市公司等。

（二）金融监管的手段

金融监管的手段即金融监管主体为实现金融监管目标而采用的各种方式、方法和措施。从世界各国的金融监管实践来看，金融监管主体主要是通过法律手段、行政手段和经济手段来对金融活动主体的市场准入、市场运营和市场退出等方面实施监管。

二、金融监管体制的类型

（一）按照金融监管机构的监管方式及其与监管对象的相互关系来分类

1. 自律式金融监管体制，是指金融监管主要依靠金融行业组织的自律和金融机构的自我约束来进行的体制。在这种体制下，货币当局只是制定相关的法律，很少对金融机构进行直接的干预。20 世纪 70 年代末以前的英国是自律式金融监管体制的代表。

2. 法制式金融监管体制，是指政府金融监管当局依靠一系列的法律法规来实施金融监管的体制。美国是这种监管体制的典型代表。

3. 干预式金融监管体制，是指政府监管机构除了借助一系列的法律法规来实施金融监管之外，还会运用行政命令等方式对微观金融机构的经营行为进行直接干预的体制。大多数发展中国家的金融监管体制就属于这种类型，20 世纪 90 年代末以前的日本实行的也是这种类型的监管体制。

（二）按照金融监管权力的分配结构和层次来分类

1. 一线多头型，指一国的金融监管权高度集中于中央，地方一级没有监管权，并且在中央一级设有两家或两家以上的机构共同执行监管职能的金融监管体制。典型代表是德国、日本和法国。

2. 双线多头型，指中央和地方两级都拥有对金融机构的监管权，并且每一级又有若干机构共同来行使监管职能的金融监管体制。这种体制主要存在于联邦制的国家，典型国家是美国和加拿大。

3. 集中单一型，指金融监管权高度集中于中央，并且是由一家监管机构集中执行监管职能的金融监管体制。

（三）按照监管对象来分类

1. 功能型监管。按照美国前财政部长鲁宾的说法，功能型监管是指这样的监管流程，金融机构所从事的某项金融业务由一个监管机构来监管，而不管是哪一个机构从事了该项业务。由此可见，功能型监管实际上是按金融机构所从事的业务来设立监管机构的金融监管体制的。

2. 机构型监管，是按照金融机构性质的不同设立不同的监管机构的金融监管体制。例如在我国，针对商业银行、信托投资公司、农村信用合作社等金融机构我们成立了中国银行业监督管理委员会，针对保险公司我们成立了中国保险监督管理委员会，而对证券公司的监管则由中国证券监督管理委员会负责。

（四）按照监管主体的不同来分类

1. 混业监管。混业监管也称为统一监管，它是指设立一家监管机构来监管所有金融机构和金融业务的金融监管体制，在这种体制下，金融监管机构不仅承担审慎监管的任务，而且负责业务监管。目前，有英国、日本、韩国等9个国家实行这种体制。

2. 分业监管。分业监管即机构型监管，它通常是按照银行、证券、保险划分为三个领域，分别设置相应的金融监管机构来负责包括审慎监管和业务监管在内的全面监管任务。

（五）按照监管的组织形式来分类

1. 牵头监管型。牵头监管型实际上是对多头监管型的改进。它是一国政府为了避免金融混业经营后可能出现因监管机构之间推诿扯皮产生监管真空，而在几个主要监管机构之间建立及时磋商协调机制，相互交换信息，并由其中某一个监管机构牵头，负责各监管主体之间的协调工作。典型代表是法国。

2. "双峰"监管型。"双峰"监管型是指在一个国家设置对所有金融机构进行审慎监管和负责对不同金融业务实施监管的两类机构的金融监管体制。

3. "伞形"监管。"伞形"监管是美国在1999年11月4日《金融服务现代化法》颁布后，对原有分业监管体制进行改进而形成的综合监管与分业监管相结合的监管体制。在"伞形"监管体制下，联邦储备委员会是综合监管的监管人，负责对金融持股公司的综合监管；同时，金融持股公司又按其经营业务的不同接受不同行业监管机构的监管，联邦储备委员会与各专业监管机构之间相互协调、互通信息，共同配合，见图11-1。

三、金融监管体制的发展趋势

（一）中央银行金融监管机关的地位开始削弱

伴随着金融的混业经营，在金融监管体制的发展过程中，有一些国家，尤其是在欧元区国家，已经将银行监管的职能从中央银行中分离出来，同时有许多国家已经或正在考虑成立一个综合监管机构，负责对银行、证券、保险的统一监

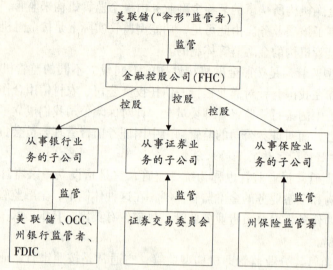

注:OCC是指货币监理署,FDIC是指联邦存款保险公司。

图 11-1　美国的"伞形"监管

管。这无疑削弱了中央银行金融监管机关的地位。当然，从整个世界范围来看，更多国家的中央银行仍旧执行着金融监管的职能，尤其是在发展中国家，银行监管的职能大多是由中央银行来执行的。

（二）金融行业自律开始受到重视

随着金融监管实践的不断发展，许多国家和地区逐渐开始重视金融行业自律在金融监管中的作用。从世界各国金融监管体制的演变来看，金融行业自律管理已经成为许多国家和地区金融监管体制的重要组成部分。金融行业自律是指由银行同业公会、银行业协会等组织对金融业所进行的自我管理、自我规范与自我约束。借助于金融行业自律，使金融行业组织在一定程度上发挥监督管理的功能是非常重要的，这将能够更加有效地避免金融机构之间的不正当竞争，规范金融机构的行为，增强金融业的安全性与稳定性。

各国之所以越来越重视金融业自律组织的作用，主要是因为[1]：

1. 在防止金融机构逃避监管方面，自律组织比政府更加具有优势，因为它更加熟悉金融业运作的具体实际情况。

2. 自律组织在执法检查、纪律监控方面比政府监管更具灵活性和预防性，

---

① 张忠军：《金融监管法论》，北京，法律出版社，1998。

特别是它可以及时发现问题，从而缓冲金融机构与监管机构之间的矛盾与冲突。

3. 自律组织在监管方面作用空间较大。政府依法监管的优势在于使金融机构业务行为合法与非法的界限分明，监管具有刚性约束，对于灰色区域政府往往难以奏效，而自律的规则内含有行业、伦理和道德标准的约束，其作用空间比政府监管更大。

4. 金融自律组织的存在有其客观必然性。面对无序、混乱、盲目的市场状态，具有逐利冲动的金融机构需要有一个自律组织，通过制定相应的行业行为规范等来为其创造一个良好的外部经营环境。

（三）强调金融机构的内部控制

除重视金融行业自律以外，加强金融机构内部控制是各国金融监管体制发展的另一鲜明特征。金融机构是否具有完善的内控机制和内部管理制度已成为监管当局核准金融业市场准入的重要考核因素，也是监管当局对金融机构进行检查的重要内容。

金融机构是从事现实金融活动的主体，在金融业务日趋复杂多变、金融创新层出不穷的情况下，金融机构的内部控制是金融监管的基础，无论是中央银行监管，或是金融行业组织自律都无法完全替代金融机构的自我约束，它们的监督管理必须建立在金融机构及时、准确披露相应信息基础之上，否则，不可能实现有效金融监管。正因为如此，各国金融监管当局正不断尝试建立相应的激励机制，促使金融机构建立自己的风险管理模型，以强化金融机构的内部风险控制，同时，向金融机构施加压力，要求其改进和加强内部管理和内部控制，尤其强调金融机构要对那些风险或潜在风险较大的业务领域加强管理和监控。

（四）监管方式的制度化与灵活性

在金融监管体制发展演变过程中，各国金融监管当局一方面开始注意到金融监管法制化在金融监管中的重要作用，从而加强了法规建设，使监管有法可依。与此同时，一些国家也在法律框架允许的范围内，不断赋予金融监管机关更大的权力和更多的主动性，从而使金融监管具有相当程度的灵活性。不过，这些灵活性举措必须要在法律框架之内来发挥，必须按法律程序行事。

第五节　金融监管的内容

一、预防性监管

预防性监管是一国金融监管当局为了防患于未然而采用的，带有进取性特征的一系列政策措施，目的在于防范因金融机构经营管理不善所产生的风险。预防性监管的措施一般包括：

（一）市场准入监管

市场准入监管通常被看做是金融监管的起点。市场准入监管是一国金融监管当局对具备资格的机构进入金融市场经营金融产品、提供金融服务所进行的审查批准过程。市场准入监管通常包括机构准入监管、业务准入监管和高级管理人员准入监管。为了实施市场准入监管，各国监管当局都对市场准入的标准、条件及程序等方面进行了规定。

（二）资本充足性监管

资本是金融机构赖以生存的基础，是金融机构抵御风险的缓冲器，这也决定了资本充足性监管是金融监管的核心。各国金融监管当局通常是通过规定金融机构资本数额和构成，以及资本与按风险系数折算后的资产之间的比例等，来实施对金融机构的资本充足性监管的。例如，1988 年 7 月由巴塞尔委员会颁布的《巴塞尔协议》就规定：（1）银行的资本由核心资本和附属资本构成并允许有相应的扣除项目，其中，核心资本包括股本和公开储备，附属资本由未予公开储备、重估储备、普通准备金、混合资本工具、长期次级债务五部分组成。（2）到1992 年底，银行资本对加权风险资产的比率须达到 8%，核心资本对加权风险资产的比率不得低于4%。

资本充足性监管的目的是防止金融机构超出资本限度而进行资产规模的扩张，减少风险。

（三）清偿能力监管

清偿能力监管也称为流动能力监管或流动性监管，其目的是使金融机构的资金能够灵活周转以保证随时满足存款客户提取存款的要求和借款人提出的合理的贷款要求。各国金融监管机构为了实现对金融机构的监管，一般要求金融机构必须保持一定数量的现金和市场变现能力较强的资产。由此可见，清偿能力监管的核心问题是资产流动性问题，但在具体监管方式上，各国监管当局之间是存在一定差异的。有的国家以各种流动性比率来作为考核金融机构流动性的指标，并规定有流动性比率标准；有的国家虽然没有流动性比率的强制要求，但却会向金融机构发布衡量和管理流动性的指导方针。[①]

（四）业务活动限制

对金融机构的业务活动限制，与一个国家在金融法律上对金融经营模式的规定有关，它主要表现为对金融机构业务范围的限制。有的国家实行的是分业经营

---

① 黄宪等：《货币金融学》，273 页，武汉，武汉大学出版社，2002。

模式，金融机构之间存在着较为清晰的业务边界，而有的国家实行的则是混业经营模式，金融机构之间的业务边界非常模糊，业务交叉现象非常普遍。除此之外，还包括对金融机构存贷款利率的限制、对金融机构吸收存款的方式的限制等内容。

（五）贷款集中度限制

贷款集中度限制是监管当局为了防止金融机构的贷款过于集中，从而造成风险集中所实行的监管措施。通常是要求金融机构对同一借款者的贷款不得超过自有资本的一定百分比。至于该百分比到底应该是多少，世界各国金融监管当局的规定存在着一定的区别，一般是在10%～100%变化。目前我国的规定是，商业银行对同一借款人的贷款余额不得超过自有资本净额的10%，对前10名最大客户的贷款余额不得超过自有资本净额的50%。

（六）管理评价

一个金融机构的经营状况和风险状况，在很大程度上与管理层的管理能力、管理经验、管理程序的科学性、管理措施的落实等有着密切的联系，尤其是从近些年来的一些银行危机案例来看，有相当多的银行危机是由于管理不善造成的。因此，世界各国金融监管当局都非常重视对金融机构管理状况的控制与监督。

一个金融机构管理水平的优劣，既不能用计量方法简单地衡量，也不能完全通过分析金融机构报表进行全面的判断，因此，理论界一般认为，对金融机构管理水平的评价需要在非现场检查的基础上，通过现场检查和实际考察来进行，主要考察的是金融机构是否建立了完善有效的内部管理制度，有无严密的内部组织制度，管理层的管理能力与胜任程度、管理程序及其科学性等。

（七）银行检查

银行检查是当前世界各国金融监管当局常用的一种监管手段，并且也被认为是较为有效的一种综合性监管手段，因为借助于日常或定期的银行检查，金融监管当局可以及时、全面地了解银行的经营情况和风险状况、清偿能力、内部控制及管理能力等方面的基本情况，有助于对商业银行等金融机构的风险进行全面而客观的判断与评价。银行检查主要包括非现场检查和现场检查这两种方式。所谓非现场检查是指金融监管当局依据商业银行等金融机构按规定所呈报的财务信息等数据资料，采用一定的方法，按照一定的标准和程序，对其业务经营和财务状况等所进行的检查；现场检查是指金融监管当局通过指派专门的检查人员，深入到金融机构内部所进行的实地检查。

二、存款保险制度

存款保险制度是指一国金融监管当局为了保护存款者的利益，增强存款者对金融体系的信心，维护金融体系的安全与稳定，而要求各吸收存款的金融机构就其吸收的存款到专业的存款保险机构投保，以便在金融机构出现清偿能力困难，不能满足存款者提取本金和利息的要求时，由该存款保险机构予以赔偿的一种制度安排。存款保险制度是一国官方金融安全网的一部分，现代意义上的存款保险制度建立于 20 世纪 30 年代的美国，现在世界上有许多国家都建立了自己的存款保险制度，我国的存款保险制度也在积极的酝酿之中。当然，需要注意的是，由于世界各国制度背景、金融发展状况及阶段等的不同，不同国家的存款保险制度的安排与运作存在着一定的差异。

三、紧急援助

紧急援助是指一国政府对于那些发生流动性不足、清偿能力困难的金融机构提供资金等方面帮助的措施，是商业银行等金融机构防范风险的最后一道防线。

对商业银行等金融机构的紧急援助主要由中央银行、存款保险机构和政府来提供。中央银行对有问题金融机构的紧急援助主要是通过提供低息贷款和联合一些大银行共同救助这两种方式来实现的；存款保险公司实施的紧急援助主要表现为向收购有问题金融机构的银行提供资金援助，以便于收购或进行营业转让；由政府出面对有问题金融机构进行援助的主要表现形式是接管，即将有问题金融机构国有化，这包括金融机构的经营、债务的清偿、股东利益的保护等。当然，政府收购后一般是将有问题金融机构交由中央银行来处理。

四、金融风险预警

金融风险预警是指金融监管主体通过建立一系列（套）经济金融指标，并对其进行实时监控和分析，以便于对金融风险及其不断累积过程以及未来可能发生的危机进行早期预报，尽可能避免或减少危机爆发的可能性。

虽然世界各国的经济、金融运行状况存在着一定的差异，金融发达程度及受管制程度也各不相同，但在金融风险预警指标的选取上，美联储的骆驼评级指标体系具有一般适用性。世界上许多国家的金融风险预警指标，包括我们国家，通常是参照这个指标体系。骆驼评级指标体系由资本充足性、资产质量、管理能力、盈利性、流动性和敏感性等几个方面组成，由于这些指标的英文首字母分别是 C、A、M、E、L、S，恰好是 CAMELS（骆驼）这个英文单词，所以被称为骆驼评级。

重要概念

金融风险　系统性金融风险　非系统性金融风险　信用风险　市场风险　利率风险　汇率风险　通货膨胀风险　流动性风险　操作风险　国家风险　金融监

管　金融异化　金融危机　适度监管的原则　审慎监管的原则　金融监管体制　功能型监管　"伞形"监管　清偿能力监管　存款保险制度　金融风险预警

复习思考题

1. 金融风险的含义与特征。
2. 金融监管存在的基础。
3. 传统金融管制面临的挑战。
4. 金融监管的目标。
5. 金融监管的原则。
6. 金融监管体制的发展趋势。
7. 金融监管的内容。

第十二章　金融发展理论

金融发展理论属于经济发展理论或发展经济学的重要组成部分，是对经济发展理论的丰富和发展。金融发展理论主要通过对金融的自身发展规律以及金融发展与经济发展之间的关系的分析来研究发展中国家和地区的货币金融问题。

第一节　金融发展及其与经济增长的关系

一、金融发展的含义

在 20 世纪 50 年代以前的发展经济学理论体系中，西方经济学家并没有将金融及金融发展问题作为核心内容进行专门研究，从现有资料上看，西方经济学家关注金融发展问题是从 20 世纪 50 年代开始的，其标志是 1955 年和 1956 年美国经济学家约翰·G. 格利、爱德华·S. 肖发表的论文《经济发展的金融方面》和《金融中介机构与储蓄—投资过程》，随后金融发展理论便成为发展经济学的一个重要方面，受到许多经济学家的重视。[1]

虽然有许多经济学家在研究金融发展问题，但在金融发展的内涵上却并没有形成统一的认识，更加重要的在于，西方经济学家在谈论金融发展问题时，大都将金融发展等同于金融增长。例如，戈德史密斯在其著名的《金融结构与金融发展》一书中将金融发展定义为一国金融结构（各种金融工具和金融机构的相对规模）的变化，虽然他也认识到了不能简单地从规模角度衡量金融发展，但更多的是通过一个简单量化的金融相关率来考察金融发展问题，而在一定意义上忽略了对金融发展的质的方面的研究。而格利和肖则更加直接地采用了金融增长的概念，他们认为金融增长指的是各类金融资产的增多和各类金融机构的设立。[2]

与此相对，在发展经济学体系中，经济学家们则对经济增长和经济发展进行

---

① 张杰：《中国金融成长的经济分析》，北京，中国经济出版社，1995。
② 曹龙骐：《货币银行学》，北京，高等教育出版社，2000。

了"小心谨慎"的区分和界定，认为，"经济增长和经济发展两个术语在一些时候是可以互相换用的，但它们之间有着根本的区别"①。经济增长注重的是经济规模的扩大以及数量的扩张，而经济发展则除经济增长之外，还包括持续不断的结构高度化演进。② 经济增长是经济发展的必要前提，但并不必然实现经济的发展，在世界各国，没有发展的增长甚至于"虚假的增长"是非常多见的。由此决定了金融增长和金融发展之间存在着类似的关系。金融增长一般表现为金融资产规模的扩大和金融机构数量的增加，而金融发展则主要指的是金融结构的优化和储蓄向投资转化效率的提高。单纯片面的金融粗放型增长往往具有较强的诱惑性，给人们造成一种繁荣的假象，但这可能恰好是金融危机的前奏。基于以上认识，国内理论界对金融发展进行了如下的描述：

金融发展指的是"在金融增长的前提下，一国金融状态从传统社会走向现代社会的一个渐进过程，它包括整个金融在制度、运行及调控机制等上层建筑和运作条件、对象等经济基础的各个领域和各个层次中的深刻变革。具体说，金融发展应包括以下几方面的含义：（1）金融发展是一国金融总量增长在一个相当长时期内保持持续发展的一种状态；（2）金融发展的主体能从金融发展中得到更加能促进发展的合理报酬；（3）从量上讲，金融发展是金融结构不断优化的运动或结果；（4）从质上讲，金融发展存在着社会准则和政府政策目标的约束；（5）金融发展实质上是一种金融行为和部分意义上的社会政治行为与一种经济行为的某种方式的结合"③。

二、衡量金融发展状况的指标

在西方金融发展理论中，关于如何衡量一个国家金融发展程度的问题，西方经济学家提出了许多相应的指标。

（一）戈德史密斯指标

戈德史密斯指标即金融相关率（Financial Interrelation Ratio，FIR），它是由美国经济学家戈德史密斯提出的衡量一个国家金融发展程度的指标。

因为戈德史密斯认为金融发展即是一国金融结构的变化，所以衡量一个国家的金融发展状况，实际上就是衡量该国的金融结构状态。为此，戈德史密斯首先提出了五个数量指标来比较各国金融结构的异同：（1）金融资产总额与物质资产总额的比重；（2）金融资产与负债在各种金融机构之间的分布；（3）金融资

---

① ［美］吉利斯等：《发展经济学》，北京，中国人民大学出版社，1998。
② 张杰：《中国金融成长的经济分析》，北京，中国经济出版社，1995。
③ 刘鸿儒主编：《新金融辞海》（"金融发展"词条），北京，改革出版社，1995。

产和负债在金融机构与非金融机构之间的分布；（4）由金融机构发行和持有的金融工具总额；（5）各经济部门拥有的金融资产与负债总额。但由于利用这些指标对各国金融结构进行比较分析时，可能会遇到统计资料不全的问题，戈德史密斯又将其统一为金融相关率这样一个指标。

在戈德史密斯看来，所谓金融相关率指的是一定时期内社会活动总量与经济活动总量的比率，用公式可将其表示为

$$FIR = F_T/W_T$$

式中，FIR（Financial Interrelation Ratio）指金融相关率，F_T指一定时期内金融活动的总量，W_T指的是一定时期经济活动的总量。

戈德史密斯认为，金融相关率可以大致衡量任何一个国家在任何时期的金融发展状况。正因为如此，目前，金融相关率的提出为后来有关衡量一国金融发展程度的指标问题的研究奠定了基础，并且已经成为金融比较分析中衡量一个国家金融深化程度的重要指标。但由于统计资料等方面的原因使得FIR的计算较为复杂，所以人们大多采用的是经过简化了的计算公式

$$FIR = (M_2 + L + S)/GNP$$

式中，M_2指金融负债，L、S分别表示银行资产和有价证券，$L + S$便是金融资产，GNP是国民生产总值。

戈德史密斯认为，在经济发展过程中，一国的金融上层建筑的发展要快于该国国民生产和国民财富基础结构的发展，因此，各个国家的金融相关率都呈上升趋势，但同时他也认为，当经济发展到某一阶段（金融相关率达到 1～1.5）时，该比率会停止上升。

（二）麦金农指标

麦金农在衡量一国金融发展水平时所采用的指标是 M_2/GNP，它指的是银行货币负债对国民生产总值的比率。麦金农认为，该指标是反映经济发展过程中货币体系重要性及其实际规模的最简单的标尺。[1] 现在，M_2/GNP 已经成为国际上常用的反映一国金融发展程度的指标。

（三）肖的金融深化指标

肖在其金融深化理论中提出的，衡量一国金融深化程度的指标主要有以下四个：

（1）金融资产和金融工具，包括金融的存量、流量和结构，金融工具的种类和数量及其在不同金融市场上的分布和构成：M_2/GNP；

---

① 罗纳德·I. 麦金农：《经济发展中的货币与资本》，上海，上海三联出版社，1998。

（2）金融体系，包括有组织的货币体系、银行系统和其他国内金融机构；

（3）金融资产价格：利率和汇率；

（4）金融市场及其垄断或竞争程度：市场融资结构、市场准入、市场分割、资本流动自由化等。

在上述四个方面中，金融资产的价格尤其是利率一般被视为金融深化与否的最明显的表现。[1]

（四）金—莱文指标[2]

西方经济学家金（King，R. G.）和莱文（Levine，R.）于1993年在对77个国家1960—1989年的状况进行研究后，构造了4个衡量金融发展水平的指标，以分析金融发展水平是否能够反映长期经济增长、资本积累和生产率增长。这4个金融发展指标是：

1. DEPTH（金融）深度。它是指经济活动的正规金融中介部门的规模，通常用金融体系对GDP的流动负债比率，即（现金＋银行和非银行金融机构的活期以及有息负债）/GDP来表示。这是一个反映正规金融部门动员国内储蓄程度的指标，通常情况下，该指标越大，金融的发展水平就越高。

2. BANK银行信贷份额。即商业银行信贷在总的信用余额中的相对份额，通常用银行信贷/（商业银行信贷＋中央银行信贷）来表示。这一指标试图要说明，和中央银行相比，商业银行在分散风险、流动风险管理和信息管理方面更有优势。

3. PRIVATE非金融私人企业或部门信贷份额。这指的是分配给非金融私人企业或部门的信贷与扣除提供给银行的信贷后的总信贷的比率，即私人部门信贷/国内总信贷（扣除给银行的信贷）。

4. PRIVY非金融私人企业或部门信贷占GDP比重。这是指提供给非金融私人企业（或非金融私人部门）的信贷与GDP的比率。这个指标一般被用来说明如果银行系统满足于把储蓄基本上用于公共部门时，是不可能将资源有效地运用于生产性投资的。

后两个指标指银行系统允许向私人和公共部门贷款的相对数量，隐含假设是，将信贷分配给私人部门比分配给政府、国有企业等公共部门更能够发挥金融体系的管理风险、获取投资信息和分配资源、监督经理人和实现公司控制、动员

① 徐沛：《金融发展理论的演进和中国金融体制改革的反思》，载《金融论坛》，2002（7）。

② 徐沛：《金融发展理论的演进和中国金融体制改革的反思》，载《金融论坛》，2002（7）。黄金老：《金融自由化与金融脆弱性》，37页，北京，中国城市出版社，2001。

储蓄和便利交易这五大功能。

三、金融发展与经济增长之间的关系

西方经济学家关于金融发展与经济增长之间关系问题的研究，是伴随着金融发展理论的建立和发展而开始和逐步演化的。

（一）帕特里克的观点

传统的金融理论一般认为，金融是为适应实际部门的融资需要而产生的，因此，其作用必然是滞后的和被动的。

作为对传统金融理论的发展，1966 年，西方经济学家帕特里克（Patrick，H. T.）在其《欠发达国家的金融发展与经济增长》一文中提出了需求带动（Demand Following）型金融发展和供给引导（Supply Leading）型金融发展的思想，对金融发展与经济增长的因果关系问题进行了描述。

帕特里克认为，相对于经济增长来说，金融发展既可以是被动的和相对滞后的，也可以是主动的和相对先行的。如果金融的发展，如金融机构的设立、金融服务的提供等是为了满足现实经济运行过程中投资者和储蓄者的需要，那么，金融发展便是需求带动型的，即它是由经济增长带动的，是实际经济部门增长的一种结果；相反，如果金融发展早于对金融服务的需求而产生，那么，金融发展就是供给引导型的，即金融机构的提前设立、金融服务的超前提供等对经济增长起到的是主动和积极的影响。

（二）戈德史密斯的观点

1969 年，西方经济学家戈德史密斯（Goldsmith，R. W.）在其《金融结构与金融发展》一书中建立了著名的金融结构理论，并对金融发展与经济增长的关系问题进行了相应的分析。在戈德史密斯看来，由于受当时经济增长理论和经济历史水平以及对于金融发展缺乏深入研究等方面的限制，所以，对金融发展与经济增长之间的关系问题只能得出"未经证实"的结论：金融上层建筑能够促进和加速经济增长。这突出表现在：

1. 在企业间经营能力及前景分布不均衡和投资项目不可分割的前提下，因金融工具（包括股票、债券等初级金融工具以及存单、保险单等次级工具）和金融机构出现所引起的储蓄与投资功能的分离，能够为人们进行储蓄和投资提供更加有效的机制，从而能够扩大储蓄和投资规模，加速经济增长。

2. 金融机构通过开展业务实现了储蓄在潜在的投资项目之间的合理分配，从而能够有效地配置资源，提高资源的使用效率，这是比储蓄和投资总量规模的扩大更加重要的方面，金融发展对经济增长的作用程度是由金融上层建筑对储蓄的安排是否有效决定的。

与此同时，戈德史密斯认为，现代金融活动的主要形式是间接金融，企业所发行的股票、债券等初级金融工具无法替代金融机构发行的存单、保险单等次级工具，因为次级工具能够给储蓄者和投资者带来更多的好处。基于此，金融发展需要多样化的金融工具，而多样化的金融工具又依赖于金融机构的多样化，二者相辅相成，互相促进，最终推动了金融的发展。

（三）麦金农和肖的观点

1973 年美国经济学家罗纳德·I. 麦金农（McKinnon, R. I.）和爱德华·S. 肖（Shaw, E. S.）分别出版了《经济发展中的货币与资本》和《经济发展中的金融深化》，将戈德史密斯的金融发展理念创造性地运用于对发展中国家经济发展问题的研究之中，提出了金融压制（Financial Repression）理论和金融深化（Financial Deepening）理论，对金融发展和经济增长之间的关系进行了论述。

麦金农和肖认为，对于经济增长来说，一国的金融制度安排并非是中性的，它与经济增长息息相关，并且，它既有可能对经济增长起到促进作用，也有可能阻碍经济的增长。

首先，二者之间存在着一种相互促进和相互影响的关系，应当是一种良性循环状态。一方面，良好的金融制度安排可以通过有效地动员储蓄，增加投资，从而促进经济的增长；另一方面，经济的增长、社会成员收入的增加还会对金融服务提出更高的要求，从而会反过来刺激金融的发展。

其次，扭曲的金融制度安排可能会抑制一国的经济增长。

麦金农和肖认为，一国的金融制度究竟对经济增长是发挥促进作用还是阻滞作用，关键要看政府的政策安排和制度选择。如果一国政府采取金融压制政策，就必将导致利率、汇率等金融价格的扭曲，最终破坏经济增长。

第二节　金融压制理论与金融深化理论

一、金融压制理论

金融压制理论最早是由美国经济学家罗纳德·I. 麦金农和爱德华·S. 肖提出并建立起来的，后经西班牙经济学家加尔比斯（Galbis, V.）和美国经济学家金德尔伯格（Kindleberger, C. P.）、弗莱（Fry, M. J.）等的进一步研究，金融压制理论得到了进一步的完善和发展。

麦金农和肖认为，以发达经济为基础的传统货币金融理论是不适用于发展中国家的，因为与发达经济不同，发展中国家的经济金融制度的构造及其运行存在着金融压制的特点。这突出表现在：

1. 货币化程度较低。一国的货币化程度可用货币化率来进行衡量，所谓货币化率是指在某一既定时点上，一定经济范围内通过货币支付的商品和劳务的价值占国民生产总值的比重。从这个角度说，绝大多数发展中国家，尤其是贫穷落后国家的经济尚处于原始状态，在人们的全部交易中，有相当多的产品和劳务并非通过货币来进行交易，自然经济色彩十分浓重。

2. 金融结构安排呈现出明显的二元性。在绝大多数的发展中国家中，既存在着分布于沿海大城市的按照现代经营管理原则经营的现代化金融机构，如现代商业银行、金融市场等，又有遍及小城镇和农村地区等经济落后地区的按照落后的旧经营方式经营的钱庄、当铺及高利贷组织等，从而形成了现代金融部门和落后金融部门并存的二元金融结构。

3. 货币和实质资本的不可替代性。在发达经济中，由于利率和投资的负相关关系，货币和实质资本是互相竞争的替代品，即当利率提高时，人们便会把实质资本转化为货币，减少投资，反之，则将货币转化为投资。与发达经济不同的是，发展中国家的货币和实质资本不是相互竞争的替代品，而是相互促进、相互补充的互补品。

4. 缺乏发达、完善的金融市场。这突出表现为金融工具的品种少、数量小，市场交易方式落后，交易活动呆滞，市场价格机制扭曲，市场管理薄弱，投机盛行，市场缺乏稳定性，大量的小企业和居民被排斥在市场之外等等，在这种情况下，发展中国家的企业更多依赖的是内源融资。

5. 金融体系的发展不平衡，效率低下。发展中国家的金融体系主要是商业银行，非银行性质的金融机构的发展严重滞后，民间金融很少，缺乏竞争，并且金融事业往往由政府控制，官僚主义盛行。

发展中国家的这种经济金融制度特征决定了政府往往会严格管制金融、压制金融，这突出表现在政府对利率、汇率等金融价格的管制上。除此之外，发展中国家政府还普遍实行了信贷配给、高存款准备金要求、较重的税收负担等，从而形成了发展中国家的金融压制局面。

在麦金农和肖看来，所谓金融压制即是指发展中国家政府或权力机构对金融市场实施过度的直接干预和管制政策，使金融市场上价格等因素发生严重扭曲，但又不能有效地抑制通货膨胀，从而造成"金融阻滞经济增长，经济停滞又反过来制约金融发展"的恶性循环经济现象。其表现形式主要包括：人为压低利率，通常表现为负的实际利率、高额存款准备金、信贷配给制度以及高估本币汇率等，最常见的当属人为压低利率等金融价格管制政策。

麦金农和肖认为，普遍存在的金融压制对发展中国家的经济增长产生了十分不利的影响：第一，负的实际利率降低了金融机构动员储蓄和为经济增长提供信贷服务的能力；第二，由负实际利率所导致的过度贷款需求和相对不足的信贷供给能力，迫使政府及其金融机构不得不进行信贷配给，而信贷配给一方面为政府和金融官员的腐败提供了机会，同时，在信贷资金紧缺的情况下，政府通常是通过信贷配给政策将稀缺资金配置到自己偏好的部门，这有可能造成投资的低效率，而其他部门因无法从正规金融市场上获取资金而转向高利贷、黑市等非正规金融市场，容易造成金融秩序的混乱；第三，由负实际利率所导致的过度贷款需求有可能引起货币的超额发行，导致通货膨胀；第四，负的实际利率不利于产业结构的优化，因为负实际利率引起融资成本的降低，而融资成本的降低，一方面使得效益差的企业或项目也可轻易获得资金，违反了择优限劣的原则，另一方面，刺激了资本密集型产业的发展而抑制了劳动密集型产业；第五，本国货币币值的高估很容易造成对外汇的过度需求和依赖，使国际收支状况恶化，反过来，为了改善国际收支状况，实现国际收支的平衡，政府又往往会对外汇市场实施进一步的管制政策，例如对中间产品的进口实行外汇管制、要求出口商将外汇换成本国货币等。

　　基于肖所描述的金融深化的四大效应，国内有些金融学家还将金融压制对经济增长的影响归纳为"四个负效应"，即负收入效应、负储蓄效应、负投资效应和负就业效应。①

　　麦金农和肖认为，发展中国家金融压制现象的存在并非发展中国家政府的目标和主观愿望，根本原因在于制度上的缺陷以及政府政策的失误。因此，发展中国家要发挥金融发展对经济增长的促进作用，实现金融发展和经济增长的互动，就必须进行金融改革，实现金融深化。

二、金融深化理论

　　麦金农和肖认为，发展中国家中普遍存在着金融制度安排与经济增长的恶性循环，从而阻滞了经济发展，所以，发展中国家政府要想打破这种恶性循环，实现经济的增长，就应当摒弃长期以来所奉行的金融压制策略，推行金融深化改革。虽然在对金融深化问题的研究上，麦金农和肖的着眼点是存在着一定的区别的，比如麦金农强调的是发展中国家企业的内源融资特征和实际现金余额需求同实际资本需求之间的互补关系，肖则是强调了金融中介机构的储蓄—投资转换功能，但二人在金融深化的许多方面的观点上是非常一致的，那便是：提高实际利

---

① 黄达：《货币银行学》，383～384页，北京，中国人民大学出版社，2000。王松奇等：《金融学》，642～643页，北京，中国金融出版社，1997。

率，实施金融自由化。

（一）肖的金融深化理论

在肖看来，所谓金融深化是指发展中国家政府消除利率管制，使其能够真实反映资金稀缺及供求状况，从而刺激储蓄、提高投资收益率，促进金融发展的过程。

肖认为，金融中介机构的重要功能就在于能够借助于多样化的金融资产来实现储蓄向投资的转化，而要实现这种转化，关键是要减少政府对金融的干预，提高实际利率，通过利率自由化来推进金融的发展。为此，发展中国家政府应当进行如下的策略安排：（1）推进货币化进一步深化；（2）进行金融体制的改革；（3）进行财政、税收和外贸体制的配套改革。

肖认为，金融的改革和深化会产生以下四个方面的积极效应。

1. 收入效应。一方面，经济单位持有的实际货币余额的增加，将扩大市场和投资，从而会引起收入的增加。

2. 储蓄效应。一方面，在储蓄倾向和税率一定的情况下，收入的增长可以增加储蓄，另一方面，实际利率的提高降低了通货膨胀率，增加了储蓄收益，从而有助于促进储蓄。

3. 投资效应。一方面，收入和储蓄的增加会相应增加投资，与此同时，金融深化还淘汰了低收益的投资项目，并使某些大公司丧失了信贷资金分配上的特权，遏制了腐败现象，因此，有利于优化投资结构，提高投资收益。

4. 就业效应。金融深化所引起的实际利率的提高使资本变得昂贵，劳动力相对便宜，这会促使人们积极发展劳动密集型产业，从而增加就业。

（二）麦金农的金融深化理论

首先，麦金农认为，与发达国家货币与资本存在替代关系不同，在发展中国家，实际现金余额需求同实际资本需求之间存在一种互补关系。① 麦金农认为，发展中国家大都具有经济上的分割性特征，企业、政府和家庭等经济单位是相互隔绝的，这使得企业在进行融资安排时，通常依赖的是内源融资，这意味着企业要想购置资本扩大生产，必须首先积累一定的实际现金余额，企业的投资欲望越强，对实际现金余额的需求就会越大，实际现金余额积累越多，资本的形成就越快，实质投资率就会越高，就越能促进经济的增长，因此，货币和资本二者是互补品，而非替代品，它们之间存在着一种正相关的互补关系。

基于以上观点，麦金农认为，实际存款利率提高，则货币需求增加，而货币

---

① 爱德华·S. 肖的研究也得出了同样的结论。

需求的增加使实际现金余额的积累扩大。由此可见，适度提高实际利率有助于投资，从而促进经济增长。因此，麦金农认为，金融深化应包括两个方面的内容："一是通过取消高额存款准备金、最高利息限制和命令规定的信贷配给，以保证正的和比较统一的实际利率；二是通过合适的经济措施来稳定物价水平。"①

其次，在经济发展问题上，麦金农认为，发展中国家经济发展滞后的一个重要原因是政府实行的利率限制政策所造成的货币存量的减少，因此，发展中国家政府实现经济发展的优先策略应当是通过实行金融自由化，提高实际利率来形成自给资金，而不能长期依赖外国资本。当然，金融自由化战略必须辅之以贸易自由化、财税制度改革以及正确的政府支出政策等。

第三节　发展中国家的金融自由化

受麦金农和肖等金融自由化思想的影响，20 世纪七八十年代以来，世界上许多发展中国家及新兴市场经济国家（以下统称为发展中国家）都开始了以金融自由化为核心内容，以金融发展为目标的金融自由化实践。这包括拉丁美洲的智利、阿根廷、巴西、墨西哥、委内瑞拉、乌拉圭等国，亚洲的马来西亚、印度尼西亚、新加坡、韩国、泰国、斯里兰卡、菲律宾、印度、土耳其等国，非洲的埃及、南非、加纳、赞比亚、肯尼亚、尼日利亚、突尼斯、马拉维、津巴布韦、博茨瓦纳等国。

一、发展中国家金融自由化的主要内容

综合各国金融改革的实践可以发现，发展中国家金融自由化主要是围绕着减少政府对金融的干预而展开的，具体内容主要包括以下几个方面：

（一）放松利率管制，实现利率自由化

这是发展中国家金融自由化改革的核心，正因为如此，改革中几乎所有发展中国家都先后放松了此前对利率的种种限制，最终实现了利率自由化。

（二）降低存款准备金要求

应当说，适度的准备金要求既有利于金融当局对货币供应量的调节，又能保护存款者的利益。但在金融压制政策下，发展中国家政府经常将准备金比率定得很高，这既加大了银行的经营成本，同时也使银行的信贷能力萎缩，阻碍了金融的发展。因此，在金融自由化改革过程中，发展中国家政府纷纷调低了准备金比率。如马来西亚 1974 年的准备金比率是 10%，到 1979 年便降到了 5%，后来大

---

① 张东祥：《西方金融发展理论的演进及对中国金融发展的启示》，载《经济评论》，2001（4）。

体上保持在 3.5% ~ 6.5%，印度尼西亚也将准备金率由 1988 年的 15% 降到了 2%。

（三）降低信贷配给的比重

如前所言，信贷配给曾经是发展中国家政府解决信贷资金供求失衡的常见手段，它不但是腐败现象的肥沃土壤，而且降低了投资的效率。为此，伴随着金融的自由化，各国政府逐步缩减了信贷配给，有些国家如拉美的智利、阿根廷、乌拉圭等，甚至完全放弃了信贷配给制度。

（四）降低金融机构准入的标准

在金融自由化以前，发展中国家不仅对国外金融机构，而且对国内金融机构的市场准入都设置了很多的障碍，这在很大程度上导致了金融业的高度垄断，影响了金融的服务质量和效率。因此，发展中国家在自由化过程中已经放宽或取消了金融机构市场准入方面的种种限制，尤其在外资金融机构的市场准入问题上表现明显。

（五）放宽对汇率的限制

从各国金融自由化的实践来看，在汇率制度改革方面，发展中国家一般表现得较为谨慎，这是因为在金融压制条件下发展中国家普遍存在着汇率管制和高估本国货币的现象，如果放开汇率，本币必然贬值，这很容易使那些对进口依赖较强的国家出现通货膨胀。

（六）大力发展资本市场并对外开放资本市场

资本市场不完善，企业融资渠道缺乏，过分依赖内源融资是制约发展中国家经济发展的重要因素。因此，大力发展资本市场，加大企业之间融资的比重，拓宽企业融资的渠道，自然就成为发展中国家金融自由化改革的重要内容。从各国的改革实践看，发展中国家在发展资本市场的同时还逐步在实施资本市场的开放策略，放松对国外资金进入的限制。当然，就像汇率制度改革一样，发展中国家在资本市场开放问题上表现得较为迟缓。

除此之外，有些国家还实行了国有银行的私有化政策、允许设立全能银行和民营银行的政策等。

二、发展中国家的金融自由化的效应

开始于 20 世纪七八十年代的发展中国家的金融自由化改革，引起了国内外许多经济学家对它的关注，经济学家们运用不同的样本、不同的模型，对其储蓄效应、投资效应、金融效应和经济增长效应等进行了计量验证。

（一）储蓄效应

从经济学家们验证的结果来看，在金融自由化是否存在储蓄效应的问题上争议最大。有些经济学家经过论证证明了利率自由化的储蓄效应。例如弗莱（Fry）、沃曼（Warman）和瑟尔沃（Thirwall）等都认为，实际存款利率和储蓄之间存在着明显的正相关关系，由利率自由化带来的利率水平的上升，促进了储蓄，提高了投资效率，刺激了经济增长。

与此相对，其他一些经济学家的验证结果恰好相反。例如卡普塔（Gupta）的实证研究结果表明，利率和储蓄之间存在着正相关关系是很难得到证明的，甚至有些经济学家经过论证发现，有的国家在金融自由化后的储蓄是呈下降趋势的。

（二）投资效应

经济学家们对利率自由化的投资效应的论证是从规模效应和效率效应两个方面展开的。

1. 规模效应。关于利率自由化的投资规模效应，经济学家们的研究结果同样存在着一定的分歧，但综合各经济学家的观点来看，利率自由化不存在明显的规模效应。

2. 效率效应。就利率自由化的效率效应，经济学家的论证得出了较为一致的结果，那便是：利率的自由化对于投资效率的提高具有明显的促进作用，即利率的上升促使资金由低效率部门向高效率部门流动，从而实现了资源的优化配置，提高了投资的效率。

3. 金融深化效应。经济学家们对于金融自由化的金融深化效应的研究结果同样表现出了高度的一致性，即他们认为，金融自由化最终使得发展中国家的金融质量得到了优化，这突出表现在 M_2/GDP 的增长和股票市场的发展上。

4. 经济增长效应。在金融自由化的经济增长问题上，经济学家们的实证研究几乎都证明了金融自由化对经济增长的推动作用。争论的焦点在于，随金融自由化所实行的财税、贸易体制改革等在经济增长方面是否也发挥了一定的作用，但这并不影响"金融自由化促进了经济增长"这样的结论。

虽然金融自由化改革发挥了一定的作用，并最终推动了发展中国家的经济增长，但自 20 世纪 80 年代以来频繁发生在发展中国家和新兴市场经济国家中的金融危机，使得人们不得不产生发展中国家是否是"送走了金融压制，迎来了金融危机"的疑问。西方经济学家威廉姆森（Williamson）的一项研究发现，在1980—1997 年发生金融危机的 35 个国家中，有 24 个国家的金融危机同金融自由化有关，美国经济学家米什金（Mishkin）也认为，片面推行金融自由化是发展中国家发生金融危机的一个重要原因。

综合经济学家们的研究成果，我们应该认识到，金融自由化是一把双刃剑，金融的高效运行，需要发展中国家政府放弃金融压制，通过金融自由化来实现金融深化，但无条件的一味实行金融自由化改革是一件非常危险的事情。为了能够让金融自由化真正发挥其积极作用，我们有必要总结发展中国家金融自由化改革的经验与教训。

三、发展中国家金融自由化的经验教训

金融自由化的两面性使人们认识到，不顾自身条件的金融自由化不但不会带来经济的增长，反而会造成金融秩序的混乱，加剧金融的脆弱性，为金融危机的爆发埋下隐患。为此，经济学家们通过对发展中国家金融自由化实践的经验教训的总结，着力对金融自由化的安排进行了精心的设计。

最初，弗莱认为，金融自由化至少应具备两个前提条件，即宏观经济的稳定和适当的银行监管，后来他又将其扩展为五个条件，即充分谨慎的商业银行监管，物价水平的基本稳定，可承受的政府债务水平，竞争性的商业银行体系的存在；非歧视性的税收体系。

1993 年，世界银行认为，金融自由化的前提条件应包括以下四个方面：（1）宏观经济的稳定；（2）良好的财政纪律；（3）完善健全的法规、会计制度和管理体系；（4）歧视性政策的取消，包括利率高限、高准备金率等。

在综合多方面研究成果的基础上，我国学者黄金老将金融自由化的前提条件归结为 5 个方面，即"稳定的宏观经济环境，金融企业制度的初步确立，金融脆弱性的及时消除，良好的社会制度环境和金融监管框架的基本形成"[1]。

第四节　金融深化理论的发展

一、金融自由化理论批判

由于麦金农和肖等的金融自由化理论在发展中国家的实践中暴露出许多问题，该理论自然就受到了来自于其他学者的批判。

（一）新凯恩斯学派的观点

从有效需求理论角度出发，20 世纪八九十年代兴起的新凯恩斯学派认为，经济增长决定于有效需求，而有效需求既包含投资需求，又包含消费需求和出口需求。因此，金融自由化理论可能会引致如下结果：

1. 新凯恩斯学派认为，在储蓄和投资的关系上，是投资决定储蓄，而不是储蓄决定投资，因此，实际利率的提高使得企业因筹资成本的增加而减少投资，

---

[1]　黄金老：《金融自由化与金融脆弱性》，237～248 页，北京，中国城市出版社，2001。

而投资的萎缩又会借助于乘数效应影响经济增长率。

2. 实际利率的提高在带来实际储蓄增加的同时，也导致了居民实际消费需求下降。

3. 与金融自由化相伴随的贸易及资本流动的自由化，可能会引起汇率的高估，从而抑制出口，使出口需求减少。

4. 实际利率提高所带来的收益增加极易使银行从事高风险项目的融资，从而增加金融体系的不稳定性。

（二）新结构主义学派的观点

20 世纪 80 年代兴起的新结构主义学派从发展中国家的二元金融结构出发，强调了非正规信贷市场的重要性，就此展开对金融自由化理论的猛烈抨击。

新结构主义学派认为：

1. 在发展中国家的二元金融结构中，非正规的信贷市场本身就是一个自由化的、有效率的市场，它无须交纳法定准备金，是一个极富竞争性和灵活性的市场，是能够更加有效地实现储蓄向投资转化的机制。金融自由化后实际利率的提高，促使更多的资金由非正规信贷市场流向正规信贷市场，由于正规信贷市场要按照规定交纳法定准备金，存在着严重的资金漏损现象，再加上正规信贷市场的效率较低，所以上述资金的流动会使整个社会资金的使用效率下降。

2. 实际存款利率水平的上升有可能最终使经济陷入通货膨胀的局面。这是因为，实际存款利率的上升无形中增加了企业融通流动资金的成本，供给便会下降，当利率上升所产生的这种供给效应超过因利率上升而产生的对储蓄的需求效应时，国内商品市场上就会出现过度的需求，最终推动物价上涨，产生通货膨胀。

3. 由于市场缺陷的存在，金融自由化会使一个国家的金融体系的不稳定性增加。

（三）金融约束论

20 世纪 90 年代以后，随着信息经济学理论的不断发展，以斯蒂格利茨（Stiglitz，J.）、赫尔曼（Hellmann，T.）及默多克（Murdock，K.）为代表的新凯恩斯主义学派，基于东亚和日本的经验，从金融市场的不完全（信息）性角度对金融自由化理论进行了批判，并就此提出了"金融约束论"，认为政府通过温和的金融压制来直接干预金融是非常必要的。

斯蒂格利茨认为，所谓金融约束（Financial Restraint）是指政府通过一系列的金融政策安排，限制银行业的竞争以及直接融资对银行融资的替代，并使存、贷款利率低于竞争性的均衡水平，从而为金融部门和生产部门创造一定的租金机会。可见，租金机会的创造是金融约束论的核心。这里的"租金"是指因政府的金融约束政策而给民间部门带来的超过竞争性市场所能产生的收益。

金融约束论者认为，有效市场的假定是以完全信息为前提的，但问题在于，现实中的金融市场通常具有不完全信息，是不完全的市场，由信息非对称导致的逆向选择、道德风险和代理行为等会使金融市场存在严重的缺陷。在这种条件下，政府的适当干预就变得特别重要。在宏观经济稳定、通货膨胀率较低并且可预测，实际利率为正并且稳定等前提条件下，包括利率控制在内的一套金融约束政策有助于金融市场的效率提高，从而促进经济增长。他们认为，由金融约束所创造的租金机会可能会产生以下的积极影响：

（1）租金机会的存在可以为银行创造一个持续而稳定的特许权价值（Franchise Value），从而使银行不会因短期的私利而冒险，使银行经营更加稳健、吸收存款和管理贷款组合风险的动力更强。

（2）租金机会的存在可以促使银行提供长期信贷。一般说来，为避免通货膨胀的风险，发展中国家的银行不愿意向企业提供长期信贷。"偿还期转换"（Maturity Transformation）则为解决这一问题提供了一种机制，即由政府来承担通货膨胀风险，银行则承担信用风险。

（3）政府实行的低贷款利率政策向企业转移了一部分租金，增加了企业的收益，提高了企业的股本份额。企业股本的变化可以向银行发送相关信息，从而有利于银行信贷决策的优化。另外，贷款利率的降低还有助于减少信贷市场上的逆向选择行为。

（4）政府的定向信贷政策，可以促使各企业间相互竞赛，以便能够获得更多的租金，从而能够促进更多企业的发展。

二、金融自由化的次序

针对发展中国家金融自由化过程中出现的种种现实问题以及人们对金融自由化的疑义和非议，麦金农和肖认为，金融自由化的理论是正确的，发展中国家金融自由化过程中所出现的宏观经济危机主要源于改革次序安排上的失误。为此，麦金农和肖近年来对金融自由化理论进行了必要的补充和修正，建立了金融自由化次序理论。他们认为，金融自由化并不是无条件的，同时也并不意味着全面放弃政府的监督，金融自由化存在一个最优次序的问题，应当采取渐进的策略，其中，财政政策、货币政策和外汇政策应如何排序的问题是至关重要的，并且，这种最优次序会因自由化国家初始条件的不同而存在差异。关于金融自由化的次序问题的研究主要表现在麦金农在 1991 年出版的《经济市场化的次序——向市场经济过渡时期的金融控制》一书中。

麦金农认为，发展中国家要顺利实现金融自由化，必须要按照本国的实际情况，作出次序上的合理安排。一般地讲，第一，财政控制要优先于金融自由化。在财政控制方面，一要限制政府的支出以防止经常性财政赤字的出现，否则可能会导致通货膨胀或债务危机，二是要建立有效的税收部门和税收管理制度以保证政府能够征收基础广泛但又较低的税收。第二，开放国内资本市场。麦金农认为，为避免资本市场改革过程中可能发生的银行恐慌和金融崩溃，国内资本市场的开放必须要和政府稳定宏观经济的能力及成效相吻合，在开放的初始阶段特别要注意采取有力的措施来控制货币与信贷系统。第三，汇率自由化，实现货币的可自由兑换。货币的自由兑换应分为经常项目的兑换和资本项目的兑换两个阶段，逐步进行。在经常项目的自由兑换问题上，首先要注意，应对所有经常项目采用统一的汇率，不能存在多重汇率，其次，要逐步以透明的关税取代关税以外的其他直接控制。麦金农认为，资本项目的可自由兑换应是金融自由化过程的最后阶段，过早地取消对外资流入的汇率控制是一件非常危险的事情，它有可能会造成资本的外逃或外债的堆积，甚至是二者兼而有之。

重要概念

金融发展　金融相关率　麦金农指标　金融压制　金融深化　金融约束

复习思考题

1. 金—莱文指标。
2. 发展中国家金融压制的特点。
3. 肖的金融深化论。
4. 麦金农的金融深化论。
5. 发展中国家金融自由化的内容及经验教训。
6. 麦金农的金融自由化次序。

第十三章　金融创新理论

第一节　金融创新的基本理论

虽然不是很明显，但世界性的金融创新活动（Financial Innovation）实际上早在 20 世纪 60 年代便在发达经济国家开始了，到 20 世纪 70 年代以后，伴随着西方国家金融管制的放松，金融创新活动此起彼伏，高潮迭起，尤其是到了 20 世纪 80 年代，金融创新得到了空前的发展，并最终演化成遍及全球的一股金融自由化浪潮。

金融创新是金融自由化的结果，是其在微观金融领域中的具体体现，金融的创新对整个世界经济金融产生了深远的影响。由于金融创新对经济金融运行有着非常重要的意义，近二十多年来，经济金融学家们对其进行了广泛而深入的理论和实证研究，这包括金融创新的含义、金融创新的背景、金融创新的原因、金融创新的内容以及金融创新的影响等内容，这便构成了金融界所谓的金融创新理论。

一、金融创新的含义

围绕金融创新的含义，经济学家们从不同的角度进行了研究，也出现了多种有关金融创新含义的描述。[①]

1. 陈岱孙教授等人从美籍奥地利经济学家约瑟夫·熊彼特（Joseph Schumpeter）在《经济发展》一书中对创新的定义角度出发认为，所谓金融创新就是在金融领域中建立一种"新的生产函数"，"是各种金融要素的重新组合，是为了追求利润机会而形成的市场改革。它泛指金融体系和金融市场上出现的一系列新事物，包括新的金融工具、新的融资方式、新的金融市场、新的支付清算方式以及新的金融组织形式与管理方法等内容"。

2. 1991 年由美国纽约 Barron's Education Series INC. 出版的《银行词典》

---

① 陈野华：《西方货币金融学说的新发展》，成都，西南财经大学出版社，2001。

（Dictionary of Baning Terms）中将金融创新定义为"支付制度促进银行和一般金融机构作为资金供求中介作用的减弱或改变"，认为金融创新应由四个方面的内容组成，即技术创新、风险转移创新、信用创造的创新和股权创新。

3. 十国集团中央银行编写小组 1986 年编写的《近年来国际银行业的创新》（Recent Innovations in International Banking）报告（"克罗斯报告"）认为，任何金融工具实际上都是将收益性、价格风险、信用风险、国家风险、流动性、可转让性、定价惯例、数量大小、期限长短等特性中的某些特性捆绑（Bundle）在一起的。而金融创新就是通过对这些特性的解绑（Unbundle）和重新组合（Repacking），即进行特性的重新捆绑来创造新的金融工具，重新捆绑特性的过程就是金融创新过程。就此，报告还总结了金融创新的三大趋势："一是证券化以及使银行信用和资本市场的界限变得模糊不清的趋势，二是资产负债表外业务越来越重要，三是金融市场的全球一体化趋势"。

在上述几种有关金融创新的描述中，被国内理论界大多数人普遍采用的是第一种表述，即金融创新是指各种金融要素的重新组合，具体指的是金融机构和金融管理当局出于微观利益和宏观效益的考虑而进行的从金融机构的设置到业务品种、金融工具再到金融制度安排等各方面的创造性金融革命。

基于此，联系到世界各国金融创新的实践，理论界通常将金融创新分为业务创新、市场创新和制度创新三大类。

二、金融创新的背景

如西方学者塞米茨（Sametz, A. W.）所说，如果不了解不断变化的基础性经济和金融状况的背景和影响，就不可能解释整个金融创新的过程。见《新帕尔格雷夫经济学大辞典》，"金融创新"词条。金融创新的产生及其发展演变有着深厚的经济和金融基础。十国集团中央银行编写小组的《近年来国际银行业的创新》报告认为，促成金融创新浪潮的因素主要有：变动中的金融管制环境，不断发展的技术，动荡不定的市场，国际收支经常项目平衡的变动，以及金融机构之间日益增长的竞争等。而西方经济学家万·豪恩（Van Horne, J. C.）则认为，金融创新主要是源于经济学等领域的以下六种变化，即（1）通货膨胀率和利率的变化；（2）管制和规避管制的变化；（3）税收的变化；（4）技术的变化（进步）；（5）经济活动水平的变化；（6）学术研究上的变化。并且他认为，通货膨胀率和利率的变化是引起金融产品（工具）创新的关键因素，而技术上的变化是金融创新过程的重要影响因素。[①]

① 洪伟力：《西方理论与中国金融创新的评价》，载《世界经济文汇》，1997（4）。

　　由此可见，金融创新是多种因素共同作用的结果。有关金融创新的背景的描述可见第二章"金融衍生工具产生和发展的原因"这部分内容，在此不予赘述。

三、西方经济学家对金融创新原因的理论分析

　　应当说，到目前为止，经济理论界并没有形成一个充分的、独立的金融创新理论体系，国外有关金融创新问题的研究主要集中在对金融创新的动因的研究上，在这方面，西方经济学家们基于对大量金融创新现象的理论研究，提出了许多不同的观点。

　　（一）韩农等的"技术推进"论

　　韩农和麦道威在实证分析的基础上认为，新技术，尤其是计算机技术、通信技术及其在金融领域的广泛应用，是推动金融创新的主要原因。

　　（二）弗里德曼的"货币因素"论

　　货币主义学派的代表人物米尔顿·弗里德曼认为，金融创新主要是货币方面因素推动的结果，货币方面的因素在这个时期的表现，就是由 20 世纪 70 年代的通货膨胀所导致的汇率、利率等金融资产价格的剧烈波动，金融创新就是人们为抵御通货膨胀，避免价格变动的风险所作出的必然选择，正因为如此，这个时期才产生了诸如可转让支付命令账户、浮动利息债券、外汇期货等新型金融工具。

　　（三）格林包姆等的"财富增长"论

　　格林包姆（Greenbum，S. I.）和海伍德（Haywood，C. F.）在对美国金融业的发展历史的研究后认为，经济增长所带来的财富的增加是促成金融创新的主要因素。其逻辑思路是：技术的进步→经济的增长→财富的增加→避险愿望增加→对金融业的要求增加→金融创新。

　　（四）诺斯等的"制度改革"论

　　制度学派的代表人物诺斯（North. D.）、戴维斯（Davies，L. E.）等人认为，金融创新并非 20 世纪电子时代的产物，从经济发展史的角度来看，金融创新和社会制度是紧密相连的，它实际上是和经济制度相互影响、互为因果的一种制度变革。因此，金融创新应当包含金融体系中的一切因制度变革所引起的变动，这当然也包括被视为金融压制一部分的存款保险制度及其他一些由政府为某种目的所制定的新的规章制度。

　　（五）西尔柏等的"约束诱致"论

　　美国经济学家西尔柏（Silber，W. L.）等人认为，金融业回避或摆脱来自于内部和外部的制约是金融创新的主要原因。按照西尔柏的观点，美国 1970—1982 年金融创新的近 60% 都可以用"约束诱致"论来解释。

　　西尔柏认为，金融创新实际上是微观金融组织对来自于内部和外部制约的一

种反应，微观金融组织之所以会积极地进行金融创新，其目的就在于努力消除或减轻内部的和外部的经营约束，实现利润最大化的目标。

外部制约是指来自于金融管理当局的金融压制，以及金融市场的约束。在西尔柏等人看来，外部制约一方面有可能使微观金融组织的效率下降，另一方面有可能使微观金融组织的机会成本上升。

内部制约主要指来自于微观金融组织为保证流动性和安全性而制定的一系列规章制度的约束，如流动资产比率、期限管理、比例管理等。

（六）凯恩的"规避管制"论

美国经济学家凯恩（Kane，E. J.）认为，金融创新主要是因金融机构为获取利润而回避政府的管制所引起的。

在凯恩的分析中，他将金融创新看做是微观金融机构和政府之间斗争的过程和结果，金融创新是通过政府和微观金融机构之间的博弈来进行的。凯恩认为，金融机构对来自于政府的管制所造成的利润的下降的直接反应就是，通过创新来规避管制以使损失降到最低；而政府则会针对金融创新来改变管制的手段和规则，以便保证对金融活动的控制权。政府新的管制又会引发新的金融创新，如此不断往复，不断交替，最终形成一个动态的创新与管制的博弈过程。

（七）希克斯等的"交易成本"论

金融创新的"交易成本"论是由西方经济学家希克斯（Hicks，J. R.）和尼汉斯（Niehans，J.）于1976年提出来的。希克斯和尼汉斯认为，支配金融创新的首要因素是降低交易成本，金融创新的实质是金融机构对技术进步带来的交易成本下降的反应，交易成本降低之所以成为金融创新的首要动机，是因为交易成本的高低最终决定了金融创新是否具有实际价值。

希克斯等人的逻辑推理是：交易成本是影响货币需求的重要因素，它的变化会最终改变微观经济主体的货币需求预期，交易成本的降低会使货币向更高的形式演变，会产生新的交易媒介和金融工具，因此，金融创新的过程实际上就是不断降低金融交易成本的过程。

第二节 金融创新的主要内容

理论界一般认为，金融创新主要包括金融业务创新、金融市场创新和金融制度创新三部分内容。

一、金融业务的创新

按照金融业务的内容进行划分，我们可以将金融业务的创新分为负债业务的创新、资产业务的创新和中间业务的创新。

（一）负债业务的创新

负债业务的创新是基于 20 世纪 60 年代整个金融体系中资金来源方面的激烈竞争所引发的"脱媒"（Disintermediation）危机而展开的，主要表现为大量新型负债工具的出现。这些新型负债工具的出现既让银行规避了来自政府的管制，又为其获取更多的负债资金开辟了道路。

1. 大额可转让定期存单（Interest – Bearing Negotiable Certificates of Deposits, CDs）。大额可转让定期存单是商业银行负债业务由被动变主动、由消极变积极的一个明显表现，它的产生既满足了存款人对流动性和高收益的要求，同时又满足了商业银行稳定负债资金的需要。因有关大额可转让定期存单的相关内容在第三章"信用工具和金融工具"一节已经作过介绍，在此不予赘述。

2. 可转让支付命令账户（Negotiable Order of Withdrawal Account, NOW）。20 世纪 80 年代以前，按照美国法律的规定，储蓄银行是不允许客户就储蓄存款开立支票来办理转账支付业务的。为了规避这一法律限制，吸引更多的存款客户，马萨诸塞州互助储蓄银行在 1972 年 6 月创办了一种新型账户，即可转让支付命令账户。随着后来《1980 年银行法》（即《存款机构放松管制和货币控制法》）的颁布，现在美国几乎所有的商业银行及其他金融机构都可经营这种存款账户。

可转让支付命令账户是一种多功能的付息储蓄账户。借助于存款账户，存款人既可利用可自由转让流通的支付命令代替传统的支票来完成提款或完成对第三者的转账支付，同时又可得到由商业银行就其存款余额所支付的储蓄利息。可转让支付命令账户的多功能性，使其具有了活期存款账户和储蓄存款账户的双重优点，深受客户的欢迎。

对于可转让支付命令账户，美国金融管理当局曾规定了利率最高限与最低存款额度，但随着 1986 年 3 月后《第 Q 项条例》的废止，这些方面的限制已经不复存在，并且使近似于可转让支付命令账户的自动转账服务账户（ATS）合法化了。

3. 超级可转让支付命令账户（Super Negotiable Order of Withdrawal Account, Super NOW Accounts），也称为"优息支票账户"，是经美国存款机构管制委员会于 1983 年 1 月正式批准开办的，从可转让支付命令账户演化而来的一种存款账户。其特点主要表现在：（1）存户仅限于个人和非盈利机构，一般来说，工商企业不得开立这种账户；（2）存款金额的起点为 2 500 美元，如果存款余额低于 2 500 美元，则改按可转让支付命令账户的利率支付利息，无最高利率的限制；

（3）存款客户一般应在提款前的若干天通知银行；（4）存款客户可以不受任何限制地开出支付命令；（5）利率一般高于可转让支付命令账户的利率。

20 世纪 90 年代后，对于存款客户而言，超级可转让支付命令账户与可转让支付命令账户已经不存在实质上的区别，正因为如此，许多居民家庭及个人只选择其中一个账户，并不为了些许的利率差别而频繁更换账户。

4. 自动转账服务账户（Automatic Transfer Service，ATS），是在电话转账服务（Telephone Transfer Service，TTS）的基础上发展起来的，近似于可转让支付命令账户的一种新型结算账户。

电话转账服务（TTS）于 1975 年 4 月经联邦储备体系批准，由其会员银行开办，是指存款客户可以在银行同时开立两个存款账户：无息的活期存款账户和有息的储蓄账户，存款余额通常是保留在储蓄账户中以取得利息，而活期存款账户上始终保持一美元的存款余额，当存款客户需要开立支票进行支付时，可通过电话通知开户银行，银行会将其所需要的款项从储蓄账户转到支票账户开立支票办理转账，完成对第三者的支付。

1978 年 11 月，电话转账服务被美国商业银行和互助储蓄银行正式发展为自动转账服务，存款客户同样是在银行开立储蓄账户和活期存款账户两个账户，同电话转账服务所不同的是，客户享受商业银行的自动转账服务，无须电话通知银行就可开出支票，银行收到存款客户开出的要求付款的支票时，银行便会立即将相应的款项从储蓄账户转到活期存款账户上，自动转账。

存款客户开设自动转账账户，享受自动转账服务，需要支付一定的服务费，而商业银行则必须交纳存款准备金，但准备率不同于储蓄存款。

5. 货币市场存款账户（Money Market Deposit Accounts，MMDAs）。是于 1982 年 12 月经美国存款机构放松管制委员会（Deposit Institution Deregulation Committee，DIDC）批准，由商业银行、储蓄银行与贷款协会等金融机构经营的，兼具储蓄存款和活期存款的功能，近似于货币市场共同基金的一种存款账户。

由于 20 世纪 70 年代物价持续上升所引起的金融市场利率提高以及美国金融管理当局对商业银行的硬性利率管制，诱发大批的商业银行存款客户提取存款转向证券投资。在这种背景下，一些投资银行率先设立了一种合作性质的货币市场共同基金（Money Market Mutual Funds，MMMFs）。该基金通过个人买入股权的方式吸收他们手中的短期闲置资金，组成投资基金份额，然后将其投资于大额可转让定期存单、短期政府债券（国库券）等流动性较强、收益稳定的货币市场工具。当客户想要提款时，在提前若干天（通常为 7 天）通知银行的前提下，可以通过出售该基金股权的方法达到提款的目的，随时出售，随时取款，手续非常简便。货币市场共同基金的高回报率（1978—1983 年，该基金的回报率大致在 10% 左右，而同期的储蓄存款利率在 5. 25% ~ 5. 5%）及便利使许多银行客户将其存款转投向货币市场共同基金以谋求更高的收益，进而引发了严重"脱媒"（Disintermediation）现象。这促使商业银行迫切要求政府放松管制，在各金融机构间营造公平竞争的氛围以扭转自己在资金来源竞争方面所处的不利地位。终于在 1982 年 12 月，美国存款机构管制委员会正式批准了商业银行、储蓄银行及储蓄与贷款协会开办货币市场存款账户。同时，对该存款账户作出了一些规定，主要包括：（1）无存户对象的限制。个人、非盈利机构和工商企业都可以开户。（2）有存款限额限制。存款客户必须保证平均 2 500 美元的最低存款余额。（3）无存款最高利率的限制，但利率要按照货币市场的利率随时进行调整，每天按复利（Daily Compound）计息。（4）无准备金限制。和普通支票存款账户不同，商业银行吸收的这种存款可以免交准备金。（5）有使用账户的次数限制。客户利用该存款账户进行收付，每月不得超过 6 次，而使用支票进行付款的次数不能超过 3 次，同时使用支票提款每月不得超过一定的张数。

6. 货币市场存款单（Money Market Certificates，MMC）。货币市场存款单是由美国商业银行以及储蓄机构从 1978 年 6 月开始开办的一种新型定期存单。其特点是：（1）期限短，通常是 6 个月；（2）存入额要求低，1978 年刚开办时规定的最低存入额为 10 000 美元，1983 年又将这一额度改为 2 500 美元；（3）按同期限的国库券利率为基准计息；（4）不可转让。

7. 协定账户（Nagotiable Account，NA），是一种可以在活期存款账户、可转让支付命令账户、货币市场共同基金账户之间进行自动转账的账户。

一般做法是：首先，银行就活期存款账户和可转让支付命令账户规定好一个最低存款余额，然后，根据银行与存款客户事先已达成的协议，存款客户可授权银行将其款项存放于活期存款账户、可转让支付命令账户和货币市场共同基金账户中的任何一个账户之中，当活期存款账户和可支付命令账户中的存款余额超出规定的最低余额时，银行会将多余的款项自动转入该存款客户的货币市场共同基金账户上，以便于客户取得较高的利息收益；当活期存款账户和可支付命令账户的存款余额低于最低余额要求时，银行也会自动将该存款客户在货币市场共同基金账户上的一定款项，转入活期存款账户和可转让支付命令账户，以补足最低余额。

8. 股金提款单账户（Share Draft Account，SDA），也称为股金汇票账户，是 1974 年 8 月由美国联邦信用合作社为逃避利率管制而开办的一种新型账户。这种账户允许合作社社员利用其在合作社的存款作为股金开立股金账户。在需要支付时，可以开出股金汇票代替支票对第三者支付转账或开出提款单代替支票进行提现，而在未支付或提现时，属于储蓄存款账户，存款者可以取得利息收入。因此，该账户实际上是既可使用支票办理支付，也可取得利息收入的活期存款账户，即支付利息的支票账户。建立股金提款单账户，存户需要支付或提现时，便随即开出提款单（支付命令书），代替支票提现或用做支付转账通知银行付款。由于这种账户方便灵活又有利息收入，很快各州的信用合作社纷纷效仿，开办了此项业务。

9. 现金管理账户（Currency Management Account，CMA）。随着技术的进步，西方国家出现了一种把存款账户与其他账户合并，为客户自动提供一系列交易支付等多样化服务的新型账户，在美国将这种账户称为现金管理账户。利用该账户，客户既可以使用信用卡，也可以开出支票办理结算，而且可以用账户中的有价证券作担保进行一定数量的融资。

具体而言就是，客户可在金融机构开立一个现金管理账户、一个用一定数额有价证券（通常为2万美元）作担保的"押金账户"（它作为客户以信用形式买卖证券的押金），同时还可开立一个货币市场互助基金账户、一份信用卡和货币市场互助基金与押金账户相联系的银行支票账户。其操作过程大致是：银行将客户押金账户的资金自动投资于货币市场互助基金。当客户开出支票纳税或支付时，银行会首先减少其在货币市场互助基金账户中的尚未投资的现金余额，如果其货币市场互助基金账户中的余额不足以用于支付，银行就会自动从客户的押金账户中提出一笔贷款用于支付。结果是客户不仅有一个可获利息的支票账户，而且还可凭此开出支票获取贷款。在每月月底，客户都会收到一份记载其全部交易或支付情况的清单。银行通过对客户贷款收取利息，代客户转账、投资收取手续费和管理费，以及现金管理账户的年费。

10. 远距离遥控服务（Remote Service Units，RSU），是1974年1月经过美国储蓄贷款协会认可创办的，通过银行的远距离遥控服务，客户可利用安装在街头和零售商店里的终端机提款或取款，并且还可以进行转账支付。

11. 报表储蓄存款（Statement Savings Deposits），是银行为了方便存款客户及时核对账目而开办的，定期为其提供报表清单服务的一种储蓄存款类型。其一般做法是：存款客户平时将储蓄存款的余额都存放在计算机中，按照规定，银行会在一定的时间（通常是一个月）为客户寄送存款清单资料，具体包括客户存取款的时间和次数、应得利息以及存款余额等内容。

12. 公开账户（Open Account，OA），也称为开放账户或开口账户，是银行为方便客户零存整取而推出的、供客户选择的一类存款计划。为了应付未来可预期的大额开支需要，客户可以在支付之前就拟定相应的存款计划，然后按照要求定期有规律地将固定的货币存入公开账户，一定时期之后，客户便可将其全部存款一次性提出用于支付账单等。

一般客户要开立公开账户，必须事先与银行签订协议，确定存款期限，存款到期前，客户通常是不能提款的，即使银行同意提前支取，客户也要至少提前14 天通知银行以备银行准备款项，并且银行会因客户违约而扣罚利息。公开账户存款利率的高低，要视存款期限长短和存款金额大小而定。

13. 退休储蓄账户（Retirement Saving Account）。西方发达国家的人口老龄化现状、社会公众对社会保障体系的不信任，加之退休储蓄账户中存款余额的非常高的稳定性特征对商业银行形成的吸引力，导致退休储蓄账户的增长速度明显加快，成为银行非常重视的资金来源。同时，基于退休储蓄账户的固定利率，在市场利率上升时，这部分存款也确实为银行带来了丰厚的利润。

退休储蓄账户是旨在为个人退休后退休金的支付而吸收个人存款。该账户的开办与发展和一个国家的退休养老计划安排、税收制度及年龄结构等许多方面有着密切的关系。

在美国，养老计划分为公共养老计划和私人养老计划两部分。退休储蓄账户主要就是针对这些养老计划开办的有关个人退休存款账户，主要包括 401（K）退休账户、克欧计划退休账户以及个人退休账户等。银行等金融机构及某些雇主都可以提供这种存款服务。

（1）401（K）退休账户，是以美国国税法 401（K）条款命名的延期付税的雇员退休储蓄账户，它通常是由雇主建立的。具体做法是：首先扣除参加雇员的一定比例的收入存入延期付税的退休账户，而雇主为鼓励雇员参加，也会预付相当于雇员预付金额的全部或一部分，雇员在退休时或其后最多 7 年内即可得到100% 的预付金，并且所有的预付金都是延期付税的。当然，雇员在退休前一般不能支取预付金，但如遇特殊情况而其他资产又已用完，也可以在退休前提前取款。

（2）"克欧计划退休账户"（Keogh Plan Retirement Account）。在 1962 年，美国国会就曾经授权金融机构开办了专门为自我就业者（全职或半职从事个体经营而不从事公司业务的就业者）服务的、以参议员 Eugene James Keogh 的名字命名的"克欧计划退休账户"（也称为自我就业退休计划）。它要求自我就业者每年要将净收入的一定比例（规定的或可选择的）存入"克欧计划退休账户"，如有雇员还要为雇员存入相当的部分。有的退休账户允许自我就业者在退休前从账户中借款或取款（雇主又是雇员的除外），但必须在 5 年内归还贷款，并且要支付利息和税收。退休时可提取 100% 的预付金，具体取款办法有：从"克欧计划退休账户"中一次性提取（要纳税），按年取款（要纳税），转入个人退休存款账户并享受延期付税。

（3）个人退休存款账户（Individual Retirement Account，IRA）。该账户是指每年预存个人收入（就业收入及非就业收入）的退休金账户。针对具体情况，年预付金可以享受全部或部分免税，但对于只有非就业收入而无就业收入的个人不准开立个人退休存款账户；对于已参加其他退休计划的个人及无工作的配偶均可享受预付金的免税待遇，而对于参加其他退休计划的个人及配偶是否享受减免税要视其年收入情况而定，但未免税的预付金及盈利享受延期付税；作为个人退休存款账户的存款者，他还可采取其他延期付税的投资形式或利用展期（Rollover）规则将存款取出在 60 天内转存到另一个个人退休存款账户，获得提前支取而又不遭受罚金的便利。

14. 回购协议（Repurchase Agreement），是指商业银行等为筹集资金而卖出所持有的证券，在出售的同时同证券的买方签署的，约定在将来某一时间按照事先约定好的价格再将证券购回的一份协议。

在回购协议市场上，出售证券的一方通常是商业银行、政府和证券商等，而购买证券的一方主要是企业。

（二）资产业务的创新

20 世纪 60 年代以来的资产业务创新，除消费贷款、住房贷款等新型贷款的出现之外，突出的表现就是资产证券化，它被认为是近几十年来世界金融领域中最重要和发展迅速的一项资产业务创新。

资产证券化的起源最早可以追溯到 20 世纪 60 年代末的美国。美国首先在 1968 年推出了世界上最早的抵押贷款债券，后来又在 1983 年针对投资者对金融工具不同的期限要求，设计发行了抵押保证债券，到 1990 年，在美国 3 万多亿美元尚未偿还的住宅抵押贷款中，50% 以上已经实现了证券化。现在，资产证券化已成为美国资本市场上最重要的融资工具之一，遍及应收账款、版权专利费、信用卡、汽车贷款、消费品分期付款等领域。金融管制的放松和《巴塞尔协议》的实施，也大大刺激了资产证券化在世界各国的发展。[①]

1. 资产证券化的含义。所谓资产证券化（Asset – Backed Securities，ABS）通常是指发起人将各种流动性较差的不良资产分类整理为一系列资产组合，并将其出售给证券特别载体 SPV（Special Purpose Vehicle），然后再由该载体以购买

---

① 耿明斋等：《我国信贷资产证券化的思考》，载《经济学动态》，2002（7）。

的这些组合不良资产作担保发行可以在金融市场上流通的，高信用等级的债券和证券，经由证券承销商出售给投资者，收回资金的技术和过程。由此可见，资产证券化的过程实际上就是将银行资产项目下的贷款、应收账款等转换为可流通的金融市场证券的过程。

2. 资产证券化的意义。其意义主要表现在：

（1）可以降低信用较差金融机构的筹资成本。对于那些信用等级较低的金融机构来说，通过发行存款或债务凭证来筹集资金，成本通常会很高。与此相对，由于资产证券化过程中以组合不良资产为担保的证券的信誉等级较高，投资者愿意购买，这些金融机构便可以低成本地获得资金。

（2）可以使金融机构扩大业务能力，实现规模经济。

（3）能够使金融机构的资产负债表更具流动性。

（4）可以降低金融机构的资产负债率，提高资本充足率。

（5）可以降低金融机构的风险。

（三）中间业务的创新

伴随着金融竞争的日益加剧，20世纪60年代，尤其是20世纪七八十年代以来，西方商业银行开始将盈利点由原来的资产负债业务转向中间业务，由此也带来了银行中间业务的创新，这些创新优化了银行的业务结构，提高了中间业务在银行盈利中的比重，增加了银行的盈利，增强了银行的竞争实力。例如，在德国商业银行1992年的总收入中，60%来自于中间业务。

商业银行创新的中间业务主要包括信托业务、租赁业务、银行卡业务以及表外业务等，但表外业务的创新是近二三十年来表现最突出、影响最大的中间业务创新。

所谓表外业务（Off－Balance－Sheet Activities，OBS）是指商业银行从事的，不在银行资产负债表中予以记载并且不会影响银行资产负债总额的那些业务。从这个意义来说，表外业务应当有广义和狭义之分，广义表外业务是在银行传统中间业务（结算、承兑、信用证等业务）的基础上再加上银行的狭义表外业务；狭义表外业务主要指的是那些在金融创新过程中产生的中间业务，如互换、金融期权、金融期货、票据发行便利等，目前人们通常提及的是狭义的银行表外业务。

传统的中间业务是伴随着商业银行的出现便存在的，而狭义的银行表外业务则是在20世纪70年代以后才逐渐产生并发展起来的，它是银行传统中间业务的发展和延伸，是新型的商业银行中间业务。商业银行表外业务迅速发展的主要原因在于，它不但可以给银行带来收益，而且可以逃避金融管理当局有关资本充足度的规定。从西方国家商业银行实际情况来看，许多国家商业银行的表外业务量已经远远超过其表内业务量。例如，1988 年美国花旗银行、美洲银行等五大银行集团的表外业务所涉及的资产已经达到其表内业务的 2.82 倍。但需要注意的是，商业银行的表外业务在为银行带来盈利的同时，同资产负债表内业务一样，也会面临利率风险、信用风险和流动性风险。因此，在测定银行风险时，不仅要评估银行的表内风险，更加重要的是要注意对表外业务风险的估价。

综合来看，商业银行的狭义表外业务主要包括担保、承诺和金融工具的创新三大部分。

1. 担保，是指商业银行为某一交易活动中的第三者的现行债务承担付款义务，并且承担现行的风险，具体的担保业务主要包括：（1）为某交易活动中的第三者的现行债务提供资金支持；（2）在第三者无力履行债务义务时，商业银行承担偿还款项的义务。担保主要包括备用信用证、跟单信用证、贷款担保、履约担保、投标保证以及票据承兑等。

2. 承诺。通常可以分为可撤销的承诺和不可撤销的承诺两类。

可撤销的承诺是指银行由于某种原因，例如，潜在借款者的信贷质量恶化，可以放弃履行原来允诺要履行的义务而又不致遭受惩罚的承诺。

不可撤销的承诺是指银行必须在任何情况下都要履行原来已经允诺了的义务的承诺。

具体的承诺业务主要包括贷款承诺、票据发行便利等。

3. 金融工具的创新。银行在开展中间业务过程中的金融工具创新主要包括金融期货、金融期权、互换以及利率远期协议等。

（四）支付清算系统的创新

支付清算业务是银行中间业务的重要组成部分，银行通过开展支付清算业务在为客户提供便利的同时，也加速了自身资金的周转，拓展了资产和负债业务。

传统的支付清算是借助于支票、汇票、本票、信用卡、联行往来、邮政汇兑等来实现的。支付清算系统的创新主要经历了两个阶段：（1）对原有支付和清算系统进行改良；（2）利用电子计算机转账系统来完成支付结算。

二、金融市场的创新

金融市场的创新主要包括市场工具的创新和理论的创新两个方面。

（一）金融市场工具的创新

金融市场工具的创新一方面表现为在欧洲货币市场等国际金融市场出现了诸如多种货币贷款、平行贷款、背对背贷款以及浮动利率债券等新型金融工具。另一方面，则表现为自 20 世纪 70 年代以来逐渐产生并发展起来的金融衍生工具。

（二）金融市场理论的创新

随着金融衍生工具和金融衍生工具交易市场的发展，经济金融学家们对金融衍生工具定价理论的研究也取得了极大的进展，建立了相应的定价模型。最著名的要数 1973 年由美国经济学家罗伯特·莫顿（Merton，R. C.）、迈伦·斯科尔斯（Scholes，M.）和菲歇尔·布莱克（Black，F.）提出的期权定价模型，他们也因此获得了 1997 年的诺贝尔经济学奖。

三、金融制度的创新

（一）非银行性质金融机构的大量产生和跨国银行的出现

20 世纪 30 年代以前，世界各国金融机构体系的主要组成部分是商业银行，第二次世界大战后，为医治战争创伤，恢复经济，非银行性质的金融机构如雨后春笋般产生，如各种各样的保险公司、养老基金、住宅金融机构、投资基金等。并且，伴随着第二次世界大战以后跨国公司的产生和发展，为了给跨国公司提供金融服务，跨国银行也应运而生了。

（二）金融机构之间的同质化趋势

受金融自由化思想的影响，20 世纪 70 年代以来，世界各国纷纷放松了对金融机构的管制，解除管制的结果使得各种金融机构之间在所从事的业务上已经没有多少差别，业务交叉现象非常明显，金融机构所提供的金融服务呈现出同质和相似的特性。

（三）金融监管趋于审慎化和国际化

持续不断的金融创新冲破了传统金融管制的樊篱，面对金融自由化，传统的合规性监管受到了严重的挑战，如何既做到令行禁止又保证激励相容的审慎性监管开始受到世界各国政府的重视。与此同时，由于金融全球化条件下金融危机的国际性传递，各国政府还加强了金融监管的国际协调和合作。

第三节　金融创新的影响

20 世纪 60 年代以来的金融创新从根本上改变着整个世界金融业的结构，赋予了金融业新的含义，对世界各国经济社会的发展，尤其是金融业的运行产生了深远的影响。

一、金融创新对货币供给的影响

（一）金融创新扩大了货币供给的主体

传统理论一般认为，货币供给的主体有两个，即中央银行和商业银行。就其作用而言，中央银行创造出了信用货币，而商业银行则创造出了存款货币。金融创新的结果之一就是扩大了货币供给的主体。

如前所言，金融创新活动一方面使大量非银行性质的金融机构产生出来，并且使各金融机构之间的业务边界日益模糊。金融机构的同质化，使商业银行和非银行性质金融机构之间在创造存款货币这个功能上不再存在本质的区别，现在除了商业银行能够创造存款货币之外，各种非银行性质的金融机构同样具有这重功能，并且随着金融创新的不断深入，非银行性质的金融机构的这重功能还在不断地增强。因此，现代金融体系中的货币供给主体已经不再仅局限于中央银行和商业银行，货币供给的主体多元化了。

（二）金融创新增大了货币乘数并最终增大了金融体系供给货币的能力

金融创新对货币乘数的影响主要表现为新型金融工具的产生对货币乘数的影响上。

按照货币金融理论，货币乘数是除基础货币以外能够影响货币供给量的另外一个重要变量，而影响货币乘数的因素主要包括法定存款准备金率、超额准备金率、通货比率（现金漏损率）以及定期存款与活期存款的比率，金融创新对货币乘数的影响就是通过对这些因素的影响而产生的。

1. 金融创新使法定存款准备金率降低，法定存款准备金的提取额度下降。从实践角度看，鉴于存款的流动性差异，各国中央银行大都是对不同的存款规定了不同的法定存款准备金率。一般地，流动性较强的存款，如活期存款往往适用于较高的法定存款准备金率，而流动性较差的存款，如定期存款则适用于较低的法定存款准备金率。

金融创新过程中产生的大量介于活期存款和定期存款之间的新型存款账户，一方面为存款客户提供了方便从而降低了他们的活期存款比例，另一方面这些新型账户适用的是低于活期存款的法定存款准备金率，这势必会使法定存款准备金的实际提取额度下降，最终影响货币供给能力。

2. 金融创新使超额准备金减少，货币乘数加大。金融创新主要是通过以下几个方面影响金融机构减少超额准备金的：（1）金融创新带来的金融工具流动性的增强，使金融机构能够很容易、很方便地获取资金以弥补准备金的不足；（2）金融创新使得社会公众持有通货的机会成本增大，从而减弱了其对通货的偏好，金融机构没有必要保持太多的库存现金来应付公众提现的需要。

3. 金融创新降低了通货比率。金融创新后大量新型金融工具的出现会减少社会公众的通货持有量，这是因为：（1）新型金融工具带来的金融资产整体收益的提高，加大了公众手持通货的机会成本；（2）支付清算系统的创新加快了支付清算的速度，降低了支付清算的成本。

4. 金融创新引起定期存款与活期存款比率的变化，使货币乘数具有不确定性。一方面，由于金融市场创新过程中产生的大量银行存款以外的新型金融工具能够为社会公众带来更多的收益，社会公众有可能将部分定期存款转换为证券类的金融工具，最终导致银行定期存款比率下降，法定存款准备金减少，货币乘数加大；另一方面，银行创新的新型定期存款工具可能会使公众增加定期存款的比率，从而使法定存款准备金增加，货币乘数下降。

（三）金融创新增加了货币定义和计量的难度

金融创新后新型金融工具的不断涌现，加大了金融资产之间的替代性，NOW、ATS、MMMF 等账户都能够在一定程度上代替货币或执行货币的某些功能，货币的外延在不断扩大，活期存款、定期存款和储蓄存款之间、广义货币和狭义货币之间的界限日渐模糊，本国货币和外国货币的差异在不断消失。在这种情况下，如何对货币进行定义、如何对货币进行精确的计量的问题便成为各国理论界以及中央银行需要关注的问题。为适应这种情况，一些国家的中央银行不断地在修正着货币层次的划分，例如美国在 1971 年到 1986 年就曾对货币层次进行过六次修改。

二、金融创新对货币需求的影响

金融创新对货币需求的影响主要体现在以下几个方面：

（一）金融创新改变了社会公众的货币需求动机，使货币需求的结构发生了变化

金融创新过程中涌现出的大量极具货币性、多功能的新型金融工具，既满足了人们的交易需求，也迎合了人们的投资需要，这势必改变人们的货币需求动机，从而影响货币需求的结构，通常是减少交易动机和预防动机的货币需求，增加投机动机的货币需求。

（二）金融创新使货币需求的稳定性下降

金融创新对货币需求稳定的影响主要表现在货币需求的利率弹性的改变上。一方面，由于货币需求结构的改变，投机性货币需求的增加，而投机性货币需求主要取决于机会成本和投资者的预期等因素，对利率的变动会十分敏感，市场利率的任何变化都有可能引起投机者的行为的改变，从而改变人们的投机性货币需求；另一方面，由于金融创新带来的金融机构业务的多样化，利差收入在整个金融机构的盈利构成中的比重逐渐下降，而非利差的表外业务的收入比重在不断上升，这使得金融机构的货币需求的利率弹性相对下降。总之，金融创新加大了货币需求的利率弹性的变动幅度，最终导致货币需求的稳定性下降。

（三）金融创新改变了货币的流通速度

1. 由于金融创新创造出了大量的狭义货币（M_1）的替代品，并且带动了 M_1 向具有高度替代性的新型金融工具的转移，金融创新最终减少了社会公众对货币的需求，加快了货币流通速度。

2. 金融创新对广义货币（M_2）的流通速度同样产生了影响，但效果不易确定。

三、金融创新对货币政策的影响

（一）金融创新对货币政策中介指标选择的影响

金融创新主要是通过影响货币政策中介指标的选取标准——可测性、可控性和相关性来施加影响的。

1. 金融创新削弱了货币政策中介指标的可测性。金融创新对货币政策中介指标可测性的影响主要表现在，金融创新条件下的货币政策中介指标的含义越来越模糊、观测和分析越来越困难。如前所言，随着金融创新后新型金融工具的出现以及金融资产之间替代性的提高，货币的外延不断扩大，传统的货币定义受到严峻挑战，这自然会影响到货币供应量作为货币政策中介指标的科学性，影响到货币政策的效果。

2. 金融创新降低了货币政策中介指标的可控性。金融创新对货币政策中介指标可控性的影响主要表现在，金融创新在一定程度上增强了货币政策中介指标的内生性特征，削弱了货币政策中介指标和政策工具之间的联系，增大了中央银行控制中介指标的难度。

3. 金融创新弱化了货币政策中介指标的相关性。中央银行货币政策的顺利实施，是建立在货币乘数稳定和货币需求函数稳定基础之上的，因为只有货币乘数稳定和货币需求函数稳定，才能够证明基础货币和货币供应量之间、货币供应量和宏观经济运行之间存在着密切的联系，只有这样，中央银行的货币政策操作才能产生应有的效应。但金融创新所造成的货币乘数和货币需求函数不稳定在一定程度上割断了基础货币——货币供应量——宏观经济变量之间的联系，这说明，中央银行即便能够控制基础货币，也不一定能够控制货币供应量，也不一定能够实现对宏观经济运行的调节。与此同时，金融创新引起的货币需求利率弹性的降低，也在一定程度上削弱了利率作为货币政策中介指标的有效性。

（二）金融创新对货币政策传导机制的影响

1. 金融创新削弱了货币政策传导的微观基础。首先，伴随着金融市场的不断创新和发展，诸如欧洲货币市场这样的国际金融市场无形中为各国金融机构提供了"避难所"，这在一定程度上增加了中央银行执行货币政策的难度，削弱了中央银行对于本国货币的调控能力，"避难所"的存在意味着，当中央银行的货币调控不利于本国金融机构时，本国金融机构便会逃入"避难所"，以此逃避本国政策的管制，其结果是使得本国中央银行的货币政策失效。

其次，金融创新带来的金融机构的多元化和同质化，使得能够经营活期存款业务，创造派生存款的金融机构大量涌现，这无疑削弱了作为中央银行货币政策传导的主要载体商业银行的作用，最终使得以控制商业银行信用创造能力为核心的传统货币政策操作失效。另外，伴随金融创新而开展的不利于传统货币政策控制的新业务等，也削弱了中央银行的宏观调控能力。

2. 金融创新增加了货币政策时滞的不确定性。按照货币金融理论，在中央银行货币政策的传递过程中是存在时滞的，时滞的存在会影响货币政策的实施效果。金融创新在很大程度上改变了整个金融结构和金融运行规律，它使得货币需求函数更加具有不确定性，金融工具间的替代性更强，金融资产结构更加复杂多变，大规模的资金转移更加频繁，所有这一切，都可能会影响到货币政策时滞，增加货币政策时滞的不确定性，使中央银行在策略把握上更加困难。

（三）金融创新对货币政策工具的影响

1. 金融创新的过程实际上是金融主体逐渐突破传统金融管制的过程。金融创新后，隶属于金融管制的像利率最高限、信贷配额、业务边界的界定等直接信用控制之类的货币政策工具基本已经失效。目前，西方发达经济国家的中央银行已很少使用或放弃了这些政策工具。

2. 金融创新对法定存款准备金制度的影响。商业银行在中央银行的法定存款准备金存款是没有利息的，因此金融创新对存款准备金制度的影响，主要表现为商业银行利用金融创新来少缴或不缴法定存款准备金，以逃避法定存款准备金制度的限制。

（1）商业银行通过创造如回购协议、MMMF 等这样的不受法定存款准备金约束的非存款性工具，或借助于金融工具的创新来调整自己的负债结构，使其负债结构适用相对较低的存款准备金要求，从而减少法定存款准备金的缴纳以逃避存款准备金制度的限制；

（2）商业银行通过建立不受法定存款准备金制度限制的新机构，如成立子公司或附属机构的方法来逃避存款准备金制度的约束。

3. 金融创新对再贴现政策的影响。首先，金融工具的创新，如资产证券化等，进一步拓宽了商业银行再贴现窗口以外融资的渠道，因此，金融创新进一步强化了中央银行在实施再贴现政策过程中的被动地位。

其次，金融创新逐渐突破了再贴现政策的诸种限制，从而使一些再贴现的规定失去了意义。例如，为了逃避合格票据的规定，现在更多的金融机构是以政府债券作抵押从中央银行借入资金，除此之外，金融创新很容易就能够创新出新型票据来满足中央银行再贴现的要求。正因为如此，目前发达市场经济国家的中央银行大多已经不再对再贴现进行严格的规定，最终使再贴现日益自由化。

4. 金融创新对公开市场政策的影响。这种影响突出表现为：金融创新强化了中央银行公开市场政策。具体表现在以下几个方面：

首先，金融市场创新为中央银行实施公开市场政策提供了更加灵活有效的手段和场所。一方面，政府可以利用资产证券化来创造新的金融工具，从而能够为中央银行进行公开市场操作提供更加多样化的买卖对象；另一方面，金融市场的创新还创造出了如回购这样的灵活有效的买卖方式，从而能够使中央银行更加方便地进行公开市场操作。

其次，金融创新使中央银行的公开市场政策能够更直接地影响金融机构的行为，从而能够更好地实现政策执行的效果。以政府信誉作基础的各种债券具有期限短、安全性高、收益稳定等特点，因此，为了优化其资产结构，金融机构有在其资产构成中增加政府债券比重的偏好，而金融创新中的证券化趋势，恰好能够为金融机构调整自己的资产负债结构提供便利。金融机构增加持有政府债券的结果使得金融机构对金融市场的依赖性增强，这非常利于中央银行公开市场政策的操作和操作效果的提高。

最后，金融创新使中央银行可以通过公开市场政策间接影响社会公众的行为。金融市场及工具的创新，为社会公众进入市场进行投资提供了便利，在投资过程中，他们自然会对经济信息、金融市场的动态等表现出极大的关注，以此来形成自己的预期，并采取相应的策略安排。在这种情况下，中央银行便可以通过公开市场政策来影响金融市场上的证券价格，来改变社会公众的预期，间接影响他们的行为，从而在更深层次上影响社会信用总量。

四、金融创新与金融风险

如前所言，金融创新通常被理论界称做是金融领域的一场革命，金融创新也确实对整个世界金融业产生了重大的影响，它改变了世界金融业的结构及运行规律，提高了金融业的运行效率，并为政府、企业、金融机构和居民家庭提供了丰富的避险工具和手段。但需要注意的是，金融创新在转移和分散风险的同时也制造了新的、更大的风险。

（一）金融创新加大了金融机构的经营风险

金融创新过程中的同质化趋势，使金融机构的竞争加剧，由于利差收入的缩小，金融机构不得不从事高风险的金融业务，这势必增大金融机构的经营风险，降低金融机构的信用等级。

（二）金融创新使表外风险增加

与金融创新相伴随的是大量表外业务的出现，这些表外业务在使金融机构规避了金融管理当局的监管，在增加金融机构盈利的同时，也使金融机构承担了相应的表外风险，这些风险随时都有可能转化为真实风险。

（三）金融创新增加了金融的系统性风险

金融创新的结果之一是金融的同质化和金融市场的国际化，这使得国内各金融机构之间、本国金融机构与外国金融机构之间以及国内金融市场和国际金融市场之间的联系日益密切，依赖性增强。在这种情况下，任何一个国家和地区的金融体系出现问题，都有可能产生金融风险的国际传递，迅速殃及其他国家和地区，甚至是整个世界金融体系，危及国际金融体系的安全。

（四）金融创新为金融投机提供了新的工具和场所，从而加大了金融市场风险

这突出表现在金融衍生工具的产生与发展上。金融衍生工具因避险而产生，但同时也制造出更大的风险，巴林银行事件、大和银行事件等可充分证明这一点。

总之，金融创新改变了整个世界金融以及经济社会的面貌，它既有积极的作用，又有负面的影响，因此，我们必须正确对待金融创新，对其进行全面客观的评价。

重要概念

金融创新　资产证券化　协定账户　股金提款单账户

复习思考题

1. 金融创新的背景。
2. 资产证券化及其意义。
3. 金融创新对货币供给的影响。
4. 金融创新对货币需求的影响。
5. 金融创新对货币政策的影响。
6. 金融创新与金融风险。

第十四章　国际金融

第一节　外汇与汇率

一、外汇及其种类

（一）外汇的概念

外汇（Foreign Exchange）是指以外币表示的用于国际间债权债务清偿的支付凭证和信用凭证，支付凭证包括汇票、本票、支票、旅行支票等，信用凭证包括股票和债券等。

外币支付凭证或信用凭证构成外汇必须具备的三个基本特征：（1）外币性，即外汇必须是用外币表示的国外资产，而用本国货币表示的信用工具和有价证券不能视为外汇；（2）普遍接受性，即外汇必须是得到国际承认和普遍接受，在国外能得到补偿的债权，而空头支票和拒付的汇票不能视为外汇；（3）可兑换性，即外汇必须是能兑换成其他支付手段的外币资产，亦即可兑换货币表示的支付手段，而不可兑换货币表示的支付手段不能视为外汇。

由以上分析可知，外汇与外币不是同一概念，外汇包含可兑换外币，同时还包括用外币表示的支付凭证和信用凭证；并不是所有的外币都是外汇，只有可兑换的外币才构成外汇。

国际货币基金组织（IMF）将外汇定义为："货币行政当局（中央银行、货币管理机构、外汇平准基金组织及财政部）以银行存款、国库券、长短期政府债券等形式保有的在国际收支逆差时可以使用的债权"。这个定义强调外汇是一项储备资产，没有包括普通居民持有的外国债权，因此是一个不完整的外汇概念。

我国外汇管理条例所称外汇，是指下列以外币表示的可以用做国际清偿的支付手段和资产：（1）外国货币，包括纸币、铸币；（2）外币支付凭证，包括票据、银行存款凭证、邮政储蓄凭证等；（3）外币有价证券，包括政府债券、公司债券、股票等；（4）特别提款权；（5）其他外汇资产。其中，特别提款权

（Special Drawing Rights，SDRs）指国际货币基金组织创设的一种储备资产和记账单位，也称"纸黄金"，是国际货币基金组织分配给会员国的一种使用资金的权利。会员国发生国际收支逆差时，可用它向国际货币基金组织指定的其他会员国换取外汇，以偿付国际收支逆差或偿还基金组织贷款，还可与黄金、自由兑换货币一样充做国际储备。但由于其只是一种记账单位，不是真正货币，使用时必须先换成其他货币，不能直接用于贸易或非贸易的支付。特别提款权定值和"一篮子"货币挂钩，市值不是固定的。

（二）外汇的种类

1. 按其来源和用途，可分为贸易外汇和非贸易外汇。贸易外汇是通过国际经济交往取得的外汇。各国间的主要经济交往活动是国际贸易，因此贸易外汇是一国外汇收入的主要来源。非贸易外汇是指将进出口贸易以外国际收支的外汇，如侨汇、旅游、海运、保险、航空、邮电、海关、承包工程、文化交流等取得的外汇等。

2. 按其买卖的交割期，可分为即期外汇和远期外汇。即期外汇指在外汇成交后于当日或两个营业日内办理交割的外汇。远期外汇是按商定的汇价订立买入或卖出合约，到约定日期进行交割的外汇。

3. 按照外币形态可以分为外汇现钞和现汇。外币现钞是指外国钞票、铸币，现钞主要由境外携入。外币现汇是指其实体在货币发行国本土银行的存款账户中的自由外汇，现汇主要由国外汇入，或由境外携入、寄入的外币票据，经银行托收、收妥后存入。

4. 按照外汇的自由兑换性标准，分为自由外汇和记账外汇。自由外汇指不需要经过货币发行当局批准，可以在国际金融市场上自由兑换成其他国家的货币，或可向第三国办理支付的外国货币及其支付凭证，如美元、欧元、日元、英镑、瑞士法郎等。记账外汇又称协定外汇或双边外汇，指不经过货币发行国批准，不能自由兑换成其他货币，或对第三国进行支付的外国货币及其支付凭证，这种外汇只以双方中央银行互相开立专门账户的形式存在。

二、汇率及其标价方法

外汇汇率（Foreign Exchange Rate）是一个国家的货币折算成另一个国家货币的比率、比价或价格，也可以说是以一国货币单位表示的另一国货币单位的价格。汇率有两种标价方法。

1. 直接标价法（Direct Quotation System）：又称应付标价法，是以一定单位（1个或100个、1 000个单位）的外国货币为标准，折算成若干单位的本国货币。我国采用的是直接标价法，如2004年10月28日中国人民银行公布的外汇牌价为：100 美元 =827.65 元人民币。

这种标价法的特点是：外币数额固定不变，折合本币的数额随外币与本币币值对比的变化而变化，如果一定数额外币折合成本币的数量增加，则外币升值，本币贬值；相反，若数量减少，则外币贬值，本币升值。目前除了英镑、美元、欧元等货币以外，世界上大多数国家的货币都采用直接标价法。

2. 间接标价法（Indirect Quotation System）：又称应收标价法，是用一定单位的本国货币为标准，折算成若干单位的外国货币。如 2004 年 10 月 27 日来自美国纽约外汇市场的外汇牌价显示：1 美元 =0.7867 欧元。

这种标价法的特点是：本币数额固定不变，折合外币的数额随本币与外币币值对比的变化而变化。如果一定数额本币折合外币的数量增加，则本币升值，外币贬值；相反，若数量减少，则本币贬值，外币升值。

三、汇率的种类

从不同的角度，可以将汇率划分为不同种类：买入汇率和卖出汇率，基准汇率和套算汇率，即期汇率和远期汇率，固定汇率和浮动汇率，官方汇率和市场汇率，单一汇率和复汇率，名义汇率和实际汇率，电汇汇率、信汇汇率、票汇汇率，开盘汇率和收盘汇率等。

1. 从买卖外汇的角度看，可以分为买入价、卖出价和中间价。银行买进外汇时所依据的汇率为买入价（Buying Rate），银行卖出外汇时所依据的汇率叫卖出价（Selling Rate）。在直接标价法下，买入汇率是银行买入一单位外汇所付出的本币数，卖出汇率是银行卖出一单位外汇所收取的本币数。中间价（Medial Rate）是买入价与卖出价的平均价，即中间价 =（买入价 + 卖出价）÷2，适用于银行间买卖外汇，意味着它们之间买卖外汇不赚取利润。外国电台、报纸所公布的汇率常为中间价。

2. 按照不同的汇率制定方法，可以分为基础汇率（Basic Rate）和套算汇率（Goss Rate）。基础汇率指一国选择一种国际经济交易中最常使用、在外汇储备中所占比重最大的可自由兑换的关键货币作为主要对象，与本国货币对比订出汇率，这种汇率即基础汇率。套算汇率指制定出基础汇率后，本币对其他外国货币的汇率可以通过基础汇率套算出来得出的汇率，又称为交叉汇率。

3. 按照不同的外汇交易交割期限，可以分为即期汇率（Spot Rate）和远期汇率（Forward Rate）。即期汇率指目前的汇率，用于外汇现货买卖，是外汇买卖双方成交当天或两天以内进行交割时使用的汇率，也叫现汇汇率。远期汇率是在未来一定时期进行交割，而事先由买卖双方签订合同，达成协议的汇率，到了交割日期由协议双方按预定的汇率、金额进行交割，期限一般有 1 个月、3 个月、

6 个月。即期汇率与远期汇率之间的差额称为远期差价，用升水、贴水和平价来表示。升水表示远期汇率比即期汇率贵，贴水则表示远期汇率比即期汇率便宜，平价表示两者相等。

4. 按照不同的汇率制度，可以分为固定汇率（Fixed Rate）和浮动汇率（Floating Rate）。固定汇率指一国政府用行政或法律手段选择某一基本参照物，并确定、公布和维持本国货币与该单位参照物的比价。充当参照物的可以是黄金（现在已经不用），也可以是某一外国货币或某一组货币。当一国政府把本国货币固定在某一组外国货币上时，称该货币钉住在一篮子货币上。在固定汇率制度下，外汇汇率基本固定，汇率波动幅度局限在一个较小范围之内。浮动汇率指汇率水平完全由外汇市场上的供求决定，政府不加任何干预。

5. 按照外汇管制的不同程度，可以分为官方汇率（Official Rate）和市场汇率（Market Rate）。官方汇率是由一个国家外汇管理机构制定并公布的汇率。在实行严格外汇管制的国家，一切外汇交易由外汇管理机构统一管理，外汇不能自由买卖，没有外汇市场汇率，一切交易必须按照官方汇率进行。市场汇率是在外汇市场上由外汇供求双方自行决定的汇率，即外汇市场实际买卖外汇的汇率，它随市场外汇供求变化而产生波动。

6. 按照国家制定汇率种类多少的不同，可以分为单一汇率（Single Rate）和多重汇率（Multiple Rate）。单一汇率指一种货币或一个国家只有一种汇率，这种汇率通用于该国所有的国际经济交往中。多重汇率指一种货币或一个国家有两种或两种以上汇率，不同的汇率用于不同的国际经贸活动，是外汇管制的产物。例如为了促进进口和限制出口而制定贸易汇率（Commercial Rate），为了限制资本流动而制定金融汇率（Financial Rate）。

7. 按银行汇兑方式可分为电汇汇率（Telegraphic Transfer Rate，T/T Rate）、信汇汇率（Mail Transfer Rate，M/T Rate）以及票汇汇率（Demand Draft Rate，D/D Rate）。电汇汇率指外汇买卖交割时以电信方式通知付款时使用的汇率。信汇汇率指银行用信函方式通知付款时使用的汇率。票汇汇率是银行买卖各种支付票据时所使用的汇率。

8. 开盘汇率（Opening Rate）和收盘汇率（Closing Rate）。开盘汇率指一个外汇市场在一个营业日开始营业、进行外汇买卖时用的汇率报价。收盘汇率指一个外汇市场在一个营业日的外汇交易结束时的汇率报价。

四、外汇市场

（一）外汇市场的概念

外汇市场是以外汇银行为中心，由外汇需求者、外汇供给者和买卖中介机构构成的外汇买卖活动场所和交易网络。

一般而言，外汇市场包括三个层次：第一个层次，即顾客市场，主要是外汇银行与进出口商、个人、投资经理人之间的外汇买卖市场。第二个层次，即银行间市场，是外汇银行为了满足客户外汇需求或抛补外汇头寸，相互之间进行外汇买卖的市场。在我国，银行间市场是指经国家外汇管理局批准可以经营外汇业务的境内金融机构（包括银行、非银行金融机构和外资金融机构）之间通过中国外汇交易中心进行人民币与外币交易的市场。第三个层次，即中央银行与外汇银行之间的交易市场，是中央银行为维护本币稳定或外汇市场秩序而对外汇市场进行干预而形成的市场。

第一个层次是外汇市场的基础，第二个层次是外汇市场的主体，第三个层次是外汇市场的调控和平衡力量。外汇市场的正常运作必须依赖于三个层次市场的有机统一和协调运转。

（二）外汇市场的构成

1. 外汇银行。通常包括专营或兼营外汇业务的本国商业银行，在本国的外国银行分行或代办处，以及其他金融机构。外汇银行不仅充当客户之间外汇供求的主要中介人，而且可以充当交易商（自营商）为自己买卖外汇。

2. 外汇经纪人。在外汇市场上进行买卖的主要是商业银行，交易频繁，金额很大，为了促进它们之间的交易，出现了专门从事介绍成交事务的外汇经纪人，他们不是为自己买卖外汇，而是依靠同外汇银行的密切联系了解外汇供求情况，得以促进双方成交，并从中收取手续费。

3. 中央银行。政府为防止国际短期资金的大量流动而对外汇市场发生猛烈冲击，故由中央银行对外汇市场加以干预，即外汇短缺时大量抛售，外汇过多时大量收购，从而使本国货币汇率避免发生过分剧烈的波动。因此，中央银行不仅是外汇市场的成员，而且是外汇市场的调控者。

4. 外汇供求者，包括进出口商、跨国投资者、出国旅游者及其他外汇供求者，他们是外汇的最初来源者和最终需求者，一般是为了完成某一经济活动而进行外汇买卖。

5. 套汇者和投机者。套汇者（Arbitrager）指利用外汇市场的差价，在同一时间内在低价市场买入某种货币，又在高价市场卖出，从中套取汇率差价的银行和其他金融机构；投机者是根据对某种货币汇率的升降预期，而在外汇市场上买卖外汇以赚取风险利润的机构和个人。二者的存在，客观上使不同的外汇市场价格趋于一致，活跃了市场交易。

（三）国际外汇市场

目前交易量大且具有国际影响力的外汇市场主要有：纽约、伦敦、巴黎、法兰克福、苏黎世、东京、米兰、蒙特利尔、阿姆斯特丹等，买卖的外汇品种主要有：美元、欧元、日元、英镑、加拿大元等 10 多种货币。

外汇市场的交易都是利用现代化的电子通信设备进行的。例如，伦敦外汇市场包括 210 家指定交换银行、商业银行以及外国银行在伦敦的分行，还有一些外汇经纪人。大银行都设有专门的交易室，在室内按动电钮，就可与伦敦城各处的经纪人谈判交易，这种交易速度很快，供求双方反应迅速，因此外汇市场经常趋于单一价格。

从时间来看，由于英国已将传统的格林威治时间（G. M. T.）改为"欧洲标准时间"（European Standard Time），消除了英国与西欧原有的 1 小时时差，整个西欧外汇市场统一了营业时间。因时差的关系，东京、欧洲、纽约、悉尼各外汇市场此关彼开，所以一天 24 小时内可连续地在世界各个外汇市场进行交易。

每一个市场也有各自的不同特点。伦敦外汇市场交易货币种类众多，经常有 30 多种，其中交易规模最大的是英镑兑美元的交易，其次是英镑兑欧元和日元等。其交易时间约为北京时间 17:00 至次日 1:00。在伦敦外汇市场上，几乎所有的国际性大银行都设有分支机构，由于其与纽约外汇市场的交易时间衔接在一起，在每日的北京时间 21:00 至次日 1:00 是各主要币种波动最为活跃的阶段。

纽约外汇市场是重要的国际外汇市场之一，其日交易量仅次于伦敦。目前占全球 90% 以上的美元交易都通过纽约的银行间清算系统结算，因此纽约外汇市场成为美元的国际结算中心。交易时间约为北京时间 21:00 至次日 4:00。

悉尼外汇市场作为每天全球最早开市的外汇交易市场之一，交易时间约为北京时间 6:00 至 14:00。通常在该市场上汇率波动较为平静，交易品种以澳大利亚元、新西兰元和美元为主。

东京外汇市场的交易品种较为单一，主要集中在日元兑美元和日元兑欧元。日本作为出口大国，其进出口贸易的收付较为集中，因此具有易受干扰的特点。交易时间约为北京时间 8:00 至 11:00 和 12:30 至 16:00。

五、外汇管制

（一）外汇管制的内容

外汇管制（Exchange Control or Exchange Restriction）广义上指一国政府授权国家的货币金融当局或其他机构对外汇的收支、买卖、借贷、转移以及国际间结算、外汇汇率和外汇市场等实行的控制和管制行为；狭义上是指对本国货币与外国货币的兑换实行一定限制。在外汇管制过程中，通常要涉及以下问题。

1. 外汇账户。在我国，外汇账户是境内机构、驻华机构、个人按照有关账户管理规定在经批准经营外汇存款业务的银行和非银行金融机构以可自由兑换货币开立的账户。境内机构开立结算账户，应当按规定经外汇管理局批准或备案，其收入范围为来源于经常项目的外汇以及经外汇管理局批准的其他项下外汇收入，支出用于经常项目支出或者经外汇管理局批准的资本项目项下支出。外汇资本金账户，其收入为中外投资方以外汇投入的资本金，支出为外商投资企业经常项目外汇支出和经外汇管理局批准的资本项目外汇支出。

2. 结汇、售汇与付汇。结汇是外汇收入所有者将外汇卖给外汇指定银行，外汇指定银行根据交易行为发生之日的人民币汇率付给等值人民币的行为。售汇是外汇指定银行将外汇卖给外汇使用者，并根据交易行为发生之日的人民币汇率收取等值人民币的行为。付汇是经批准经营外汇业务的金融机构，根据有关售汇以及付汇的管理规定，审核用汇单位和个人提供的规定的有效凭证和商业单据后，从其外汇账户中或将其购买的外汇向境外支付的行为。

3. 境内外汇划转与货币可兑换。境内外汇划转指境内机构之间按照有关管理规定，通过经营外汇业务的境内的金融机构办理的符合规定形式的境内外汇汇款、转账等行为。货币可兑换是指在纸币流通条件下，一个国家或货币区居民不受官方限制，按市场汇率自由地将本币与外币相兑换，用于对外支付或作为资产持有，货币可兑换包括货币完全可兑换和部分可兑换。

4. 经常项目可兑换。指本国居民可在国际收支经常性往来中将本币自由兑换成其所需的货币。《国际货币基金协定》第八条款规定：避免对经常性支付的限制，各会员国未经国际货币基金组织的同意，不得对国际经常往来的支付和资金转移施加汇兑限制；不得实行歧视性的货币措施或多种汇率措施，歧视性的货币措施主要是指双边支付安排，它有可能导致对非居民转移的限制以及多重货币做法；兑付外国持有的本国货币，任何一个成员国均有义务购买其他成员国所持有的本国货币结存，但要求兑换的国家能证明。总之，经常项目可兑换指一国对经常项目国际支付和转移不予限制，并不得实行歧视性货币安排或者多重货币制度。这是一国成为国际货币基金组织成员国后必须承担的国际义务。

5. 资本项目可兑换。指一国不仅在国际收支经常性往来中允许将本国货币自由兑换成其他货币，而且在资本项目上也允许自由兑换。这意味着一国取消对一切外汇收支的管制，居民不仅可以通过经常账户交易，也可以自由地通过资本账户交易；所获外汇既可在外汇市场上出售，也可自行在国内或国外持有；国内外居民可以将本币换成外币在国内外持有，满足资产需求。

6. 国际储备（International Reserve）。国际储备是一国货币当局持有的，用于国际支付、平衡国际收支和维持其货币汇率以及各种紧急支付，并为国际间普遍接受的资产总称。按照国际货币基金组织的统计口径，一国的国际储备由以下四个部分组成：一是黄金储备（Gold Reserve），即货币当局所持有的作为储备资产的货币黄金。二是外汇储备（Foreign Exchange Reserve），即货币当局持有的可兑换货币和用它们表示的支付手段。三是在 IMF 的储备头寸（Reserve Position in IMF），是指成员国在 IMF 的可以自由提取使用的储备档头寸和债权头寸。储备档头寸是成员国以储备资产（黄金、外汇或特别提款权）向 IMF 认缴份额 25% 的部分，即普通提款权（General Drawing Rights）。债权头寸又称超黄金档贷款，是指基金组织由于将某一成员国的货币贷给其他成员国使用，而导致该国货币持有量下降到不足该国本币份额 75% 的差额部分。四是特别提款权，即国际货币基金组织创造的储备资产，用于会员国和基金组织间，以及会员国之间的支付。

国际储备的作用主要是：削减国际收支困难，维持本币汇率稳定，充当对外举债的信用保证。国际储备管理的内容：一是国际储备的规模管理。确定国际储备的适度规模，应考虑持有国际储备的成本、经济发展目标及经济开放程度、中央银行调节国际收支的能力、中央银行拥有的国际储备之外的国际清偿能力、汇率制度和汇率政策选择、未偿还外债的总额及偿还期特点等因素。二是国际储备的结构管理，包括对货币结构的管理、储备资产运用形式以及黄金储备数额的管理。有效的管理将使储备资产在安全性、流动性和盈利性三项原则间实现最佳组合。

（二）我国的外汇管理

1. 目前我国的汇率制度。1994 年 4 月 1 日汇率并轨后，中国开始实行以市场供求为基础的、单一的、有管理的浮动汇率制。《中华人民共和国外汇管理条例》是外汇管理的基本行政法规，由国务院于 1996 年 1 月 29 日发布，1996 年 4 月 1 日起实施，1997 年 1 月 14 日国务院进行了修改并重新发布，主要规定了我国外汇管理的基本原则与制度。

中国人民银行按照前一营业日银行间外汇市场形成的加权平均汇率，公布人民币对美元、欧元、港元、日元四种货币的市场交易中间价。银行间外汇市场人民币对美元、欧元、港元、日元的买卖价可以在中国人民银行公布的市场交易中间价上下一定的幅度内浮动。外汇指定银行在规定的浮动范围内确定挂牌汇率，对客户买卖外汇。中国人民银行对人民币汇率进行宏观调控和必要干预，以保持汇率合理和稳定。

2. 人民币经常项目可兑换。我国 1996 年 12 月 1 日接受了《国际货币基金协定》第八条款，实现了人民币经常项目可兑换，所有正当的、有实际交易需求的经常项目用汇都可以对外支付。这并不意味着境内企业和个人可以随意购买外汇，我们仍按国际惯例对经常项目外汇收支进行真实性审核，即境内机构和个人经常项目下用汇，需持规定的有效凭证到外汇指定银行或者外汇管理局进行审核后，才可以到银行购买外汇或从其外汇账户中对外支付。真实性审核的目的是为了防止资本项目收支混入经常项目下进行，打击境内违规资本流动以及套汇、骗汇等违规犯罪活动，从而维护外汇市场秩序，保障居民个人合法正当的外汇收支权利。

目前，我国正努力实现资本项目可兑换。新兴市场金融危机的频繁发生一再表明，不成熟的资本项目开放有可能造成灾难性后果。从国际经验看，实行资本项目可兑换一般应具备稳定的宏观经济环境、健康的金融体系、有效的监管能力和较强的综合国力。目前，中国还不完全具备上述条件，有必要对资本项目实行一定的管制。

3. QFII 与 QDII。QFII 即合格的境外机构投资者（Qualified Foreign Institutional Investor）的首字缩写，是一国在货币没有实现完全可自由兑换、资本项目尚未开放的情况下，有限度地引进外资、开放资本市场的一项过渡性制度。这种制度要求外国投资者若要进入一国证券市场，必须符合一定条件，得到该国有关部门审批通过后汇入一定额度的外汇资金，并转换为当地货币，通过严格监管的专门账户投资当地证券市场。2003 年 5 月，经过中国证监会批准，瑞士银行有限公司、野村证券株式会社成为中国证券市场上的首批 QFII。

与 QFII 相对应的是 QDII。QDII 是合格的境内机构投资者（Qualified Domestic Institutional Investor）的首字缩写，是在一国境内设立的，经该国有关部门批准从事境外证券市场的股票、债券等有价证券业务的证券投资基金。和 QFII 一样，它也是在货币没有实现完全可自由兑换、资本项目尚未开放的情况下，有限度地允许境内投资者投资境外证券市场的一项过渡性的制度安排，目前我国正在选择恰当的时机推出 QDII 政策。

4. 外汇管理体制改革。改革开放以来，我国一直积极推进外汇管理体制改革，不断减少行政干预，加大外汇分配领域的市场调节力度，取得了很大成就，实现了人民币经常项目可兑换，初步建立了符合社会主义市场经济要求的外汇管理体制，经受住了亚洲金融危机的冲击，促进了国民经济持续健康发展和对外开放。改革的长远目标是实现人民币完全可兑换，目前人民币在资本项目下是有严格限制的可兑换，我国当前国情决定了人民币资本项目可兑换还将是一个中长期的渐进过程。同时，实现资本项目可兑换是一个系统工程，涉及各种金融活动领域和大量的非金融机构，需要各部门共同参与、各项改革配套到位，逐步从有严格限制的可兑换过渡到较宽松限制的可兑换，再到基本取消限制的可兑换。

现阶段，适应加入世界贸易组织后的新形势，我国外汇管理将一如既往地坚持改革开放的大方向，坚持人民币完全可兑换的长远目标。在此前提下，不断改进经常项目外汇管理手段，进一步完善资本项目外汇管理措施，围绕维护国际收支平衡和人民币汇率稳定，加强银行外汇收支监管，打击外汇非法交易活动，整顿和规范外汇市场秩序，提高服务水平，努力为支持对外贸易和鼓励外商来华投资创造良好环境和条件，最终实现包括资本项目可兑换在内的人民币完全可兑换，促进国民经济健康发展。

第二节　国际收支

一、国际收支的概念

国际收支（Balance of Payments）有狭义与广义之分。狭义的国际收支概念是建立在现金基础（Cash Basic）上的，即一个国家在一定时期内，由于经济、文化等各种对外交往而发生的，必须立即结清的外汇收入与支出。这里仅包含已实现外汇收支的交易，因此是狭义的国际收支概念。

根据 IMF 在其编制的《国际收支手册》中关于国际收支概念的表述，国际收支是一个国家或地区在一定时期内各种对外经济交易所产生的外汇的收入与支出。所谓对外交易是指在居民与非居民之间发生的，商品、劳务和资产的所有权从一方转移到另一方的行为。这个概念是建立在经济交易（Economic Transaction）基础上的，经济交易作为流量，反映经济价值的创造、转移、交换、转让或削减，包括经常项目交易、资本与金融项目交易和国际储备资产变动等，既包括已实现外汇收支的交易，也包括尚未实现外汇收支的交易，因而是广义的国际收支概念。

广义的国际收支是指一国居民在一定时期内与非居民之间的经济活动所产生的全部交易的系统记录，而不管其是否具有外汇收支。它的特点有：（1）国际收支是一个流量概念。（2）国际收支反映的内容是国际经济交易，包括交换和无偿转让两类。（3）一国居民是指在国内居住一年以上的自然人及法人。目前，IMF 及我国国际收支统计中都使用广义的国际收支概念。

我国《外汇管理条例》所称居民包括中华人民共和国居民自然人、居民法人。居民自然人包括在中华人民共和国境内连续居留一年或者一年以上的自然人，外国及中国香港、澳门、台湾地区在境内的留学生、就医人员、外国驻华使馆领馆、国际组织驻华办事机构的外籍工作人员及其家属除外；中国短期出国人员（在境外居留时间不满 1 年）、在境外留学人员、就医人员（已取得境外居留权的人员除外）及中国驻外使馆领馆、常驻国际组织使团的工作人员及其家属。居民法人包括境内依法成立的企业法人、机关法人、事业单位法人、社会团体法人和部队，在中国境内注册登记但未取得法人资格的组织视为居民法人，境外法人的驻华机构视为居民法人。非居民指除居民以外的自然人、法人。

国际收支统计体系是我国宏观经济监测体系的重要组成部分，它主要反映我国与世界其他地方经济交往的基本状况和趋势，是开放经济条件下进行宏观经济决策的主要信息来源之一。改革开放以来，随着我国对外交往的不断扩大，经济生活中的市场化程度日趋提高，我国从 1980 年开始试编国际收支平衡表，1985 年起对外公布国际收支平衡表，1996 年开始实行《国际收支统计申报办法》。在 1996 年推出金融机构间接申报国际收支基础上，1997 年又推出了直接投资、证券投资、金融机构对外资产及损益、汇兑等四项直接申报工作。2005 年 11 月 26 日，国家外汇管理局配合国际收支平衡表管理发布我国国际收支报告，以后每半年发布一次这样的报告。从 2010 年 7 月公布当年第一季度国际收支平衡表（初步数据）起，我国将公布国际收支平衡表的周期缩短为每个季度。这说明了我国相关组织和制度的不断完善。

在国际收支中，当对外交往产生的外汇收入大于支出时，便是国际收支顺差（Active Balance of Payments），反之，则是国际收支逆差（Passive Balance of Payments）。一般在逆差之前冠以 "－" 号，或以红字书写，因而国际收支逆差也被称为国际收支赤字（Deficit），国际收支顺差则被称为国际收支黑字或盈余（Surplus）。

二、国际收支平衡表

国际收支平衡表（Balance of Payments Statement）是一个国家在一定时期内（一年、半年、一个季度或一个月）所有国际收支的系统记录，并应用会计原则、按照会计核算的借贷平衡方式编制，经过调整最终达到账面上收付平衡的统计报表。它有如下特点：（1）国际收支平衡表是流量而不是存量的概念，它反映的是一定时期内一经济体与世界其他地方的各项经济交易活动的发生额，而不是某一时点的持有额，因此它不是一个国家的资产负债表。（2）国际收支平衡表按照 "有借必有贷，借贷必相等" 的复式簿记原理编制，每一笔经济交易同时进行借方记录和贷方记录，贷方科目以正号（＋）表示，借方科目以负号（－）表示。记入贷方科目的是：表示出口的实际资源（货物、服务和收入）和反映一经济体的对外资产减少或对外负债增加的金融项目。记入借方的科目是：表示进口的实际资源和反映一经济体的对外资产增加或对外负债减少的金融项目。少数价值单方面转移的活动只有一方记录项目，就要设立专门的对应账户，如"无偿转移"和"对应项目"。由于在编制方法上设置了储备资产变动和错误与遗漏两个项目，从原则上讲，国际收支平衡表的借方和贷方总额永远相等，其净差额为零。（3）从理论上讲，一国的对外支出就是其他相关国家得自该国的收入，反之也成立。因此，就整个世界来说，所有国家国际收支总和应该是平衡的。

国际收支平衡表包括经常项目（Current Account）、资本项目（Capital Account）和平衡项目（Balancing Account）三大类。

（一）经常项目

经常项目是指实质资源的流动，包括进出口货物、输入输出的服务、对外应收及应付的收益，以及在无同等回报的情况下，与其他国家或地区之间发生的提供或接受经济价值的经常转移。经常项目是国际收支平衡表中最基本的项目，下设商品贸易收支、劳务收支和转移收支三个子项目。

1. 商品贸易收支，是指一国因与他国进行商品交换而产生的货币收付，商品是有形的物体，因此又称有形贸易收支，它是世界上绝大多数国家国际收支中最主要的项目。

2. 劳务收支，是指一国与他国在运输、保险、旅游、银行业务、承包工程等方面所进行的劳务贸易项中的收支。劳务收支也称无形贸易收支，在英国、瑞士等国的国际收支中占有重要地位。

3. 单方面转移收支，也称无偿转移收支，它是由于政府或私人接受或提供国外援助、捐赠、汇款、战争赔款等而产生的收支。

（二）资本项目

资本项目是指由资本转移、非生产/非金融资产交易，以及其他所有引起一经济体对外资产和负债发生变化的金融项目。资本转移是指涉及固定资产所有权的变更及债权债务减免等，导致交易一方或双方资产存量发生变化的转移项目，主要包括固定资产转移、债务减免、移民转移和投资捐赠等。非生产/非金融资产交易是指非生产性有形资产（土地和地下资产）和无形资产（专利、版权、商标和经销权等）的收买与放弃。金融项目具体指直接投资、证券投资和其他投资项目，包括长期资本流动和短期资本流动两个子项目。

1. 长期资本。长期资本是指偿还期在一年以上的资本，它又可分为政府长期资本和私人长期资本。政府长期资本是指政府间贷款、政府投资和向国际金融机构借款等，私人长期资本包括私人直接投资、私人证券投资和私人贷款等。

2. 短期资本。短期资本是指偿还期在一年以内的资本。短期资本也可分为政府短期资本和私人短期资本。短期资本流动形式多样、原因复杂，它主要包括各国银行间的资金拆放、国际贸易中的短期资金融通、短期资本外逃和在国外银行的活期存款等。

（三）平衡项目

平衡项目是基于会计上的需要，在国际收支平衡表中借贷方出现差额时，设置的用以抵消统计偏差的项目，包括错误与遗漏、黄金外汇等官方储备两个子项目。

1. 错误和遗漏，是指用于解决因资料和统计方面的错误和遗漏所产生的不平衡而设置的科目。

2. 官方储备。官方储备是指国家所持有的储备资产，包括黄金、外汇、国际货币基金组织分配的特别提款权和其他提款权等。当一国国际收支出现差额时，都要通过增加或减少官方储备来达到平衡。

各国的国际收支平衡表所列项目大同小异。我国现行的国际收支平衡表参见表 14 – 1。

表 14 –1　　　　　　　　**2011 年中国国际收支平衡表**　　　　单位：亿美元

项目	行次	差额	贷方	借方
一、经常项目	1	2 017	22 868	20 851
A. 货物和服务	2	1 883	20 867	18 983
a. 货物	3	2 435	19 038	16 603
b. 服务	4	−552	1 828	2 381
1. 运输	5	−449	356	804
2. 旅游	6	−241	485	726
3. 通信服务	7	5	17	12
4. 建筑服务	8	110	147	37
5. 保险服务	9	−167	30	197
6. 金融服务	10	1	8	7
7. 计算机和信息服务	11	83	122	38
8. 专有权利使用费和特许费	12	−140	7	147
9. 咨询	13	98	284	186
10. 广告、宣传	14	12	40	28

项目	行次	差额	贷方	借方
11. 电影、音像	15	−3	1	4
12. 其他商业服务	16	140	323	183
13. 别处未提及的政府服务	17	−3	8	11
B. 收益	18	−119	1 446	1 565
1. 职工报酬	19	150	166	16
2. 投资收益	20	−268	1 280	1 549
C. 经常转移	21	253	556	303
1. 各级政府	22	−26	0	26
2. 其他部门	23	278	556	277
二、资本和金融项目	24	2 211	13 982	11 772
A. 资本项目	25	54	56	2
B. 金融项目	26	2 156	13 926	11 770
1. 直接投资	27	1 704	2 717	1 012
1.1 我国在外直接投资	28	−497	174	671
1.2 外国在华直接投资	29	2 201	2 543	341
2. 证券投资	30	196	519	323
2.1 资产	31	62	255	192
2.1.1 股本证券	32	11	112	101
2.1.2 债务证券	33	51	143	91
2.1.2.1 （中）长期债券	34	50	137	88
2.1.2.2 货币市场工具	35	2	5	4
2.2 负债	36	134	265	131
2.2.1 股本证券	37	53	152	99
2.2.2 债务证券	38	81	113	32
2.2.2.1 （中）长期债券	39	30	61	32
2.2.2.2 货币市场工具	40	51	51	0
3. 其他投资	41	255	10 690	10 435
3.1 资产	42	−1 668	1 088	2 756
3.1.1 贸易信贷	43	−710	0	710
长期	44	−14	0	14

续表

项目	行次	差额	贷方	借方
短期	45	−695	0	695
3.1.2　贷款	46	−453	61	513
长期	47	−433	8	441
短期	48	−20	53	73
3.1.3　货币和存款	49	−987	501	1 489
3.1.4　其他资产	50	482	526	44
长期	51	0	0	0
短期	52	482	526	44
3.2　负债	53	1 923	9 602	7 679
3.2.1　贸易信贷	54	380	454	74
长期	55	6	8	1
短期	56	374	447	73
3.2.2　贷款	57	1 051	7 343	6 292
长期	58	130	538	408
短期	59	920	6 805	5 884
3.2.3　货币和存款	60	483	1 719	1 237
3.2.4　其他负债	61	10	86	76
长期	62	−15	24	39
短期	63	24	61	37
三、储备资产	64	−3 878	10	3 888
3.1　货币黄金	65	0	0	0
3.2　特别提款权	66	5	5	0
3.3　在基金组织的储备头寸	67	−34	6	40
3.4　外汇	68	−3 848	0	3 848
3.5　其他债权	69	0	0	0
四、净误差与遗漏	70	−350	0	350

注：（1）本表计数采用四舍五入原则。（2）本表 2011 年数据由各季度数据累加而成。

资料来源：国家外汇管理局网站。

三、国际收支分析

国际收支平衡表是记录一国国际收支内容的统计报表，它反映了一个国家在一定时期内外汇资金的来源及运用的一般情况以及其外汇储备变化的情况。分析一国的国际收支平衡表，对做好外贸工作有两方面意义：一是通过表中反映的一国国际收支顺、逆差情况，预测其货币汇率变动的方向，从而可选择好贸易合同的计价货币；二是预测其外贸、外汇政策的变动趋势，然后可抓住时机对其采取灵活的贸易做法。

对一国的国际收支平衡表的分析，通常可以采用以下方法：

（一）对表内各个项目逐项进行分析

国际收支平衡表中的每一个项目及其差额数字都是代表特定含义的，分析它们可以了解该国对他国各种不同的经济交往情况。

（二）对表内各项目局部差额进行分析

各项局部差额影响着整个国际收支的情况，因此应从局部差额来分析出现国际收支不平衡的原因，如一个国家国际收支平衡表中的经常项目为小额顺差、资本项目为巨额逆差，从而导致其整个国际收支为逆差，若不分析其局部差额，就很难看出"对外经济扩张（资本项目逆差说明输出多于输入）"是引起其国际收支逆差的真正原因。

（三）对国际收支总差额进行分析

国际收支总差额是国际收支平衡表中的经常项目与资本项目相加后，再加上"错误与遗漏"项目的差额，最后所得出的差额。分析这一差额的大小以及在平衡项目中是如何获得平衡的，能较全面地、细致地了解该国国际收支的真实情况。

（四）对一个国家不同时期的国际收支平衡表综合起来进行分析

有时，一个国家某一时期的国际收支平衡表不能反映其对外贸易和对外金融的全貌及特征。如由于突发性的战争而导致某国国际收支逆差，就不能说明该国出口减少或经济衰退，很可能是因大量进口军火应付战争而造成的。此外，战争使该国资本外逃也可能对该国国际收支产生重大影响。所以，要掌握某一国对外经济交往的全貌和特征，必须连续分析该国不同时期的国际收支平衡表。

四、国际收支失衡与调节

（一）失衡原因分析

一国的国际收支反映着该国与世界其他各国之间各种各样的经济交易。经过国际间的商品和资本流动，国内外商品市场之间、金融市场（包括证券市场和货币市场）之间连为一体，相互影响。一国的商品市场和金融市场发生供求失衡，会通过国际收支途径传递到国外；同样，外国商品市场和金融市场的供求失衡，也会通过国际收支途径传递给国内经济。这样，国际收支的变动就集中体现着国内外经济的震荡或冲击及其相互蔓延。引起国际收支失衡的国内外震荡，可以概括为以下几种类型：

1. 偶发性因素。一次性的国内外突发事件常常使一国的出口收入下降或进口支出增加。譬如，由气候骤然变化、骚乱等因素所引起的国内产量下降（如谷物歉收），会造成出口供给减少，进口需求增加。同样，国外贸易伙伴国的这类突发性事件也可能带来进口供给和出口需求下降。这些因素都会带来贸易条件的恶化，或者出口数量的减少、进口数量的增加，从而导致本国的国际收支赤字。但这种类型的冲击是暂时性的，一旦这些因素消失，国际收支便会恢复到正常状态。

2. 周期性因素。由这一因素所造成的失衡称为周期性失衡，这是由于国际间各国经济周期所处的阶段不同所造成的。本国经济处于繁荣阶段，贸易伙伴国的经济处于衰退阶段，这样本国对外国产品的需求就较外国对本国产品的需求旺盛，因此造成本国贸易收支赤字。第二次世界大战后西方主要国家的经济周期具有同步性，这一类型的失衡在工业国家有所减轻。工业国家的经济周期的影响主要体现在发展中国家的国际收支上。当它们处于衰退阶段，对发展中国家的出口产品的需求就会减弱，造成发展中国家出口的下降。

3. 结构性因素。一国经济结构失调造成的国际收支失衡称为结构性失衡。经济结构失衡可分为产品供求结构失衡和要素价格结构失衡。如果本国产品的供求结构无法跟上国际市场产品供求结构的变化，本国的国际收支将发生这种长期性失衡，如国际市场对本国具有比较优势的出口品需求减少，或者国际市场上本国进口品的供给减少，价格上升，而本国无法改变出口或进口的结构，则本国的国际收支将出现赤字。同样，如果本国生产要素的价格变动使本国出口品在国际市场上所具有的比较优势逐渐削弱直至消失，也会导致本国贸易赤字的长期存在。如本国原是劳动力禀赋丰富的国家，相对劳动密集型的产品具有比较优势，但如果本国工资上涨的程度大于劳动生产率提高的程度，则本国劳动力不再是较便宜的生产要素，本国出口品的生产成本就会提高，逐渐丧失国际竞争的能力。

4. 货币性因素。这是由于一国的价格水平、成本、汇率、利率等货币性因素变动所造成的国际收支失衡，由这类因素所造成的失衡称为货币性失衡。如果一国货币数量发行过多，该国的成本与物价普遍上升，必然导致出口减少，进口增加，另外，本国利息率也会下降，造成资本流出增加，流入减少，使国际收支出现赤字。货币性失衡不仅与经常账户收支有关，也与资本账户收支有关。

5. 投机性因素。外汇投机和不稳定的国际资本流动，这是实行浮动汇率制后汇率变动的风险所带来的失衡。国际金融市场上存在巨额的游资，一有风吹草动，这些资金就会在各国之间频繁地移动，以追求投机利润。这种变幻莫测的短期资本流动常常造成一国国际收支的不稳定。

在国内外经济相互影响的情况下，一国的国际收支不稳定，势必影响到国内经济。在西方国家，国际收支均衡作为对外经济目标，与充分就业、物价稳定和经济增长等国内经济目标同等重要。不论国际收支赤字还是盈余，它们的持续存在都会通过各种传递机制给国内经济产生或大或小的不利影响，妨碍内部均衡目标的实现。就综合差额赤字来说，首先会引起本币对外价格向下浮动的压力，如果一国不愿其发生，就必须耗费国际储备，引起货币供应的缩减，影响本国生产和就业。国际储备的下降还影响到一国的对外金融实力，使其国家信用下降。如果一国国际收支因出口收入不足以弥补进口支出而出现长期性赤字，那就意味着出现对国外产品的净需求，本国的国民收入就会下降，失业就会增加。如果一国资本流出大于资本流入，那就会造成本国资金的紧张，引起利息率上升，也势必影响到商品市场的需求。

当一国国际收支出现长期或巨额盈余时，也会给国内经济带来某些不良的影响，这是因为累积的国际储备增加所造成的货币供应增长会带来物价水平的上升，加剧通货膨胀。同时，一国盈余意味着他国赤字，一国盈余过多，则必然影响其他国家的经济状况，引起国际摩擦，不利于国际经济关系。如果国际收支盈余是由于出口过多造成的，那么本国在这期间可供使用的生产资源就会减少，长期如此势必影响本国的经济发展速度。

当然，由于一国国际收支赤字造成国内经济的萎缩，就业不足，带来国际储备的枯竭，故各国对此更为重视，而国际收支盈余对一国的压力则相对轻一些，不必那么急于调节。但从长期来看，各国都必须采取措施，使国际收支尽可能保持均衡状态。

（二）失衡的调节方法

在市场经济中，一国国际收支的失衡会引起许多经济变量作出相应的反应，使得国际收支失衡自动得到缓解，这就是国际收支的自动调整机制。但是这种自动调整机制只能在某些条件或经济环境下才会发生作用，而且作用的程度和效果无法保证，所需要的过程也比较长。因此，当国际收支出现失衡时，一国当局往往需要主动采取适当的政策措施。下面以国际收支赤字为例，来说明一国政府的政策选择。对于国际收支盈余，则可以反过来叙述。

当一国国际收支出现失衡时，政府面临着三个层次的政策选择。首先它们必须决定是通过融资来弥补国际收支赤字，还是通过调整来消除赤字，或是寻求弥补与调整的某种适当的组合。前者是指当局通过借款或动用外汇储备向外汇市场提供外汇，以弥补外汇市场的供求缺口；后者是指当局通过各种调整政策来消除外汇市场的供求缺口。其次，如果确定用调整手段，则在确定调整程度后，当局必须决定是用支出变更政策还是用支出转换政策来达到增加外汇收入，减少外汇支出的目的。前者是指改变支出的水平，后者是指改变支出的结构，即改变支出在外国产品与本国产品之间的比重。最后，转换政策可以通过贬值或贸易政策得以实现，即通过提高外币的价格来诱使进口数量的减少，出口数量的增加，或通过外汇管制和进口配额等来直接限制进口的数量，通过出口补贴、出口退税等措施来奖励出口。因此，一国在实施支出转换时，还必须在这两类手段之间进行权衡。

1. 外汇缓冲政策，是指一国运用官方储备或临时向外筹借资金来抵消超额外汇需求。通过这一政策来消除一次性或季节性的国际收支赤字，是一种既简便又有益的做法。它能够使本币汇率免受暂时性失衡所造成的无谓波动，有利于本国对外贸易和投资的顺利进行。然而，一国官方储备规模毕竟是有限的，因此不能完全依靠这种资金融通的办法来弥补那些巨额的、长期的国际收支赤字。否则将招致外汇储备的枯竭或外债的大量累积，对于赤字问题的解决还是无济于事。当那些长期性国际收支赤字出现时，调整政策的实施是不可避免的。但在调整期间，适当地运用这一政策作为辅助手段，放慢调整速度，就可以为调整创造宽松的环境，使国内经济避免因调整过猛所带来的难以承受的震动。

2. 财政政策与货币政策。当一国出现国际收支赤字而需要调整时，当局可以实行紧缩性的财政政策与货币政策。在财政政策方面，可供采用的措施主要是减少财政支出和提高税率，在货币政策方面，当局可以调高再贴现率，提高法定存款准备金比率，或在公开市场卖出政府债券，等等。紧缩性财政货币政策可以通过三个渠道来影响国际收支：第一，它通过乘数效应减少国民收入，由此造成本国居民商品和劳务支出的下降。只要它能够降低本国的进口支出，就可以达到改善国际收支的目的。这一收入效应的作用大小显然取决于一国边际进口倾向的大小。第二，它通过诱发国内生产的出口品和进口替代品的价格下降，提高本国贸易品部门在国际和国内市场上的竞争能力，刺激国外居民将需求转向本国出口品，也刺激国内居民需求从进口品转向进口替代品，从而获得增加出口，减少进口的效果。这一相对价格效应的大小取决于进出口供求弹性。第三，紧缩性货币政策还会通过本国利息率的上升，吸引国外资金流入的增加，本国资金流出的减少改善资本账户收支。这一利率效应的大小取决于货币需求的利率弹性与国内外资产的替代性高低。然而，这类政策的局限性在于，国际收支的改善是以牺牲国内经济为代价的，往往与国内经济目标发生冲突。紧缩性政策在减少进口支出的同时也抑制了本国居民对国内产品的需求，由此会导致失业和生产能力过剩。如果所造成的负担主要落在投资上，还会影响长期的经济增长。特别是在本国经济业已不振，失业已经严重的情况下，国际收支赤字的出现，常常使当局的宏观经济政策陷入左右为难的境地。只有在国际收支赤字是因总需求大于充分就业条件下的总供给引起的情况下，采取紧缩性经济政策才不至于牺牲国内经济目标。因此，这类政策适宜于用来纠正国际收支的周期性赤字。

3. 汇率政策。主要指运用汇率的变动来消除国际收支赤字。一国通过汇率的贬值改善国际收支的效果，主要取决于以下几个方面：一是进出口需求弹性之和是否大于 1；二是本国现有生产能力是否获得充分的利用，这是因为贬值后的需求转换还需要依靠本国贸易品（出口品和进口替代品）部门供给的增加来满足；三是贬值所带来的本国贸易品与非贸易品（包括劳动）的较高相对价格之差是否能维持较长的一段时期。在充分就业的条件下，贸易品供给的增加主要依靠生产资源从非贸易品部门释放出来；汇率贬值所引起的国内物价上涨，是否能为社会承受，也是汇率贬值政策实施时所要考虑的重要因素。一般来说，在经济处于满负荷运行状态的情况下，汇率贬值政策必须结合紧缩性政策来实施，否则将招致严重的通货膨胀，且不易收效。

4. 直接管制。实行贬值政策和紧缩性财政货币政策来纠正国际收支的长期性失衡，必须通过市场机制才能发挥作用，而且需要经过一段较长的时间。对于结构性变动所引起的国际收支失衡，以上政策将难以收到良好效果。因此，尤其在出现国际收支结构赤字的情况下，许多发展中国家都对国际经济交易采取直接干预的办法，即实行直接管制。

直接管制包括外汇管制和贸易政策。从实施的性质来看，直接管制的措施有数量性管制措施和价格性管制措施之分。前者主要针对进口来实施，包括进口配额、进口许可证制、外汇管制等各种进口非关税壁垒。后者既可用于减少进口支出，主要指进口关税，也可用来增加出口收入，如出口补贴、出口退税、外汇留成、出口信贷优惠等。从实施的效果来看，数量性管制措施能够在短期内迅速削减进口支出，立竿见影，而价格性管制措施的作用渠道则基本上同于汇率政策。

直接管制和汇率贬值同属支出转换政策，但前者属于选择类控制工具，而后者属于全面性控制工具，其实施通常能使改善国际收支收到非常迅速的效果。直接管制措施的特点是比较灵活，可以对维持生产和生活水平所必需的中间产品和消费品进口、扩大生产能力所需的资本品（机器设备等）进口不实行限制，或者限制程度轻一些，而对奢侈品进口则严加控制，同时在出口方面可以重点奖励重要的或非传统的产品生产和出口。因此，适当地运用直接管制措施，可以在纠正国际收支赤字的同时不影响整个经济局势。但是，采用这种调整政策来维持国际收支平衡，仅仅是变显性赤字为隐性赤字。一旦予以取消，除非经济结构相应得到改善，否则国际收支赤字仍然会重新出现，因此许多国家采用直接管制措施，主要是用以配合产业政策的实施。再者，直接管制还十分容易引起贸易伙伴国的报复。一旦对方国家实行相应的报复性措施，往往导致国与国之间的贸易战，使原先实行直接管制措施的国家前功尽弃。另外，实行直接管制，也容易造成本国产品生产的效率低下，对外竞争能力不振，引起官僚作风和贿赂风气的兴起。因此，西方国家对采用这项措施一般比较谨慎。

第三节　国际货币制度

一、国际货币制度

国际货币制度（International Monetary System or International Monetary Regimes）是指为了适应国际贸易和国际支付的需要，各国政府对国际间各种交易支付所作的一系列制度安排，既包括约定俗成的国际货币惯例，也包括具有法律约束力的有关国际货币关系的规章和制度，还包括在国际货币关系中起协调和监督作用的国际金融机构。

国际货币制度具有三大功能：一是规定用于国际间结算和支付手段的国际货币或储备资产及其来源、形式、数量和运用范围，以满足世界生产、国际贸易和资本转移的需求；二是规定一国货币同其他货币之间汇率的确定与维持方式，以保持各国货币间的兑换方式与比价关系的合理性；三是规定国际收支的调节机制，以纠正各国国际收支的不平衡，确保世界经济的稳定与平衡发展。

国际货币制度的核心是汇率制度。汇率制度是指一国货币当局对本国汇率变动的基本方式所做的一系列安排或规定，如规定本国货币对外价值、规定汇率的波动幅度、规定本国货币与其他货币的汇率关系、规定影响和干预汇率变动的方式等。传统的汇率制度分为固定汇率制（Fixed Exchange Rate System）和浮动汇率制（Floating Exchange Rate System）两种类型。1973年以后，汇率制度日益多样化，国际货币基金组织重新将汇率制度分为钉住汇率制（Pegging System）和弹性汇率制（Flexible Rate Regimes）两种，后者包括浮动汇率制。

二、国际货币制度类型

根据国际货币制度的历史演变过程和国际上的习惯称谓，国际货币制度大体上分为：金本位制、金汇兑本位制、布雷顿森林体系和牙买加体系。

（一）金本位制

1880 年至 1914 年的 35 年间，主要西方国家通行金本位制，即各国在流通中使用具有一定成色和重量的金币作为法定货币，金币可以自由铸造、自由兑换及自由输出入。国际金本位制于第一次世界大战爆发时崩溃。金本位制在当时历史条件下，对汇率稳定、国际贸易和资本流动起到了作用。然而随着经济的发展，其弊端逐渐暴露出来：国际支付完全依赖黄金使得许多缺金国无法维系金本位，国际经济发展要求更多国际货币，然而黄金产量跟不上发展的需要。

在金本位体系下，两国之间货币的汇率由它们各自的含金量之比——金平价（Gold Parity）来决定，例如一个英镑的含金量为 113.0015 格令，而一个美元的含金量为 23.22 格令，则

$$1 \text{ 英镑} = 113.0015 \div 23.22 = 4.8665 \text{ 美元}$$

只要两国货币的含金量不变，两国货币的汇率就保持稳定。当然，这种固定汇率也要受外汇供求、国际收支的影响，但是汇率波动仅限于黄金输送点（Gold Point）。黄金输送点是指汇价波动而引起黄金从一国输出或输入的界限。汇率波动的最高界限是铸币平价加运金费用，即黄金输出点（Gold Export Point）；汇率波动的最低界限是铸币平价减运金费用，即黄金输入点（Gold Import Point）。

例如，在第一次世界大战前，英镑与美元的铸币平价为 4.8665，假定黄金从美国输送到英国或从英国输送到美国的费用为黄金价值的 0.7%，即运送 1 英镑的黄金费用为 0.03 美元（4.8665 × 0.7%）。设美国对英国有国际收支逆差，于是英镑需求增加，英镑汇率上涨。如果 1 英镑上涨到 4.8965 美元（4.8665 + 0.03）以上，则美国债务人就宁愿购买黄金运送到英国去偿还债务，而不愿意去购买英镑，因为这样也只需 4.8965 美元。因此，引起美国黄金外流的汇率（1 英镑 = 4.8965 美元）就是黄金输出点，汇率的波动不可能超出这个点；反之，如果英镑汇率的波动低于 4.8365（4.8665 − 0.03）时，持有英镑外汇的美国债权人就不愿意出售自己的外汇，而宁愿用它在国外购买黄金然后运回美国，因此汇率的波动也不可能低于黄金输入点。由此可见，在金本位制下，汇率决定的基础是铸币定价，汇率波动的幅度是黄金输送点。

当国际收支发生逆差，外汇汇率上涨超过黄金输出点，将引起黄金外流，货币流通量减少，通货紧缩，物价下降，从而提高商品在国际市场上的竞争能力，输出增加，输入减少，导致国际收支恢复平衡；反之，当国际收支发生顺差时，外汇汇率下跌低于黄金输入点，将引起黄金流入，货币流通量增加，物价上涨，输出减少，输入增加，最后导致国际收支恢复平衡。由于黄金输送点和物价机制的作用，把汇率波动限制在有限的范围内，对汇率起到自动调节作用，从而保持

汇率的相对稳定。在第一次世界大战前的 35 年间，美国、英国、法国、德国等国家的汇率从未发生过升贬值波动。

1914 年第一次世界大战爆发，各国停止黄金输出入，金本位体系即告解体。金本位体系的 35 年是自由资本主义繁荣昌盛的"黄金时代"，固定汇率制保障了国际贸易和信贷的安全，方便生产成本的核算，避免了国际投资的汇率风险，推动了国际贸易和国际投资的发展。但是，严格的固定汇率制使各国难以根据本国经济发展的需要执行有利的货币政策，经济增长受到较大制约。

（二）金汇兑本位制

第一次世界大战结束后，各国无力恢复典型的金本位制，于是金汇兑本位制（Gold Exchange Standard）应运而生。1922 年在意大利热那亚召开了世界货币金融会议，确立一种节约黄金的国际货币制度，即 1925 年建立起来的国际金汇兑本位制。金汇兑本位制的特点是：（1）金币名义上仍然是本位货币并规定有含金量，但政府并不铸造金币，也不允许居民自由铸造，因此国内并不流通金币；（2）本币与某一实行金币本位制或金块本位制国家（主要是美国、法国、英国和意大利）的货币保持固定比价，并将本国黄金外汇储备移存在挂钩国家的中央银行，通过市场买卖以维护固定比价；（3）国内流通的是银行券，银行券不能直接兑换金币和金块，只能兑换成能兑换成黄金的外国货币。金汇兑本位制没有黄金流通，银行券兑换受到限制，以及本币对英镑、美元或法郎的高度依赖性，因此是一种不稳定的国际货币制度。它虽然暂时在一段时间内缓解了矛盾，但未从根本上解决问题，因而在 1929 年至 1933 年的世界经济大危机爆发时崩溃了。

（三）布雷顿森林体系

为了消除金本位制崩溃后国际货币的混乱局面，第二次世界大战尚未结束，英美两国即着手设计一种新的国际货币制度，即布雷顿森林体系。这是一种以美元为中心、美元与黄金挂钩的固定汇率制。1944 年 7 月，第二次世界大战中的 45 个同盟国在美国新罕布什尔州（New Hampshire）的布雷顿森林（Bretton Woods）召开了"联合和联盟国家国际货币金融会议"，通过了以美国财长助理怀特提出的怀特计划为基础的《国际货币基金协定》和《国际复兴开发银行协定》，总称布雷顿森林协定，从此开始了布雷顿森林体系。布雷顿森林体系建立了国际货币合作机构（1945 年 12 月成立了国际货币基金组织和国际复兴开发银行又称世界银行），规定了各国必须遵守的汇率制度以及解决各国国际收支不平衡的措施，从而确定了以美元为中心的国际货币体系。

布雷顿森林体系下汇率制度的具体内容是：美国公布美元含金量，1 美元含金量为 0.888671 克，美元与黄金的兑换比例为 1 盎司黄金 = 35 美元；其他货币按各自含金量与美元挂钩，确定其与美元的汇率。这就意味着其他国家货币都钉住美元，美元成了各国货币围绕的中心。各国货币对美元的汇率只能在平价上下各 1% 的限度内波动，1971 年 12 月后调整为在平价上下 2.25% 波动，超过这个限度，各国中央银行有义务在外汇市场上干预，以保持汇率稳定。只有在一国的国际收支发生"根本性不平衡"时，才允许贬值或升值。各会员国如果需要变更平价，必须事先通知基金组织，如果变动幅度在旧平价的 10% 以下，基金组织应无异议；若超过 10%，须取得基金组织同意后才能变更。如果在基金组织反对的情况下，会员国擅自变更货币平价，基金组织有权停止该会员国向基金组织借款的权利。因此，布雷顿森林体系下的固定汇率制实质上是一种可调整的钉住汇率制，它兼有固定汇率与弹性汇率的特点，即在短期内汇率要保持稳定，这类似金本位制度下的固定汇率制；但它允许在一国国际收支发生根本性不平衡时可以随时调整，这又类似弹性汇率制。

1971 年 8 月 15 日，美国总统尼克松宣布美元贬值和美元停兑黄金，布雷顿森林体系开始崩溃，1971 年 12 月十国集团达成了《史密森协议》，宣布美元贬值，由 1 盎司黄金等于 35 美元调整到 38 美元，汇兑平价幅度由 1% 扩大到 2.25%，直到 1973 年 2 月美元第二次贬值，欧洲国家及其他主要资本主义国家纷纷退出固定汇率制，固定汇率制彻底瓦解。

固定汇率制解体的原因主要是美元供求与黄金储备之间矛盾造成的。货币间的汇兑平价是第二次世界大战后初期世界经济形势的反映，美国依靠其雄厚的经济实力和黄金储备，高估美元，低估黄金，而随着日本和西欧经济复苏和迅速发展，美国霸权地位不断下降，加剧了黄金供求状况恶化，特别是美国为发展国内经济及对付越南战争造成的国际收支逆差，不断增加货币发行，导致美元远远低于金平价，使黄金官价越来越成为买方一相情愿的价格。加之国际市场上投机者抓住固定汇率制的瓦解趋势推波助澜，大肆借美元对黄金下赌注，进一步增加了美元的超额供应和对黄金的超额需求，美国黄金储备面临枯竭的危机，最终不得不放弃美元金本位制度。

（四）牙买加体系

1973 年 3 月以后，以美元为中心的固定汇率制度不复存在，而被管理浮动汇率制度所代替。1976 年 IMF 在牙买加召开会议，达成《牙买加协议》，以协议的形式使管理浮动汇率制合法化。《牙买加协议》的主要内容是：

1. 浮动汇率合法化。会员国可以自由选择任何汇率制度，可以采取自由浮动或其他形式的固定汇率制度。但会员国的汇率政策应受 IMF 的监督，并与 IMF

协商。

2. 黄金非货币化。废除黄金条款，取消黄金官价，各会员国中央银行可按市价自由进行黄金交易，取消会员国相互之间以及会员国与 IMF 之间必须用黄金清算债权债务的义务，IMF 所持有的黄金应逐步加以处理。

3. 提高特别提款权（SDRs）的国际储备地位，修订 SDRs 的有关条款，以使 SDRs 逐步取代黄金和美元而成为国际货币制度的主要储备资产，扩大 SDRs 的其他业务使用范围。

4. 扩大对发展中国家的资金融通。以出售黄金所得收益设立信托基金，以优惠条件向最贫穷的发展中国家提供贷款或援助，以解决它们的国际收支困难。

5. 增加会员国的基金份额。实行浮动汇率制度的国家大都是世界主要工业国，如美国、英国、德国、日本等，其他大多数国家和地区仍然实行钉住汇率制度，其货币大都钉住美元、日元等。在实行浮动汇率制后，各国原规定的货币法定含金量或与其他国家订立纸币的黄金平价，就不起任何作用了，因此，国家汇率体系趋向复杂化、市场化。在浮动汇率制下，各国不再规定汇率上下波动的幅度，中央银行也不再承担维持波动上下限的义务，各国汇率是根据各自外汇市场中的外汇供求状况自行浮动和调整的结果。同时，一国国际收支状况所引起的外汇供求变化是影响汇率变化的主要因素——国际收支顺差的国家，外汇供给增加，外国货币价格下跌、汇率下浮；国际收支逆差的国家，对外汇的需求增加，外国货币价格上涨、汇率上浮。汇率上下波动是外汇市场的正常现象，一国货币汇率上浮，就是货币升值，下浮就是贬值。

随着全球国际货币制度的不断改革，国际货币基金组织于 1978 年 4 月 1 日修改《国际货币基金协定》条文并正式生效，实行管理浮动汇率制（Managed Floating or Dirty Floating）。由于新的汇率协议使各国在汇率制度选择上具有很大的自由度，所以现在各国实行的汇率制度多种多样，有单独浮动、钉住浮动、弹性浮动、联合浮动等。

（1）单独浮动（Single Floating or Independent Floating），指一国货币不与其他任何货币固定汇率，其汇率根据市场外汇供求关系来决定。目前，包括美国、英国、日本等在内的 30 多个国家实行单独浮动。

（2）钉住浮动（Pegged Floating），指一国货币与另一种货币保持固定汇率，随后者的浮动而浮动。一般来讲，通货不稳定的国家可以通过钉住一种稳定的货币来约束本国通货膨胀，提高货币信誉。采用钉住浮动方式，也会使本国经济发展受制于被钉住国的经济状况，从而蒙受损失。目前全世界约有 100 多个国家或地区采用钉住浮动方式。

（3）弹性浮动（Elastic Floating），指一国根据自身发展需要，对钉住汇率在一定弹性范围内可自由浮动，或按一整套经济指标对汇率进行调整，从而避免钉住浮动汇率的缺陷，获得外汇管理、货币政策方面更多的自主权。目前，巴西、智利、阿根廷、阿富汗、巴林等十几个国家采用弹性浮动方式。

（4）联合浮动（Joint Floating），指国家集团对成员国内部货币实行固定汇率，对集团外货币则实行联合的浮动汇率。欧盟（欧共体）11 国 1979 年成立了欧洲货币体系，设立了欧洲货币单位（ECU），各国货币与之挂钩建立汇兑平价，并构成平价网，各国货币的波动必须保持在规定的幅度之内，一旦超过汇率波动预警线，有关各国要共同干预外汇市场。1999 年 1 月 1 日欧元正式启动，欧洲货币一体化得以实现，欧盟这样的区域性货币集团出现。

在经济全球化进程中，过去美元在国际金融中一统天下的格局被打破，国际金融体系朝多极化方向发展，出现了汇率自由浮动、国际储备多元化、金融自由化、国际化的趋势。

三、区域货币一体化

20 世纪 80 年代后期，在金融一体化背景下国际货币体系出现了区域货币一体化的潮流，产生了不少区域性货币组织，如西非货币联盟、中非货币联盟和阿拉伯货币基金组织等。但这些货币集团尚处于一体化程度较低的发展阶段，对国际货币体系影响不大。欧盟的建立及欧元的成功启动将货币一体化推向了一个全新的高度。

20 世纪 60 年代末，以美元为中心货币的世界货币体系发生危机后，时任卢森堡首相的皮埃尔·维尔纳发出欧洲货币融合的倡议，即"维尔纳计划"，其要点是：资本完全自由流通，各成员国货币趋同直至确定一个固定汇率，货币储备集中，通过某种"欧洲联邦储备局"确定中心货币政策和对第三国的共同货币政策，最终实现统一货币。维尔纳计划被视为通向欧元道路上的第一座里程碑。

1969 年 12 月欧共体海牙首脑会议制定"建立经济与货币联盟"计划。1972 年 4 月欧共体六国决定建立欧洲货币"蛇形浮动体系"。1978 年欧共体 9 国同意建立旨在稳定汇率的"欧洲货币体系"。1979 年 3 月欧洲货币体系开始生效，欧洲货币单位"埃居"（ECU）成为欧洲记账单位。1986 年 2 月欧共体 12 国签署一体化文件，规定了时间表。1989 年 4 月欧共体委员会提出经货联盟三步走计划。

第一阶段：1990 年开始资本流动自由化。1991 年 12 月欧共体首脑会议通过了《马斯特里赫特条约》（简称《马约》）。条约计划从 1999 年起实行统一货币。从此，欧共体变成了欧盟，欧元取代了埃居。1993 年 1 月 1 日欧洲统一市场正式全面实施，12 个成员国之间取消内部边界，实现商品、资本、人员和劳务的全部或部分自由流通。1993 年 11 月 1 日《马约》开始生效。

第二阶段：1994 年 1 月 1 日欧洲货币局正式成立并运作。1995 年 12 月 15 日，欧洲理事会马德里会议确定单一货币名称为"欧元"（Euro）。1996 年 4 月 2 日，欧洲货币局公布欧元设计方案。1997 年 6 月 16 日，欧盟阿姆斯特丹首脑会议正式批准了《稳定和增长公约》、《欧元的法律地位》和《新的货币汇率机制》3 个文件。1998 年 5 月 1 日，欧盟布鲁塞尔首脑特别会议确认比利时、法国、德国、意大利、西班牙、荷兰、卢森堡、葡萄牙、奥地利、芬兰和爱尔兰共 11 国为欧元创始国。1998 年 7 月 1 日欧洲中央银行取代原欧洲货币局，行址设在德国法兰克福。

第三阶段：1999 年 1 月 1 日欧元如期启动，进入账面流通。欧洲中央银行接过确定货币政策的大权，各成员国货币的汇率最终锁定。2000 年 6 月，希腊成为第 12 个欧元区国家。2002 年 1 月 1 日，欧元纸币和硬币正式进入欧元区 12 国流通市场。

欧元面值为元（Euro）和生丁（Euro Cent）两种，包括七种面值的纸币：5 元、10 元、20 元、50 元、100 元、200 元、500 元，还有八种硬币：1 生丁、2 生丁、5 生丁、10 生丁、20 生丁、50 生丁、1 元、2 元，欧元的正式缩写为 EUR。

欧元的诞生是区域货币一体化的产物，它在降低欧盟区域内的汇率风险和交易成本、促进成员国内部贸易和提高资源配置效率方面，无疑有着十分重要的积极作用，同时也给世界其他地区货币的一体化提供了成功样板，但是随着国别经济发展的不平衡，欧盟成员国内部的经济政策协调也会变得日益突出。尽管目前世界范围内的区域货币一体化已是大势所趋，但由于各国经济发展的差异性，相信世界其他地区的货币一体化进程仍然任重道远。

第四节　国际金融机构

国际金融机构是指从事国际金融业务、协调国际金融关系、维系国际货币与信用体系正常运作的超国家机构。1930 年 5 月在瑞士巴塞尔成立的国际清算银行是最早的国际金融机构，第二次世界大战以后随着经济活动的日益国际化，国际金融机构得以快速发展。1944 年 7 月召开的布雷顿森林会议决定建立国际货币基金组织、国际复兴开发银行、国际开发协会和国际金融公司，作为实施布雷顿森林体系的组织机构。20 世纪 50 年代以后，随着国际金融关系的进一步发展，大量区域性国际金融机构先后建立起来，这些国际金融机构在逐步一体化的世界金融市场中发挥着重要作用。

一、国际货币基金组织

（一）组织概况

国际货币基金组织（International Monetary Fund，IMF）是联合国的一个专业机构，也是国际货币体系的核心机构，于1945年建立，目的是促进世界经济的健康发展。国际货币基金组织总部设在华盛顿特区，由几乎覆盖全球的188个成员国进行管理。1944年7月在布雷顿森林会议上构想成立国际货币基金组织，目的是避免再次实施导致30年代大萧条的灾难性经济政策，通过鼓励各国采取健全的经济政策，防止体系出现危机，同时为需要暂时融资的成员国提供资金，解决国际收支问题。1945年12月27日签署《国际货币基金协定》，国际货币基金组织成立，1947年3月1日开始运作。截至2012年4月，国际货币基金组织有188个成员，拥有来自140个国家的约2 700名员工，管理机构为理事会、国际货币和金融委员会、执行董事会。组织成员享有提款权，即按所缴份额的一定比例借用外汇。1969年又创设"特别提款权"的货币（记账）单位，作为国际流通手段的一个补充，以缓解某些成员国的国际收入逆差。

（二）组织宗旨

国际货币基金组织的宗旨是：（1）通过设置常设机构就国际货币问题进行磋商与协作，从而促进国际货币领域的合作。（2）促进国际贸易的扩大和平衡发展，从而有助于提高和保持高水平的就业和实际收入以及各成员国生产性资源的开发，并以此作为经济政策的首要目标。（3）促进汇率的稳定，保持成员国之间有秩序的汇率安排，避免竞争性通货贬值。（4）协助在成员国之间建立经常性交易的多边支付体系，取消阻碍国际贸易发展的外汇限制。（5）在具有充分保障的前提下，向成员国提供暂时性普通资金，以增强其信心，使其能有机会在无须采取有损本国和国际繁荣的措施的情况下，纠正国际收支失衡的状况。（6）根据上述宗旨，缩短成员国国际收支失衡的时间，减轻失衡的程度。

（三）业务活动

1. 监督成员国及全球经济、金融发展和政策。国际货币基金组织以其50多年的经验，向成员国提供政策建议；国际货币基金组织在监督成员国的经济政策时，主要看经济整体表现，通常包括总支出、产出、就业、通货膨胀及国际收支等。另外，国际货币基金组织还对影响宏观经济表现的结构性政策给予适当关注，就如何改善这些领域的政策向成员国提出建议，促使它们有效地追求高就业、低通胀和可持续经济增长的目标。

监督方式有三种：一是国别监督。采取与单个成员国就其经济政策定期（通常是每年一次）全面磋商的形式，需要时还进行中期讨论。二是全球监督。执行董事会对全球经济走势和发展情况进行检查，主要以《世界经济展望》报告为基础，通常每年两次，在国际货币和金融委员会会议之前，公布《世界经济展望》报告及执行董事会讨论的主席总结。全球监督的另一项内容是执行董事会对国际资本市场问题每年进行一次讨论。三是区域性监督。国际货币基金组织对区域性安排下执行的政策进行检查。例如执行董事会对欧洲联盟、欧元区、西非经济和货币联盟、中非经济和货币共同体及东加勒比货币联盟发展情况的讨论。国际货币基金组织还参与对七国集团及亚太经合组织等的监督讨论。

2. 向有国际收支困难的成员国提供贷款。国际货币基金组织不仅是提供暂时融资，还对旨在纠正基础问题的调整和改革政策给予支持；国际货币基金组织向有国际收支问题的国家提供外汇贷款。国际货币基金组织的贷款使一国能够更轻松地进行所必需的调整，使支出与收入一致，以纠正国际收支失衡问题。但国际货币基金组织的贷款也是为了对持续改善一国国际收支状况和增长前景的政策（包括结构性改革）提供支持。任何一个成员国，如果有国际收支需要，都可以向国际货币基金组织寻求资金。

3. 在其专长领域内向成员国政府和中央银行提供技术援助和培训。国际货币基金组织通过提供广泛领域（如中央银行业务、货币和汇率政策、税收政策和管理及官方统计）的技术援助和培训，定期与成员国分享其专业知识。其目的是帮助加强成员国经济政策的制定和实施，包括通过增强有关负责机构（如财政部和中央银行）的技能。技术援助对国际货币基金组织向成员国提供的政策建议和资金援助起到补充作用，约占国际货币基金组织管理成本的20%。

（四）组织机构

国际货币基金组织对其成员国负责，日常工作由执行董事会及工作人员开展。执行董事会代表188个成员国。工作人员从国际上招聘，受总裁和三名副总裁的领导。这一管理小组的每一名成员来自世界不同地区。执行董事会开展国际货币基金组织业务的权力由理事会赋予。理事会行使最终的监督权。代表所有成员国的理事会是管理国际货币基金组织的最高当局。理事会通常每年在国际货币基金组织和世界银行年会上召开一次会议。每个成员国任命一名理事（通常是该国的财政部长或中央银行行长）及一名副理事。理事会决定主要政策问题，但将日常决策赋予执行董事会。

国际货币和金融委员会（IMFC）的理事委员会每年就与国际货币体系有关的重要政策问题进行讨论，发展委员会和世界银行理事会联合委员会就发展政策及发展中国家关注的其他问题向理事提出建议并向其汇报。执行董事会由 24 名执行董事构成。总裁是执行董事会的主席。执行董事会通常每周在华盛顿特区该组织总部召开三天全体会议，如果需要则更频繁地开会，国际货币基金组织的 5 个最大股东（美国、日本、德国、法国和英国）及中国、俄罗斯和沙特阿拉伯，在执行董事会拥有单独席位，其他 16 个执行董事由各组国家（称为选区）选举，任期两年。

国际货币基金组织实行的是加权投票体系：一国在国际货币基金组织的份额（主要由其经济规模决定）越大，拥有的票数就越多。执行董事会很少以正式投票为基础进行决策，多数决定以成员国的一致同意为基础。执行董事会选举总裁。总裁除作为执行董事会的主席之外，还是工作人员的主管，在执行董事会指导下开展业务。总裁任期五年，可连任。总裁由第一副总裁和另外两名副总裁协助。国际货币基金组织雇员是国际公务员，他们对国际货币基金组织而非本国当局负责。国际货币基金组织在巴黎和东京设有代表处，与其他国际和区域性机构及国内组织进行联络。国际货币基金组织在纽约和日内瓦也有办事处，主要是与联合国系统内的其他机构进行联络。

（五）资金来源

国际货币基金组织资金主要来自成员国加入时的认缴资本金，或来自定期检查后成员国缴纳的增资份额。各国以特别提款权或主要货币（如美元或日元）支付份额认缴额的 25%。需要时，国际货币基金组织可以要求成员国以本币形式支付其余份额，用于贷款。份额不仅决定一国的认缴支付额，还决定它的投票权，它可从国际货币基金组织得到的资金数额以及它在特别提款权分配中所占比例。份额反映成员国在世界经济中的相对规模：一国以产出表示的经济规模越大、贸易额越大且越波动，它的份额就越大。如果需要，国际货币基金组织可以借款，补充其份额资金。

特别提款权（SDRs）是国际货币基金组织于 1969 年创造的国际储备资产，引入这一资产的原因是担心国际储备存量和潜在增长可能不足以支持世界贸易的扩大，当时主要的储备资产是黄金和美元。成员国不希望全球储备依赖于黄金的生产和美国国际收支的持续逆差。特别提款权作为补充储备资产而出现。需要时，国际货币基金组织可以定期分配特别提款权；必要时可以取消。特别提款权的价值每日确定，使用四种主要货币组成的货币篮子：欧元、日元、英镑和美元。

（六）基金年会

国际货币基金组织理事会和世界银行理事会一般每年开一次会，讨论它们各自组织的工作。年会的时间一般都在 9 月、10 月间，习惯上在华盛顿连续开两届，第三届安排在其他会员国举行。首届理事会会议于 1946 年 3 月在美国乔治亚州沙瓦那举行，首届年会于 1946 年在华盛顿举行。近年来，年会的重要地位已经被国际货币和财政委员会、发展委员会、10 国集团、24 国集团以及其他成员国集团会议所取代。国际货币和财政委员会、发展委员会，以及其他一些组织在它们的会议结束时都会发表公报。会议期间理事们提出议题、相互磋商、并向与会代表提出各自国家对于目前国际经济和财政问题的看法，理事会将就如何提出目前国际货币问题作出决定，并批准相关决议。年会主席由世界银行和国际货币基金组织的成员理事轮流担任，每两年选举一次总干事，每年都有新会员加入国际货币基金组织和世界银行。

二、世界银行集团

世界银行集团是世界银行及其两个附属机构：国际开发协会和国际金融公司的统称。

（一）世界银行

世界银行即国际复兴开发银行（International Bank for Reconstruction and Development，IBRD），1944 年 7 月在美国布雷顿森林举行的联合国货币金融会议上通过了《国际复兴开发银行协定》，1945 年 12 月 27 日，28 个国家政府的代表签署了这一协定，并宣布国际复兴开发银行正式成立，1946 年 6 月 25 日开始营业，1947 年 11 月 5 日起成为联合国专门机构之一，是世界上最大的政府间金融机构之一。总部设在美国华盛顿，并在巴黎、纽约、伦敦、东京、日内瓦等地设有办事处，此外还在 20 多个发展中成员国设立了办事处。

世界银行成立初期的宗旨是致力于战后欧洲复兴。法国是第一个从世界银行得到贷款的国家。1948 年以后转向世界性的经济援助。通过向成员国提供用做生产性投资的长期贷款，为不能得到私人资本的成员国的生产建设筹集资金，以帮助成员国建立恢复和发展经济的基础，所以，贷款一般集中于能源、交通运输、供水与排水等基础设施行业，其他还用于城市发展、教育、旅游以及人口、营养等项目。

世界银行有三个限制条件：（1）只有参加国际货币基金组织的国家，才允许申请成为世界银行的成员，贷款是长期的，一般为 15～20 年不等，宽限期为 5 年左右，利率为 6.3% 左右。（2）只有成员国才能申请贷款，私人生产性企业申请贷款要由政府担保。（3）成员国申请贷款一定要有工程项目计划，贷款专款专用，世界银行每隔两年要对其贷款项目进行一次大检查。

世界银行的资金来源：各成员国缴纳的股金，向国际金融市场借款，发行债券和收取贷款利息。世界银行主要下设机构有：最高权力机构理事会，由成员国的财政部长、中央银行行长或级别相当的官员担任理事。每年秋天与国际货币基金组织联合召开年会。执行董事会由 21 名执行董事组成，其中 5 名由拥有股份最多的美、英、法、日、德委派，另外 16 名由其他成员国按地区选出。该行历届行长一般由美国总统提名，均为美国人。行长同时兼任国际开发协会会长、国际金融公司主席、多国投资保证机构的主席等职。截至 2012 年 4 月，世界银行拥有 187 个成员，资金额达 1 882.2 亿美元、雇员 6 400 人、顾问 1 100 人，年度预算 14 亿美元。中国于 1945 年加入世界银行，是该组织的创始国之一。1980 年 5 月 15 日，中国恢复了在世界银行的合法席位。1981 年起，中国开始借用该行资金。

（二）国际开发协会

国际开发协会（International Development Association, IDA）是由世界银行发起成立的国际金融组织。其名义上是独立的，但从人事及管理系统来看，实际上是世界银行的一个附属机构，又叫第二世界银行。它与世界银行、国际金融公司一起组成世界银行集团。

国际开发协会的宗旨是，对落后国给予条件较宽、期限较长、负担较轻，可用部分当地货币偿还的贷款，以促进其经济发展、生产和生活水平的提高，它作为世界银行贷款的补充，从而促进世界银行目标的实现。国际开发协会贷款一般只向较贫穷发展中国家的会员国贷款。1986 年新标准规定，按人口平均国民生产总值在 425 美元以下的会员国，才能取得协会贷款，贷款对象为会员国政府或公私企业，但实际上均向会员国政府发放。贷款应用于电力、交通运输、水利、港口建设之类的公共工程部门以及农业、文化教育建设方面。贷款期限为 50 年，宽限期为 10 年，第二个 10 年每年还本 1%，其余 30 年每年还本 3%，偿还贷款时可以全部或一部分使用本国货币。在名义上贷款免收利息，但要收取 0.75%手续费，实际上是低息贷款。

国际开发协会贷款资金来源有四个：（1）会员国认缴的股本，其会员国分为两组。第一组是高收入工业发达国家，其股本须以黄金或外汇缴纳；第二组是亚、非、拉的发展中国家。（2）会员国提供的补充资金。由于会员国缴纳的股本为数甚少，不能满足会员国需要，同时国际开发协会又规定，该协会不得依靠在国际金融市场发行债券来动员资本，所以协会不得不要求会员国政府不时地提供补充资金。（3）世界银行从净收入中拨给国际开发协会一部分款项。（4）协会本身经营业务的净收入。

（三）国际金融公司

国际金融公司（International Finance Corporation，IFC）是联合国授权世界银行于1954年成立的国际金融组织，实际上是世界银行的一个附属机构，其宗旨是：促进不发达国家的私人企业部门的发展；与私人资本一起为会员国的企业提供没有政府担保的风险资本，帮助发展地区资本市场，寻求促进私人资本的国际变动，其主要业务是对会员国企业提供没有政府担保的资本。一般不对大型企业投资，而以中小企业为主要投资对象。贷款期限一般为7~15年，并且每笔贷款一般不超过200万~500万美元，贷款须以原借款货币偿还。利息根据资金投放的风险和预期的收益等因素决定，一般为年利6%~7%，有的还要参加企业分红。贷款的主要对象国是亚、非、拉不发达国家。贷款的主要部门有：制造业、加工业、开采业。

三、国际清算银行

国际清算银行（Bank for International Settlements，BIS）成立于1930年，并于同年正式开业。国际清算银行由一些国家的中央银行拥有和控制，向各国中央银行并通过中央银行向整个国际金融体系提供一系列高度专业化的服务，是一家办理中央银行业务的金融机构。国际清算银行的主要任务是"促进各国中央银行之间的合作并为国际金融业务提供新的便利"，因为扩大各国中央银行之间的合作始终是促进国际金融稳定的重要因素之一，所以随着国际金融市场一体化的迅速推进，这类合作的重要性显得更为突出。因此，国际清算银行便成了中央银行家的会晤场所。国际清算银行现有成员41个，主要是工业化国家和一些东欧国家。国际清算银行的法定股本为15亿金法郎，共分为面值相等的60万股（每股面值2 500金法郎）。

中国人民银行自1984年起就与国际清算银行建立了银行业务方面的联系，并以观察员身份几次参加该行年会。1996年9月9日中国人民银行正式成为国际清算银行成员，并于1996年11月认缴了3 000股的股本，实缴金额为3 879万美元。香港金融管理局与中国人民银行同时加入国际清算银行，并在回归之后，在国际清算银行的地位保持不变，继续享有其独立的股份与投票权，这是《中华人民共和国香港特别行政区基本法》所确定的"一国两制"原则的具体体现。国际清算银行董事会现有席位21个，中国仍在积极争取早日进入董事会。

四、区域性国际金融机构

（一）亚洲开发银行

亚洲开发银行（Asian Development Bank，ADB）是亚太地区重要的政府间国际金融组织，它以促进亚太地区的社会经济发展与合作为宗旨，为亚太地区的发展中成员提供资金、技术和管理经验等。它由成员国或地区共同出资兴办，不以盈利为目的。1966 年 12 月 19 日亚行在东京成立，总部设在菲律宾首都马尼拉。亚行现有成员 58 个，包括本地区 42 个成员和非本地区 16 个成员。亚行的组织机构由理事会、董事会和亚行管理当局组成。中国于 1986 年 3 月正式加入亚行。在中国加入以前，台湾曾长期以"中华民国"名义窃据我合法地位。经过反复斗争，1985 年 11 月与亚行当局达成了《谅解备忘录》，规定中华人民共和国作为中国的唯一合法代表成为亚行成员，台湾以"中国台北"名称留在亚行。中国加入亚行后，积极参与亚行事务，与亚行及各成员之间的交流合作不断增加。截至 2001 年 12 月，亚行累计批准对华贷款 112.945 亿美元，涉及 90 个贷款项目。技术援助赠款 1.94 亿美元，涉及 377 个技术援助项目。这些贷款主要用于能源、交通和环境保护等基础设施和国家重点项目，对支持国家的经济建设起到了积极的推动作用。

（二）欧洲复兴开发银行

欧洲复兴开发银行（European Bank for Reconstruction and Development，EBRD）于 1991 年 4 月 14 日正式开业，总部设在伦敦。建立欧洲复兴开发银行的设想是由法国总统密特朗于 1989 年 10 月首先提出，得到了欧共体各国和其他国家的响应。1991 年该银行拥有 100 亿欧洲货币单位（约合 120 亿美元）的资本。欧盟委员会、欧洲投资银行和 60 个国家在银行中拥有股权。其宗旨是加强民主、尊重人权、保护环境，帮助东欧、中欧国家向市场经济转化，调动这些国家的个人和企业积极性，促使它们向民主政体和市场经济过渡。投资目标是中东欧国家的私营企业和基础设施。

主要业务为：（1）提供技术援助和人员培训；（2）帮助受援国政府制定政策及措施，推动其经济改革和非国有化；（3）为基本建设项目筹集资金；（4）参加筹建金融机构及金融体系，包括银行体系及资本市场体系；（5）帮助筹建工业体系，注意扶持中小企业发展。经营方针是商业银行业务与投资银行业务兼顾。理事会为最高权力机构，董事会代理事会行使权力，负责指导银行日常工作，并负责选举行长。董事会主席任行长，任期 4 年。

（三）非洲开发银行

非洲开发银行（African Development Bank，ADB）于 1964 年 11 月成立，1966 年 7 月 1 日开始营业，该行与其附属的非洲开发基金（African Development Fund，ADF）、尼日利亚信托基金（Nigeria Trust Fund，NTF）共同组成非洲开发银行集团。宗旨是通过提供投资和贷款，利用非洲大陆人力和资源，促进成员国经济发展，优先向有利于地区经济合作和扩大成员国间贸易的项目提供资金和技术援助，帮助研究、制定、协调和执行非洲各国经济发展计划，逐步实现非洲经济一体化。截至 2007 年 5 月，非洲开发银行成员包括非洲 53 个独立国家，非洲以外的 24 个成员国，总部设在科特迪瓦阿比让。理事会为最高权力机构，由各成员委派一名理事组成，一般为成员国的财政和经济部长，讨论制定银行业务方针和政策，决定银行重大事项，并负责处理日常业务。理事会年会负责选举行长和秘书长。董事会由理事会选举产生，是执行机构，负责制定各项业务政策。资金来源主要来自成员国的认缴，截至 2006 年底，非洲开发银行核定资本相当于329 亿美元，实收资本相当于 325.6 亿美元。为使该行领导权掌握在非洲国家手中，非洲国家资本额占 2/3。该行还同非洲及非洲以外的机构开展金融合作，与亚洲开发银行、泛美开发银行业务联系广泛，并与阿拉伯的金融机构和基金组织建立融资项目，在一些地区性金融机构中参股。贷款对象是非洲地区成员国，主要用于农业、运输和通信、供水、公共事业等。我国于 1985 年 5 月 8 日和 10 日先后加入非洲开发基金和非洲开发银行。

（四）泛美开发银行

泛美开发银行（Inter – American Development Bank，IDB）于 1959 年 12 月30 日成立，是美洲的跨国金融机构，其他地区国家也可加入。泛美开发银行集团包括三个机构：泛美开发银行，泛美投资公司（Inter – American Investment Corporation）和多边投资基金（Multilateral Investment Fund），总部都设在美国华盛顿。非拉美国家不能使用该行资金，但可参加该行组织的项目投标。宗旨是集中各成员国力量，对拉丁美洲国家经济、社会发展计划提供资金和技术援助，并协助它们单独地和集体地为加速经济发展和社会进步作出贡献。2001 年成员有46 个，其中拉美 26 个，北美洲 2 个，欧洲 16 个，亚洲 2 个。理事会为最高权力机构，由各成员国委派 1 名理事组成，每年举行 1 次会议。执行董事会为理事会领导下的常设机构，由 14 名董事组成，其中拉美国家 9 名，美国、加拿大和日本各 1 名，其他地区国家 2 名，任期 3 年。行长和副行长在执行董事会领导下主持日常工作。行长由执行董事会选举产生，任期 5 年，副行长由执行董事会任命。在拉美各成员国首都及巴黎和东京设有办事处。银行资本包括：成员国分摊，发达国家成员国提供，以及在世界金融市场和有关国家发行债券。主要活动是提供贷款促进拉美地区的经济发展、帮助成员国发展贸易，为各种开发计划和项目准备、筹备和执行提供技术合作。1993 年 9 月，中国人民银行正式向泛美开发银行提出了入行申请。1991 年始，我国连续 11 年应邀派团以观察员身份参加了泛美开发银行年会。

重要概念

外汇　汇率　直接标价法与间接标价法　基本汇率与套算汇率　买入汇率与卖出汇率　即期汇率与远期汇率　电汇汇率　信汇汇率　票汇汇率　固定汇率　浮动汇率　开盘汇率　收盘汇率　布雷顿森林体系　牙买加体系　国际收支　国际收支平衡表　经常项目　资本项目　国际货币制度

复习思考题

1. 外汇的概念及其分类。
2. 直接标价法与间接标价法。
3. 简述如何对我国人民币汇率制度进行改革。
4. 国际收支失衡的一般原因是什么？
5. 如何调节国际收支失衡？
6. 简述国际货币基金组织和世界银行的经济功能。

参考书目

[1] 殷孟波、曹廷贵：《货币银行学》，成都，西南财经大学出版社，2000。

[2] 沈伟基、张慧莲：《货币金融学》，北京，北京工业大学出版社，2001。

[3] 姚遂、李健：《货币银行学》（修订本），北京，中国金融出版社，2000。

[4] 秦艳梅、戚晓红：《货币银行学》，北京，中国商业出版社，1999。

[5] 黄达：《货币银行学》，北京，中国人民大学出版社，1999。

[6] 萧松华、朱芳：《货币银行学》，成都，西南财经大学出版社，2001。

[7] 夏德仁、李念斋：《货币银行学》，北京，中国金融出版社，1997。

[8] 张亦春：《货币银行学》，厦门，厦门大学出版社，1995。

[9] 姚长辉：《货币银行学》（第二版），北京，北京大学出版社，2002。

[10] 黄宪、江春、赵何敏、赵征：《货币金融学》，武汉，武汉大学出版社，2002。

[11] 洪文金、林志军等译，托马斯·梅耶、詹姆斯·S. 杜森贝里、罗伯特·Z. 阿利伯著：《货币、银行与经济》，上海，上海三联书店，1989。

[12] 何伊仁：《货币银行学》，北京，国际文化出版公司，1989。

[13] 萧松华：《当代货币理论与政策》，成都，西南财经大学出版社，2001。

[14] 陈野华：《西方货币金融学说的新发展》，成都，西南财经大学出版社，2001。

[15] 浦寿海、毛晓威、王巍译，雷蒙德·W. 戈德史密斯著：《金融结构与发展》，北京，中国社会科学出版社，1993。

[16] 王学青：《货币银行学原理》，上海，复旦大学出版社，1989。

[17] 张贵乐、艾洪德：《货币银行学原理》，北京，中国财政经济出版社，1995。

[18] 凌江怀：《货币金融学》，北京，中国经济出版社，2002。

[19] 武康平：《货币银行学教程》，北京，清华大学出版社，1999。

［20］何广文：《货币银行学》，北京，中国农业大学出版社，2001。

［21］易纲、吴有昌：《货币银行学》，上海，上海人民出版社，1999。

［22］［美］彼得·S.罗斯：《商业银行管理》，北京，经济科学出版社，1999。